山本浩司の automa system

オートマシステム 7

会社法・商法・商業登記法 II

Wセミナー専任講師 山本浩司

早稲田経営出版
TAC PUBLISHING Group

はしがき

会社法という仕組みは、人間が考えたものであり、人工的な制度であるがために、一見してわかりにくいものとなっています。
また、商業登記法は手続法であり、これを、書物を用いて初学者にわかりやすく伝えることは至難の業です。

そこで、この点の苦労は承知の上で執筆を開始しましたが、予想どおり、いままで私が手がけた書物の中で最も集中力と根気を要する作業となりました。
その出来栄えの良し悪しは、読者のみなさんの判断におまかせということになりますが、本書の構成は、司法書士試験の合格に必要十分な理解をやさしい表現でお伝えすることを目的としています。

理解は、記憶につながります。
このオートマシステムは、従来の学習書が受験に必要な知識の羅列に終始しているところ、この点を思想としてまとめ上げ、一連の記憶法として提供しているところに最大の特徴があります。
「読むだけで記憶がはかどる」ということが私のシステムの仕組みです。
本書においても、そのための方法論は枚挙に遑がないほどの工夫をこらしましたが、一例を挙げれば、手続法の視覚化という手法です。
この点は、学習者の理解のキーになる部分なのですが、なぜか従来の書物はこの方式を重視していません。

また、思想というのは文体で伝えるものです。
私は、学習内容を物語としてみなさんに語っています。
本書をはじめ、本シリーズにおいては、「ですます調」と「である調」を混合させています。
この点が、「一冊の本の文体は統一すべし」という常識から判断する編集者諸兄にはどうしても理解できないことのようですが、文体を混合させることも、私の記憶法のテクニックの一種でもあるのです。
当然のことながら、文章というものは、一連の流れが切れた部分や変化が生じたところが記憶に残りやすいのであり、そうした計算をし、工夫をして書いた学習書がオートマシステムです。

本書に敷いた記憶法のレールに乗って、ことさらに理解しにくいと言われる会社法・商業登記法の分野を得意科目として、読者のみなさんが短期の合格をはたされますことをお祈り申しあげます。

平成24年５月

山本浩司

第11版はしがき

このたび、第11版を刊行することとなりました。第11版では全体を見直して、最新の重要な本試験問題を登載し、令和５年施行の商業登記規則の改正に対応しました。

令和６年２月

山本浩司

【目次】

会社法・商法・商業登記法Ⅱ

第８章

募集株式の発行等

募集株式の発行等は、新しい株式の発行と、会社の自己株式の処分をセットにした概念です。（会社法199条）

新しい株式を発行すれば、発行済株式の総数が増えます。
が、自己株式の処分であれば、株式の数自体は増えません。
凍結されていた株主権が、眠りから覚めます。

しかし、どちらの手続も、会社が株を売ることにより資金を調達するという意味では、同一の制度目的といえます。
また、買い手である投資家の側からみても、買った株が新規発行のものであろうが、会社の金庫株であろうが、実質において何の差異も生じません。
そこで、会社法は、両者を合体し、募集株式の発行等として統一した規定を置きました。

会社法において、募集株式とは以下の意味です。

1．株式会社が、その発行する株式またはその処分する自己株式を引き受ける者の募集をし、
2．その募集に応じてこれらの株式の引受けの申込みをした者に対して、割り当てる株式。

古来、新株発行は、試験対策としての重要分野です。

1 募集事項の決定

株式会社は、募集株式について、株主総会の特別決議により、以下の事項を決定します。（会社法199条１項・２項、309条２項５号）

1．募集株式の数（種類株式発行会社にあっては募集株式の種類および数）
2．募集株式の払込金額（募集株式１株と引換えに払い込む金銭または給付する金銭以外の財産の額をいう）またはその算定方法
3．金銭以外の財産（現物出資財産）を出資の目的とするときは、その旨並びに当該財産の内容および価額
4．募集株式と引換えにする金銭の払込みまたは現物出資財産の給付の期日ま

たはその期間

５．株式を発行するときは、増加する資本金および資本準備金に関する事項

《注》 自己株式の処分においては、資本金の額に変動はない。過去の株式発行時に資本金の額にカウント済みなので。

《注》 この募集事項は、募集ごとに均等でなければならない。各申込人を平等に取り扱う。（会社法199条５項）

以下、募集事項の一例です。

募集事項
1　募集株式の数　1000株
2　募集株式の払込金額　１株につき金10万円（注１）
3　現物出資財産の内容及び価額
⑴　財産の内容　次の不動産の所有権（所有者　山本太郎）
横浜市中区中町三丁目１番１の宅地　200㎡
⑵　価額　金7000万円
4　募集株式と引換えにする金銭の払込期日及び現物出資財産の給付期日
令和６年10月１日（注２）
5　増加する資本金の額　資本金等増加限度額の２分の１に相当する額
6　増加する資本準備金の額　資本金等増加限度額の２分の１に相当する額

（注１）算定方法を定めるときは、具体的な数式を書く。

（注２）払込期間（または給付期間）を定めるときは、「令和６年10月１日から10月10日」といった表現となる。

募集株式の払込金額が募集株式を引き受ける者に特に有利な金額である場合には、取締役は、株主総会において、その募集を必要とする理由を説明しなければなりません。（会社法199条３項）

→従来の株主にとって不利な決議をなぜ強行しようとするのか、その理由を説明させるのである。

→このパターンを募集株式の「有利募集」という。

コラム　取締役または取締役会への委任

上記のように、募集株式の発行等をするためには、いちいち、株主総会で特別決議をしなくてはならない。

が、これは、少し窮屈な規定かもしれない。

そこで、会社法は、取締役（取締役会設置会社では取締役会）に、募集事項の決定を委任することができるという規定を設けている（会社法200条。制度を利用するかどうかは会社の任意である）。制度の内容は以下のとおり。

1．株主総会が、その特別決議で、募集事項の決定を取締役（または取締役会）に委任する。

→この決議の有効期限は決議から１年限り。

（払込期日、または払込期間の**末日**が、当該決議の日から１年以内の日である募集についてのみその効力を有する。会社法200条３項）

→要するに募集株式の発行等の手続の全部が決議から１年以内に終了する場合にのみ、委任決議の効力があるということ。

→期限切れゆえ、募集株式の発行が「登記できない事項」になるケースに注意のこと。

2．その際、募集株式の数の上限および払込金額の下限を定める。

（100株までで、１株５万円以上で発行しろと、取締役の手足を縛る。）

余談

コラム中の会社法200条が実務で使われるのは、ある程度の株主数がある上場前のベンチャー企業が主である。

株主の少ない会社にとっては制度の存在理由が乏しい。

というのは、上記で紹介した会社法199条・200条は、公開会社以外の会社についての規定である。

（公開会社は取締役会が募集事項を決定する。→後述　天下の上場企業が新株発行ごときで、いちいち株主総会をする訳がなかろう。）

であれば、ほとんどが、父ちゃん母ちゃん会社だ。

夕食のついでにみんなで株主総会をすればよい。

（株主全員が同意なら招集通知は不要　会社法300条）

わざわざ、取締役に委任する必要がどこにある、というのが大方の株式会社の実態であろう。

参考　**上場会社の報酬特則**

上場会社（金融商品取引所に上場されている株式を発行している株式会社）において、募集株式を取締役の報酬等とする場合において、その募集株式の発行の方式の特則が制定されている（以下、「上場会社の報酬特則」ということにする）。

「上場会社の報酬特則」においては、金銭の払込み（または現物出資財産の給付）を要することなく、取締役に対しその報酬として募集株式を発行することとなる。

このため、その募集事項を決定する際には、以下の点が通常の発行と相違する。

まず、ことの前提として、定款または株主総会の決議により、取締役の報酬等となる募集株式の数の上限など一定の事項を決定することを要する。（会社法361条１項３号）

→指名委員会等設置会社では、報酬委員会による執行役または取締役の報酬等となる募集株式の数そのものの決定を要する。

→この決定に係る取締役（取締役であった者を含む）だけが、その募集株式の引受けの申込み（または総数引受契約）をすることができる。（会社法205条３項）

上記の定款または株主総会の決議の定めに係る取締役以外の者は、上場会社の報酬特則に係る募集株式の引受けの申込み（または、総数引受契約）をすることができない。（会社法205条３項）

この縛りがある、つまり、取締役の報酬がすでに株主の信認を得ているはずであるため、上場会社の報酬特則に係る募集株式の発行が、有利募集に当たることはなく、したがって、その募集事項の決定は、必ず、取締役会においてすべきこととなる（公開会社の原則論）。

そこで、上場会社の報酬特則には、会社法200条の委任決議に係る規定の適用がないことが明記されている。（会社法202条の２第２項）

次に、募集事項においては、次の事項を定めることを要しない。（会社法202条の２第１項）

① 募集株式の払込金額またはその算定方法

② 募集株式と引換えにする金銭の払込みまたは現物出資財産の給付の期日またはその期間

そして、その代わりに、次の事項を定める。（会社法202条の２第１項１号・２号）

① 取締役の報酬等としてその募集株式に係る株式の発行または自己

株式の処分をするものであり、募集株式と引換えにする金銭の払込みまたは現物出資財産の給付を要しない旨

② 募集株式を割り当てる日（割当日）

参考 **取締役の報酬等に係る募集事項の決定の特則**

上場会社において、募集株式を取締役の報酬等とする場合に、取締役会において決定すべき募集事項の一例を挙げると、次のとおりである。

募集事項
1 募集株式の数（種類株式発行会社にあっては、募集株式の種類及び数）
普通株式 1000株
2 取締役の報酬等として募集に係る株式の発行又は自己株式の処分をするものであり、募集株式と引換えにする金銭の払込み又は金銭以外の財産の給付を要しないものとする
3 募集株式を割り当てる日（割当日）
令和６年10月１日
4 株式を発行するときは、増加する資本金及び資本準備金に関する事項
資本金等増加限度額の全部を資本金の額とする

確認事項 **譲渡制限会社の第三者割当て**

募集事項を決定した際の議事録が添付書面となる。（商業登記法46条１項・２項）

１．株主総会議事録（特別決議　309条２項５号）
→株主総会が募集事項を決定するケース

２．株主総会議事録（特別決議　309条２項５号）＋取締役の過半数の一致を証する書面（取締役会設置会社では取締役会議事録）
→株主総会が募集事項の決定を取締役等に委任をするケース

参考 **第三者割当て**

第三者割当ては、会社法の正式の用語ではない。

募集株式の発行等のうち、株主割当てを除く仕組みの全般を、俗に第三者割当てと表現する。

このため、本試験においては、次の用語が使用されることが普通である。

第三者割当て　株主に株式の割当てを受ける権利を与えないでする募集株式の発行

株主割当て　株主に株式の割当てを受ける権利を与えてする募集株式の発行

超重要　**譲渡制限会社の株主の閉鎖性への配慮**

譲渡制限会社の第三者割当てには、必ず、株主総会の特別決議を要する。定理である。

その応用範囲はきわめて広い。

さて、では、公開会社でない会社では、なぜ、募集株式の発行等をする場合に、株主総会の特別決議という大それたことを必要とするのでしょうか？

その理由は、非公開会社の閉鎖性にあります。

もともと、全部の株式に譲渡制限を設けているのは（一部でも譲渡制限のない種類の株式を発行することができる旨の定款規定があれば、会社法上は公開会社として扱われます。会社法２条５号）、**株主のメンバーを変えたくない**からです。

しかし、株主総会のコントロールが及ばないところで、会社にとって好ましくない人物に対して（ex.怖いお兄さん）、募集株式が発行されてしまえば、わざわざ譲渡制限を設けた意味がありません。

また、株式の引受人が既存の株主であったとしても、これにより、株主間の持株比率が変動します。譲渡制限会社の株主は、この事態も好まないことが予想されます。

だから、特別決議を要すると考えられます。

【会社法の基本思想】閉鎖性への配慮

上記の原理を、本書では、譲渡制限株式の株主の**「閉鎖性への配慮」**と名付ける。

その配慮を要する場合、株主総会（または種類株主総会）の特別決議を要する。

これは、会社法に一貫した**基本思想**である。

参考問題　会社法上の公開会社でない会社が株主総会による委任の決議に基づき取締役会で募集事項を決定した場合において、その決定の日が当該委任の決議の日から１年以内であるときは、払込期日又は払込期間の末日が当該委任の決議の日から１年を経過しているときであっても、募集株式の発行による変更の登記の申請をすることができる。（商業登記法H29-30-オ）

答え　×　払込期日または払込期間の末日（イコール募集株式の発行の手続終了の日）が決議の日から１年以内でなければならない。

2 公開会社における特則

公開会社では、募集事項の決定は、取締役会が行います。

この場合には、株主総会の出番はありません。（会社法201条）

《注》 有利募集の場合は別論（公開会社でも株主総会の特別決議を要する）。

確認事項 **公開会社の第三者割当て**

募集事項を決定した際の議事録が添付書面となる。（商業登記法46条２項）

１．取締役会議事録

→通常のパターン

２．株主総会議事録（特別決議　会社法309条２項５号）

→有利募集のケース

発展 **有利募集のケースで取締役会議事録を添付するとどうなるか？**

会社が第三者に対する有利募集を株主総会の特別決議によらずに行った場合でも、新株発行の無効原因ではないという判例がある。（最判昭46.7.16）

このため、有利募集のケースで取締役会議事録を添付しても登記は受理されることになる。

まず、第一に、登記官が、有利募集に該当するケースであるかどうかを判断することは困難である。

さらに、株主総会決議を経ない新株発行も「有効」であるから、商業登記法46条２項に該当せず、商業登記法上も添付させる根拠がない。

参考問題 １．会社法上の公開会社が株主に株式の割当てを受ける権利を与えないで募集株式を発行した場合において、募集事項として定めた払込金額が募集株式を引き受ける者に特に有利な金額であるときは、募集株式の発行による変更の登記の申請書には、株主総会の特別決議に係る議事録を添付しなければならない。（商業登記法H28-31-ア）

２．会社法上の公開会社が株主に株式の割当てを受ける権利を与えないでする募集株式の発行の場合において、募集事項として定めた払込金額が募集株式を引き受ける者に特に有利な金額であるときは、募集株式の発行による変更の登記の申請書には、株主総会の特別決議に係る議事録を添付しなければならない。（商業登記法R3-30-オ）

答 え １．×　　２．×

《参考条文》

商業登記法46条（添付書面の通則）
２項　登記すべき事項につき株主総会若しくは種類株主総会、取締役会又は清算人会の決議を要するときは、申請書にその議事録を添付しなければならない。

→有利募集の効力は株主総会の決議をしなくても生じると判例がいっているから、「登記すべき事項につき株主総会の決議を要するとき」に該当しない。

では、株主総会のコントロールは、全く及ばないのでしょうか？
ほとんど何もできません（資金調達の機動性が優先）。が、１つだけ手があったのを思い出していただけないでしょうか。

そうです。授権枠です。
公開会社では、発行可能株式総数を増加する場合には、変更後の発行可能株式総数は、その定款変更の効力が生じた時の、発行済株式総数の４倍を超えることができないという規制がありました。（会社法113条３項１号）
また、非公開会社が公開会社となるとき、公開会社が株式の併合をするときにも同様の規制があります。（会社法113条３項２号、180条３項）

取締役会は、発行可能株式総数の枠内でしか、新しい株式を発行できません（金庫株の取得には原則として財源規制があります）。
だから、取締役会は、無制限に募集株式を発行することはできません。
制限を超えたいのであれば、株主総会を開催し、発行可能株式総数を増加する定款変更決議（特別決議）を要します。

コラム　公開会社における払込金額

公開会社では、取締役会が募集事項を決定する際、１株の払込金額またはその算定方法にかえて、公正な価額による払込みを実現するために適当な払込金額の決定の方法を定めることができるとしている。（会社法201条２項）
公開会社の株価は需給のバランスによって変動する。だから、将来の払込金額についてきっちりした数式ではなく少々アバウトな決め方をすることができることになっている（ブックビルディング方式）。

さて、公開会社は、取締役会の決議において募集事項を定めたときは、払込期日（または払込期間の初日）の２週間前までに、募集事項を株主に通知するか、もしくは公告しなければなりません。（会社法201条３項・４項）

→「募集事項を決定したとき」に、通知または公告を要するのであり、募集事項の決定に先立ち、通知または公告をすることはできない。

これは、公開会社に独自の規定です。

公開会社でない会社は、株主総会で募集事項を決定するので、このような通知は不要です。

なぜこの通知（または公告）をするのでしょうか？

これは、株主に、募集株式発行の差止請求（会社法では「募集株式の発行をやめることの請求」とやさしく表現）の機会を与えるためなのです。

コラム　募集株式の発行等をやめることの請求とは何か

俗にいう差止請求のこと。（会社法210条）

ライブドアが、ニッポン放送の新株予約権の差止請求（裁判所への発行差止めの仮処分申請）をしたことを覚えているだろう。

その、募集株式ヴァージョンだ。

募集株式の発行等については、株主からみて、２つの問題点がある。

既存株主の、利益の侵害の問題である。

第一は、払込金額だ。

みなさんが、ある会社の株を50万円で買ったとしよう。その後に、その会社が１株20万円で新株を発行すると発表したらどうか。みなさんは、怒るだろう。同じものがなぜ20万円なのだ。そんなことをしたら、みなさんの株の価格が下がるに決まっている。

第二は、株式の占有比率の低下だ。

ホリエモンが怒ったのはこれだ。せっかく過半数近くまで株を買いすすめたのに、新しい株を大量に発行されてしまえば、弱小株主に成り下がるではないか。取締役の保身のために、株主が損をするのでは、本末転倒だ。

以上の２つの理由から、既存株主には、募集株式の発行をやめることの請求が認められている。

その行使の機会を与えるため、公開会社においてのみ、募集事項の通知または公告が要求される（金融商品取引法の届出等により株主への通知または公告にかえるケースもある。会社法201条５項）。

参考問題

1．公開会社は、取締役会の決議によって募集事項を定めた場合（株主に株式の割当てを受ける権利を与える場合を除く。）には、募集事項において定められた払込期日の２週間前までに、当該募集事項を公告し、かつ、株主に対し、各別にこれを通知しなければならない。（商法H25-28-ア改）

2．会社法上の公開会社において、一度の取締役会の決議で複数回の募集株式の発行のための募集事項を決定している場合には、当該取締役会の議事録を１回目の募集株式の発行による変更の登記の申請書の添付書面とすることができるが、２回目以降の募集株式の発行による変更の登記の申請書の添付書面とすることはできない。（商業登記法H28-31-エ）

答 え　1．×　通知または公告で足りる。また、金融商品取引法に基づく届出をしているときなどは、通知または公告も不要となる。（会社法201条３項～５項）

2．×　一度の取締役会で、複数の発行を決議してはいけないというルールはない。この場合、決議ごとに別の募集である。各々の決議による募集株式の発行の効力が生じたときに、その取締役会議事録を添付すべきは当然の話である。

確認事項　**公開会社の第三者割当てに特有の添付書面**

公開会社の第三者割当てにおいて、募集事項を決定した取締役会決議の日と、払込期日または払込期間の初日との間に２週間の期間を要する。

実際には通知または公告から払込期日または払込期間の初日との間に２週間の期間を要するのだが、登記手続の上では通知または公告をしたことを証する書面の添付は要しない。

そのため、決議の日のうちに、通知または公告をしたと考えて（善解という→善意解釈の略）、募集事項を決定した取締役会決議の日と、払込期日または払込期間の初日との間に２週間の期間があれば登記は受理しますということになっている。

なお、上記の期間を置いていない場合には、「株主全員の同意書」および「株主リスト」の添付を要する。

この同意書の趣旨は、「差止請求の機会は不要です」ということである。

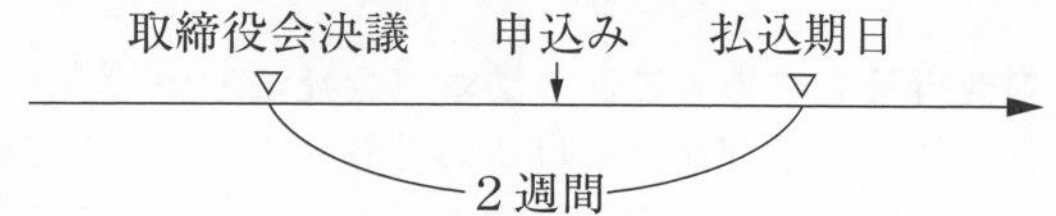

ポイント 登記申請書の添付書面の考え方

登記申請書に添付を要する書面は、法令または先例で定まっている。

その際の基本的な考え方を示そう（添付書面にも種々あるので、あくまでも「基本」であり、下記に該当しない書面もないではない）。

「Aという事実、Bという事実が登記事項の発生の効力要件となる場合に、その事実を証する書面を添付する。」

これは、ある登記事項が生じるために要するパズルの部品（積極証明）の添付をせよという意味である。

たとえば、前記の、通知または公告をしたことは、募集株式の発行において行うべき手続ではあるが、株主に差止めの機会を知らせているだけだから、登記事項の発生の効力要件とはいえない。

→単なる「お知らせ」なのである。パズルの部品ではない。
　会社と株主になろうとする者の「契約の要素」ではない。

（なお、今後、本書で「お知らせ」というコトバを使ったら、それは、その書面は「登記申請書の添付書面ではありません」という意味である。「契約の要素」というコトバを使ったら、その書面は登記申請書の添付書面である。）

しかし、差止めの機会を与えないでした募集株式の発行等は「無効」と考えられるのである。（判例）

そうすると、登記所としては、無効原因のある登記は受理できないというハナシになる。

そこで、登記申請書の添付書面（取締役会議事録の決議日と払込期日等）から、上記２週間の期間を経ずにしたことが明らかなケースにおいては、その登記の申請は却下するということになるのであり、これを回避するためには、「株主全員の同意書」および「株主リスト」を添付せよということになる。（商業登記法46条１項）

募集株式の発行等の無効は、訴えのみによって可能であるところ（会社の組織に関する訴え）、株主全員の同意があるのであれば、無効主張をするものはなかろうと、登記所は判断するのである。

重要 公開会社でない会社においても、株主による募集株式の発行等の差止め自体は可能。ただし、会社が募集事項の通知または公告をする必要はない。

参考 **募集株式の発行等をやめることの請求（会社法210条）**

次の場合、株主が不利益を受けるおそれがあるときに、株主は会社に、募集株式の発行等をやめることの請求をすることができる。

1．募集株式の発行等が、法令または定款に違反する場合。

2．募集株式の発行等が、著しく不公正な方法で行われる場合。

参考問題　株主は、募集に係る株式の発行がそれを差し止める旨の仮処分命令に違反してされた場合には、当該仮処分命令に違反することを無効原因として、新株発行の無効の訴えを提起することはできない。（商法H22-34-ア）

答え　×　差止めの仮処分命令に違反してされた募集株式の発行は、新株発行無効の訴えの無効原因である。（最判平5.12.16）

公開会社の第三者割当てには、特有の規定があります。

原則として、公開会社は、取締役会の決議で募集株式の発行等をすることができますが、一定の場合には株主総会の決議を要するときがあります。

それは、**支配株主の変更**を伴う場合です。

モデルケースで説明しましょう。

発行する株式の全部に議決権があるものと考えてください。

株式会社甲（発行済株式の総数100株）の株主

内訳

A　40株

B　30株

C　30株

さて、ここで、Aを引受人として新たに30株を発行しましょう。

そこで、次の計算をします。

（40＋30）／（100＋30）＝7/13＞1/2（議決権の過半数）

となります。

つまり、Aは募集株式の発行等により株式会社甲の議決権の過半数を握ります。

これによりAは株式会社甲の支配株主（その一存で役員等を選任できる）となるわけです。

→逆にいうと、BC連合はその支配権を失う。

こういうカタチの支配株主の変更を伴う募集株式の発行等（第三者割当て）をする場合に株式会社甲（公開会社）は、以下に述べる一定の手続を要します。

コラム　用語の整理

上に述べた「支配株主の変更を伴う募集株式の発行等」を会社法の定義で述べると次のようになる。（会社法206条の２第１項）

１の数の２の数に対する割合が２分の１を超える場合

1．その引受人（その子会社等を含む）がその引き受けた募集株式の株主となった場合に有することとなる議決権の数

2．その募集株式の引受人の全員がその引き受けた募集株式の株主となった場合における総株主の議決権の数

→上記１の引受人とは、先の事例のＡのことである。この引受人（支配株主となるもの）を特定引受人という。

→なお、Ａが元々、株式会社甲の親会社等であるときは、支配株主の変更を伴わないので以下に述べる手続を要しない。

では、その手続をご紹介しましょう。（会社法206条の２第１項・２項・４項）

1．株式会社は、払込期日（または払込期間の初日）の２週間前までに特定引受人（Ａのこと）の氏名（または名称）、住所などを株主に通知または公告をしなければならない。

→例外アリ。会社法206条の２第３項参照。

参考　上場会社の報酬特則

「上場会社の報酬特則」においては、割当日の２週間前までに通知を要する。（会社法205条４項）

2．総株主の議決権の10分の１以上の議決権を有する株主が募集株式の引受けに反対する旨を通知したときは、その引受けに係る割当てまたは総数引受契約について、株主総会の承認を受けなければならない。

→以上の仕組みで、支配株主の変更を伴う募集株式の発行等に反対する株主の発言権を確保するのが、この制度の趣旨である。

→なお、上記の承認を受けなくてもよい場合もある。その場合とは、会社の財産の状況が著しく悪化しており、その事業の継続のために緊急の必要があるときである（要するに、出資のカタチで早く資金援助を仰がなければ会社がつぶれるときである）。

なお、前記の承認の決議は、役員等を選解任するときの普通決議と同じ方法で

行うことを要します（いわゆる**特別の普通決議**)。(会社法206条の２第５項、341条をご参照ください)

→役員の選解任も、どの株主がその会社を支配するかということに係わる決議なので、支配株主の変更についてもこれと同等の決議要件を課している。

【急所】資本主義の原理

役員の選任・解任をできる者が、会社の支配権を握る。

それは、資本主義の原理（多くの出資をした者が偉い）により行う。

これが、会社法の基本思想であり、このため、必ず、その決議は**議決権ベース**で行う。(会社法341条)

そして、公開会社における支配株主の変更は、誰が、会社の支配権を握るかという問題そのものである。

だから、その双方を**特別の普通決議**で行うのである。

参考問題　１．会社法上の公開会社が発行する募集株式の割当てにより引受人となった者が、その引き受けた募集株式の株主となることにより、当該募集株式の引受人の全員が株主となった場合における総株主の議決権の過半数を有することとなる場合に、総株主の議決権の10分の１以上の議決権を有する株主から反対の通知があったときは、当該会社の財産状況が著しく悪化している場合において、当該会社の事業継続のため緊急の必要があるときを除き、募集株式の発行による変更の登記の申請書には、当該割当ての承認を決議した株主総会の議事録を添付しなければならない。(商業登記法H28-31-ウ)

２．募集株式の引受人Ａがその引き受けた募集株式の株主となった場合に有することとなる議決権の数が、当該募集株式の引受人の全員がその引き受けた募集株式の株主となった場合における総株主の議決権の数の２分の１を超える場合には、会社法上の公開会社は、株主総会の特別決議によってＡに対する募集株式の割当ての承認を受けなければならない。(商法R2-28-ウ)

答え　１．○

２．×　そもそも、反対株主の議決権の数が総株主の議決権の10分の１に満たなければ株主総会の決議を要しない。また、株主総会の決議を要するときでも、その決議は、特別の普通決議で行う。

なお、上記の参考問題において、その会社の事業継続のため緊急の必要があるときは、株主総会議事録に代わり、次のような書面を添付する。

株主総会の決議による承認を受けなければならない場合に該当しないことを証する書面

1．当会社の募集株式の引受人が、会社法第206条の２第１項の特定引受人に該当したため、同項の規定による通知をした。
2．これに対して、総株主の議決権の10分の１以上の議決権を有する株主から、その引受けに反対する旨の通知があった。
3．しかし、当会社の財産の状況は著しく悪化しておりその事業の継続に緊急の必要が生じた。
4．このため、株主総会の承認決議を経ることなく、募集株式を発行した。

令和年月日

何市何町何番地
株式会社山本商事
代表取締役　山本　太郎

3 株主割当て

株式会社は、募集事項に、次の２条項を追加することができます。
下記の項目６および７です。（会社法202条１項）

募集事項（１～５）、追加部分（６、７）

1．募集株式の数（種類株式発行会社にあっては募集株式の種類および数）
2．募集株式の払込金額（募集株式１株と引換えに払い込む金銭または給付する金銭以外の財産の額をいう）またはその算定方法
3．金銭以外の財産（現物出資財産）を出資の目的とするときは、その旨並びに当該財産の内容および価額
4．募集株式と引換えにする金銭の払込みまたは現物出資財産の給付の期日またはその期間
5．株式を発行するときは、増加する資本金および資本準備金に関する事項
6．株主に、申込みをすることによって募集株式の割当てを受ける権利を与える旨
　→種類株式発行会社にあっては、割り当てる株式は当該株主の有する種類の株式と同一のもの（他の種類の株式の割当てはできない）
7．募集株式の引受けの申込みの期日

これが、「株主割当て」と俗称される手続です。
（ちなみに以前に説明した方式の俗称は「第三者割当て」。）

以下、６と７の条項の一例を挙げておきます。

募集事項
１～５（省略）
６．割当ての方法
令和６年９月15日の午後５時現在の株主名簿に記載された株主にその所有する株式10株につき１株の割合で募集株式を割当てを受ける権利を与える（なお、この計算により１株に満たない端数が生じたときは、これを切り捨てる）。
７．募集株式の引受けの申込みの期日　令和６年９月30日

この方式は、従来の株主に、その持株数の割合に応じて募集株式を割り当てます。
たとえば、持株数10株について２株を割り当てるとどうなるでしょうか。
ＡＢＣＤ４名の株主がいる会社と仮定しましょう。

募集株式発行前

Ａ40株　　Ｂ30株　　Ｃ20株　　Ｄ10株

募集株式発行後

Ａ48株　　Ｂ36株　　Ｃ24株　　Ｄ12株
このように、持株比率は変わりません。
Ａ：Ｂ：Ｃ：Ｄ＝４：３：２：１です。

発行の前後を通じて変化がありませんから、会社の経営権争いとは無関係です。
（ホリエモンが怒る必要はない。）

では、払込金額の問題はどうか。
たとえ、募集株式の払込金額が従来の株価より安くても、４：３：２：１の比率に変化がなければ、誰も損もしなければ、得もしません。
したがって、こちらも、何の問題もありません。

参考問題　１．株主に株式の割当てを受ける権利を与える場合であっても、その払込金額が当該株式の時価よりも相当程度低い金額であるときは、取締役は、株

主総会において、当該払込金額でその者の募集をすることを必要とする理由を説明しなければならない。（商法H25-28-イ）

2．会社法上の公開会社がその発行する株式を引き受ける者の募集において株主に株式の割当てを受ける権利を与える場合には、募集株式の払込金額が募集株式を引き受ける者に特に有利な金額であるときであっても、株主総会の特別決議を経る必要はない。（商法R2-28-ア）

答え　1．×　株主割当てでは、誰の損にもならないから払込金額が低くても有利募集に当たらず、したがって、取締役がその理由を説明することを要しない（会社法202条５項が199条３項の適用を除外している）。

2．○　前問解説のとおり、株主割当てには会社法199条３項の適用がない。たとえ、有利募集であっても、既存の株主に平等に有利なのだから特別の手続を要しないのである。

そこで、この発行方法であれば、それほど厳格な手続は要しません。

非公開会社の場合

1．定款により、取締役（取締役会設置会社であれば取締役会）が募集事項（本項冒頭の７項目）を定めるという規定を置くことができる。
　→この場合には、株主総会の関与は一切ない。

2．定款規定がなければ、株主総会決議。（特別決議）
　→カネがなくて引受けの申込みをすることができない株主に不利な決議となるおそれがあるので、特別決議を要すると説明されている。
　→カネのある株主と、カネのない株主がいるときに、持株比率の変動が生じるので、念のため、譲渡制限株式の株主の**「閉鎖性に配慮」**するのである。

公開会社の場合

取締役会決議による。
　→こちらの株主には、閉鎖性がない。

確認事項　**株主割当てによる募集株式の発行について**

募集事項等を決定した際の議事録が添付書面となる。（商業登記法46条１項・２項）

・譲渡制限会社の場合

1．株主総会議事録（特別決議309条２項５号）
→通常のパターン

２．定款＋取締役の過半数の一致を証する書面
→取締役会を設置しない会社で、取締役の決定により募集事項等を定めることができる旨の定款の規定がある場合
３．定款＋取締役会議事録
→取締役会設置会社で、取締役会決議により募集事項等を定めることができる旨の定款の規定がある場合

・公開会社の場合
取締役会議事録

参考　第三者割当ての意味

株主割当て以外の方式はすべて第三者割当てである。

たとえば、株主ＡＢＣ３名がいる中のＡのみに募集株式を割り当てて募集株式を発行等した場合、Ａは株主の１人ではあるが、この発行形態は株主割当てとはいわない。

株主の従前の持株数に応じた割当てではないからである。

【ポイント整理】募集事項の決定機関

	第三者割当て	株主割当て
公開会社	１．取締役会 ２．有利募集は株主総会（注）	取締役会（例外ナシ）
非公開会社	１．株主総会 ２．株主総会の委任に基づく取締役の決定（又は取締役会決議）	１．株主総会 ２．定款の定めに基づく取締役の決定（又は取締役会決議）

（注）有利募集の場合に、株主総会の委任に基づく取締役会決議によることもできる。

コラム　会社の自己株式は、募集株式の割当てを受けるか

株主割当ての場合にも、会社が自己株式に割り当てを受けることはない。自分が自分に出資する意味がなかろう。（会社法202条２項カッコ書）

参考　株主割当てと端数

たとえば、既存の株主に、その持株数２株に対して１株の募集株式を割り当てるとしよう。この場合、５株を保有する株主には何株の割当てをするのだろうか。

正解は、2.5株の端数を切り捨てて、２株である。（会社法202条２項ただし書）

参考　上場会社の報酬特則

上場会社の報酬特則に係る募集株式の発行は、必ず、第三者割当ての手続で行うのであり、株主割当てによることはできない。（会社法202条の２第２項）

参考問題

1．会社法上の公開会社でない取締役会設置会社が株主に株式の割当てを受ける権利を与えずに募集株式を発行した場合には、株主総会の議事録を添付しなければならない。（商業登記法H19-31-ア）

2．会社法上の公開会社でない取締役会設置会社が株主に株式の割当てを与える権利を与えて募集株式を発行した場合には、株式の割当てを受ける者を決定した取締役会の議事録を添付しなければならない。（商業登記法H19-31-イ）

3．監査役会設置会社が株主に株式の割当てを与える権利を与えて募集株式を発行した場合には、定款に別段の定めがない限り、取締役会の議事録を添付しなければならない。（商業登記法H19-31-ウ）

4．会社法上の公開会社でない会社において、株主に株式の割当てを受ける権利を与えずに、払込金額が引受人に特に有利な金額でない募集株式の募集事項の決定を株主総会の特別決議で行った場合には、当該募集事項の発行による変更の登記の申請書に定款を添付しなければならない。（商業登記法H18-33-イ）

5．公開会社でない取締役会設置会社が株主割当ての方法により募集株式の発行をする場合において、その募集事項を取締役会の決議により決定したときは、申請書に定款を添付しなければならない。（商業登記法H14-33-1）

6．公開会社でない株式会社が株主割当て以外の方法により募集株式の発行をする場合において、その払込期日が募集事項を決定した株主総会の期日の10日後であったときでも、募集株式の発行による変更登記の申請書には、期間短縮についての株主全員の同意書を添付することを要しない。（商業登記法H14-33-4）

7．公開会社が株主割当て以外の方法により募集株式の発行をする場合における募集株式の発行による変更の登記の申請書には、株主に対し募集株式の種類及び数、払込金額、払込期日等の募集事項を通知し、又は公告したことを証する書面を添

付しなければならない。（商業登記法H6-29-イ）
8．公開会社でない株式会社が株主割当て以外の方法により募集株式の発行をする場合には、募集株式の発行による変更の登記の申請書には、特別決議による株主総会議事録を添付しなければならない。（商業登記法H6-29-オ）
9．第三者割当ての方法による募集株式の発行による変更の登記の申請書には、募集事項の公告をしたことを証する書面を添付しなければならない。（商業登記法S57-40-2）
10．会社法上の公開会社でない取締役会設置会社の募集株式の発行による変更の登記の申請に関して、株主に株式の割当てを受ける権利を与えない場合において、募集事項を取締役会の決議により定めたときは、募集株式の発行による変更の登記の申請書には、定款を添付しなければならない。（商業登記法H22-29-イ）

答え　1．○　会社法199条１項・２項、商業登記法46条２項。
2．×　原則は株主総会議事録のケース。その旨の定款規定があれば取締役会議事録プラス定款を添付することになる。
3．×　設問の会社が公開会社であるとは限らない。
4．×　譲渡制限会社の第三者割当てだから、株主総会で決議をするのが当たり前。よって定款不要。
5．○　設問のケースは、譲渡制限会社の株主割当て。
6．○　第三者割当ての場合の期間短縮は、公開会社に独自の問題。
7．×　これは「お知らせ」。
8．○　募集事項の決定を取締役会等に委任をしてもしなくても株主総会議事録の添付を要する。
9．×　公開会社のみ、公告をする場合があるが（会社法201条４項）、これは、「お知らせ」であり、登記申請書の添付書面とはならない。
10．×　株主総会の委任により、取締役会決議をしたのだから添付すべきは株主総会議事録（プラス取締役会議事録）である。

株式会社は、株主割当てによる募集事項を決定したときは、募集株式の引受けの申込みの期日の２週間前までに、次に掲げる事項を、割当てを受けた株主に通知しなければなりません。（会社法202条４項）

1．募集事項
2．その株主が割当てを受ける募集株式の数
3．申込みの期日

→株主割当てによる募集事項を「決定した」ときは、通知をしなければならないのであり、決定に先立って通知をすることはできない。

確認事項　**これは、「お知らせ」である**

→「あなたに募集株式を割り当てました。申し込みますかどうしますか」という申込みの誘引である。

コラム　**会社法202条４項の通知の意味**

株主に、募集事項と割当てをした旨を知らしめるための通知である。

株主に差止請求の機会を与えるという意味はない。

公開会社であっても、株主割当てであれば、会社法201条３項、４項の通知または公告（差止請求の機会を与える）は不要である。（会社法202条５項）

参考問題　1．株主に株式の割当てを受ける権利を与えた場合には、募集株式の発行による変更の登記の申請書には、株主に対して募集事項、当該株主が割当てを受ける募集株式の数及び募集株式の引受けの申込みの期日を通知したことを証する書面を添付しなければならない。（商業登記法H22-29-ウ）

2．株主に株式の割当てを受ける権利を与えてする募集株式の発行による変更の登記の申請書には、募集株式の割当てを受ける権利を有する株主に対し、募集事項、当該株主が割当てを受ける募集株式の数及び募集株式の引受けの申込みの期日を通知したことを証する書面を添付しなければならない。（商業登記法H31-30-オ改）

答え　1．×　会社法202条４項の通知は、単なる「お知らせ」だから添付を要しない。

2．×　前問の焼き直し。

確認事項　**株主割当てに特有の添付書面**

株主割当てにおいて、募集事項等を決定した株主総会決議（または定款の定めに基づく取締役会決議、取締役の決定）の日と、申込期日との間に２週間の期間を要する。

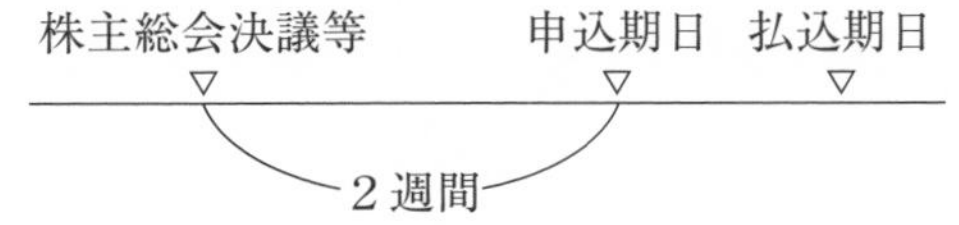

株主割当ての「通知」は申込期日の２週間前までにする

株主割当てにおいては、先に株主に募集株式を割り当てる（株主からみれば、引受けの申込みをすれば確実に募集株式を引き受けることができる）。

しかし、タダで募集株式の株主になれるわけではない。

もちろん、払込みをしなければならない。

そこで、これを申し込むか、また申し込むとして金策をどうするか、この考慮期間が２週間なのである。

この場合も、上記２週間の期間を置かない株主割当てによる募集株式の発行による変更の登記の申請は却下される。

しかし、期間短縮についての「株主全員の同意書」および「株主リスト」の添付をすれば登記は受理される。

この同意書の趣旨は「考慮期間は不要です」ということである。

同　意　書

何市何町何番地　山本商会株式会社　御中

私ども株主全員は、令和６年10月１日開催の貴社の株主総会においてその決議をした募集株式の発行に係る通知について、会社法第202条第４項の期間を短縮して行うことに同意します。

令和６年10月１日

株主　住所　　田中　太郎　㊞

株主　住所　　田中　花子　㊞

株主　住所　　山本　一郎　㊞

発展　**種類株式発行会社における募集株式の発行**

定款に別段の定めがなければ、以下の場合に種類株主総会の決議を要する。

１．第三者割当ての場合（会社法199条４項）

Ａ種類株式が譲渡制限株式である場合に、Ａ種類株式の募集を行うのであれば、Ａ種類株主総会の承認決議（特別決議）を要する（議決権行使のできるＡ種類株主が存在しない場合および決議を要しない旨の定款の定めがある場合を除く）。

この理由はＡ種類株式の株主の「閉鎖性への配慮」である。

Ａ種類株主が自らの株式に譲渡制限という不自由なものを付与している理由は、株主のメンバーを変えたくないという意思の現れである。

しかるに、第三者割当てによる募集株式の発行により新たな株主が出現する可能性が生じる。

だから、Ａ種類株主に、この点の了解を得る必要があるのである。（会社法199条４項）

株主総会	・特別決議 ・公開会社では取締役会決議
（A種類株式の株主による）種類株主総会	・特別決議 ・A種類株式の株主の閉鎖性への配慮

A種類株式（譲渡制限株式）の第三者割当て

参考問題 定款に別段の定めがない種類株式発行会社が株主に株式の割当てを受ける権利を与えないでする募集株式の発行の場合において、当該募集株式の種類が譲渡制限株式であるときは、当該種類の種類株主総会において議決権を行使することができる種類株主が存しない場合を除き、募集株式の発行による変更の登記の申請書には、募集事項の決定に係る当該種類株主総会の議事録を添付しなければならない。（商業登記法R3-30-ウ改）

答え ○ 種類株主の閉鎖性への配慮。「株主に株式の割当てを受ける権利を与えないでする」とは、第三者割当てを意味する。

2．株主割当ての場合（会社法322条1項4号）

A種類株主に対して株主割当てによる募集株式の発行を行う場合、原則として、これによりある種類の種類株主に損害を及ぼすおそれがあるときは、当該種類の種類株主による種類株主総会の決議（特別決議）を要する。

こちらの場合、A種類株主にだけ株主割当てによる募集株式の発行がなされることにより、他の種類株主に生じうる損害を問題にしているのである。

たとえば、いずれも議決権制限株式ではないA種類株式とB種類株式を発行する株式会社が、A種類株式の株主にのみ募集株式を割り当てたら、株主総会でのB種類株式の株主の発言権の低下は免れない（A種類株式とB種類株式の割合が変動する）。

だから、B種類株式の株主に損害を及ぼすおそれが生じるのである。

＊種類株式発行会社の株主割当ての実際

A種類株式およびB種類株式を現実に発行している種類株式発行会社が株主割当てをする段取りは以下のとおり（特段の定款規定はないものとする）。

1．募集株式の種類および数と割当ての決定

例）Ａ種類株主に対し、その持株割合に応じてＡ種類株式を割り当てる。
→決議機関は、公開会社では取締役会、非公開会社では原則、株主総会
→Ａ種類株主に対しＢ種類株式を割り当てることはできない。（会社法202条１項１号カッコ書）

２．Ｂ種類株主に損害を及ぼすおそれがある場合
Ｂ種類株主による種類株主総会で承認（特別決議）

取締役会	募集事項等を決定
（Ｂ種類株式の株主による）種類株主総会	・特別決議 ・322条１項決議である（割合変動グループ）

Ａ種類株式の株主割当て（公開会社、Ｂ種類株主に損害を及ぼすおそれのある場合）

確認事項　**種類株主総会議事録**

上記、いずれの場合も、それぞれ、会社法199条４項の種類株主総会決議、会社法322条１項の種類株主総会決議があることが、募集株式等の発行の効力発生要件となっているため、商業登記法46条２項を根拠に、募集株式の発行による変更の登記の申請書の添付書面として種類株主総会議事録を要することになる。

事例１

ある会社（公開会社でない会社）が、次の定款変更を行った。

Ａ種類株式の内容を変更して、配当優先株式であったものを、議決権制限株式とする定款変更である。

まず、定款変更前のＡ種類株式の内容は以下のようであったと仮定しよう。

１．Ａ種類株式は、毎決算期において、普通株式に先立ち年６分の剰余金の配当を受けるものとする。

今回、開催された株主総会で承認された定款の内容は次のとおりである。

定款第○条　当会社が発行する株式の種類と、それぞれの発行可能株式総数並びにその内容は以下のとおりとする。

普通株式　　○株
Ａ種類株式　○株
１．Ａ種類株式は、株主総会において一切の議決権を有しない。
２．会社法第322条第１項の規定によるＡ種類株式の株主による種類株主総会の決議は要しない。
３．当会社が募集株式を発行する場合においては会社法第199条第４項の規定によるＡ種類株式の種類株主総会の決議は要しない。
上記の定款変更決議では、Ａ種類株主も議決権を行使した。
さて、みなさんが司法書士なら、いかなる登記を申請するか。
申請にあたり、種類株主総会の開催を要するかどうかも考えてほしい。

以下の登記をすればよいのです。

登記の事由	発行可能種類株式総数および発行する各種類の株式の内容の変更		
登記すべき事項	別添CD－Rのとおり		
登録免許税	金30000円（ツ）		
添付書類	株主総会議事録	１通	
	Ａ種類株主全員の同意書	１通	＊
	種類株主総会議事録	１通	
	株主リスト	３通	
	委任状	１通	

＊会社法322条４項、商業登記法46条１項が添付の根拠。

問題は、別添CD－Rの内容です。
次のように記載します。
「発行可能種類株式総数および発行する各種類の株式の内容」
普通株式　　○株
Ａ種類株式　○株
１．Ａ種類株式は、株主総会において一切の議決権を有しない。
２．会社法第322条第１項の規定によるＡ種類株式の株主による種類株主総会の決議は要しない。
「原因年月日」令和○年○月○日変更

１つ消えたのにお気づきでしょうか。

３．当会社が募集株式を発行する場合においては会社法第199条第４項の規定によるＡ種類株式の種類株主総会の決議は要しない。

上記が消えました。

これは、登記事項ではないのです。

では、登記事項は何か。さんざん学びましたが、もういちど復習しましょう。

会社法911条３項

７　発行する株式の内容（種類株式発行会社にあっては、発行可能種類株式総数及び発行する各種類の株式の内容）

では、上記１から３を検討します。

１．Ａ種類株式は、株主総会において一切の議決権を有しないという定款の定めを設けることについて

会社法108条１項３号の定め。内容の異なる２以上の種類の株式の「内容」そのものである。

→Ａ種類株式を完全無議決権株式とし、また、配当優先株式でなくすることは、Ａ種類株主に損害を及ぼすおそれがあるから、株式の内容の変更に係るＡ種類株主による種類株主総会の承認決議を要する。

２．会社法第322条第１項の規定によるＡ種類株式の種類株主総会の決議は要しないという定款の定めを設けることについて

会社法322条２項に、当該規定は、ある種類の株式の「内容」であると明記されている。

→会社法322条１項の規定によるＡ種類株式の種類株主総会を要しないとする定款の定めを設けるために、Ａ種類株主全員の同意を要する。（会社法322条４項）

３．当会社が募集株式を発行する場合においては会社法第199条第４項の規定によるＡ種類株式の種類株主総会の決議は要しないという定款の定めを設けることについて

これが株式の「内容」であるとは、会社法199条４項には、ひと言も書いていない。つまりこれは、株式の内容ではない。したがって、登記事項とはならない。

会社法は、このように、ある定款規定が株式の「内容」であるかどうかで明確な区別をします。

「内容」でなければ、登記事項ではありません。また、会社法322条１項１号ロとも無関係となります。

4 募集株式の引受けの申込み

ここから先は、募集事項等を会社が決定した後の手続の流れを記載します。

株式会社は募集に応じて募集株式の引受けの申込みをしようとする者に対し、次の事項を通知しなければなりません。（会社法203条１項　ただし、４項の例外規定アリ）

1．株式会社の商号
2．募集事項
3．金銭の払込みをすべきときは、払込みの取扱いの場所
4．その他法務省令で定める事項（かなりたくさんある。会社法施行規則41条）

＊上記事項に変更が生じた場合、会社は、直ちにその旨を通知しなければならない。（会社法203条５項）

確認事項　**この通知は「お知らせ」である**

パンフレットと思えばよい。会社の内容や募集事項等を詳しくお知らせするのである。

募集事項を決定した会社が、「こういう株ですが申し込みませんか」とパンフを配っている段階である。

なお、この通知は、株主割当ての場合にも行われる。

会社法202条４項の通知は、割当てを受けた株主に「あなたに何株割り当てました」という趣旨であるが、それとは別に、会社法203条１項のパンフも配布の必要があるのである（なお、実務上は、双方の記載事項をすべて書いた１通の通知で済ませるのが通例）。

引受けの申込みをする者は、次の事項を記載した書面を株式会社に交付（または電磁的方法により提供）しなければなりません。（会社法203条２項・３項）

1．申込みをする者の氏名または名称および住所
2．引き受けようとする募集株式の数

確認事項　**引受けの申込みは契約の要素である**

民法でいえば、「契約の申込み」にあたる。

株式の引受けを申し込みますという意思表示である。

これに対し、会社が募集株式を「割当て」れば契約成立である。

第三者割当ての場合、会社は、まだパンフしか配っていないから、その後に「割当て」ることにより募集株式の引受けが確定する。

「割当て」とは、民法でいえば、「契約の承諾」にあたる。

「申込み→承諾→契約成立」の段取りである。

なお、株主割当ての場合には、「割当て」は募集事項の決定時に済んでいる。

つまり、もう会社は「承諾」をしている。

したがって、株主からの株式の引受けを申し込みますという意思表示があれば、これをもって契約成立であり、その後の手続は、出資の「払込み」または「給付」の段階しか残らない。

商業登記法56条（募集株式の発行による変更の登記）（一部省略）
募集株式の発行による変更の登記の申請書には、次の書面を添付しなければならない。
　1　募集株式の引受けの申込み又は会社法第205条の契約を証する書面

→募集株式の引受けの申込みがあったことを証する書面が添付書面となる。

参考　株主が上記の情報を電磁的方法により提供するためには、会社の承諾が必要。なぜなら、会社にインターネット環境を整えろと強制することができないから。

募集株式の引受けの申込書

○○株式会社御中

　貴社の募集株式（払込期日令和○年○月○日）について以下のとおり引受けの申込みをします。

年月日

普通株式　　○株

住所　何県何市何町何番地

氏名　山本　太郎

＊募集株式の引受けの申込みがあったことを証する書面の一例。

参考問題　取締役会設置会社における募集株式の発行による変更の登記の申請書には払込みを取り扱う銀行を定めた取締役会議事録を添付することを要する。（商業登記法H3-33-1）

答え　×「払込みの取扱いの場所」は、募集事項において定める必要がない。引受けの申込みをしようとする者に対する通知（パンフ）の記載事項である（会社法203条１項３号）。これは、添付書面にならない。

5 募集株式の割当て

株式会社は、申込者の中から募集株式の割当てを受ける者を定め、かつ、その数を定めなければなりません。

この場合に、会社は、申込者に割り当てる募集株式の数を、申込者が引き受けようとする数よりも減少することができます。(会社法204条１項)

上記により割り当てられる募集株式が、譲渡制限株式である場合には、その割当ての決定は、株主総会の決議（特別決議）によることを要します。(会社法204条２項)

取締役会設置会社においては、取締役会が決議をします。

ただし、定款に別段の定めを設けることができます。

ポイント　譲渡制限株式の割当て（原則）

1．株主総会特別決議
→取締役会を設置しない会社
2．取締役会決議
→取締役会設置会社

参考　公開会社の割当て

公開会社が譲渡自由な株式の割当てを行う場合には、適宜の業務執行機関が割当てを行うことになる。代表者が割当てを行ってもよい。

コラム　株主割当ての場合

株主割当ての場合、申込者は当然に株式引受人となるため、会社法204条１項の割当てはなされない。

第三者割当ての手続は、引受けの申込み→割当ての順であるが、株主割当てでは、この順番は逆となり、株式会社が先に株主に募集株式を割り当てるのである。

では、株主割当ての場合に、株主が申込みの期日までに申し込まなければどうなるのか？

会社法204条４項は、「当該株主は、募集株式の割当てを受ける権利を失う」と規定する。すなわち、当然に失権する。

参考問題　会社法上の公開会社がその発行する株式を引き受ける者の募集において株主に株式の割当てを受ける権利を与えた場合において、株主が募集株式の引受けの申込みの期日までに募集株式の引受けの申込みをしないときは、当該株主は、募集株式の割当てを受ける権利を失う。（商法R2-28-イ）

答え　○　そのとおり。なお、非公開会社でも同じハナシとなる。

参考　**割当て自由の原則**

募集株式の割当ての段階では、引受けの申込人はまだ株主になっていない。

したがって、株主平等原則が働かない。

会社側は自由に割り当ててよい。申込人のうちＡはイヤだから割り当てないが、Ｂは株主として好ましいから多数割り当てよう、という具合に、自由に決めてよい。

引受けの申込みをするかしないかも申込人の自由だが、これに、割当て（承諾）をするかどうかも会社の自由である。（契約自由の原則　民法）

確認事項　**割当ては契約の要素（パズルの部品）である**

ただし、これが添付書面となるかどうかは、以下の基準で考えよう。（会社法204条２項参照）

いずれも、第三者割当て限定のハナシ。

１．募集する株式が譲渡制限株式である場合

割当てをしたことを証する書面が登記申請書の添付書面になる。

具体的には……

①　取締役会を設置しない会社では、株主総会議事録（特別決議　309条２項５号）

②　取締役会設置会社では、取締役会議事録

→いずれも定款で別段の定めが可。

→定款規定により、上記以外の機関が割り当てた場合には、定款も添付のこと。

→上記の株主総会の決議に特別決議を要するのは、割当ての方法いかんにより、株主構成が変動するから、譲渡制限株式の株主の「閉鎖性への配慮」を要するのである。

２．募集する株式が譲渡制限株式でない場合

割当てをしたことを証する書面は登記申請書の添付書面にならない。

譲渡自由の株式の割当ては、代表取締役等が行うことができ、会社法において特定の機関の関与が予定されていない。
したがって、割当ては、契約の要素ではあるが、その決定の過程なるものが観念できないから、これを証する書面の添付を要しない。
たとえば、「担当取締役がその一存で割当てを決めたことを証する書面」など無意味であることは明らかであろう。

なお、発行する株式が譲渡制限株式であるかどうかによる、上記の手続の厳格さ、ゆるやかさの相違は、以下の理由による。

①　譲渡制限株式
なるべく新しい株主を歓迎したくないときの定款規定。よって、割当ては厳格に行う必要がある。

②　譲渡自由の株式
株主は誰でもいい（例　上場株式のデイトレ）。よって、割当機関を決める必要がない。

株式会社が申込者の中から割当てを受ける者を定めた場合、株式会社は、払込期日または払込期間の初日の前日までに、申込者に対し、その申込者に割り当てる株式の数を通知しなければなりません。（会社法204条３項）

参考　**上場会社の報酬特則**
「上場会社の報酬特則」においては、割当日の前日までに通知を要する。（会社法205条４項）

なお、会社法203条、204条の規定は、募集株式を引き受けようとする者がその総数の引受けを行う契約を締結する場合には、適用しません。（会社法205条）
これは、引受人が、募集株式の総数について、会社とその引受けの契約を締結する場合の特則です。
→会社の割当て、または、会社との契約により、申込者または契約者が株式引受人となります。（会社法206条）

発展　**総数引受契約**
会社法205条の総数引受契約は、引受人が複数の場合にも締結することができる。

確認事項　**総数引受契約は契約そのもの**

会社法205条の総数引受契約をした場合には、以下の手続が省略できる。
「通知」(パンフ) → 「引受けの申込み」 → 「割当て」
つまり、総数引受契約は上記のすべての要素を含んでいる。
(こういう内容で契約しませんかという話し合い→パンフの要素。じゃ、契約しましょうという合意。→申込みと承諾)

> **商業登記法56条(募集株式の発行による変更の登記)**(一部省略)
> 募集株式の発行による変更の登記の申請書には、次の書面を添付しなければならない。
> 1　募集株式の引受けの申込み又は会社法第205条の契約を証する書面

→総数引受契約をしたことを証する書面が添付書面となる。
→この場合、「引受けの申込み」と「割当て」は行われない。当然、添付書面にも登場しない。

> 総数引受契約書
>
> 年月日
>
> 株式引受人(甲)　何市何町何番地　山本太郎㊞
> (乙)　何市何町何番地
> 株式会社　田中運輸
> 代表取締役　田中一郎㊞
>
> 甲および乙は、以下の内容で募集株式の総数の引受契約を締結した。
> (以下略)

＊総数引受契約を証する書面の一例。

①　通知(契約内容の通知) ②　引受けの申込み(民法の申込みに当たる) ③　割当て(民法の承諾に当たる)	総数引受契約 (①～③を同時に行うもの)

第三者割当ての２つの方法

なお、総数引受契約をする株式が譲渡制限株式であるときは、株主総会(取締役会設置会社にあっては、取締役会)の決議によって、契約の承認を受けなければなりません。(会社法205条２項)

公開会社も譲渡制限種類株式を発行することができますので、この規定は公開会社にも適用の可能性があることに注意しておきましょう。

→譲渡制限株式の従前の株主の**閉鎖性に配慮**する規定。

→株主総会の決議は特別決議を要する。(会社法309条２項５号)

→承認機関につき定款で別段の定めをすることができる。

以上で、払込みに至る段階の説明が完了しました。

このあとは、株式の引受人が、払込みをすることにより株主となります。

では、ここで、譲渡制限会社が第三者割当てを行う場合の最短の日程表を作りましょう。

公開会社が第三者割当てを行う場合は、差止請求の問題があり、募集事項を決定した取締役会決議の日と払込期日の間に２週間を要しました。

また、株主割当てにおいては、株主の考慮期間の問題があり、募集事項等を決定した日と申込期日の間に２週間を要しました。

では、譲渡制限会社が第三者割当てを行う場合はどうか。

令和６年10月１日

株主総会開催（特別決議で募集事項を決定）

会社が引受けの申込みをしようとする者に通知（パンフの配布）

引受けの申込み

割当て

令和６年10月２日

払込期日

以上で、手続が完了します。２日で全部完了です。

割当ての日と払込期日を同日にできない理由は、会社法204条３項です（各自で条文を参照のコト)。

しかし、会社法205条の総数引受契約をすれば、上記の会社法204条３項は適用されません。

したがって、以下の日程を組むことができ、これが最短記録となります。

令和６年10月１日

株主総会開催（特別決議で募集事項を決定）

総数引受契約

上記契約の承認決議（株主総会または取締役会）
払込期日

以上のように、総数引受契約の仕組みを使うと１日ですべての手続が終わります。簡単、お手軽とでもいいたいほどです。

以下、この点を整理しておく。

	第三者割当て	株主割当て
公開会社	募集事項の決議（即日通知）と払込期日（又は払込期間の初日）の間に２週間	募集事項の決議（即日通知）と申込期日の間に２週間
非公開会社	１日で手続を終えることもできる（総数引受契約）	

参考問題

1．金銭のみを募集株式の出資の目的とする場合には、募集株式の発行による変更の登記の申請書に、募集株式の引受けの申込みを証する書面のほか、その引受けを証する書面を添付しなければならない。（商業登記法H18-33-ウ）
2．会社法上の公開会社でない種類株式発行会社が種類株式を発行した場合には、定款に別段の定めがない限り、当該種類の種類株主総会議事録を添付しなければならないが、株主総会の議事録を添付する必要はない。（商業登記法H19-31-オ）
3．募集株式の発行にあたり、すべて金銭による払込みがされた場合における募集株式の発行による変更の登記の申請書には、募集株式を引き受けようとする者がその総数の引受けを行う契約を締結したときを除き、募集株式の引受けの申込みを証する書面を添付しなければならない。（商業登記法H8-29-1）
4．公開会社でない株式会社が株主割当て以外の方法により募集株式の発行をする場合において、募集事項を決定した株主総会決議の日と払込期日との間が２週間に満たないときであっても、募集株式の発行による変更の登記の申請書には、期間短縮についての株主全員の同意書を添付することを要しない。（商業登記法H8-29-4）
5．株主に株式の割当てを受ける権利を与えてする募集株式の発行において、会社法上の公開会社でない会社が、株主総会において募集株式の引受けの申込みの期日を当該株主総会の決議の日から２週間を経過しない日と定めて募集株式の発行をした場合は、募集株式の発行による変更の登記の申請書には、株主に対する募集事項等の通知の日から当該申込みの期日までの期間を２週間未満に短縮するこ

とについて総株主の同意があったことを証する書面を添付しなければならない。(商業登記法H31-30-イ改)

6. 第三者割当てにより譲渡制限株式でない募集株式の発行をする場合には、募集株式の割当ての決定を代表取締役が行ったときであっても、当該登記の申請書には、代表取締役が募集株式の割当てについて決定したことを証する書面の添付を要しない。(商業登記法H23-31-イ)
7. 種類株式発行会社でない会社法上の公開会社において、代表取締役の決定により募集株式の割当てを行った場合には、募集株式の発行による変更の登記の申請書には、当該割当てに関する代表取締役の決定を証する書面を添付しなければならない。(商業登記法R3-30-イ)
8. 公開会社が譲渡制限株式である募集株式の引受けの申込みをした者の中から当該募集株式の割当てを受ける者を定める場合には、その決定は、取締役会の決議によらなければならない。(商法H25-28-ウ改)
9. 会社法上の公開会社でない取締役会設置会社が株主に株式の割当てを受ける権利を与えないでする募集株式の発行の場合において、株主総会の特別決議により募集事項の決定と申込みがされることを条件とする申込者に対する募集株式の割当てに関する事項の決定を同時に行ったときは、当該株主総会の議事録を添付して募集株式の発行による変更の登記を申請することができる。(商業登記法R3-30-エ)
10. 取締役会設置会社でない会社が株主に株式の割当てを受ける権利を与えないで譲渡制限株式を発行した場合には、定款に別段の定めがあるときを除き、募集株式の発行による変更の登記の申請書には、株式の割当てを決定し、又は総数引受契約を承認した株主総会の特別決議に係る議事録を添付しなければならない。(商業登記法H28-31-イ)
11. 定款に「当会社の株式を譲渡により取得するには、株主総会の承認を要する。」旨の定めがある取締役会設置会社が、募集株式を引き受けようとする者と総数引受契約を締結した場合には、募集株式の発行による変更の登記の申請書には、定款に別段の定めがあるときを除き、総数引受契約を承認した株主総会の議事録を添付しなければならない。(商業登記法H29-30-ア改)
12. 会社法上の公開会社でない取締役会設置会社が株主に株式の割当てを受ける権利を与えないで募集株式を発行する場合は、定款に別段の定めがあるときを除き、募集株式の発行による変更の登記の申請書には、株式の割当てを決定し、又は総数引受契約を承認した株主総会の議事録を添付しなければならない。(商業登記法R2-30-ア改)
13. 取締役会設置会社でない会社が、株主総会の決議によって、株主総会の開催日を募集株式と引換えにする金銭の払込期日として募集事項を決定した上で総数引受契約を承認した場合において、当該承認後、当該株主総会の開催日当日中に、当該契約の締結及び募集株式と引換えにする金銭の全額の払込みが行われたとき

は、募集株式の発行による変更の登記を申請することができる。（商業登記法R2-30-エ）

答え　1．×　引受けは「割当て」で確定する。別段の書面は要しない。

2．×　募集事項の決定は株主総会で行う。これについての承認決議を会社法199条４項の規定で当該種類の種類株主総会において行い、その双方が添付書類である。

3．○　商業登記法56条１号。

4．○　公開会社でない株式会社の第三者割当てにおいては、設問記載の２週間の経過を要しない。

5．○　株主割当てにおいては、公開・非公開会社のいずれにおいても、設問記載の２週間の期間を要し、その期間の短縮には総株主の同意を要する。

6．○　募集する株式が譲渡制限株式でないときは、割当てを証する書面の添付は不要である。

7．×　公開の単一株式発行会社だから、割り当てた株式は公開株である。

8．○　公開会社も種類株式として譲渡制限株式を発行することができ、公開会社は必ず取締役会を置くので、その割当ては取締役会がすることとなる。（会社法204条２項カッコ書）

9．×　定款に別段の定めがなければ、取締役会設置会社では譲渡制限株式の割当てを取締役会決議で行う。（会社法204条2項）

10. ○　取締役会設置会社ではない。つまり、非公開会社についての出題である。この場合、割当て、総数引受契約の承認は、株主総会の特別決議（閉鎖性への配慮のため）で行う（会社法204条２項、205条２項）。

11. ×　取締役会議事録の添付を要する。取締役会設置会社では、取締役会が総数引受契約の承認をするからである（会社法205条２項）。冒頭の譲渡制限規定に関する記述は、ただの「ひっかけ」である。

12. ×　非公開会社の発行する株式は当然に譲渡制限株式であり、取締役会設置会社では、株式の割当てを決定し、又は総数引受契約を承認した取締役会議事録を添付しなければならない。

13. ○　譲渡制限会社の第三者割当ての最速パターンについての出題。

6 金銭以外の財産の出資

募集株式の発行手続においても、現物出資の問題が発生します。

株式会社は、金銭以外の財産を出資の目的とすることを定めたときは、その財産の価額を調査させるため、裁判所に対し、検査役の選任の申立てをしなければなりません。（会社法207条１項）

裁判所は、現物出資の目的財産の価額が、不当であると認めたときは、これを変更する決定をしなければなりません。(会社法207条７項)

この場合、現物出資をしようとした募集株式の引受人は、申込み（または会社法205条１項の契約）を取り消すことができます。(会社法207条８項)

以上が原則です。

ただし、募集株式の発行においても、この現物出資に関する規制は、大幅に緩和されます。

以下の場合の事項については、検査役の選任の申立ては不要です。(会社法207条９項)

1．現物出資をする者に対して割り当てる株式の総数が、発行済株式の総数の10分の１を超えない場合。
→その現物出資財産の価額について
・「現物出資をする者に対して割り当てる株式の総数」を問題にする。
・発行済株式の総数10万株の会社が、２万株の募集株式を募集するが、そのうち「現物出資をする者に対して割り当てる株式の総数」が１万株までなら検査役の選任の申立ては不要。
・価額の上限はない。１億円でも10億円でもいい。

2．現物出資財産について定められた価額の総額が500万円を超えない場合。
→その現物出資財産の価額について
・「価額の総額」を問題にする。
・１回の募集株式の発行で、Ａ財産400万円、Ｂ財産200万円であれば、この規定にはあたらない(原則どおり、検査役の選任の申立てが必要となる)。

3．市場価格のある有価証券の価額が、その市場価格として法務省令（会社法施行規則43条）で定める方法（後記）により算定された額を超えないとき。
→その有価証券についての現物出資財産の価額
・価額の上限はない。１億円でも10億円でもいい。

4．現物出資財産として定められた価額が相当であることについて弁護士・弁護士法人・公認会計士・監査法人・税理士・税理士法人の証明を受けた場合(現物出資財産が不動産である場合にあっては、当該証明および不動産鑑定士の鑑定評価を受けることを要する)。
→その証明を受けた現物出資財産の価額について
・価額の上限はない。１億円でも10億円でもいい。

5．現物出資財産が株式会社に対する金銭債権（弁済期が到来しているものに限る）であって、その金銭債権について定められた価額が、その金銭債権についての負債の帳簿価額を超えない場合。

→その金銭債権についての現物出資財産の価額について

・価額の上限はない。１億円でも10億円でもいい。

＊会社設立時の現物出資・財産引受けの場合には、前記２、３、４にあたる規定が存在した。１の規定は存在しない。５の規定の適用があるわけがない(設立前の会社に金を貸すことはできない)。

《参考条文》

会社法施行規則43条（検査役の調査を要しない市場価格のある有価証券）
法第207条第９項第３号に規定する法務省令で定める方法は、次に掲げる額のうちいずれか高い額をもって同号に規定する有価証券の価格とする方法とする。

１　法第199条第１項第３号の価額を定めた日（以下この条において「価額決定日」という。）における当該有価証券を取引する市場における最終の価格(当該価額決定日に売買取引がない場合又は当該価額決定日が当該市場の休業日に当たる場合にあっては、その後最初になされた売買取引の成立価格)

２　価額決定日において当該有価証券が公開買付け等の対象であるときは、当該価額決定日における当該公開買付け等に係る契約における当該有価証券の価格

→「法第199条第１項第３号の価額を定めた日」とは、募集事項を定めた日のことである。

確認事項　**現物出資に特有の添付書面**

現物出資の場合にも、「引受けの申込みを証する書面または総数引受契約をしたことを証する書面」が添付書面になることは、金銭出資の場合と相違ない。

しかし、「価額の相当性」を示すため、以下の、現物出資に特有な添付書面が登場する。

まず、検査役が選任されたケース

１．検査役の調査報告を記載した書面およびその附属書類（商業登記法56条３号イ）

２．検査役の報告に関する裁判があったときは、その謄本（商業登記法56条４号）

検査役の選任がないケース

１．会社法207条９項１号のケース（発行済株式総数の10分の１まで）
特別の書面は不要→発行済株式総数は登記簿に載っている。

２．同条２号のケース（現物出資財産の総額が金500万円まで）

特別の書面は不要→募集事項で決まっている。（会社法199条１項３号）

３．同条３号のケース（市場価格ある有価証券のケース）
有価証券の市場価格を証する書面（商業登記法56条３項ロ）

４．同条４号のケース（弁護士等の証明のケース）
会社法207条９項４号に規定する証明を記載した書面およびその附属書類（商業登記法56条３号ハ）

５．同条５号のケース（株式会社に対する金銭債権のケース）
金銭債権について記載された会計帳簿（商業登記法56条３号ニ）

＊３～５は、ダイレクトに「価額の相当性」の証明を要するが、１は会社の規模に対して出資が小さい、２は現物出資財産の価額が小さいということを理由に検査役の調査を要しないとしたケースであるから、「価額の相当性」の証明を要しないのである。

【学習のポイント】弁護士等の証明書

価格の相当性に関する弁護士等の証明書の実例（簡略化したもの）を紹介しよう（付属書類は省略）。

> 証明書
> 以下の現物出資財産の価額が相当であることを証明します。
>
> 記
> １．現物出資財産　○○　金何円
> 年月日　弁護士　甲野太郎　㊞

注意点は３つある。

１．「弁護士」などの肩書を要する。その資格がないと証明ができないからである。

２．弁護士などの資格を証する書面の添付を要しない（添付の根拠規定ナシ）。

３．ハンコは認めでよい（印鑑証明書添付の根拠もナシ）。

なお、弁護士等が、その株式会社の取締役、会計参与、監査役、執行役、支配人その他の使用人、募集株式の引受人であるときは、その者は、上記の証明をすることができない。

→会計監査人である場合は、証明できる。

参考　市場価格のある有価証券についての算定方法

現物出資の対象となる有価証券の価格について、次のうち、いずれか高

い額を有価証券の価格とした場合には、検査役選任は必要がない。（会社法施行規則43条）

いずれも、価格に客観性が認められるからである。

1．価額を決定した日（募集事項を決定した日）における最終取引価格（価額決定日に売買取引がない場合、または、その日が市場の休業日にあたる場合には、その後、最初になされた売買取引の成立価格）

2．募集事項を決定した日において、その有価証券が公開買付け等の対象である場合に、その買付けに係る契約における価格

コラム　株式会社に対する金銭債権の現物出資とは？

よくあるのは、同族会社のケースだ。

会社を立ち上げても、軌道に乗るまでは、赤字が続くこともあるだろう。

仕方がないから、経営者である社長が、個人財産を会社の運営のために投入する（個人の預金を引き出して会社のために使う）。

形式は貸付金だ。

これが、会社に対する金銭債権の典型例だ。

この貸付金が1000万円で、会社の帳簿上の負債価額が1000万円の場合に、その貸付金債権を会社に現物出資するのだ。その評価額が1000万円以下であり、弁済期が到来していれば、検査役の調査は不要である。

1000万円の債権は、誰が見ても、1000万円の価値に決まっているからだ。

参考問題

1．引受人に割り当てる株式の総数が発行済株式の総数の10分の１を超えない場合、募集株式の引受人が会社に対する600万円の金銭債権を出資した場合であっても、当該金銭債権について記載された会計帳簿を添付する必要はない。（商業登記法H19-31-エ）

2．現物出資財産が、会社に対する弁済期が到来している金銭債権であり、募集事項として定められた価額が500万円を超える場合であっても、当該金銭債権に係る負債の帳簿価額を超えないときは、募集株式の発行による変更の登記の申請書には、当該金銭債権についての現物出資財産の価額に関する検査役の調査報告を記載した書面及びその附属書類を添付することを要しない。（商業登記法R3-30-ア）

3．現物出資財産が市場価格のある有価証券である場合において、募集事項として定めたその価額が当該有価証券の市場価格として会社法施行規則第43条により算定されるものを超えない場合には、その価額が500万円を超えるときであっても、登記の申請書には、当該有価証券についての検査役の調査報告書を添付する必要

はない。（商業登記法H17-33-イ）

4．現物出資財産が金銭債権である場合には、その価格が500万円以下であるときであっても、登記の申請書には、当該金銭債権についての検査役の調査報告書を添付しなければならない。（商業登記法H17-33-ウ）

5．登記の申請書に現物出資財産の価額が相当であることについての税理士の証明書を添付する場合には、その資格を証する書面を添付する必要はない。（商業登記法H17-33-エ）

6．現物出資財産が不動産である場合において、公認会計士がその価額が相当であることについての証明を行うときは、登記の申請書には、公認会計士の証明書と共に、不動産鑑定士の鑑定評価書又は固定資産課税台帳に登録されている価格に関する証明書を添付しなければならない。（商業登記法H17-33-オ）

7．取締役会の決議に基づき募集事項の決定がなされた募集株式の発行において、現物出資財産を給付した募集株式の引受人がいる場合の募集株式の発行による変更の登記の申請書には、取締役会議事録および株式の引受けの申込みを証する書面並びに検査役の調査報告書およびその附属書類を添付する必要がある。（商業登記法S57-40-5）

8．募集株式の出資の目的が市場価格のある有価証券である場合において、募集事項において当該有価証券の価額を定めた価額決定日に当該有価証券が公開買付け等の対象となっておらず、かつ、当該募集事項に定められた価額が当該価額決定日における当該有価証券を取引する市場における最終の価格を超えないときは、募集株式の発行による変更の登記の申請書には、検査役の調査報告を記載した書面及びその附属書類に代えて当該有価証券の市場価格を証する書面を添付することができる。（商業登記法H20-35-ア）

9．出資の目的が金銭以外の財産である場合において、当該登記の申請書に添付された書面が現物出資財産について募集事項の決定の際に定められた価額が相当であることについての弁護士の証明を記載した書面であるときは、当該弁護士が弁護士の登録をしていることを証する書面を添付しなければならない。（商業登記法H23-31-ウ）

10．出資の目的が金銭以外の財産である場合において、現物出資財産を給付する募集株式の引受人に割り当てる株式の総数が発行済株式総数の10分の１を超えないため検査役の調査を要しないときは、当該登記の申請書には、当該引受人に割り当てる株式の総数が発行済株式総数の10分の１を超えないことを証する書面を添付しなければならない。（商業登記法H23-31-エ）

11．金銭以外の財産を出資の目的とする募集株式の発行による変更の登記に関する次のアからオまでの記述のうち、正しいものの組合せは、後記１から５までのうち、どれか。（商業登記法Ｈ30-30）

ア　弁済期の到来した第三者に対する金銭債権を出資の目的とする場合において、会社が募集事項の決定の際に当該金銭債権の価額を1000万円と定めていたときは、その価額が相当であることについて当該会社の監査役である弁護士の証明を記載した書面及びその附属書類を添付して、募集株式の発行による変更の登記を申請することができる。

イ　普通株式2000株のみを発行している会社が、その発行した償還期の到来していない社債を出資の目的とし、かつ、募集事項の決定の際に当該社債の価額を800万円と定めていた場合において、募集株式を引き受けようとする者が募集に係る普通株式200株の総数の引受けを行う契約を締結したときは、検査役の調査報告を記載した書面及びその附属書類を添付しなければ、募集株式の発行による変更の登記を申請することができない。

ウ　普通株式2000株のみを発行している会社が、製造機械を出資の目的とし、かつ、募集事項の決定の際に当該機械の価額を500万円と定めていた場合において、募集株式の引受人に対し新たにその発行する普通株式200株及び自己株式50株を割り当てるときは、検査役の調査報告を記載した書面及びその附属書類を添付しないで、募集株式の発行による変更の登記を申請することができる。

エ　市場価格のある有価証券を出資の目的とし、かつ、会社が募集事項の決定の際に当該有価証券の価額を900万円と定めていた場合において、当該有価証券を当該会社に給付した日におけるその市場価格が1000万円であるときは、当該市場価格を証する書面を添付して、募集株式の発行による変更の登記を申請することができる。

オ　不動産の賃借権を出資の目的とする場合において、会社が募集事項の決定の際に当該賃借権の価額を2000万円と定めていたときは、その価額が相当であることについて税理士の証明及び不動産鑑定士の鑑定評価を記載した書面並びにその附属書類を添付して、募集株式の発行による変更の登記を申請することができる。

1　アイ　　**2**　アエ　　**3**　イウ　　**4**　ウオ　　**5**　エオ

答え　1．○　会社法207条９項１号に該当するから、価額の相当性に関する書面は不要。

2．○　金銭債権について記載のある会計帳簿を添付する。

3．○　有価証券の市場価格を証する書面を添付すれば、検査役の調査報告書の添付を要しない。

4．×　会社法207条９項２号。

5．○　添付の根拠条文がない。

6．×　この場合、「会社法207条９項４号に規定する証明を記載した書面およびその附属書類」が添付書面である。固定資産課税台帳は無意味。こんなもの役場にいけば300円でもらえる。不動産鑑定士の鑑定評価とは大違いである。会社法207条９項４号をよく読もう。

7．×　取締役会議事録および株式の引受けの申込みを証する書面の添付は要するが、検査役の調査報告書およびその附属書類は不要な場合がある。

8．○　会社法207条9項3号、会社法施行規則43条。

9．×　弁護士であることの証明書を添付せよという根拠規定がない。なお、証明書の証明主体として「弁護士　何某」と明記することは必要である。（平14.12.27-3239）

10．×　発行済株式の総数は登記簿の記載事項なので、本問の書面は要しない。

11．4

ア　×　監査役である弁護士等は証明をすることができない。

イ　×　現物出資をする者に対して割り当てる株式の総数（200株）が、発行済株式の総数（2000株）の10分の1を超えていない。

ウ　○　現物出資財産について定められた価額の総額が500万円を超えない。

エ　×　給付をした日におけるという一文が誤りである。原則として、価額決定日の市場における最終の価格で、検査役の調査の要否を判定する。（会社法施行規則43条）

オ　○　不動産の賃借権も、「不動産」にあたる。

---

7 出資の履行

株式の引受けが確定すれば、残る手続は「出資の履行」のみです。

募集株式の引受人は、株式会社が定めた銀行等の払込みの取扱いの場所において、それぞれの募集株式の払込金額の全額を払い込まなければなりません。（会社法208条1項）

現物出資の場合、募集株式の引受人は、それぞれの募集株式の払込金額の全額に相当する現物出資財産を給付しなければなりません。（会社法208条2項）

＊上記、いずれも、払込期日、または払込期間内に、払込みまたは給付を要する。

確認事項　払込みまたは給付と添付書面

金銭を出資する場合

払込みがあったことを証する書面（商業登記法56条2号）が添付書面となる。

現物出資の場合

給付をしたことを証する書面を添付せよという規定がない。

→給付の有無は登記官の審査の対象外

> 払込みがあったことを証する書面
> 当社の募集株式の発行（払込期日は年月日）について、次のとおり払込金額全額の払込みがあったので、これを証明します。
> １．払込みがあった金額の総額　金○円
> １．払込みに係る株式数　○株
> １．１株当りの払込金額　金○円
>
> 年月日
> 株式会社田中運輸
> 代表取締役　田中一郎

＊前記に、会社名義の預金通帳の写しを合てつし契印するのが一般的な作成方法。
＊払込みがあったことを証する書面として、銀行等が作成した払込金受入証明書を添付することもできる。

仮に、出資の履行をしなければどうなるか。

この場合には、募集株式の株主となる権利を失います。すなわち、当然に失権します。（会社法208条５項）

参考　**株主割当ての場合には、失権の機会は２度ある。**
１．期日までに申込みをしなかった場合。
２．申込みはしたが、払込みをしなかった場合。

◖ポイント◗　失権株は無視せよ。

◖ポイント◗　資本金等増加限度額

払込みまたは給付があった財産の額だけから資本金等増加限度額を計算すればよい。ここでも、失権株は無視である。

出資の履行をすることにより募集株式の株主となる権利の譲渡は、株式会社に対抗することができません。（会社法208条４項）

◖ポイント◗　出資の履行をしない場合についての比較研究

即刻に失権するケース

１．募集株式の引受人

２．設立時募集株式の引受人（会社法63条３項）

期日の２週間前に通知をし、それでも履行をしなければ失権するケース

1．発起人（会社法36条１項・３項）

コラム　相殺の禁止

募集株式の引受人が、会社に対し金銭債権をもつ場合に、この債権を自働債権とし、自己の会社に対する払込金の支払債務を、受働債権とする相殺をすることができるか。

会社法208条３項はこれを禁止する。金銭債権の現物出資については、会社法207条９項５号の反対解釈により、「その金銭債権について定められた金額が、その金銭債権についての負債の帳簿価額を超える」場合には検査役の選任申立てを要するところ、相殺を認めるとこの規定の趣旨の潜脱を許すことになるからだと説明されている。

【会社法の基本思想】出資（払込みや給付）

出資は、**現実に**これをなすべきである。

たとえ会社に対する債権であっても、現実に出資しなければならない。

参考　**上場会社の報酬特則**

上場会社の報酬特則に係る募集株式の発行があった場合、計上すべき資本金の額はどのように算定するのでしょうか。

金銭の払込み（または現物出資財産の給付）がないので、今まで述べた算定方法をとることはできません。

この場合、募集株式の割当てを受けた取締役は、何を出資するのか。

考え方としては、役務を出資するというイメージになります。

つまり、取締役として、株式会社のために働いたことの蓄積が、出資の対象という感じの考え方となります。

次の２つのパターンがあります。

１．事前交付型（募集株式の発行の後、役務を提供するパターン）

募集株式の発行のときには、資本金の額を計上しません。

その後、株主資本変動日（各事業年度の末日または臨時決算日）ごとに、その提供された役務の公正な評価額を、順繰りに、資本金の額に計上していきます。

→臨時決算日とは、臨時計算書類を作成しようとし、または、作成した

場合の決算日のこと

２．事後交付型（役務を提供の後、募集株式の発行をするパターン）
募集株式の発行のときに、資本金の額を計上します。

こちらは、取締役が事前に役務を提供し、これを積み上げ、その公正な評価額の帳簿価額を対価として、募集株式を発行します。

以上、いずれの場合も、株式発行割合を掛け算して資本金等増加限度額を計算すること、その額の２分の１まで資本準備金の額とすることができることは、一般のケースと同様です。

なお、上場会社の報酬特則が、上場会社だけの制度である理由は、市場価格のある株式であれば、取締役の役務の評価額に対して何株交付すべきかの客観的な基準を設けることができるだろうということにあります。

参考問題

1．募集株式の引受人が払込金額の全額の払込をする債務と自己の会社に対する金銭債権を相殺する旨の意思表示をした場合には、当該募集株式の発行による変更の登記の申請書に当該金銭債権について記載された会計帳簿を添付しなければならない。（商業登記法H18-33-エ）
2．募集株式の引受人が募集株式を発行する会社に対し金銭債権を有する場合において、当該引受人が払込金額の全額の払込みをする債務と自己が有する当該金銭債権とを相殺する旨の意思表示をしたときは、当該意思表示をしたことを証する書面を添付して募集株式の発行による変更の登記を申請することができる。（商業登記法H31-30-ウ）
3．出資の目的である金銭の払込みがあったことを証する書面として申請書に添付された書面が払込取扱機関における口座の入金の記録のある預金通帳の写しを合てつした代表取締役の作成に係る書面である場合において、当該入金の記録の日付が払込期日に先立つものであるときは、当該申請は、受理されない。（商業登記法H23-31-ア）
4．募集事項として募集株式と引換えにする金銭の払込みの期日を定めた場合において、募集株式の発行による変更の登記の申請書に添付された書面の内容から、募集株式と引換えにする金銭の払込みが当該払込みの期日に先立ってされたことが明らかなときであっても、募集株式の発行による変更の登記を申請することができる。（商業登記法H31-30-エ）

5．株主割当て以外の方法による募集株式の発行をする場合において、予定した全員から募集株式の引受けの申込みがあったが、一部の引受人が払込期日経過後に出資の履行をした場合、募集株式の引受人全員の同意書を添付しても、当該引受人の引受分を含めて募集株式の発行による変更の登記を申請することはできない。（商業登記法H14-33-3）

答え　1．×　相殺は無効であり、そもそも登記が受理されない。
2．×　相殺は無効。
3．×　実務上、株式引受人が払込期日前に申込証拠金（払込金額と同額）を支払い、その金額を払込期日に出資に振り替えるという手続をすることが多い。
4．○　前問の焼き直し。
5．○　払込期日までに払込みをしなかった株式引受人は、これによって失権する。

8 株主となる時期

株式引受人は、いつ、株主になるのでしょうか？（これは、いつから議決権を行使できるかという意味でもある）

会社法は２つのケースを想定します。（会社法209条）
1．募集事項に払込期日が定められた場合
　その期日に株主になる。
2．募集事項に払込期間が定められた場合
　出資の履行をした日に株主になる。

参考問題　募集株式と引換えにする現物出資財産の給付の期間を定めた場合において、募集株式の引受人が当該期間内に現物出資財産の給付をしたときは、当該引受人は、当該期間の末日に株主となる。（商法R2-28-エ）

答え　×　給付をした日に株主となる。

参考　**上場会社の報酬特則**

「上場会社の報酬特則」においては、割当日に株主となる。（会社法209条４項）

確認事項　**登記期間の起算点**

上記、１のケースは、払込期日から２週間以内に登記である。これは、変更登記に関する会社法の原則どおりのハナシである。（会社法915条１項）

が、２のケースには、特則がある。

払込期間が定められた場合は、その期間内に引受人が払込みまたは給付をするごとに株主になる。五月雨式である。

そこで、その都度、会社法915条１項の原則論を展開すると登記申請がいそがしく、司法書士が儲けすぎる結果となるため、会社法915条２項が存在する。

「前項の規定にかかわらず、第199条第１項第４号の期間を定めた場合における株式の発行による変更の登記は、当該期間の末日現在により、当該末日から２週間以内にすれば足りる。」

要するに、期間末日現在でまとめて登記してもよいという意味である。

なお、この場合、たとえば、期間の途中で払込み等が完了すれば、その時点で登記を申請してもかまわない。

払込期間を定めた場合には、各引受人の払込みをもって募集株式等の発行の効力は生じているからである。

＊上記、効力の発生とは、引受人は株主になったという意味であり、発行済株式の総数の増加、資本金の額の増加といった登記事項も発生するという意味である。

コラム　**払込期日の繰上げ、延期**

いったん決めた払込期日を繰上げ、延期をすることができる。

この場合、募集事項を決定した機関が、繰上げ、延期の決議をすればよい。

→この決議の議事録は、募集株式の発行による変更登記の添付書面となる(昭37.6.13民甲1563回答)。

なお、払込期日とは、募集株式の引受人が株主となる時期だから、これを延期することは株式引受人の不利益となる（なかなか株主になれないのは困る)。

このため、延期の場合のみ、株式引受人全員の同意を要し、その同意書も添付書面となる（昭40.1.13民甲79回答)。

参考問題

1．公開会社が募集株式の発行をする場合において、募集株式の引受人が払込期日前に出資の履行を完了したときであっても、払込期日到来前は、募集株式の発行

による変更の登記を申請することはできない。（商業登記法H6-29-ウ）

2．募集事項として定めた募集株式と引換えにする金銭の払込みの期日が休日にあたる場合には、休日の翌日が払込期日になるので、募集株式の発行による変更の登記は、休日の翌日から起算して２週間以内に申請すれば足りる。（商業登記法S58-40-5）

3．株主総会の決議により決定された払込期日より前に募集株式の引受人のすべてが出資の履行を完了した場合において、当該払込期日を繰り上げる旨の株主総会の決議をしたときは、当該払込期日より前の日を登記原因年月日とする募集株式の発行による変更の登記の申請書には、当該株主総会の議事録を添付しなければならない。（商業登記法H22-29-ア）

4．株主総会の決議により決定された払込期日を当該払込期日の経過前に延期する旨の決議を株主総会においてした場合には、募集株式の発行による変更の登記の申請書には、当該延期に係る決議をした株主総会の議事録及び募集株式の引受けの申込みをした者全員の同意書を添付しなければならない。（商業登記法H22-29-オ）

5．取締役会の決議により決定された払込期日を当該払込期日の経過前に延期した場合には、募集株式の発行による変更の登記の申請書には、払込期日の延期を決議した取締役会の議事録及び当該決議前に募集株式の引受けの申込みをした者全員が当該延期につき同意したことを証する書面を添付しなければならない。（商業登記法H28-31-オ）

6．募集株式と引換えにする金銭の払込期間を定めて募集株式を発行する場合において、払込期間中の複数日にわたって株式引受人の全員であるＡ及びＢから各々の払込みがされ、払込期間の末日前に募集株式の発行による変更の登記の申請をするときは、その登記すべき事項として、各々の払込みごとの発行済株式の総数及び資本金の額を記載することを要しない。（商業登記法R2-30-ウ）

7．募集株式と引換えにする金銭の払込期間を定めて募集株式を発行する場合において、株式引受人全員が当該払込期間の初日にその金銭の全額の払込みをしたとしても、募集株式の発行による変更の登記の申請は、当該払込期間の末日から２週間以内にすれば足りる。（商業登記法R2-30-オ）

答え　1．○　払込期日を定めた場合、引受人は払込期日に株主になる。それ以後でなければ登記の申請はできない。

登記事項の発生→登記の申請が基本パターンである。将来の登記事項をあらかじめ登記という仕組みは存在しない。

2．×　民法142条は、年月日から２週間というような期限の定め方をした場合の条文である。本事例のように「期日」を定めた場合には適用がない。本事例は、休日から起算して２週間以内に申請すべきである。

《参考条文》

民法142条
期間の末日が日曜日、国民の祝日に関する法律に規定する休日その他の休日に当たるときは、その日に取引をしない慣習がある場合に限り、期間は、その翌日に満了する。

→前記は、募集株式等の発行の際の「２週間問題」や、債権者の異議手続の公告期間の満了時の計算などの際(これらの場合、民法142条は適用される)に、実務上、デリケートな問題点となる条文である。が、試験とは、あまり関係がない。

3．○　繰上げの決議をした株主総会議事録の添付を要する。

4．○　延期の場合、延期の決議をした株主総会議事録のほか、株式引受人全員の同意書の添付を要する。

5．○　前問の焼き直し。

6．×　本問は、払込期間の末日現在での登記申請の特例を使用しない場合のハナシ。特例を使用しないときは、各株式引受人が払込みをし、株主となったときごとに各々の登記申請をすべきこととなる。

→逆に言えば、それがいちいち面倒だろうということで、末日現在の特則（会社法915条２項）がある。

7．○　こちらは、末日現在の特則（会社法915条２項）を使用した場合のハナシ。払込期間の初日に全額の払込みがあった場合でも、特例により、末日現在での登記の申請をすることができる。

以下、第三者割当てと株主割当てのそれぞれについて、時系列を示しておきますので、この分野の理解の一助としてください。

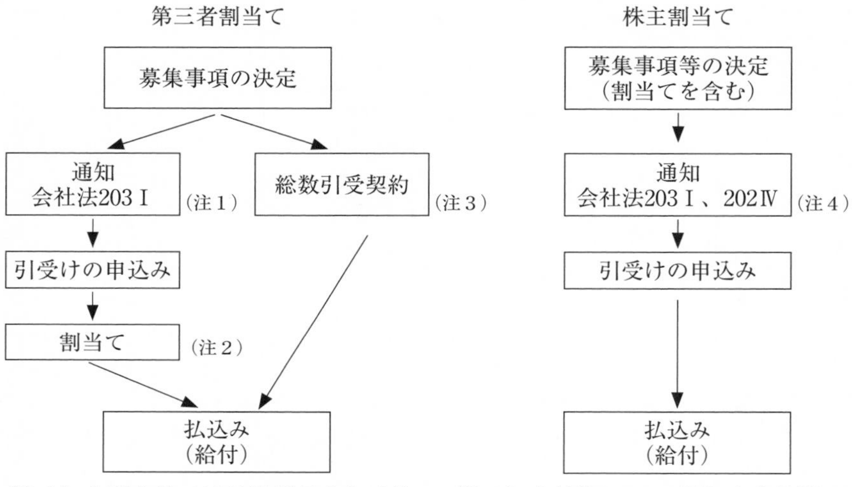

(注1) 公開会社では払込期日または払込期間の初日の2週間前までに通知をする。

(注2) 募集株式が譲渡制限株式である場合、株主総会(取締役会設置会社にあっては取締役会)の決議によって割り当てる。

(注3) 募集株式が譲渡制限株式である場合、株主総会(取締役会設置会社にあっては取締役会)の承認を要する。

(注4) 会社法202Ⅳの通知を申込期日の2週間前にする。

9 募集に係る責任等

会社設立についても、株主間の公平を図るための規定は存在しましたが、募集株式の発行についても同様です。

募集株式の引受人の責任等

募集株式の引受けの申込み、割当て、総数引受契約については、民法93条1項ただし書・民法94条1項を適用しません。(会社法211条1項)

この結果、これらの意思表示についての、心裡留保・通謀虚偽表示は契約の効力をさまたげません（常に有効）。

→会社設立時　同旨の規定アリ。会社法102条５項（設立時募集株式に関する規定）、会社法51条１項（発起人の引受けに関する規定）

募集株式の引受人は、株主となった日から１年を経過した後（または株式についての権利を行使した後）は、錯誤、詐欺または強迫による取消しをすることができません。（会社法211条２項）

→会社設立時は、設立時募集株式の引受人は、株式会社の成立後または創立総会等で議決権を行使した後（会社法102条６項）、発起人は、株式会社の成立後（会社法51条２項）

募集株式の引受人は次の場合に会社に対し支払義務を負います。（会社法212条）
１．取締役（執行役）と**通じて**著しく不公正な払込金額で募集株式を引き受けた場合→公正な価額との差額の支払義務を負う。
２．株主となった時における、現物出資財産の価額が募集事項の決定時の価額に**著しく**不足するとき→不足額の支払義務を負う。

上記１は、取締役等との通謀がない場合には、引受人は責任を負わないことを意味します。単に株を安く買ったにすぎないからです。２の責任は引受人の主観とは無関係に発生します。

次に、出資の履行を仮装した募集株式の引受人は次の行為をする義務を負います。（会社法213条の２第１項）
→なお、この義務の免除には、総株主の同意を要する。（同条２項）

１．金銭の払込みを仮装したとき
仮装した払込金額の全額支払いをしなければならない。
２．現物出資財産の給付を仮装したとき
仮装した現物出資財産の給付をしなければならない。
→ただし、株式会社がその給付に代えて、その財産の価額に相当する金銭の支払いを請求したときは、その支払いをしなければならない。

また、仮装により株主となった者は、上記の支払いまたは給付をした後でなけ

れば、株主の権利を行使することができません。（会社法209条２項）

しかし、その株式を譲り受けた者（第三者）は、悪意または重大な過失がなければ、その株主権を行使することができます。（同条３項）

【会社法の問題整理の方法】仮装払込み

会社法は、仮装払込みによっても引受人が株主となることを認めている。

しかし、その払込みがあるまでは、株主権の行使を認めない。

これが、本件に関する会社法の問題整理の方法である。

《注意》

上記の株式引受人が、取締役（執行役）と通じて著しく不公正な払込金額で募集株式を引き受けた場合の差額の支払義務、株主となったときの現物出資財産の価額が募集事項の決定時の価額に著しく不足する場合の不足額てん補責任、および、仮装した出資に係る払込みや給付の義務について、株主がその責任等を追及する訴訟を提起することが可能である。（会社法847条１項　責任追及等の訴え（株主代表訴訟））

参考問題　１．募集株式の引受人は、出資の履行をした募集株式の株主となった日から１年を経過した後は、その株式について権利を行使していない場合であっても、錯誤を理由として募集株式の引受けの取消しを主張することができない。（商法H25-28-オ改）

２．募集株式の引受人が払込金額の払込みを仮装した場合には、当該募集株式の譲受人が当該払込みが仮装されたことを知らず、かつ、そのことに重大な過失がないときであっても、当該引受人が払込みを仮装した払込金額の全額の支払をした後でなければ、当該譲受人は、当該募集株式についての株主の権利を行使することができない。（商法R2-28-オ）

答え　１．○　会社法211条２項。　２．×　善意無重過失の譲受人による株主権の行使は妨げられない。（会社法209条３項）

10 取締役等の責任

現物出資の場合、取締役等（取締役と執行役のうち、一定の範囲の者）の責任が規定されています。（会社法213条、会社法施行規則44条）

その要件は、「募集株式の引受人が株主となった時における現物出資財産の価額が、募集事項の決定時の価額に著しく不足するとき」です。

この場合には、引受人自らも責任を負うのですが、取締役等の責任も規定されています。

ただし、次の場合には、責任を負いません。（会社法213条２項）

1．検査役の調査を経た場合

2．取締役等が、その職務を行うについて注意を怠らなかったことを証明した場合

なお、弁護士等が、現物出資財産の価額の公正を証明した場合には、これらの者も取締役等と同様の責任を負いますが、その証明をするについて注意を怠らなかったことを証明すればその責任を免れることができます。（会社法213条３項過失責任）

超重要　**同様のケースで、会社設立の場合には、募集設立の場合に限り、発起人および設立時取締役に「無過失責任」が課された。（会社法52条、103条１項）**

会社設立時は、これから会社を作る段階であり、現物出資をした発起人と、設立時募集株式の募集に応じた投資家の公平を図る必要があったのだろう。

参考　**責任を負う取締役の範囲**

現物出資財産の価額が、募集事項の決定時の価額に著しく不足する場合、以下の取締役等が不足額をてん補する責任を負う。（会社法213条、会社法施行規則44条）

1．募集株式の引受人の募集に関する職務を行った業務執行取締役（指名委員会等設置会社にあっては執行役）

2．現物出資財産の価額決定に関する職務を行った取締役および執行役

3．現物出資財産の価額決定を株主総会が行った場合

①　株主総会で、現物出資財産の価額について説明をした取締役および執行役。

②　株主総会に、現物出資財産の価額の決定に関する議案を提出した取締役。

③　上記の議案の提案の決定に賛成した取締役（取締役会設置会社の取締役を除く）。

④　議案提出が、取締役会の決議に基づいて行われた場合、その決議に賛成した取締役。

4．現物出資財産の価額決定を取締役会が行った場合

①　取締役会の決議に賛成した取締役。

② 取締役会に、現物出資財産の価額の決定に関する議案を提出した取締役および執行役。

募集株式の払込金額の払込み（または現物出資財産の給付）を仮装した場合、これに関与した取締役（または執行役）は、株式会社に対してその仮装した金額の全額（または現物出資財産の価額に相当する金銭の全額）の支払いをする義務を負います。（会社法213条の３第１項本文）

→取締役（または執行役）の連帯債務となる。（同条２項）

ただし、これらの者が、注意を怠らなかったことを証明した場合には、その責任を負うことはありません。（会社法213条の３第１項ただし書）

→ただし、取締役（または執行役）がイコール仮装引受人である場合、その張本人取締役（または執行役）は注意を怠らなかったことを証明しても免責されない。

参考問題

1．募集株式の引受人の給付した現物出資財産の価額がこれについて募集事項として定められた価額に著しく不足する場合には、当該定められた価額の決定に関する取締役会に議案を提案した取締役は、裁判所の選任した検査役の調査を経たときであっても、会社に対し、その不足額を支払う義務を負う。（商法H25-28-エ）

2．出資の履行がないにもかかわらず、これを仮装して募集株式の発行による変更の登記をした場合には、取締役は、共同して当該募集株式を引き受けたものとみなされる。（商業登記法H18-28-エ）

答 え　1．×　会社法213条２項１号。　2．×　そういう規定はない。

11 株式会社の成立後における株式の発行無効の訴え

株式会社の成立後における株式の発行無効の訴えは、会社法の原則どおりの類型です。

提訴権者	株主、取締役、清算人、監査役、執行役
提訴期間	発行の効力が生じた日から６か月（公開会社以外は１年）
管轄	被告会社の本店の所在地を管轄する地方裁判所
担保提供命令	株主に対し命令が発せられることがある

弁論　　　　　　必要的に併合
判決の第三者効　あり（請求を認容する確定判決についてのハナシ）
無効判決の効力　遡及しない

上記は、自己株式の処分無効の訴えにおいても、寸分違わず同様です。

発展　**非公開会社の提訴期間が１年である訳**

非公開会社には、普通、法務部などない。

だから、法律など関係なく、株主に知らせずに募集株式を発行しちゃうことがあるのだ。

この場合、たったの６か月で無効なものが有効に転化しては、寝耳に水の株主に気の毒だから出訴期間を長期化したのである。

参考　新株発行無効の訴えの提訴期間中は、口頭弁論を開始することができないという旧商法の規定は削除された。

登記簿の記載例（H18.4.26民商第1110号依命通知改）
新株発行無効の判決が確定した場合

<table>
<tr><td rowspan="7">発行済株式の総数
並びに種類及び数</td><td colspan="2">発行済株式の総数
<u>10万株</u></td></tr>
<tr><td rowspan="4">発行済株式の総数
<u>12万株</u></td><td>令和６年10月1日変更</td></tr>
<tr><td>令和６年10月8日登記</td></tr>
<tr><td>令和６年11月１日東京地方裁判所の新株発行（令和６年10月1日）無効の判決確定</td></tr>
<tr><td>令和６年11月8日登記</td></tr>
<tr><td rowspan="2">発行済株式の総数
10万株</td><td></td></tr>
<tr><td>令和６年11月8日回復</td></tr>
<tr><td rowspan="3">資本金の額</td><td colspan="2"><u>金5000万円</u></td></tr>
<tr><td rowspan="2">金6000万円</td><td>令和６年10月1日変更</td></tr>
<tr><td>令和６年10月8日登記</td></tr>
</table>

［注］新株発行無効の判決が確定しても、資本金の額は減少しない。（会社計算規則25条２項１号）
→**債権者異議手続**を経ずに、資本金の額を減少させることはできないというのがその理由である。

＊裁判所書記官の嘱託により登記がなされる。

新株発行無効の訴えにおいて請求が認められたときは、発行済株式の総数の登記は裁判所書記官の嘱託によって抹消されますが、資本金の額の抹消の登記は嘱託されません。

会社法には、資本金の額の減少の手続があり、その手続をとらずに資本金の額を減少することは債権者保護の見地から好ましくないないためです。（商登規70条前段・後段カッコ書、66条１項）

以下、参考までに先の登記の記載例の成り立ちをご説明します。

1．発行済株式の総数を12万株とする令和６年10月１日変更の新株発行の登記の申請により、登記官は登記記録の発行済株式の総数である「10万株」を職権により抹消した。
2．令和６年11月１日東京地方裁判所の新株発行無効の判決確定により、１で登記した発行済株式の総数「12万株」の抹消が裁判所書記官から嘱託され、登記官は、この嘱託により登記記録の発行済株式の総数である「12万株」を抹消した。
3．これに伴い、登記官は、１によりいったん抹消された発行済株式の総数「10万株」を職権により回復した。

《参考条文》

商業登記規則100条１項本文（登記の抹消）

登記の抹消をする場合には、抹消すべき登記事項を抹消する記号を記録し、その登記により抹消する記号が記録された登記事項があるときは、その登記を回復しなければならない。

→本規定は、申請による抹消登記をしたときに、登記官がする抹消前の登記の職権回復についての一般的な規定である。前記の登記簿の記載例の発行済株式の総数の回復は、商業登記規則70条が根拠。

参考問題

1．株主は、募集に係る株式の発行がされた後は、当該株式の発行に関する株主総

会の決議の無効確認の訴えを提起することはできない。（商法H22-34-エ）
2．新株発行の無効の訴えに係る請求を認容する判決が確定した場合には、当該新株発行によりされた発行済株式の総数及び資本金の額の変更の登記は、裁判所書記官の嘱託により、抹消される。（商業登記法H22-31-ア）
3．株式会社において、株式会社の成立後における株式の発行の無効の訴えに係る請求を認容する判決が確定した場合において、裁判所書記官の嘱託により株式会社の成立後における株式の発行の無効の登記をするときは、登記官は、発行済株式の総数及び資本金の額に関する登記を抹消する記号を記録するとともに、当該登記により抹消する記号が記録された登記を回復する。（商業登記法H31-32-ア）
4．株式会社の成立後の株式の発行に関する次のアからオまでの記述のうち、会社法上の公開会社と公開会社でない株式会社のいずれにも当てはまるものの組合せは、後記１から５までのうちどれか。なお、定款には法令の規定と異なる別段の定めはないものとする。（商法H20-29改）

ア　定款を変更して発行可能株式総数を増加する場合には、変更後の発行可能株式総数は、当該定款の変更が効力を生じた時における発行済株式の総数の４倍を超えることができない。

イ　募集株式の発行の無効の訴えを提起することができる期間は、当該株式の発行の効力が生じた日から６か月以内である。

ウ　種類株式発行会社において縁故者に対してのみ募集株式の発行を行う場合には、種類株主総会の特別決議により募集事項を決定しなければ、当該募集株式の効力が生じないことがある。

エ　株主に株式の割当てを受ける権利を与えてされる募集株式の発行に際し、募集事項を取締役会の決議により定めることができる。

オ　募集株式の発行に係る募集事項の決定を株主総会で行う場合において、当該募集株式の払込金額が募集株式を引き受ける者に特に有利な金額であるときは、取締役は、当該株主総会において、当該払込金額でその者の募集をすることを必要とする理由を説明しなければならない。

1　アエ　　**2**　アオ　　**3**　イウ　　**4**　イエ　　**5**　ウオ

答え

1．○　この場合は、新株発行無効の訴えによるべきとされている。（最判昭40.6.29）
2．×　会社計算規則25条２項１号、商登規70条前段・後段カッコ書、66条１項。
3．×　前問の焼き直し。資本金の額に関する事項はそのまま存置する。抹消も回復もしない。
4．**5**

ア　公開会社のみに当てはまる。（会社法113条）

イ　公開会社のみに当てはまる（会社法828条１項２号）。公開会社でない会社においては、株式の発行の効力が生じた日から１年以内となる。

ウ　いずれにも当てはまる。第三者割当ての場合、募集する種類の株式が譲渡制限株式であれば、原則として、会社法199条４項の種類株主総会の承認を要する。公開会社も譲渡制限種類株式を発行するケースがあるから、同条の適用を受ける場合がある。

エ　公開会社のみに当てはまる。（会社法202条３項３号・４号）

オ　いずれにも当てはまる。有利募集の際の取締役の説明義務（会社法199条３項）に関して公開会社の特則は存在しない。

コラム　社　債

社債につき簡単に記す。

社債は、会社の債務である。

募集→申込み→割当てのパターンは株式の募集と同じだが、社債は、期限に返済しなければならない。

が、社債権者は、ただの会社債権者だ。

株主と違い、会社に対する発言権は、原則としてない。

1．社債の発行は、株式会社・**持分会社**いずれも可。取締役１人の会社も可。

2．募集社債の総額につき割当てを受ける者を定めていない場合、社債の発行を打ち切ってよい（打ち切り発行　次の社債を発行してもいい）。

3．各社債金額は均一でなくてもよい。

4．社債管理者が必要。銀行、信託会社などだ。（ただし、各社債の額が**1億円以上**の場合と、ある種類の社債の総額をその種類の各社債の金額の最低額で除して得た数が**50を下回る**場合は不要。会社法702条、会社法施行規則169条）

＊一般大衆に起債するのだからしっかりした管理者を置けという趣旨。各社債の額が１億円以上の場合は、もはや、一般大衆ではなかろう。また、社債権者の数が上限で49人となるケースにまで、社債管理者を置くのは大げさすぎる。

→上記の、社債管理者を置くことを要しない場合において、会社は、社債管理補助者を定め、社債権者のために、社債の管理の補助を行うことを委託することができる（ただし、担保付社債については委託できない）。

5．社債管理者の職務　弁済の受領、債権の保全その他

（一般大衆のために、社債発行会社からしっかり取り立てる仕事）

→訴訟上、訴訟外のすべての行為。

6．社債権者集会

株主総会と似たようなものだが、決定的な違いは、株主総会は定時総会があるが、社債権者集会にはない。

というか、社債権者集会はなるべくならやりたくない。

なぜなら、社債発行会社が、債務の弁済が危うくなったとき（一般大衆の社債が取立て不能になる）に、「さて、どうするか」という会合が社債権者集会だからだ。→社債発行会社の経営状態が危うい

このため、社債権者集会は、会社法に規定する事項および社債権者の利害に関する事項について決議をすることができると規定されている。（会社法716条）

「社債権者の利害に関する事項」とは、典型的には、社債発行会社の経営が危ういが、どうしたら社債の支払をしてもらえるかという「利害」を意味するのである。

たとえば、社債管理者が、社債の全部の支払猶予(弁済期の先延ばし)、債務不履行責任の免除または和解を訴訟外でする場合には、社債権者集会の決議を要する。

7．社債権者集会の決議があったときは、**裁判所の認可**がなければ、その効力を生じない。

社債権者集会の会議の目的は、株主総会の場合のように体系だった規定がない。社債発行会社の経営不安の状況に応じて対策を練るべきであり、事前にどうのこうのと決められないのだ。逆にいえば、何を決議するかは、その場の状況次第だ。だから、決議が効力を発するには、いちいち、裁判所の認可を要する。

ただし、みなし社債権者集会決議（議決権者全員の書面または電磁的記録による同意により成立）については、裁判所の認可を要しない。全員一致の(当事者間に対立がない)ときにまで認可はいらないリクツだからだ。

8．合同発行

社債は、２以上の会社が合同して発行することができる。（会社法施行規則162条２号）

１社では発行できないときに、２以上の会社が協力して発行することができるのである。

9．決議機関

普通社債の発行は、必ずしも、株主総会の決議を要するものではない。

取締役会設置会社では、募集社債の募集事項は取締役会が決定する。（会社法362条４項５号）

参考問題

1．合同会社は、社債を発行することができない。（商法H29-33-エ）

2．合名会社は、社債を発行することはできない。（商法R3-33-ウ）

3．各社債の金額が1億円以上である場合には、社債管理者を設置することを要しない。（商法H30-33-イ）

4．会社は、社債を発行する場合において、各社債の金額が1億円以上であるときは、社債管理者を定めなければならない。（商法R5-33-エ）

5．議決権者の議決権の総額の5分の1で、かつ、出席した議決権者の議決権の総額の3分の2の議決権を有する者の同意により、社債管理者が当該社債の全部について支払の猶予をすることを可決する旨の社債権者集会の決議は、裁判所の認可を受けなくても、その効力を生ずる。（商法R5-33-オ）

6．銀行は、社債発行会社に対して貸付債権を有している場合であっても、社債管理者となることができる。（商法H30-33-オ）

7．株式会社は、新株予約権付社債を発行する場合には、各社債の金額又は社債権者の数にかかわらず、社債管理者を定めることを要しない。（商法H31-29-イ）

答え　1．×　持分会社も社債を発行することができる（会社法676条）。

2．×

3．○

4．×　前問の焼き直し。

5．×　認可を要する。

6．○　社債発行会社のメインバンクが社債管理者となることが通常である。そして、メインバンクは、たいていの場合その取引先（社債発行会社）に貸付債権を有している。

7．×

参考問題　社債に関する次のアからオまでの記述のうち、正しいものの組合せは、後記1から5までのうちどれか。（商法H21-32改）

ア　指名委員会等設置会社でない取締役会設置会社がその発行する社債を引き受ける者について一の募集をする場合において、募集社債の総額の上限の決定は、取締役会が行わなければならず、取締役に委任することはできない。

イ　無記名社債の譲渡は、譲受人の氏名又は名称及び住所を社債原簿に記載し、又は記録しなければ、社債発行会社に対抗することができない。

ウ　社債権者と社債管理者との利益が相反する場合において、社債権者のために裁判上又は裁判外の行為をする必要があるときは、社債管理者は、事務を承継する社債管理者を定めて、辞任しなければならない。

エ　社債権者集会は、会社法に規定する事項及び募集社債に関する事項として会社が定めた事項に限り、決議をすることができる。

オ　社債権者集会の決議は、議決権者全員の書面または電磁的記録による同意によって社債権者集会決議があったものとみなされる場合を除いて、裁判所の認可を受けなければ、その効力を生じない。

1　アイ　**2**　アオ　**3**　イウ　**4**　ウエ　**5**　エオ

答え　**2**　社債についての出題はマレである。あまりつっこんで学習をしてはいけない。本問では、オが○（会社法734条１項、735条の２第４項）、エが×（会社法716条）という社債権者集会に関する基本条文から解答を導き出せればそれでよい。

以下、その他の肢の解説を一応するが、あまり気にしなくてもよい。

ア　○　募集社債に関する事項の決定（会社法676条）は、通常の業務執行の決定であり、取締役会設置会社では、取締役会の権限となる。そして、会社法362条４項５号が、この決定を個々の取締役に委任することはできないとしている。

イ　×　無記名社債は動産とみなされ、対抗要件は占有である。（会社法688条３項）

ウ　×　特別代理人が選任されるので辞任の必要はない。（会社法707条）

参考問題　株式と社債との異同に関する次のアからオまでの記述のうち、誤っているものの組合せは、後記１から５までのうちどれか。（商法H23-28）

ア　株式は、株主名簿に株主の氏名又は名称及び住所が記載され、又は記録される記名式のものに限られ、社債は、社債原簿に社債権者の氏名又は名称及び住所が記載され、又は記録される記名式のものに限られる。

イ　募集株式の引受人は、出資の履行をする債務と会社に対する債権とを相殺することができないが、募集社債の申込者は、払込みをする債務と会社に対する債権とを相殺することができる。

ウ　２以上の種類の株式を発行する会社は、定款で特定の種類の株式のみに係る株券を発行するものと定めることができないが、２以上の種類の社債を発行する会社は、特定の種類の社債のみに係る社債券を発行するものと定めることができる。

エ　株式会社は、定款で株主名簿管理人を定め、株主名簿に関する事務を行うことを委託することができるが、社債を発行する会社は、社債原簿管理人を定め、社債原簿に関する事務を行うことを委託することができない。

オ　株主総会の決議は、その効力を生じさせるために裁判所の認可を受けることを要しないが、社債権者集会の決議は、その効力を生じさせるために裁判所の認可を受けなければならない。

1　アウ　**2**　アエ　**3**　イエ　**4**　イオ　**5**　ウオ

答え　**2**　「無記名社債」「社債原簿管理人」というこの２つの言葉の存在を知っていれば、解答可能という出題であった。

ア　×　社債券には、記名式と無記名式の２種類がある。無記名式社債券が発行されたときは、その社債権者は、社債原簿に記載または記録されない。

イ　○　これは、有名な論点である（募集株式の払込みにつき会社法208条３項参照）。

ウ　○　株券については会社法214条。これに対して、社債は、発行ごとにベツモノなので、本問の定めも可能である。

エ　×　社債原簿管理人を置くことができる。（会社法683条）

オ　○　これも非常に有名な論点である（社債権者集会につき会社法734条１項）。

参考問題　株式と社債との異同に関する次のアからオまでの記述のうち、正しいものの組合せは、後記１から５までのうち、どれか。（商法R2-33）

ア　株式会社は、自己株式については、株主総会における議決権を有しないが、その有する自己の社債については、社債権者集会における議決権を有する。

イ　募集株式は、その一部の募集株式について引受け及び払込みがされなかった場合には、募集株式の全部が発行されないこととなるが、募集社債は、総額について割当てを受ける者を定めていない場合であっても、割当てがされた募集社債は発行される。

ウ　募集株式は、他の株式会社と合同して発行することはできないが、募集社債は、他の株式会社と合同して発行することができる。

エ　募集株式の引受人は、払込金額の払込みをする債務と株式会社に対する債権とを相殺することはできないが、社債権者は、払込金額の払込みをする債務と株式会社に対する債権とを相殺することができる。

オ　株式会社は、募集株式及び募集社債のいずれについても、数回に分けて金銭の払込みをさせる旨及び各払込みの期日における払込金額を定めることができる。

1　アイ　　**2**　アオ　　**3**　イウ　　**4**　ウエ　　**5**　エオ

答え　**4**　社債の合同発行ができること、社債の払込債務を相殺できること、以上の２点を知っていれば解答できる。

ア　×　自己社債にも議決権がない。（会社法723条２項）

イ　×　募集株式についての記述が誤り。失権した一部を除き、残部の募集株式の発行の効力が生じる。募集社債についても、打ち切り発行ができる（前記コラム参照）。

ウ　○　社債の合同発行はできる（前記コラム参照、会社法施行規則162条２号）。

エ　○　そのとおり。有名な論点。募集株式の発行の場合は、株式会社に対する債権を現物出資することを要する。

オ　×　募集株式の発行について不可。募集社債についての記述は正しい。（会社

法施行規則162条１号）

12 募集株式の発行等に関する登記手続

基本パターンから解説します。

募集株式の発行等をした場合の登記事項については、以下の類型が考えられます。

１．登記事項がない場合

募集により割り当てる株式が自己株式のみであるケースです。

この場合、資本金の額は増加せず、発行済株式総数にも変化がない（株主が代わっただけ）から登記事項は何も発生しません。

２．発行済株式総数（種類株式発行会社では発行済各種株式の数を含む）が増加するケース

募集により株式を発行した場合には、登記事項が発生します。

少なくとも、発行済株式総数は増加します。

しかし、これに伴い、資本金の額が増加しないケースもあります。

簿価マイナスの事業の現物出資を、共通支配下の取引として簿価で受け入れた場合です。

しかし、このケースは試験範囲ではありません。

３．資本金の額と発行済株式総数（種類株式発行会社では発行済各種株式の数を含む）が増加するケース

募集により株式を発行した場合、金銭出資のみのケースであれば、例外なくこの類型になります。

では、以下の記載例を見ていきましょう。

登記簿の記載例（H18.4.26民商第1110号依命通知改）

普通株式のみを発行した場合

発行済株式の総数 並びに種類及び数	発行済株式の総数 ５万株	
	発行済株式の総数 ８万株	令和６年10月1日変更 令和６年10月8日登記
資本金の額	金2500万円	
	金4000万円	令和６年10月1日変更 令和６年10月8日登記

上記が、種類株式発行会社でない株式会社が、募集株式を発行したときの典型的な記載例です。

どうでしょう。登記事項は、非常に少ないことがわかります。

したがって、登記の申請書の書き方のうち、登記の事由と登記すべき事項は、すこぶる簡単なのです。

登記の事由　　　募集株式の発行
登記すべき事項　令和６年10月１日次のとおり変更
　　　　　　　　発行済株式の総数　８万株
　　　　　　　　資本金の額　　　　金4000万円

次に登録免許税の計算は、簡単な算数です。

課税標準金額が、資本金の増加額となります。

上記の事例では金1500万円（4000万円－2500万円）です。

これに1000分の７を掛けます。

1500万円×7/1000＝10万5000円です。

（なお、この額が３万円に満たなければ３万円となります。）

では、この部分を申請書に書き足します。

課税標準金額　金1500万円
登録免許税　　金10万5000円

このように、書き方自体はむずかしくありません。

ただ、募集株式の発行が記述式試験で問われることが多いその理由は、資本金の増加額の計算（この点は後述する）を除けば、添付書面の部分が少々ややこしいという点だけなのです。

では、登記申請書の記載例を示します。

以下は、すべて金銭のみの出資のケースです。

譲渡制限会社の第三者割当ての基本形（取締役会設置会社）

登記の事由　募集株式の発行
登記すべき事項　令和６年10月１日次のとおり変更
発行済株式の総数　８万株
資本金の額　金4000万円
課税標準金額　金1500万円
登録免許税　金10万5000円
添付書類　株主総会議事録　１通
株主リスト　１通
取締役会議事録　１通
募集株式の引受けの申込みを証する書面　何通
払込みがあったことを証する書面　１通
資本金の額が会社法及び会社計算規則の規定に従って計上されたことを証する書面　１通
委任状　１通

各書面の意味は以下のとおりです。

以下、手続の時系列に従って、書面を挙げます。

１．募集事項の決定　株主総会議事録　１通（特別決議）
２．引受けの申込み　募集株式の引受けの申込みを証する書面　何通
３．割当て　取締役会議事録　１通
４．払込み　払込みがあったことを証する書面　１通

ここまでが実体法の問題。

このほか、登記手続上の要請として、「資本金の額が会社法及び会社計算規則の規定に従って計上されたことを証する書面」と「委任状」が要求されます。

商業登記規則61条（添付書面）

９項　設立の登記又は資本金の額の増加若しくは減少による変更の登記の申請書には、資本金の額が会社法及び会社計算規則（平成18年法務省令第13号）の規定に従つて計上されたことを証する書面を添付しなければならない。

あとは、応用です。

・株主総会の委任により取締役会が募集事項を決定した（会社法200条１項）の

であれば次の部分が変化します。

1．募集事項の決定　「株主総会議事録　1通（特別決議）」プラス「取締役会議事録　1通」

・総数引受契約があったのであれば、次の部分が変化します。

2．引受けの申込み　募集株式の引受けの申込みを証する書面　何通
3．割当て　　　　　取締役会議事録　1通

以上を削除。

2．総数引受契約　　募集株式の総数の引受けを行う契約を証する書面　1通
3．契約の承認　　　取締役会議事録　1通

・定款規定（会社法204条2項ただし書）に基づき株主総会で割当てを行った場合には、次の部分が変化します。

4．割当て「定款　1通」プラス「株主総会議事録　1通」

以上のように、臨機応変に対応すればよいです。

譲渡制限会社の第三者割当ての基本形（取締役会を設置しない会社）

登記の事由	募集株式の発行
登記すべき事項	令和6年10月1日次のとおり変更 発行済株式の総数　8万株 資本金の額　　　　金4000万円
課税標準金額	金1500万円
登録免許税	金10万5000円
添付書類	株主総会議事録　2通 株主リスト　　　何通 募集株式の引受けの申込みを証する書面　何通 払込みがあったことを証する書面　　　　1通 資本金の額が会社法及び会社計算規則の規定に従って計上されたことを証する書面　　　　　　　　　　1通 委任状　　　　　1通

各書面の意味は以下のとおりです。

1．募集事項の決定　株主総会議事録　1通（特別決議）
2．引受けの申込み　募集株式の引受けの申込みを証する書面　何通
3．割当て　　　　　株主総会議事録　1通（特別決議）

４．払込み　　　　　払込みがあったことを証する書面　１通

公開会社の第三者割当ての基本形

登記の事由	募集株式の発行
登記すべき事項	令和６年10月１日次のとおり変更 発行済株式の総数　８万株 資本金の額　　　　金4000万円
課税標準金額	金1500万円
登録免許税	金10万5000円
添付書類	取締役会議事録　１通 募集株式の引受けの申込みを証する書面　何通 払込みがあったことを証する書面　　　　１通 資本金の額が会社法及び会社計算規則の規定に従って計上されたことを証する書面　　　　　　　　　　１通 委任状　　　　１通

各書面の意味は以下のとおりです。

１．募集事項の決定　取締役会議事録　１通
２．引受けの申込み　募集株式の引受けの申込みを証する書面　何通
３．割当て　　　　　添付書面ナシ
４．払込み　　　　　払込みがあったことを証する書面　１通

以上のように公開会社の第三者割当てにおいて、譲渡制限会社の場合に比べて、割当ての証明が不要である分、添付書面が減ります。

ポイント　取締役会決議の日と払込期日の間の２週間の問題は常に注意のコト。

コラム　支配株主の変更を伴うとき

支配株主の変更を伴うときに、株主からその引受けに反対する旨の通知があったときは、募集株式の発行による変更登記の申請書には、次の書面の添付を要する。

１．株主総会の承認を要したとき
　株主総会議事録、株主リスト
２．株主総会の承認を要しなかったとき
　株主総会の決議による承認を受けなければならない場合に該当しないことを証する書面（商業登記法56条５号）

→具体的には、事業の継続のため緊急の必要があることを証する書面のことである。

譲渡制限会社の株主割当ての基本形

登記の事由	募集株式の発行
登記すべき事項	令和６年10月１日次のとおり変更 発行済株式の総数　８万株 資本金の額　金4000万円
課税標準金額	金1500万円
登録免許税	金10万5000円
添付書類	株主総会議事録　１通 株主リスト　１通 募集株式の引受けの申込みを証する書面　何通 払込みがあったことを証する書面　１通 資本金の額が会社法及び会社計算規則の規定に従って計上されたことを証する書面　１通 委任状　１通

各書面の意味は以下のとおりです。

以下、手続の時系列に従って、書面を挙げます。

1．募集事項の決定・割当て　株主総会議事録　１通（特別決議）
2．引受けの申込み　募集株式の引受けの申込みを証する書面　何通
3．払込み　払込みがあったことを証する書面　１通

・募集事項を決定する機関につき、定款の定め（会社法202条３項１号・２号）がある場合には、次の部分が変化します。

1．取締役会設置会社の場合
募集事項の決定・割当て
「定款　１通」プラス「取締役会議事録　１通」

2．取締役会を設置しない会社の場合
募集事項の決定・割当て
「定款　１通」プラス「取締役の過半数の一致を証する書面　１通」

◀ポイント▶　株主総会決議の日と申込期日の間の２週間の問題は常に注意のコト。

公開会社の株主割当ての基本形

登記の事由	募集株式の発行
登記すべき事項	令和６年10月１日次のとおり変更 発行済株式の総数　８万株 資本金の額　　　　金4000万円
課税標準金額	金1500万円
登録免許税	金10万5000円
添付書類	取締役会議事録　１通 募集株式の引受けの申込みを証する書面　何通 払込みがあったことを証する書面　　　　１通 資本金の額が会社法及び会社計算規則の規定に従って計上されたことを証する書面　　　　１通 委任状　　　１通

各書面の意味は以下のとおりです。

以下、手続の時系列に従って、書面を挙げます。

１．募集事項の決定・割当て　取締役会議事録　１通
２．引受けの申込み　　　　　募集株式の引受けの申込みを証する書面　何通
３．払込み　　　　　　　　　払込みがあったことを証する書面　１通

ポイント　**取締役会決議の日と申込期日の間の２週間の問題は常に注意のコト。**

参考問題

１．公開会社でない取締役会設置会社が定款の定めに従い取締役会の決議により募集事項及び株主に株式の割当てを受ける権利を与える旨を定めた場合において、募集株式の発行による変更の登記を申請するときは、当該登記の申請書には、定款を添付しなければならない。（商業登記法H20-33-ウ）

２．株主に株式の割当てを受ける権利を与えた場合において、募集事項を決定した株主総会決議の日と募集株式の引受けの申込みの期日との間に２週間の期間がないときは、募集株式の発行による変更の登記の申請書には、当該期間の短縮についての総株主の同意書を添付しなければならない。（商業登記法H22-29-エ）

３．取締役会設置会社でない会社が、株主に株式の割当てを受ける権利を与えて募集株式を発行する場合において、定款に当該権利を与えるにつき基準日の定めがなく、株主総会において基準日を定めたときは、募集株式の発行による変更の登記の申請書には、当該基準日を定めた株主総会の議事録を添付しなければならない。（商業登記法R2-30-イ）

答 え　1．○

2．○　会社法202条４項の「２週間」の期間は、株主の利益のための期間（募集株式の引受けの申込みをするかどうかの考慮期間）なので、総株主の同意があれば２週間の期間を置かないでする募集株式の発行等をすることができる。（先例昭54.11.6-5692）

3．×　基準日公告は、準備行為に過ぎず、それが登記の添付書面となることはナイ。

重要　**資本金の額の計算法の基本**

以下に、かいつまんで、計算法を示す。

募集株式の発行時の資本金等増加限度額の計算法（会社計算規則14条）

①　募集株式の引受人が払い込んだ金銭の額等と給付した財産の価額等（現物出資の場合）の合計額

②　募集株式の募集に係る経費のうち会社が①から減ずると定めた額

計算式

(①－②)×株式発行割合－③＝資本金等増加限度額

＊③の額（自己株式処分差損）はゼロ以上である場合のみ計算に入れる（つまり、差益が出た場合は無視する）。

＊株式発行割合とは、募集株式発行時の下記の割合である。

$$\frac{\text{新株発行数}}{\text{新株発行数＋自己株式の処分数}}$$

③＝募集に際して処分する自己株式の帳簿価額－(①－②)×

$$\frac{\text{自己株式の処分数}}{\text{新株発行数＋自己株式の処分数}}$$

つまり、募集株式発行時に、すべての株式を自己株式でまかなえば、株式発行割合の分子がゼロになるから、資本金の額が増えることはない。

なお、現在の会計基準においては、募集株式の募集にかかる経費は「費用」または「繰延資産」とされるため、当分の間②の額はゼロとされている。

さて、以上のように、②はゼロです。
だから、次のように単純に考えればよい。

①×株式発行割合－③＝資本金等増加限度額

では、その①の内容は何か。

①は以下の合計額です。

１．払込みを受けた金銭の価額
２．金銭以外の財産の給付期日における価額（給付期間を定めた場合は給付をした日の価額）
→要するに、募集事項の決定の際に定めた価額（会社法199条１項３号）は、資本金の額を計算する際の基礎となる数字ではない。
３．金銭以外の財産を簿価で評価すべき場合は払込みまたは給付の直前の帳簿価額
→共通支配下の取引における事業そのものの現物出資のケースである。
→簿価がマイナスの場合に①がマイナスになりうる。そのときは、資本金等増加限度額は「ゼロ」となる。

さて、以上からわかるでしょう。
２と３を試験に出すときは、上記の価額が明記されるはずです。
そこで、以下、金銭出資のみの場合について考えましょう。

基本１
①の計算は集まったカネを足すだけである

失権株は無視すればよいのです。
たとえば、払込金額10万円の株式を500株募集したが150株失権（株主割当てのケースで引受けの申込みがなかった場合も含む）したのであれば、①は金3500万円です。

基本２
掛け算をするのは、自己株式の交付を含む場合のみ

募集株式の全部について株式を発行するのであれば、資本金等増加限度額の計算は、基本１までで終了です。つまり、上記の3500万円です。
しかし、自己株式の処分を含む場合には、以下の計算を要します。

①×株式発行割合

たとえば、上記の350株のうち150株が自己株式であるとします。
そうすると、次の計算となります。

3500万円×200/350＝2000万円

基本３
自己株式処分差損を引け、自己株式処分差益は無視せよ

自己株式というのは、その昔、会社がこれを取得したときに対価を支払っているケースが普通です（これをわかりやすく自己株式の仕入れ値と呼ぶ）。
その額が、自己株式の「帳簿価額」です。
今回の取引（募集株式の発行）では、１株10万円で、150株売っています。

では、以下の場合にどうなるでしょうか。

１．差損が出るケース
仕入れ値（帳簿価額）が金12万円のケース

１株当たり２万円、合計300万円（150株分）の差損がでます。
これを、①×株式発行割合から引くのです。

①×株式発行割合－③＝3500万円×200/350－300万円＝1700万円です。
これが、資本金等増加限度額となります。

２．差益がでるケース
仕入れ値（帳簿価額）が金８万円のケース

１株当たり２万円、合計300万円（150株分）の差益がでます。
この差益は、無視します（この金額は、その他資本剰余金に計上となるので資本金の額とは無関係）。

したがって、資本金等増加限度額は、①×株式発行割合－ゼロ＝金2000万円です。

さて、以上、基本１から３までで、「資本金等増加限度額」が算出できます。
あとは、これを資本金と、資本準備金に割り振るだけです。

会社法445条（資本金の額及び準備金の額）
１項　株式会社の資本金の額は、この法律に別段の定めがある場合を除き、設立又は株式の発行に際して株主となる者が当該株式会社に対して払込み又は給付をした財産の額とする。

> ２項　前項の払込み又は給付に係る額の２分の１を超えない額は、資本金として計上しないことができる。
> ３項　前項の規定により資本金として計上しないこととした額は、資本準備金として計上しなければならない。

上記のように「資本金等増加限度額」は全部を資本金としてもよい、半分までは資本準備金に計上してもよい。

ここは、会社が好きに決められます。

この点の決め事は、募集事項の決定の際に定まっています。（会社法199条１項５号）

「株式を発行するときは、増加する資本金及び資本準備金に関する事項」

そこで、その規定に従って、資本金の額を算出します。

これで、作業は完了です。

例１

資本金等増加限度額金3500万円
２分の１を資本準備金に計上
資本金に計上する額金1750万円

例２

資本金等増加限度額金1700万円
資本準備金はゼロ
資本金に計上する額金1700万円

例３

資本金等増加限度額金2000万円
資本準備金は５分の１
資本金に計上する額金1600万円

上記の資本金の増加額が、登記申請の際の課税標準金額となるから、これに1000分の７の税率を掛けて登録免許税額を計算しましょう。

以上で、一件落着です。

なお、募集株式の発行等により資本金の額が増加するときは、必ず、「資本金の額が会社法及び会社計算規則の規定に従って計上されたことを証する書面」の添付を要します。

募集株式の発行等の場合、金銭出資のみの場合でも自己株式の処分を伴う可能性があるので、この点の計算についての証明が必須となります。

→株式会社や合同会社の設立時には、金銭出資のみの場合は、「資本金の額が会社法及び会社計算規則の規定に従って計上されたことを証する書面」の添付を要しないことと比較しよう。

参考問題

1．出資の目的が金銭であり、募集株式の一部が自己株式である場合には、払込みがされた額の全額を増加する資本金の額とする募集株式の発行による変更の登記の申請をすることはできない。（商業登記法H29-30-イ）

2．出資の目的が金銭である場合において、その全額を資本金の額に計上するときは、募集株式の発行による変更の登記の申請書には、資本金の額が会社法及び会社計算規則の規定に従って計上されたことを証する書面を添付しなければならない。（商業登記法H23-31-オ改）

3．出資の目的が金銭であり、募集株式の全部が新たに発行する株式である場合において、払込みがされた額の全額を資本金の額に計上するときは、募集株式の発行による変更の登記の申請書には、資本金の額が会社法及び会社計算規則の規定に従って計上されたことを証する書面の添付を要しない。（商業登記法H29-30-ウ）

答え　1．○　株式発行割合が1未満となるから、払込金額の全額が資本金等増加限度額となることがない。

2．○　募集株式の発行等により資本金の額が増加するときは、計上証明書は必須である。

3．×　前問の焼き直し。

以下、「資本金の額が会社法及び会社計算規則の規定に従って計上されたことを証する書面」の一例を挙げます。

資本金の額の計上に関する証明書

①	払込みを受けた金銭の額	金　2000万円
②	給付を受けた金銭以外の財産の給付の日における価額	金　1500万円
③	資本金等増加限度額　（①＋②）	金　3500万円
④	株式発行割合 新株発行数200/新株発行数200＋自己株式処分数150＝ 4 / 7	
⑤	③× 4 / 7	金　2000万円

⑥　自己株式差損額　　　　　　　　　　　　　　　金　　300万円
⑦　資本金等増加限度額　（⑤－⑥）　　　　　　　金　1700万円
⑧　⑦のうち、資本金の額に計上しない額　　　　　金　　850万円
⑨　資本金計上額　（⑦－⑧）　　　　　　　　　　金　　850万円

募集株式の発行により増加する資本金の額850万円が、会社法445条及び会社計算規則第14条の規定に従って計上されたことを証明する。

令和６年10月１日

何市何町何番地
山本商事株式会社
代表取締役　山本太郎

→資本金の額の計上証明書の押印は省略することができる。（R3.1.29民商10号）

13 募集以外の方法による株式の発行

募集以外の方法により株式を発行するケースについて述べていきます。
まずは、**種類株式発行会社に特有の問題点**からです。
1．会社が取得請求権付株式を取得し、対価として他の株式を交付するケース
2．会社が取得条項付株式を取得し、対価として他の株式を交付するケース
3．会社が全部取得条項付種類株式を取得し、対価として他の株式を交付するケース

上記いずれも、対価となる株式を「発行」したとき（自己株式の交付のケースを除くという意味）に、登記事項が発生します。
→なお、上記のケースでは、資本金の額に変動はない。

会社計算規則15条（株式の取得に伴う株式の発行等をする場合）
1項　次に掲げる場合には、資本金等増加限度額は、零とする。
　1　取得請求権付株式の取得をする場合
　2　取得条項付株式の取得をする場合
　3　全部取得条項付種類株式の取得をする場合

参考　**登記簿の記録例**
いずれも「発行可能種類株式総数及び発行する各種類の株式の内容」の欄に登記されている。以下、登記等の記録例を挙げる。
1．取得請求権付株式の場合

株主は、いつでも当会社にA種類株式を取得することを請求することができる。会社は、A種類株式1株の取得と引換えに普通株式2株を交付する。

2．取得条項付株式の場合

当会社は、普通株式が東京証券取引所に上場されることが決定したときにB種類株式を取得することができる。会社は、B種類株式1株の取得と引換えに普通株式1株を交付する。

3．全部取得条項付種類株式の場合

当会社は、株主総会の決議によってC種類株式を取得することができる。1株当たりの取得価額は取得時の時価をもって算定する。

上記のように、取得請求権付株式、取得条項付株式の場合は、取得の際の対価は具体的に決まっており登記がされている。

全部取得条項付種類株式の場合は、「取得対価の価額の決定の方法」のみが登記され、具体的な対価(金銭か、現物か、新株予約権か、あるいは、他の種類の株式であるか）は、現実の取得を決定する際の会社法171条1項1号の株主総会決議(特別決議)で、決定することを原則とするのである。

では、以下、順に申請書の記載事項について考えましょう。

1.「登記の事由」

・取得請求権付株式の取得と引換えにする株式の発行
・取得条項付株式の取得と引換えにする株式の発行
・全部取得条項付種類株式の取得と引換えにする株式の発行

参考　用語の使い分け

会社法において、「株式の発行」とは新株の発行のことである。

「株式の交付」とは、新株の発行と自己株式の処分の双方を含む表現である。

2．登記すべき事項

株式の取得と引換えにする株式の発行の変更登記をする以前における株式会社の登記簿の記録事項は以下のようであったものとします。

発行済株式の総数 並びに種類及び数	発行済株式の総数 　1500株 各種の株式の数 　普通株式　1000株 　A種類株式　500株

事例２

A種類株式20株を取得し、普通株式40株を発行した場合。

登記すべき事項
年月日以下のとおり変更
発行済株式の総数
　1540株
発行済各種の株式の数
　普通株式　1040株
　A種類株式　500株

解説

A種類株式20株の取得→登記事項は発生しません（株主が変わっただけ）。

普通株式40株の発行→新株発行だから、発行済株式の総数と発行済普通株式の数がいずれも40株増えます。

事例３

A種類株式500株を取得し、普通株式500株を発行した場合。

登記すべき事項
年月日以下のとおり変更
発行済株式の総数
　2000株
発行済各種の株式の数
　普通株式　1500株
　A種類株式　500株

解説

A種類株式500株の取得→登記事項は発生しません（株主が変わっただけ）。

普通株式500株の発行→新株発行だから、発行済株式の総数と発行済普通株式の数がいずれも500株増えます。

３．登録免許税額は

登記事項変更分で30000円です。（ツ）

４．添付書類

以下、場合分けをして、考えましょう。

① 取得請求権付株式の取得の場合

株主からの取得の請求があったことを証する書面のみでよいです。取得の対価は登記事項（種類株式の「内容」である）だから、これのみで登記事項の証明ができます。

申請書の記載は以下のとおりです。

添付書類	取得請求権付株式の取得の請求があったことを証する書面　１通 委任状　１通

確認事項　商業登記法58条の書面

商業登記法58条（取得請求権付株式の取得と引換えにする株式の交付による変更の登記）
取得請求権付株式（株式の内容として会社法第108条第２項第５号ロに掲げる事項についての定めがあるものに限る。）の取得と引換えにする株式の交付による変更の登記の申請書には、当該取得請求権付株式の取得の請求があつたことを証する書面を添付しなければならない。

→「会社法第108条第２項第５号ロに掲げる事項」とは、当該会社の他の種類株式を対価とするということ。

山本商事株式会社　御中

取得請求権付株式の取得請求書

私は、Ａ種類株式（取得請求権付株式）20株の取得と引換えに、御社の普通株式40株の交付を受けることを請求します。

令和６年10月１日
何市何町何番地
株主　田中　花子　㊞

②　取得条項付株式の取得の場合

取得条項付株式の取得の場合には取得の条件たる「一定の取得事由の発生を証する書面」の添付を要します。

この場合、「一定の事由」そのものは、種類株式の内容であるから登記がされています。

したがって、必要なのは、一定の事由の証明ではなく、一定の事由の「発生」の証明です。

確認事項　**商業登記法59条１項１号の書面**

> **商業登記法59条（取得条項付株式等の取得と引換えにする株式の交付による変更の登記）**
> １項　取得条項付株式（株式の内容として会社法第108条第２項第６号ロに掲げる事項についての定めがあるものに限る。）の取得と引換えにする株式の交付による変更の登記の申請書には、次の書面を添付しなければならない。
> １　会社法第107条第２項第３号イの事由の発生を証する書面

以下、「一定の事由」の発生を証する書面の中身を、場合分けをして考えます。

・一定の事由が「当会社が東京証券取引所に上場したときは」というようなケース

→当該事実を証明すればよい（代表者からの証明書でもよい）。

・一定の事由が「当会社が別に定める日に」というようなケース

→株主総会議事録または取締役会議事録（会社法168条１項、商業登記法46条２項）

→この場合、定款に別段の定めがなければ、株主総会（取締役会設置会社にあっては、取締役会）において「別に定める日」を決定するのである。

コラム　**取得条項付株式の一部を取得する場合**

取得条項付株式はその全部を取得することもできるが、その一部の取得も可能である。（会社法108条２項６号イ、107条２項３号ハ　これも株式の内容である）

この場合、取得をする取得条項付株式を決定した株主総会議事録（取締役会設置会社にあっては、取締役会議事録）が添付書面となる。（会社法169条２項）

→ただし、決議機関について定款で別段の定めが可能。

この他、株券発行会社が取得条項付株式の取得をするときには、現に株券を発行していない場合を除いて、株券提出公告を要します（会社法219条１項４号）。これは、取得対価の引換証の意味合いです。

このため、株券発行会社の取得条項付株式の取得と引換えにする株式の交付による変更登記の申請書には、「株券提出公告をしたことを証する書面」または「株式の全部について株券を発行していないことを証する書面」のいずれかの添付を要します。

> **商業登記法59条（取得条項付株式等の取得と引換えにする株式の交付による変更の登記）**
> １項　取得条項付株式（株式の内容として会社法第108条第２項第６号ロに掲げる事項についての定めがあるものに限る。）の取得と引換えにする株式の交付による変更の登記の申請書には、次の書面を添付しなければならない。
> ２　株券発行会社にあつては、会社法第219条第１項本文の規定による公告をしたことを証する書面又は当該株式の全部について株券を発行していないことを証する書面

現に株券を発行しているときは、株券提出公告を要します。株券が取得対価の引換証となるためです。

③　全部取得条項付種類株式の取得の場合

全部取得条項付種類株式の取得は、会社法171条１項の株主総会決議（特別決議）により決議をします。

→この場合は、その名のとおり「全部」の取得しかありえない。

取得の対価は、上記の株主総会において定めます（無対価ということもありえます）。

全部取得条項付種類株式の取得と引換えに株式を発行する場合に登記事項が発生します。

この場合の添付書類は以下のとおりです。（株券を発行しない会社の場合）

添付書類	株主総会議事録	１通
	株主リスト	１通
	委任状	１通

＊種類株主総会は不要である。全部取得条項の対象となる種類株主等への手続保障はその旨の定めをした定款変更をした時に完了しているため。

確認事項　**株券提出公告をしたことを証する書面または株式の全部について株券を発行していないことを証する書面**

株券発行会社において添付を要する。対価の「引換証」の提出の意味合いである。

> **商業登記法60条（全部取得条項付種類株式の取得と引換えにする株式の交付による変更の登記）**（一部省略）
> 株券発行会社が全部取得条項付種類株式の取得と引換えにする株式の交付による変更の登記の申請書には、前条第１項第２号に掲げる書面を添付しなければならない。

５．登記期間の起算日

取得請求権付株式の取得と引換えに株式を発行する場合のみ、会社法915条３項２号の特則があります。

すなわち、取得請求権付株式の取得の請求は五月雨式にやってくるから、１か月分を末日締めでまとめて登記を申請すれば足ります。

この場合、登記すべき事項に記載すべき変更の日付は、たとえば６月分であれば令和○年６月30日となります。

→この特例は、使わなくてもよい。たとえば、月の初めに請求があり、月末を待たずに申請してもよい。小規模な会社だと、株主も少ないし、取得請求をするしないも会社と合意の上であることが多い。この場合、月末の到来まで待つのはナンセンスである。

取得条項付株式、全部取得条項付種類株式の取得と引換えに株式を発行する場合の登記期間は一般原則どおり、変更の日（会社が取得をする日）から２週間以内となっています。（会社法915条１項）

こちらは、会社の都合による一斉の取得であるから、特則を設ける理由がないのです。

なお、それぞれのケースにおける取得の日（登記すべき事項の変更の日付）は以下のとおりです。

取得条項付株式の場合

・一定の事由が「当会社が東京証券取引所に上場したときは」というようなケース
　その事由が生じた日（会社法170条１項１号）

・一定の事由が「当会社が別に定める日に」というようなケース
　その「定めた日」(会社法170条１項１号)

上記が原則であるが、取得条項付株式の一部を取得する場合には、その一部を定めた後に、取得の対象となる株主に対してする通知または公告（会社法168条２項・３項）の日から２週間を経過した日または取得事由が生じた日の、いずれか遅い日が「取得の日」となります。

→株主の中に取得の対象となる者、ならない者が分かれるケースだから、アナタは取得の対象になりますという「お知らせ」をしなければ取得の効果が発生しないという趣旨。

→なお、これは、「お知らせ」だから登記申請書の添付書面ではない。

全部取得条項付種類株式の場合

株主総会決議で決定した取得の日（会社法173条１項、171条１項３号）

最後に、取得条項付新株予約権の取得と引換えにする株式の発行について、簡単に述べます。

かなりマイナーな話ですから、基本だけ押えておけばよいです。

１．登記の事由は「取得条項付新株予約権の取得と引換えにする株式の発行」でよい。

２．取得条項付新株予約権を取得すること自体は登記事項ではない。
　→自己新株予約権になるだけのコトであり、新株予約権の個数に変化がない。

３．これと引換えにする株式の発行が登記事項になる。

４．添付書面の考え方は、「取得条項付株式の取得と引換えにする株式の発行」と基本ラインが同じである。
　→一定の事由の発生を証する書面が基本的な添付書面（会社が別に定める日を取得の日とするというパターンも存在する。商業登記法59条２項１号）
　→一部取得のケースもある。
　→株券提出公告の代わりに、新株予約権証券提出公告をしたことを証する書面または新株予約権証券を発行していないことを証する書面を添付する。(商業登記法59条２項２号)

以上、ほぼ、同様です。前記の点はサラリと流せばよいです。
が、ポイントとなる相違点があります。
以下の２点だけは知っておきましょう。

1.「取得条項付新株予約権の取得と引換えにする株式の発行」においては、資本金の額が増加することがある。

これは、新株予約権の取得を債権の現物出資と同視するからです。
その結果、以下の添付書面が登場します。
① 資本準備金の額を定めた場合は、これに係る、取締役の過半数の一致を証する書面(取締役会設置会社では取締役会議事録　商業登記法46条１項・２項)
② 資本金の額が会社法および会社計算規則の規定に従って計上されたことを証する書面（商登規61条９項)

2．新株予約権証券提出公告をしたことを証する書面または新株予約権証券を発行していないことを証する書面は、いずれかを必ず添付する。

株券を発行しない会社では、株券提出公告をしたことを証する書面または株券を発行していないことを証する書面の添付は不要です。

「株券発行会社であるときは、その旨」は登記事項だから、この点の登記がなければ、株券不発行会社であることは登記官において自明だからです。しかし、新株予約権証券の発行、不発行は登記事項ではありません。

したがって、新株予約権証券提出公告をしたことを証する書面または新株予約権証券を発行していないことを証する書面は、いずれかを必ず添付する必要があります。

第9章

新株予約権

新株予約権については、会社法に詳細な規定があります。

しかし、この分野を、まともに学習するのは試験対策としては無駄が多いといえます。

そこで、大筋のみ説明します。

新株予約権とは、株主になりうる権利のことです。

新株予約権者は、予約権を行使すれば、株主になれます。

が、権利だから、行使しなくてもよいのです。

しかし、いずれは株主になりうるという権利を発行するのですから、その意味では、募集株式の発行等と何ら変わりはありません。

だから、第三者割当てか、株主割当てかという問題も生じますし、第三者割当ての場合には、ホリエモン問題が発生しうることも、募集株式の発行と同様です。

（と、いうよりホリエモン問題は、新株予約権の第三者割当てにおいて発生した。）

したがって、会社法では、募集株式の発行等の方法を、ほぼ、そのまま、なぞる形で条文を規定していきます（募集事項の決定の方法から、公開会社における差止めの機会を与えるための通知または公告だとか、申込み・割当ての方法に至るまで逐一同趣旨の条文が並ぶ。会社法238条以下参照）。

だから、新株予約権の学習をする場合には、まず、前提として、募集株式の発行の問題を徹底的に学習してください。

そして、新株予約権の発行は、それと、どこが異なるのか、急所だけにとどめましょう。

→募集株式の発行は真面目に学習、新株予約権は手抜き。このメリハリが肝心。

参考　募集株式の発行等と募集新株予約権の発行手続について条文の対応関係を示しておく。条文を軽く一読し、なるほど、両者は基本が同じだと納得してほしい。

以下、左が募集新株予約権の発行についての条文、右がみなさんおなじみの募集株式の発行等の条文（カッコ内の条文）を対応させて並べる。

募集事項の決定　会社法238条（会社法199条）
→募集事項を決定した株主総会議事録が添付書類
募集事項の決定の委任　会社法239条（会社法200条）
→株主総会より委任があれば、取締役の過半数の一致を証する書面（取締役会設置会社にあっては、取締役会議事録）
公開会社の特則　会社法240条（会社法201条）
→募集事項を決定した取締役会議事録が添付書類
→場合により、期間短縮の同意書（２週間問題）
株主割当て　会社法241条（会社法202条）
→募集事項等を決定した機関の議事録（場合により定款添付）
→場合により、期間短縮の同意書（２週間問題）
募集新株予約権の通知・申込み　会社法242条（会社法203条）
→募集新株予約権の引受けの申込みを証する書面
募集新株予約権の割当て　会社法243条（会社法204条）
→募集新株予約権の目的株式の全部または一部が譲渡制限株式である場合、または、募集新株予約権に譲渡制限の定めがある場合に、株主総会議事録（取締役会設置会社にあっては取締役会議事録）
総数引受契約　会社法244条（会社法205条）
→募集新株予約権の総数引受契約を証する書面
以上、条文の配列から決議機関等の基本的な考え方が逐一、同一である。

参考

新株予約権発行事項の委任の範囲

公開会社でない会社が、募集新株予約権を第三者割当てで発行する場合にも、募集株式の発行の場合と同じく、株主総会において募集新株予約権の数の上限と募集新株予約権の払込金額の下限（無償とする場合はその旨）を決定し、具体的な募集事項は取締役（取締役会設置会社にあっては取締役会）に委任するという制度が存在する。（会社法239条）

しかし、この場合の委任の範囲は狭く、発行する募集新株予約権の内容は、株主総会で決定すべきであり、取締役（取締役会設置会社にあっては取締役会）に委任することはできないと考えられている。（会社法239条１項１号）

【急所】細かい注意力

前記、参考の項目の冒頭に次の頭語が書いてあることに注目しよう。

細かい注意力が受験の急所だ。

1．募集株式の発行等

2．募集新株予約権の発行

1にだけ「等」がある。

そう、「等」とは「自己株式の処分」を意味する。

募集新株予約権の発行は、常に発行であり、自己新株予約権の処分を含まない。

なお、新株予約権に係る手続についても、募集株式の発行等の手続に連動して、以下の規定がある。

1．総数引受契約について株主総会（取締役会設置会社にあっては、取締役会）の承認を要する場合がある。（会社法244条3項）
→その場合とは、前記の募集新株予約権の割当てに係る会社法243条のケースに同じである。

2．払込み等を仮装した者の責任などに関する規定がある。（会社法286条の2）
→募集新株予約権に係る払込み等と、新株予約権の行使に係る払込み等の双方について、その責任の定めがある。

3．公開会社が支配株主の変更を伴う第三者割当てによる募集新株予約権の発行をするときに、株主総会の承認決議を要する場合がある。（会社法244条の2）
→どういう場合に、支配株主の変更を伴うかの計算モンダイはけっこうややこしい。（同条1項・2項参照）

参考問題

1．募集新株予約権の発行が著しく不公正な方法により行われる場合において、株主が不利益を受けるおそれがあるときは、株主は、株式会社に対し、当該募集新株予約権の発行をやめることを請求することができる。（商法H24-29-ウ）

2．募集新株予約権の発行が法令若しくは定款に違反する場合又は著しく不公正な方法により行われる場合において、株主及び新株予約権者が不利益を受けるおそれがあるときは、株主及び新株予約権者は、株式会社に対し、当該募集新株予約権の発行の差止めを求める訴えを提起することができる。（商法R3-29-4）

3．募集新株予約権を引き受けようとする者がその総数の引受けを行う契約を締結して当該募集新株予約権が発行された場合において、当該募集新株予約権の発行が法令又は定款に違反し、株主が不利益を受けるおそれがあるときは、株主は、当該募集新株予約権の新株予約権者に対し、会社法上、当該募集新株予約権の行使をやめることを請求することができる。（商法H30-29-エ）

4．会社法上の公開会社である株式会社が新株予約権を引き受ける者の募集をしようとする場合において、株主に新株予約権の割当てを受ける権利を与えるときは、当該募集新株予約権の引受けの申込みの期日は、株主総会の決議によって定めなければならない。（商法H24-29-イ）
5．取締役会設置会社にあっては、発行をしようとする募集新株予約権の目的である株式の一部が譲渡制限株式であるときは、募集新株予約権の引受けの申込みをした者の中から募集新株予約権の割当てを受ける者を定め、及びその者に割り当てる募集新株予約権の数を定める決定は、取締役会の決議によらなければならない。（商法H24-29-エ）
6．株主に募集新株予約権の割当てを受ける権利を与える場合において、割当てを受ける募集新株予約権の数に一に満たない端数が生ずるときは、当該端数は切り捨てられ、株主は、当該端数について募集新株予約権の割当てを受ける権利を有しない。（商法H23-29-オ）

答え

1．○　これは、ホリエモン問題のこと。（会社法247条２号参照）
2．×　新株予約権者は差し止めができない。（会社法247条）
3．×　このケース、株主は、株式会社に対し、新株予約権の発行をやめることを請求できる。しかし、新株予約権者に対して、その新株予約権の行使をやめることは請求できない。
4．×　公開会社の株主割当てのケースだから募集事項等の決定機関は取締役会である。この点も募集株式の発行のケースに同じ。（会社法241条３項３号・１項２号）
5．○　募集新株予約権の割当てについても、募集株式の割当てと似たような仕組みになっている。（会社法243条２項１号参照）
6．○　会社法241条２項ただし書。この点も、募集株式の発行等の株主割当てのときと同じ考え方をするのである。（会社法202条２項ただし書参照のこと）

コラム　募集新株予約権の募集事項

新株予約権を発行する場合の募集事項は次のとおり。

会社法238条１項

１　募集新株予約権の内容及び数
２　募集新株予約権と引換えに金銭の払込みを要しないこととする場合には、その旨

3　前号に規定する場合以外の場合には、募集新株予約権の払込金額（募集新株予約権１個と引換えに払い込む金銭の額をいう。以下この章において同じ。）又はその算定方法
4　募集新株予約権を割り当てる日（以下この節において「割当日」という。）
5　募集新株予約権と引換えにする金銭の払込みの期日を定めるときは、その期日

なお、６号以下に、募集新株予約権が新株予約権付社債に付されたものである場合についての募集事項の定めがある。

＊なお、前記「割当日」にいう「割当」は、会社法243条の割当てとは意味が異なる。
「割当日」は募集新株予約権の発行の効力が発生する日のことである。

【急所】割当日

募集新株予約権の発行においては、「割当日」は急所の言葉である。
この日に、募集新株予約権の発行の**効力**が生じる。
たとえ、有償発行で、払込期日の定めがあるときも同様だ。

では、以下においては、新株予約権の急所のみ、記載します。

新株予約権の登記記録例（法務省の発表による登記記録例より一部修正）

第１回新株予約権
新株予約権の数
　100個
新株予約権の目的たる株式の種類及び数又はその算定方法
　普通株式5000株
募集新株予約権の払込金額若しくはその算定方法又は払込みを要しないとする旨
　無償
新株予約権の行使に際して出資される財産の価額又はその算定方法
　10万円
金銭以外の財産を各新株予約権の行使に際して出資する旨並びに内容及び価額
　証券取引所において上場されている有価証券であって、当該証券取引所の開設する市場における当該新株予約権の行使の前日の最終価格により算定して10万円に相当するもの

新株予約権を行使することができる期間
　令和12年３月31日まで
新株予約権の行使の条件
　この新株予約権は、行使の日の属する事業年度の直前の事業年度における当会社の税引前利益が１億円以上である場合に行使することができる。
会社が新株予約権を取得することができる事由及び取得の条件
　当会社は、新株予約権者が当会社を退職した場合には、その退職の日にその新株予約権を取得する。

令和６年３月27日発行
令和６年４月２日登記

《注》 新株予約権の行使に際してする出資が金銭のみの場合は「新株予約権の行使に際して出資される財産の価額又はその算定方法」の記録のみが必要であるが、金銭以外の財産のみの場合は「新株予約権の行使に際して出資される財産の価額又はその算定方法」および「金銭以外の財産を各新株予約権の行使に際して出資する旨並びに内容及び価額」の記録が必要である。

【急所】細かい注意力

前記の記録例に「第１回新株予約権」とあるのに注目してほしい。
そう。新株予約権は**発行ごとにベツモノ**なのだ。
会社によっては、第１回から第５回まで５つも新株予約権が載っていることがある。

たとえ、その内容が一緒でも、発行ごとに別に登記する。

確認事項　新株予約権の登記事項（上場会社の報酬特則を除く）

会社法911条３項12号より抜粋
新株予約権を発行したときは、次に掲げる事項
イ　新株予約権の数→個数
ロ　会社法236条（新株予約権の内容）１項１号から４号までに掲げる事項
→新株予約権の内容は、全部が登記されるわけではなく以下の事項に限り登記をする（この点、株式の内容の登記と相違する）
１．当該新株予約権の目的である株式の数（種類株式発行会社にあっては、株式の種類および種類ごとの数）またはその算定方法
２．当該新株予約権の行使に際して出資される財産の価額またはその算定方法
３．金銭以外の財産を当該新株予約権の行使に際してする出資の目的とす

るときは、その旨並びに当該財産の内容および価額

4．当該新株予約権を行使することができる期間

ニ　ロに掲げる事項のほか、新株予約権の行使の条件を定めたときは、その条件

ホ　会社法236条１項７号及び238条１項２号に掲げる事項

1．当該新株予約権について、当該株式会社が一定の事由が生じたことを条件としてこれを取得することができることとするときは、次に掲げる事項（以下、詳細は、会社法236条１項７号）

2．募集新株予約権と引換えに金銭の払込みを要しないこととする場合には、その旨

ヘ　募集新株予約権と引換えに金銭の払込みを要するときは、募集新株予約権の払込金額（募集新株予約権の払込金額の算定方法を定めた場合において、登記の申請の時までに募集新株予約権の払込金額が確定していないときは、その算定方法）

さて、以上の登記事項が、さきの記録例には「ヘ」を除き、全部登場していることを、よくよくご確認いただきたい（「ヘ」は「ホの２」が登記されている場合には登記されない）。

したがって、上記に登場しない事項は登記事項ではない。

例）・新株予約権の譲渡制限規定（会社法236条１項６号）

・合併等（消滅会社となる場合など）の場合に新株予約権者に（合併による存続会社の）新株予約権を交付する旨およびその条件（会社法236条１項８号）

・新株予約権証券を発行するときは、その旨（会社法236条１項10号）

→前記は、いずれも、新株予約権の「内容」ではあるが、登記事項ではない。

参考　**上場会社の報酬特則**

募集新株予約権の発行においても、「上場会社の報酬特則」が存在する。

この特則においては、新株予約権の行使に際して、金銭の払込みまたは現物出資財産の給付を要しないこととなる。

→取締役は、払込みや給付なくして株主となることができる。

このため、「上場会社の報酬特則」においては、「新株予約権の行使に際して出資される財産の価額又はその算定方法」の登記を要しない。

そして、これに代わり次の事項を登記する。（会社法236条３項）

① 取締役の報酬等として又は取締役の報酬等をもってする払込みと引換えに新株予約権を発行するものであり、新株予約権の行使に際してする金銭の払込みまたは現物出資財産の給付を要しない旨
② 定款又は株主総会の決議による会社法361条１項４号又は５号ロに掲げる事項についての定めに係る取締役（取締役であった者を含む。）以外の者は、新株予約権を行使することができない旨
→募集新株予約権の数の上限（募集新株予約権と引換えにする払込みに充てるための金銭を定めた場合にあっては、取締役が引受ける募集新株予約権の数の上限）について、事前に定款又は株主総会の決議を経ていない取締役は新株予約権を行使することができないという意味。（会社法361条１項４号・５号ロ）
→指名委員会等設置会社では、上記②について読み替え規定がある。（会社法911条12号ハ、236条３項・４項）

以下、上場会社の報酬特則に係る新株予約権の登記事項を具体例で紹介する（法務省発表のものを一部修正）。

第１回新株予約権 新株予約権の数 　100個 新株予約権の目的たる株式の数又はその算定方法 　普通株式5000株 募集新株予約権の払込金額若しくはその算定方法又は払込みを要しないとする旨 　無償 新株予約権の行使に際して出資される財産の価額又はその算定方法 　出資を要しない 新株予約権を行使することができる期間 　令和12年３月31日まで 新株予約権の行使の条件 　令和６年３月10日付け株主総会決議による会社法第361条第１項第４号に掲げる事項についての定めに係る取締役（取締役であった者を含む。）以外の者は、この新株予約権を行使することができない。

＊赤字部分が、上場会社の報酬特則に特有の登記事項。
＊募集新株予約権の払込金額は、必ずしも無償とは限らないことに注意しよう。

参考問題 1．募集新株予約権の内容として、譲渡による当該新株予約権の取得について発行会社の承認を要する旨の定めがあるときは、募集新株予約権の発行による変更の登記の申請書には、登記すべき事項としてその定めを記載しなければならない。（商業登記法H29-31-イ）

2．新株予約権付社債に付された新株予約権については、当該新株予約権の内容として一定の事由が生じた場合に限り当該新株予約権を行使することができる旨の条件を定めることはできない。（商法H31-29-オ）

3．定款にA種類株式とB種類株式を発行する旨の定めのある会社が、募集新株予約権を発行する場合において、当該新株予約権の内容として、当該新株予約権の目的である株式の種類及び種類ごとの数をA種類株式1株及びB種類株式2株と定めたときは、当該定めを登記することができる。（商業登記法H31-31-ア）

4．新株予約権の内容として、当該新株予約権に係る新株予約権証券を発行する旨の定めがある場合であっても、募集新株予約権の発行による変更の登記の申請書には、登記すべき事項として当該定めを記載することを要しない。（商業登記法H31-31-イ）

5．新株予約権の内容として、金銭以外の財産を当該新株予約権の行使に際してする出資の目的とする定めがある場合であっても、募集新株予約権の発行による変更の登記の申請書には、登記すべき事項として当該財産の価額を記載することを要しない。（商業登記法H31-31-ウ）

6．募集新株予約権の内容として、譲渡による当該新株予約権の取得について発行会社の承認を要する旨の定めがある場合であっても、募集新株予約権の発行による変更の登記の申請書には、登記すべき事項として当該定めを記載することを要しない。（商業登記法R5-30-イ）

7．募集新株予約権の内容として、当該新株予約権を行使した新株予約権者に交付する株式の数に一株に満たない端数がある場合には、これを切り捨てるものとする旨を定めたときは、募集新株予約権の発行による変更の登記の申請書には、登記すべき事項として当該定めを記載しなければならない。（商業登記法R5-30-エ）

答え 1．× 2．× 3．○ 4．○ 5．× 6．○ 7．×

【比較学習】株式の内容と新株予約権の内容

1．株式の内容　　定款で定める。登記事項。
2．新株予約権の内容　定款で定めることを要しない。一部が登記事項。
→募集ごとに、原則として、募集事項の決定機関が定める。

簡単に解説を加えます。

新株予約権には個数の概念があります。

前記、登記記録例の冒頭、100個、5000株というのは、新株予約権１個の行使により50株取得するという意味です。

新株予約権は、払込みの機会が二度生じます。

まず、「募集新株予約権の払込金額若しくはその算定方法または払込みを要しないとする旨　無償」とあるのは、新株予約権をタダであげますという意味です。

ここが、２万円という場合もありえます。

これが、予約権自体の価額なのです。

つまり、将来株主になりうる地位（予約権）を売ることもできます。

この会社は、「無償」とあります。

この登記記録例の新株予約権は、いわゆるストックオプションであると考えられます。

企業の士気を高めるために発行した新株予約権です。

将来、この会社が、証券取引所に株式を上場する段取りになれば、新株予約権の行使により大もうけできます（たとえば、株価20万円の株を新株予約権の行使により１株2000円で取得できます）。

だから、みんなで、がんばって会社を発展させよう、という趣旨の新株予約権が、ストックオプションです。

発展　ストックオプションの発行の仕方

会社法においては、ストックオプションは、会社の役員、使用人その他の者に対するその役務の対価であるという性格づけをしている。

したがって、ある新株予約権がストックオプションであるかどうかの判定は、１回目の払込金額を無償とするか有償とするかという点とは直接のかかわりがない。

また、無償で発行することが、必ず、新株予約権の有利募集に該当するという関係にもない。

つまり、無償の新株予約権の交付により役員等に生じる利益に相当する役務の提供を会社が受けるのであれば、有利募集であるとはいえないことになる。

参考問題　株式会社は、新株予約権を引き受ける者の募集をしようとする場合には、募集事項として、募集新株予約権と引換えに金銭の払込みを要しないこととする旨を定めることはできない。（商法H24-29-ア）

答え　×　無償発行ができる。（会社法238条１項２号）

次に、「新株予約権の行使に際して出資される財産の価額またはその算定方法10万円」というのは、将来（たとえば、発行から５年後・10年後）、予約権を行使し、本当に株主になるときに払い込むべき金額です。

だから、こちらが無償ということは、ありえません。

これは、新株予約権１個当たりについて出資される財産の価額です。

この新株予約権は、１個50株でしたから、１株2000円という計算になるのです。

参考問題　株式会社は、その発行する新株予約権を引き受ける者の募集をしようとするときは、取締役の報酬等として又は取締役の報酬等をもってする払込みと引換えに新株予約権を発行する場合を除いて、募集新株予約権の内容として、その行使に際して出資を要しない旨を定めることができない。（商法H30-29-ア改）

答え　○　上場会社の報酬特則のケースを除けば、こちらが無償ということはない。

発展１　**１回目の払込みは、実務上は、無償というケースが多かろう。**

が、２万円と決めれば、新株予約権１個を２万円で売り出すことになる。

なお、１回目の払込みについて払込金額に相当する金銭以外の財産を給付することが可能であるし、また、２回目の出資を、現物出資することも可能である。

なお、仮装払込み等に係る新株予約権者の責任も、１回目と２回目でそれぞれ生じることとなる。（会社法286条の２第１項１号～３号）

発展２　**相殺の可否**

会社に対する債権による新株予約権者（または新株予約権の引受人）からの相殺

①　１回目の払込みについては相殺が可能（会社法246条２項　株式会社の承諾を要する）。

②　２回目の払込みについては相殺はできない。（会社法281条３項）

取扱いが相違する理由は、後者は株主になるための出資であるから、現物出資をするためには原則として会社法284条の検査役の選任申立てを要する手続であるため、相殺がこの手続を潜脱する手段として利用されるおそれがあるためである。

前者は、もともと、募集新株予約権の交付を目的とする払込みであり、出資そのものではないから会社法284条に該当する規定が存在しない。

したがって、相殺を認めることができる。

【急所】払込みの性質

１回目の払込みは、出資ではない（新株予約権を買うだけ、社債を買うようなものだ）。

２回目の払込みは、出資である。現物出資であれば、裁判所が選任した検査役の調査を要することもある。

参考問題　１．募集新株予約権に係る新株予約権者は、株式会社の承諾を得て、当該募集新株予約権の払込金額の払込みに代えて、当該株式会社に対する債権をもって相殺することができる。（商法H24-29-オ）

２．新株予約権者が、株式会社の承諾を得て、募集新株予約権と引換えに払い込む金銭の払込みに代えて、払込金額に相当する金銭以外の財産を給付した場合には、当該株式会社は、当該財産の給付があった後、遅滞なく、当該財産の価額を調査させるため、裁判所に対し、検査役の選任の申立てをしなければならない。（商法R3-29-5）

答え　１．○　本問は、１回目の払込みのハナシ。（会社法246条２項）

２．×　こちらも一回目の払込みの話。

参考　会社法282条１項は、新株予約権者はその新株予約権の行使の日に株主となると規定している。上場会社の報酬特則のケースを除けば、行使の日に金銭払込みまたは現物出資財産の給付をすることになっている（会社法281条１項・２項）から、実質は払込み等の日である。

新株予約権を行使することができる期間については、制限がありません。いつまでと決めても結構です。

さきに挙げた登記記録例では、新株予約権の行使の条件には、会社に一定の利益がでなければ、新株予約権を行使できない旨が規定されています。

この会社の場合、従業員の士気を高めるための新株予約権ですから、会社が発展しなければ行使はできませんという趣旨です。

最後に、会社が新株予約権を取得することができる事由および取得の条件として、

「当会社は、新株予約権者が当会社を退職した場合には、その退職の日にその新株予約権を取得する。」とあります。（取得条項付新株予約権）

従業員を辞めたのなら、新株予約権は、会社がもらいますという意味です。

ストックオプションですから当然ですね。

さて、この規定は、会社が新株予約権を取得できることを前提としています。自己新株予約権がありえるのです。（会社法273条）

参考 **会社による新株予約権取得の対価**

こちらも自由化されている。

無償・有償を問わず、また、株式、社債、他の新株予約権、新株予約権付社債と、何でもアリである。

参考 **自己新株予約権の取得の方法**

株式会社が新株予約権者との合意により新株予約権を取得する方式は法定されていない。

したがって、通常の業務執行として適宜の方式で取得をしてかまわないと解されている。要するに、新株予約権者との合意により、好きな時に好きなように取得すればよいのである。

その新株予約権が、たとえ有償発行であったとしても、１回目の払込みは出資ではないから、債権者への配慮などいらない。

この点、株式会社が自己株式を取得することができる場合については会社法155条に限定列挙されていることと好対照をなしている。

参考問題

１．株式会社が、株主との合意により当該株式会社の株式を有償で取得する場合には、株主総会の決議によらなければならず、また、新株予約権者との合意により当該株式会社の新株予約権を有償で取得する場合にも、株主総会の決議によらなければならない。（商法H29-29-1）

２．株式会社が当該株式会社の株式の取得により株主に対して交付する金銭の総額はその取得が効力を生ずる日における分配可能額を超えてはならず、また、当該株式会社が当該株式会社の新株予約権の取得により新株予約権者に対して交付する金銭の総額もその取得が効力を生ずる日における分配可能額を超えてはならない。（商法H29-29-2）

３．取得条項付新株予約権を発行している会社が、当該新株予約権を取得した場合は、取得した新株予約権の消滅による変更の登記を申請しなければならない。（商

業登記法H31-31-エ）

答え

1．× 後半が誤り。

2．× 後半が誤り。新株予約権の有償取得は、債権の買い取りにすぎないから財源規制がない。前半は正しい。自己株式の有償取得は実質的に出資の払戻しを意味するから財源規制がある。

3．× 株式会社が新株予約権を取得しても新株予約権の個数が変化しないので登記の申請を要しない。

会社が取得した新株予約権は、これを消却することもできます。（会社法276条）
→基本的な考え方は、株式の消却と同じであり、自己新株予約権の消却を行うことができる。

さらに、これを処分（たとえば売却）することもできます。（会社法256条 この場合には、一度発行した新株予約権を会社が取得し、さらにそれを再利用することになる。）

参考問題

1．株式会社が自己の新株予約権を取得した場合には、当該新株予約権は、当該株式会社がこれを取得した時に、消滅する。（商法R3-29-1）

2．株式会社は、自己株式については相当の時期に処分しなければならないが、自己新株予約権については相当の時期に処分することを要しない。（商法H29-29-4）

3．株式会社が、自己株式を消却した場合には資本金の額も減少するが、自己新株予約権を消却した場合には資本金の額は減少しない。（商法H29-29-3）

答え

1．× 新株予約権は存続し、貸借対照表の純資産の部に計上される。

2．× 前半が誤り。自己株式を保有し続けてかまわない（金庫株）。

3．× いずれも資本金の額は減少しない。基本的に、債権者異議手続（後述する）を経ずして資本金の額が減少することはない。

が、会社が自己新株予約権を行使（２回目の払込みをして株主になること）をすることはできません。（会社法280条６項）

自分が自分に出資しても意味がないからです。

参考問題　株式会社は、自己新株予約権付社債に付された新株予約権を行使することができる。（商法H31-29-ウ）

答え　×

コラム　**新株予約権の無償割当て**

新株予約権についても、無償割当ての方式が存在する。（会社法278条）
新株予約権を、無償で、株主の持株比率に応じて発行する手続だ。
手続の流れは、株式の無償割当ての場合とほぼ同様である。

参考問題

1．新株予約権無償割当てにおいて、新たに発行する新株予約権と自己新株予約権とを混在させて割り当てることはできない。（商法H23-29-イ）
2．新株予約権の無償割当てをした場合においては、当該株式会社が自己新株予約権のみを交付したときであっても、新株予約権の無償割当てによる変更の登記の申請をしなければならない。（商業登記法H24-29-オ）
3．株式会社が新株予約権の無償割当てをした場合において、当該株式会社が自己新株予約権のみを交付したときは、新株予約権の無償割当てによる変更の登記の申請をしなければならない。（商業登記法R5-30-ウ）

答え

1．○　新株予約権は、第１回新株予約権、第２回新株予約権というように発行ごとにベツモノである。したがって、新たに発行する新株予約権と、以前発行された自己新株予約権もベツモノであり、これを混在して割り当てることはできない。
2．×　本問のケースは、すでに発行された新株予約権の持主が会社から他の者に代わるだけのハナシなので、特に登記事項は発生しない。
3．×　前問の焼き直し。

発展　**新株予約権の消滅**

会社法では、新株予約権につき「消滅」なる新概念が登場した。

「新株予約権者がその有する新株予約権を行使することができなくなったときは、当該新株予約権は消滅する。」（会社法287条）

たとえば一定の事由が行使の条件であるときに、その一定の事由の発生があ

りえないとなれば「消滅」となる。

参考問題　新株予約権の行使の条件を定めた場合において、当該条件が成就しないことが確定し、当該新株予約権の全部を行使することができなくなったときの当該新株予約権の消滅による変更の登記の申請書には、当該条件が成就しないことが確定したことを証する書面を添付しなければならない。（商業登記法R5-30-ア）

答え　×　添付の根拠規定がない。新株予約権の消滅による変更登記の添付書類は、代理人により申請するときの委任状のみである。

コラム　自己新株予約権の処分

自己株式の処分は、募集株式の発行等として新株発行の手続と統合されている。しかし、自己新株予約権の処分は、新株予約権の発行とは全く別の手続である。

では、どういう手続かというと、会社法には、自己新株予約権の処分について詳しく定めた規定がないのである。

ということは、会社は、通常の業務執行の決定の方式に従って、随意に、自己新株予約権の処分（自己新株予約権を売ることなど）をしてもかまわないことになる。

参考問題

1．募集株式の引受人が金銭以外の財産を出資の目的とする場合においては、当該財産の価額に関して、裁判所の選任に係る検査役の調査を受ける必要があるときがあるが、新株予約権者が株式会社の承諾を得て募集新株予約権と引き換えにする金銭の払込みに代えて金銭以外の財産を給付する場合には、そのような検査役の調査を受ける必要はない。（商法H19-30-ア）
2．株式会社が募集新株予約権の発行手続により新株予約権を発行した場合には、資本金の額は増加しない。（商法H19-32-イ）
3．譲渡による株式の取得について株式会社の承認を要することは、株式の内容として株式会社の登記事項となり、また、譲渡による新株予約権の取得について株式会社の承認を要することは新株予約権の内容として登記事項になる。（商法H19-30-イ）
4．取締役会設置会社以外の株式会社においては、募集株式が譲渡制限株式である場合に申込者の中からその割当てを受ける者を決定することも、募集新株予約権の目的である株式が譲渡制限株式である場合に申込者の中からその割当てを受ける者を決定することも、定款に別段の定めがある場合を除き、株主総会の決議によらなければならない。(商法H19-30-オ)

5．新株予約権が行使されても、発行済株式の総数が増加しない場合がある。(商法H19-29-イ)

6．自己新株予約権の処分は、会社法所定の募集新株予約権の発行と同様の手続によらなければならない。(商法H23-29-エ)

7．自己株式を処分する場合には募集事項を決定しなければならないが、自己新株予約権を処分する場合には募集事項を決定することを要しない。(商法H29-29-5)

答え　1．○　新株予約権の1回目の払込みは、新株予約権を買うのであり「出資」ではないから、検査役の調査は要しないことになっている。

2．○　新株予約権の1回目の払込みは、「出資」ではないから、資本金は増加しない。

3．×　新株予約権の譲渡制限は登記事項でない。

4．○　会社法204条2項、243条2項1号。

5．○　会社の自己株式を交付する場合である。

6．×　自己新株予約権の処分は、通常の業務執行の決定によりすることができる。

7．○　前問の焼き直し。

コラム　**新株予約権の内容**

会社法236条に詳細な定めがある。

細かい点はよいが、条文を見るくらいはしておこう。

ところで、重要なことは株式の内容との比較である。

「株式の内容」は定款の記載事項である。

たとえば、新しい種類の株式の内容について定款変更をすれば、その種類株式を現実には発行していなくても、発行可能種類株式総数とその内容が登記事項になる。

しかし、新株予約権の内容は定款で決定する必要はない。

各募集新株予約権を発行する際に、株主総会でその内容を含めて募集事項を決定すればいいだけなのである。(会社法238条)

そして、その決定だけでは、登記事項は発生しない。

現実に新株予約権を発行し、その割当日から登記期間を起算することになっている。

コラム　取得条項付新株予約権

新株予約権の内容の１つである。

一定の事由が生じたことを条件として株式会社が新株予約権を取得する。

すでに述べたが、この場合、対価が当該会社の株式であれば、資本金の額が増加することがある。（会社計算規則18条）

新株予約権も財産権の１つ（会社に対する債権）であり、これを現物出資したと解釈する（債権の現物出資）のである。

→新株予約権は貸借対照表の純資産の部にプラスの表記がされる。

これと異なるのが、自己株式の取得のケースである。

自社の株式を現物出資というのは理に合わないため、以下のケースでは資本金の額は増加しない。（会社計算規則15条１項）

１．取得請求権付株式の取得

２．取得条項付株式の取得

３．全部取得条項付種類株式の取得

→自己株式は貸借対照表の純資産の部の控除科目でありマイナス表記がされる。

参考問題

1．取得条項付株式を募集する場合も、取得条項付新株予約権を募集する場合も、その株式又は新株予約権の内容が定款で定められる必要がある。（商法H19-30-ウ）

2．取得条項付株式の取得と引き換えに他の種類の株式を新たに発行する場合には、当該株式会社の資本金の額が増加するが、取得条項付新株予約権の取得と引き換えに新たに発行する場合には、当該株式会社の資本金の額が増加しない。（商法H19-30-エ）

答え　1．×　新株予約権の取得条項は、新株予約権の内容であり（会社法236条１項７号）、この点について定款規定は要しない。

2．×　話が逆である。（会社計算規則18条、15条１項２号）

さて、では、以上の知識を元に、商業登記法の問題に入ります。

新株予約権を発行した場合の登記の申請書の記載例を推理してみましょう。

本章のはじめのほうに挙げた、新株予約権の登記（P90）は、いかなる申請書によりなされたでしょうか。

公開会社（種類株式発行会社ではない）が第三者割当てにより、新株予約権を発行したケースを考えてみましょう。

すべての株式が譲渡自由で、新株予約権の譲渡制限規定もありません。

なお、登記すべき事項は、長くなるから、別添CD－Rのとおりでよいです。

肝心な部分は、登記の原因年月日、つまり「年月日発行」の日付がいつかという問題と、添付書類です。

株主全員の同意書など、レアな添付書面の考慮はいらないから、通常、何が添付書面になるかを考えてください。

では、以下に記載例を掲げます。

登記の事由	新株予約権の発行
登記すべき事項	別紙のとおり（発行年月日は「割当日」）
登録免許税	金90000円（ヌ）
添付書類	取締役会議事録　1通
	募集新株予約権の引受けの申込みを証する書面　何通
	委任状　　　　　1通

参考までに、別紙の内容を示します。当然のことながら、基本的に、登記簿の記載と同一です。

「新株予約権の名称」 第１回新株予約権

「新株予約権の数」 100個

「新株予約権の目的たる株式の種類及び数又はその算定方法」 普通株式5000株

「募集新株予約権の払込金額若しくはその算定方法又は払込を要しないとする旨」 無償

「新株予約権の行使に際して出資される財産の価額又はその算定方法」 10万円

「金銭以外の財産を各新株予約権の行使に際して出資する旨並びに内容及び価額」

証券取引所において上場されている有価証券であって、当該証券取引所の開設する市場における当該新株予約権の行使の前日の最終価格により算定して10万円に相当するもの

「新株予約権を行使することができる期間」 令和12年３月31日まで

「新株予約権の行使の条件」

この新株予約権は、行使の日の属する事業年度の直前の事業年度における当会社の税引前利益が１億円以上である場合に行使することができる。

「会社が新株予約権を取得することができる事由および取得の条件」

当会社は、新株予約権者が当会社を退職した場合には、その退職の日にその新株予約権を取得する。

「原因年月日」　令和６年３月27日発行

では、解説しましょう。
登録免許税額は金９万円です。（ヌ）→高いなあと思っていればよいのです。
次に、添付書類の問題です。
ここは、以下の段取りです。

１．募集事項の決定　取締役会議事録　１通
２．引受けの申込み　募集新株予約権の引受けの申込みを証する書面　何通
３．割当て　添付書面ナシ（会社法243条２項各号に該当しない。）
４．払込み　無償だから添付書面ナシ

以上により、さきのような、非常にサッパリとした登記申請書の添付書面の欄となったのです。

さて、ここからは、登記原因日付との絡みの問題となります。
本事例は、１回目の払込みが「無償」だから、新株予約権の引受人は「割当日」に新株予約権を取得します。
だから、その日が新株予約権の発行の日であり、会社法915条１項の２週間の登記期間は、この日から起算します。
では、募集新株予約権を有償で発行する場合にはどうなるのでしょうか。
以下に、条文を挙げます。

会社法245条（新株予約権者となる日）
１項　次の各号に掲げる者は、割当日に、当該各号に定める募集新株予約権の新株予約権者となる。
　１　申込者　株式会社の割り当てた募集新株予約権
　２　第244条第１項の契約により募集新株予約権の総数を引き受けた者　その者が引き受けた募集新株予約権

以上のように、会社法245条は、募集新株予約権の有償、無償を問題にしていません。つまり、常に、募集新株予約権発行の効力は「割当日」になります。

参考▮割当日は募集新株予約権の募集事項の１つ（会社法238条１項４号）

では、有償発行の場合に、払込みがあったことを証する書面の添付は要するのでしょうか。

商業登記法65条（新株予約権の発行による変更の登記）
新株予約権の発行による変更の登記の申請書には、法令に別段の定めがある場合を除き、次の書面を添付しなければならない。
2　募集新株予約権と引換えにする金銭の払込みの期日を定めたとき（当該期日が会社法第238条第1項第4号に規定する割当日より前の日であるときに限る。）は、同法第246条第1項の規定による払込み（同条第2項の規定による金銭以外の財産の給付又は会社に対する債権をもつてする相殺を含む。）があつたことを証する書面

この条文の意味は、有償発行の場合でも、多くのケースでは、「払込みまたは金銭以外の財産の給付または相殺があったことを証する書面」の添付はいらないということです。

順を追って話します。

まず、募集新株予約権の払込期日は、定めないことが原則です。

以下に、その根拠を挙げます。

会社法238条（募集事項の決定）（一部省略）
1項　株式会社は、その発行する新株予約権を引き受ける者の募集をしようとするときは、その都度、募集新株予約権について次に掲げる事項を定めなければならない。
5　募集新株予約権と引換えにする金銭の払込みの期日を定めるときは、その期日

このように、募集新株予約権の払込期日は定めなくてよいのです。

この場合には、商業登記法65条2号は、その前提を欠くから、「払込みまたは金銭以外の財産の給付または相殺があったことを証する書面」の添付は不要です。つまり、募集新株予約権の引受人は、割当日にすんなり新株予約権者となります。

参考問題　株式会社は、その発行する新株予約権付社債を引き受ける者の募集をしようとする場合には、新株予約権付社債に付された募集新株予約権と引換えに金銭の払込みを要することとするときであっても、当該募集新株予約権と引換えにする金銭の払込みの期日を定めることを要しない。（商法H31-29-ア）

答え　○

コラム　払込みは後日

引受人は、払込みをせずとも、割当日に新株予約権を取得する。そして、新株予約権者は、新株予約権の行使期間の初日の前日までに、１回目の払込みをしなければならない。（会社法246条１項）

つまり、払込みは、新株予約権の**行使の要件**であり、新株予約権者となるための要件ではないのである。

次に、募集事項において、払込期日を決めた場合の話です。

この場合も、払込期日が割当日以後であれば、当然のことながら、募集新株予約権の発行による変更の登記の申請書に「払込みまたは金銭以外の財産の給付または相殺があったことを証する書面」の添付は不要です。

しかし、払込期日を決めた場合には次の条文があります。

会社法246条

３項　第238条第１項第３号に規定する場合には、新株予約権者は、募集新株予約権についての払込期日までに、それぞれの募集新株予約権の払込金額の全額の払込み（当該払込みに代えてする金銭以外の財産の給付又は当該株式会社に対する債権をもってする相殺を含む。）をしないときは、当該募集新株予約権を行使することができない。

上記のように、払込期日までに払込みをしなければ、新株予約権の行使が不能となります。

すると、新株予約権は「消滅」するのです。

会社法287条

第276条第１項の場合のほか、新株予約権者がその有する新株予約権を行使することができなくなったときは、当該新株予約権は、消滅する。

→「第276条第１項の場合」とは、新株予約権の消却。取締役会設置会社では取締役会で消却する新株予約権の内容および数を定める。

少々、論理的に混乱をきたす表現ではありますが、つまり、割当日よりも前に払込期日を定めた場合には、引受人に割り当てられた募集新株予約権のうち、払込期日までに払込みがなかった分は、新株予約権として生まれる前に消滅するのです。

そこで、この場合に限り、「払込みまたは金銭以外の財産の給付または相殺があったことを証する書面」の添付を要し、新株予約権が生まれたことを証明せよというのが商業登記法の基本的な考え方です。

参考問題

1．募集新株予約権の引受人は、募集新株予約権の払込金額の全額の払込みを待たず、割当日に募集新株予約権の新株予約権者となる。（商法H23-29-ウ）
2．募集新株予約権の割当てを受けた申込者は、払込期日に当該募集新株予約権の新株予約権者となる。（商法R3-29-2）
3．募集新株予約権と引換えにする金銭の払込みの期日を定めた場合において、当該金銭の払込みがされて募集新株予約権が発行されたときは、募集新株予約権の発行による変更の登記の申請書には、当該期日が当該募集新株予約権の割当日より前の日であるときに限り、当該払込みがあったことを証する書面を添付しなければならない。（商業登記法H29-31-ア）

答　え　1．○　会社法245条１項。　2．×　3．○

1 新株予約権の譲渡

新株予約権はこれを譲渡することができます。（会社法254条１項）

新株予約権付社債（新株予約権と社債の一体型）に付された新株予約権のみの譲渡はできません。

しかし、社債部分の消滅後であれば、新株予約権のみの譲渡をすることが可能です。（会社法254条２項）

また、新株予約権付社債（新株予約権と社債の一体型）の社債のみの譲渡はできません。

しかし、新株予約権付社債に付された新株予約権の消滅後であれば、社債のみの譲渡が可能となります。（会社法254条３項）

新株予約権証券が発行されている場合、その交付をしなければ、譲渡は効力を生じません（自己新株予約権の処分の場合は、新株予約権証券の交付をしなくても効力を生じる）。

参考　**新株予約権証券**

株券と同様、不発行が原則。会社が発行すると定めて、はじめて発行される。（会社法236条１項10号）

しかし、新株予約権の譲渡を制限することもできます。（会社法236条１項６号）

特に、ストックオプションの場合、新株予約権の譲渡を制限することが世間の常識です（と、いうより契約書には禁止と書いてある）。

譲渡制限がある新株予約権を譲渡したい場合には、新株予約権者が、会社にその承認請求をします。（会社法262条）

これに対し、会社が回答しなければ、会社は承認したとみなされます。

が、会社が承認を拒絶すれば、手続は終了です。

新株予約権者は、「では、会社が買え。または買取人を指定しろ」と、粘り強く交渉することができません。

この点が、譲渡制限付株式の譲渡等承認請求のケースとの相違です。

新株予約権者には、予約権行使後、晴れて株主になってから、株式の譲渡の承認を求める道が存在します。

まだ、予約権者の段階で、粘り強い交渉を認める必要性がないのです。

コラム　新株予約権原簿

株式会社は、新株予約権発行後、遅滞なく、新株予約権原簿を作成しなければならない。

備置場所　本店（株主名簿管理人があれば、その営業所。新株予約権を発行する株式会社では、株主名簿管理人は、新株予約権原簿の管理等も行う）

株主および債権者は、会社の営業時間中、いつでも新株予約権原簿の閲覧等の請求ができる。（理由をあきらかにする必要アリ　会社法252条２項）

なお、新株予約権者は会社に対する債権者である（新株予約権は債権の一種）。

したがって、新株予約権者は新株予約権原簿を閲覧等することができる。

参考問題

1．譲渡制限新株予約権の譲渡等承認請求について、会社が承認をしない場合には、当該会社又は指定買取人が当該新株予約権を買い取らなければならない。（商法H23-29-ア）

2．譲渡制限新株予約権の新株予約権者が、その有する譲渡制限新株予約権を他人に譲り渡すことについて、その株式会社に対し、当該他人が当該譲渡制限新株予約権を取得することについて承認するか否かの決定をすることを請求する場合において、当該株式会社が当該承認をしない旨の決定をするときであっても、当該新株予約権者は、当該株式会社に対し、当該株式会社又は指定買取人が当該譲渡

制限新株予約権を買い取ることを請求することはできない。(商法R3-29-3)

3．新株予約権付社債については、当該新株予約権付社債についての社債が消滅した場合を除き、当該新株予約権付社債に付された新株予約権のみを譲渡することはできない。(商法H30-29-オ)

答え

1．× 粘り強い交渉は認められていない。本問では、新株予約権の譲渡を会社に対抗することができない。 2．○ こちらが正しい。 3．○

2 新株予約権の行使と資本金の額

新株予約権の行使があった場合には、新株予約権者は新株予約権を行使した日に、その新株予約権の目的である株式の株主となります。(会社法282条1項)

新株予約権者は、行使日に、金銭の払込み、または現物出資財産の給付をしなければならないことになっています。

行使のときの払込み又は給付は、**出資**そのものです。

次に、新株予約権の行使があった場合の資本金等の計数は、募集株式の発行の場合と、ほぼ同様の変化をします。

この場合には、資本金等増加限度額を計算するために、行使された新株予約権の帳簿価額に、2回目の払込みの額を合算します。

なお、上記の、「新株予約権の帳簿価額」とは、1回目の払込みが有償である場合に、募集新株予約権の発行の対価として会社が取得をした金銭等の価額のことをいいます。

→この価額が、貸借対照表の純資産の部の「新株予約権」に記載される。

つまり、2回の払込みにより株主になるという実質となるわけだが、新株予約権の帳簿価額は、必ずしも募集新株予約権の払込金額と一致するとは限りません(1回目の払込みにおいても金銭以外の払込みがありうるため)。

コラム　資本金の額の計算方法

基本的に募集株式の発行の場合と同様である。

以下、金銭出資限定で、資本金等増加限度額の計算法を簡単に記す。

募集株式の発行の場合には、払込み金額を①、自己株式処分差損を③として、以下の計算式であった(差益は無視)。

①×株式発行割合－③＝資本金等増加限度額

新株予約権の行使の場合は、新株予約権の帳簿価額を①、２回目の払込み金額を②、自己株式処分差損を③として、以下の計算式である（差益は無視）。
（①＋②）×株式発行割合－③＝資本金等増加限度額
なお、自己株式処分差損は、１回目の払込み（新株予約権の帳簿価額）と２回目の払込みの合計額と、過去に自己株式を取得した際に会社が支払った価額（自己株式の帳簿価額）との比較で計算すればよい。

では、以下において、新株予約権について、知っておいたほうがよいと思われる書式例を挙げます。

登記簿の記録例（H18.4.26民商第1110号依命通知改）
新株予約権の行使による変更の登記
新株予約権の一部が行使された場合

発行済株式の総数並びに種類及び数	発行済株式の総数 50万株	
	発行済株式の総数 50万1000株	令和６年９月30日変更 令和６年10月８日登記
資本金の額	金５億円	
	金５億2000万円	令和６年９月30日変更 令和６年10月８日登記

新株予約権	第１回新株予約権 新株予約権の数 100個 80個 令和６年９月30日変更　令和６年10月８日登記 新株予約権の目的たる株式の種類及び数又はその算定方法 普通株式　5000株 普通株式　4000株 令和６年９月30日変更　令和６年10月８日登記 募集新株予約権の払込金額若しくはその算定方法又は払込を要しないとする旨 無償

	新株予約権の行使に際して出資される財産の価額又はその算定方法 　　100万円 新株予約権を行使することができる期間 　　令和12年３月31日まで 新株予約権の行使の条件 　　この新株予約権は、行使の日の属する営業年度の直前の営業年度における当会社の税引前利益が１億円以上である場合に行使することができる。 会社が新株予約権を取得することができる事由及び取得の条件 　　当会社は、当会社の新株予約権について、当会社が別に定める日が到来したときに、新株予約権の目的である株式の時価と権利行使価額との差額をもって取得することができる。
	令和６年３月27日発行 令和６年４月２日登記

上記の変更日付が、令和６年９月30日となっているところがミソです。
新株予約権の行使も、五月雨式だから、登記期間の特則があります。

会社法915条（変更の登記）
３項　第１項の規定にかかわらず、次に掲げる事由による変更の登記は、毎月末日現在により、当該末日から２週間以内にすれば足りる。
　１　新株予約権の行使

＊この特例は使わなくてもよい。小規模な会社では、新株予約権の行使は会社との合意による出来レースであることが多く、その場合、月末を待たずにさっさと登記することが通例である。

では、前記の記録例の元となった申請書の書き方を考えてみましょう。

登記の事由　　　新株予約権の行使
登記すべき事項　令和６年９月30日次のとおり変更
　　　　　　　　発行済株式の総数　50万1000株
　　　　　　　　資本金の額　　　　　　金５億2000万円
　　　　　　　　第１回新株予約権

	新株予約権の数　　　　　80個
	新株予約権の目的たる株式の種類及び数又はその算定方法
	普通株式　　　　　　　　4000株
課税標準金額	金2000万円（ニ）
登録免許税	金14万円＊
添付書類	新株予約権の行使があったことを証する書面　１通
	払込みがあったことを証する書面　１通
	資本金の額が会社法及び会社計算規則の規定に従って計上されたことを証する書面　１通
	委任状　１通

＊課税標準金額（増加した資本金の額）の1000分の７。この額が３万円に満たなければ３万円。

これが、基本パターンです。

以下に、上から２つの書面の添付の根拠条文を挙げます。

商業登記法57条（新株予約権の行使による変更の登記）
新株予約権の行使による変更の登記の申請書には、次の書面を添付しなければならない。
　１　新株予約権の行使があつたことを証する書面
　２　金銭を新株予約権の行使に際してする出資の目的とするときは、会社法第281条第１項の規定による払込みがあつたことを証する書面

以下は、この場合の新株予約権の行使があったことを証する書面の一例です。

令和６年９月18日

山本商事株式会社　御中

新株予約権行使請求書

私は、御社が発行した下記の新株予約権を行使します。

行使する新株予約権の名称　第１回新株予約権
行使する新株予約権の数　　20個

何市何町何番地
新株予約権者　田中　花子　㊞

なお、上記のほかに、その昔に、募集新株予約権の募集事項を決定した際の、

決議機関の議事録の添付を要する可能性があります。

これは、募集事項（会社法238条）のうち１項１号の「募集新株予約権の内容及び数」に関連します。

株式会社が「募集新株予約権の内容」として、「当該新株予約権の行使により株式を発行する場合における増加する資本金及び資本準備金に関する事項」（会社法236条１項５号）の決定において増加する資本準備金の額を定めたのであれば、その書面が添付となるのです。

これは、資本金等増加限度額から資本金の額に計上しない額を証明するためです。

参考問題

1．新株予約権の行使による変更の登記の申請は、新株予約権の行使の日から２週間以内に当該株式会社の本店の所在地においてしなければならない。（商業登記法H24-29-イ）

2．新株予約権の行使により株式を発行する場合における当該新株予約権の発行に係る募集事項として、株主総会の決議により資本金として計上しない額を定めたときは、新株予約権の行使による変更の登記の申請書には、当該株主総会の議事録を添付しなければならない。（商業登記法H24-29-ア）

3．会社法上の公開会社でない株式会社が、株主総会の決議により、募集新株予約権の内容として、当該新株予約権の行使により株式を発行する場合における資本金の額として計上しない額を定めていたときは、当該新株予約権の行使による変更の登記の申請書には、当該株主総会の議事録を添付しなければならない。（商業登記法R5-30-オ）

答え　1．×　毎月末日から２週間以内に登記してもよい。（会社法915条３項１号）

2．○　資本金として計上しない額を定めたときは、募集事項を決定した際の（過去の）議事録の添付を要する。

3．○　前問の焼き直し。

コラム　現物出資

１回目の払込みは出資ではないから、検査役の調査を要する場合はないが、２回目の払込みは出資だから、その可能性がある。

そして、この検査役の調査を要しないとする例外規定が会社法284条９項にある。

その内容は、募集株式の場合と同様である。

そして、現物出資がされた場合の添付書面が商業登記法57条３号・４号に規定されている。

しかし、この商業登記法57条３号・４号の書面の添付を要するケースはきわめてまれであろうといわれている。

というのは、新株予約権は１個ずつ行使できるから、会社法284条９項の要件は、新株予約権の１個ずつについて個々に考えることになる。とすれば、ほとんどのケースは会社法284条９項１号の「新株予約権者が交付を受ける株式の総数が発行済株式の総数の10分の１まで」か２号の「現物出資財産について定められた価額の総額が金500万円まで」に該当することになるためである。

発展　**新株予約権の行使と登記事項**

新株予約権の行使による変更の登記において、発行済株式の総数や資本金の額が登記事項とならないことはありうる。会社が自己株式を交付したケースが典型例である。

だが、この場合でも、「新株予約権の個数」と「新株予約権の目的たる株式の種類及び数又はその算定方法」については、いずれもその数の減少の変更登記を要することになる。

確認事項　**新株予約権の行使があったときは、必ず、登記事項が生じる。**

参考問題

1．新株予約権付社債に付された新株予約権の行使により株式を発行したことによる変更の登記の申請書には、新株予約権の行使に際して出資される財産の価額又はその算定方法を定めたことを証する書面を添付しなければならない。（商業登記法S61-40-1）

2．新株予約権の行使により株式を発行する場合における当該新株予約権の発行に係る募集事項として定められた現物出資財産の価額の総額が500万円であるときは、新株予約権の行使による変更の登記の申請書には、検査役の調査報告を記載した書面及びその附属書類を添付することを要しない。（商業登記法H24-29-エ）

3．新株予約権の行使がされた場合においては、当該株式会社が自己株式のみを交付したときであっても、新株予約権の行使による変更の登記の申請をしなければならない。（商業登記法H24-29-ウ）

4．新株予約権の行使に際してする出資の目的を金銭とする場合には、当該新株予約権の行使により自己株式のみが交付されるときであっても、新株予約権の行使による変更の登記の申請書には、その行使に係る新株予約権についての払込みがあったことを証する書面を添付しなければならない。（商業登記法H29-31-オ）

答え　1．×「新株予約権の行使に際して出資される財産の価額又はその算定方法」は、第○回新株予約権の登記事項であるからすでに登記簿に載っているはずであり、登記官には自明のコトである。

2．○　もともと現物出資財産の価額が合計で500万円以下なので、新株予約権の数1個ごとに割り算をするまでもなく検査役の調査は不要と断定できる。（会社法284条9項2号）

3．○「新株予約権の数」と「新株予約権の目的たる株式の種類及び数又はその算定方法」について変更登記をすることを要する。

4．○　前問の変更登記の添付書類についての出題。新株予約権の行使があったことの証明のためにその添付を要する。

登記簿の記録例（H18.4.26民商第1110号依命通知改）

新株予約権の全部が行使された場合

発行済株式の総数並びに種類及び数	発行済株式の総数 50万株	
	発行済株式の総数 50万5000株	令和6年10月1日変更 令和6年10月8日登記
資本金の額	金5億円	
	金6億円	令和6年10月1日変更 令和6年10月8日登記
新株予約権	第1回新株予約権 新株予約権の数 100個 新株予約権の目的たる株式の種類及び数又はその算定方法 普通株式　5000株 募集新株予約権の払込金額若しくはその算定方法又は払込みを要しないとする旨 無償 新株予約権の行使に際して出資される財産の価額又はその算定方法 100万円 新株予約権を行使することができる期間	

<table>
<tr><td rowspan="2"></td><td colspan="2">令和12年３月31日まで
新株予約権の行使の条件
この新株予約権は、行使の日の属する営業年度の直前の営業年度における当会社の税引前利益が１億円以上である場合に行使することができる。
会社が新株予約権を取得することができる事由及び取得の条件
当会社は、当会社の新株予約権について当会社が別に定める日が到来したときに、新株予約権の目的である株式の時価と権利行使価額との差額をもって取得することができる。</td></tr>
<tr><td></td><td>令和６年３月27日発行
令和６年４月２日登記</td></tr>
<tr><td></td><td colspan="2">令和６年10月1日新株予約権全部行使
令和６年10月８日登記</td></tr>
</table>

上記は、新株予約権の全部行使の事例です。

変更の日付が令和６年10月１日となっているのは、一度に全部が行使されたため、会社法915条３項１号の特則は使わなかったという趣旨でしょう。

では、上記の記録例の元となった申請書の書き方を考えてみましょう。

記録例には、現物出資に関する登記がされていないので新株予約権者は金銭による払込みをすることになります。

登記の事由	新株予約権の全部行使
登記すべき事項	令和６年10月１日第１回新株予約権の新株予約権全部行使 同日次のとおり変更 発行済株式の総数　50万5000株 資本金の額　金６億円
課税標準金額	金１億円（ニ）
登録免許税	金70万円
添付書類	新株予約権の行使があったことを証する書面　１通 払込みがあったことを証する書面　１通 資本金の額が会社法及び会社計算規則の規定に従って計上されたことを証する書面　１通 委任状　１通

＊募集新株予約権の募集事項を決定した際の、決議機関の議事録の添付を要する可能性がある。（資本金等増加限度額の一部を資本準備金とするケース）

新株予約権の消却による変更の登記（会社法第276条）

新株予約権の一部が消却された場合

新株予約権	第１回新株予約権 　新株予約権の数 　　100個 　　90個 　　　　令和６年10月１日変更　令和６年10月８日登記 　新株予約権の目的たる株式の種類及び数又はその算定方法 　　普通株式　5000株 　　普通株式　4500株 　　　　令和６年10月１日変更　令和６年10月８日登記 　募集新株予約権の払込金額若しくはその算定方法又は払込みを要しないとする旨 　　無償 　新株予約権の行使に際して出資される財産の価額又はその算定方法 　　100万円 　新株予約権を行使することができる期間 　　令和12年３月31日まで 　新株予約権の行使の条件 　　　この新株予約権は、行使の日の属する営業年度の直前の営業年度における当会社の税引前利益が１億円以上である場合に行使することができる。 　会社が新株予約権を取得することができる事由及び取得の条件 　　当会社は、会社の新株予約権について、当会社が別に定める日が到来したときに、新株予約権の目的である株式の時価と権利行使価額との差額をもって取得することができる。 令和６年３月27日発行 令和６年４月２日登記

前記は、自己新株予約権の消却をした場合の記録例です（新株予約権の消滅、放棄があった場合も、登記簿の記録内容は同様となる）。

以下、登記申請書の記載例をあげます（取締役会設置会社の場合）。

登記の事由	新株予約権の消却
登記すべき事項	令和６年10月１日次のとおり変更 第１回新株予約権 新株予約権の数　90個 新株予約権の目的たる株式の種類及び数又はその算定方法 普通株式　4500株
登録免許税	金30000円（ツ）
添付書類	取締役会議事録　１通 委任状　　　　　１通

会社法276条

１項　株式会社は、自己新株予約権を消却することができる。この場合においては、消却する自己新株予約権の内容及び数を定めなければならない。

２項　取締役会設置会社においては、前項後段の規定による決定は、取締役会の決議によらなければならない。

以上、自己新株予約権の消却は、自己株式の消却に準じて考えればよいです。

コラム　新株予約権の消滅、放棄の場合

いずれも、委任状以外の添付書面を要しない。その理由は、「商業登記法、商業登記規則に添付の根拠条文がないから」である。

なお、新株予約権の消滅は会社法287条に規定があるが、新株予約権の放棄は会社法には規定がない。これは、私法の一般法である民法に基づき「放棄」をしたケースである。

参考問題

1．新株予約権の行使期間の満了による変更の登記の申請書には、当該登記を代理人により申請する場合を除き、他の書面の添付を要しない。(商業登記法H21-29-エ)

2．新株予約権の放棄による変更の登記の申請書には、当該登記を代理人により申請する場合におけるその権限を証する書面を除き、他の書面を添付することを要しない。(商業登記法H29-31-ウ)

3．新株予約権の行使の条件を定めた場合において、当該条件が成就しないことが確定し、当該新株予約権の全部を行使することができなくなったときの当該新株予約権の消滅による変更の登記の申請書には、当該新株予約権が消滅したことを証する書面を添付しなければならない。(商業登記法H31-31-オ)

答え　1．○　新株予約権を行使することができる期間は登記事項である。したがって、その期間の満了は登記簿上明らかであるといえるため、これを証する書面の添付は要求されていない。　2．○　3．×

発展　新株予約権の発行の仕組み

会社が新株予約権の引受人を募集するときには、その都度、募集事項を定めなければならない。（会社法238条１項）

したがって、新株予約権は、発行ごとに別の新株予約権であり、「第１回新株予約権」「第２回新株予約権」と、別々に登記をすることが通例である。

つまり、たとえ内容が同じ新株予約権を後日発行した場合でも、「第１回新株予約権」の新株予約権の個数等を増加する登記をするのではなく、もう一度、高い登録免許税金９万円を支払って、「第２回新株予約権」の登記をすべきである。

しかし、新株予約権は、募集によらずに発行することもある。

たとえば、取得請求権付株式の対価が新株予約権とされる場合である。

この場合、取得請求権付株式の株主の請求により、五月雨式に新株予約権を発行せざるをえない。

そこで、この場合には、１回目の請求に対しては、金９万円を支払って「第何回新株予約権」の発行の登記をするが、その後の請求については、この「第何回新株予約権」の新株予約権の個数等を増加する登記をすることができる仕組みになっている。（H18.3.31民商782号通達）

第10章

会社の計算等

本章では、会社の計算に関する諸問題を取り上げます。

株式会社は、適時に正確な会計帳簿を作成しなければなりません。（会社法432条１項）

10年間の保存義務があります。

参考問題　株式会社は、会計帳簿を作成し、法定の期間、これを保存しなければならない。（商法R4-32-イ）

答え　○

以下の株主は、会計帳簿の閲覧等の請求ができます。（会社法433条）

少数株主権の１つです。

１．総株主の議決権の100分の３以上の議決権を有する株主。

→議決権の全くない株主だけを総株主から除く。

（一部の議決権をもつ株主は総株主（分母）に算入する。）

２．発行済株式の100分の３以上の株式を有する株主。

→会社の自己株式は発行済株式に算入しない。

注意点

１．上記１は議決権の数を基準、２は持株数を基準にしている。

２．公開会社でも「６か月前」の規定がない。これは、きわめて例外的な規定の仕方といえる。会計帳簿を見せろというだけの話であるから、株主権の濫用のおそれが少ないのであろう。

３．定款で、100分の３の数字を下げることができる。→株主の権利行使を容易にする方向。

【用語解説】→ 少数株主権

株式会社で、少数株主に認められる権利。その行使のために一定数（または割合）の議決権の個数や保有株式の数を要する権利のことである。株主総会の多数決原理の濫用に対して、少数株主の権利を擁護する効果がある。

会社は、各事業年度に係る計算書類、事業報告、これらの附属明細書を作成しなければなりません。(会社法435条2項、会社計算規則59条1項)

【用語解説】→ 計算書類

貸借対照表、損益計算書、株主資本等変動計算書、個別注記表。会社の状態を数字で示す働きがある。

計算書類および事業報告書は定時株主総会に提出されます。(会社法438条)
そして、計算書類については、承認決議を受けます。
事業報告については、単に、報告がなされます。

ただし、会計監査人設置会社においては、一定の要件を満たした場合、計算書類の承認決議を省略することができます。(会社法439条)
プロ中のプロのお墨付きがあれば、定時株主総会の決議を要しないというわけです。

なお、この場合、取締役が、計算書類を定時株主総会に報告することとなります。

コラム　計算書類等の閲覧請求等

各事業年度に係る計算書類及び事業報告並びにこれらの附属明細書等(以下、計算書類等という)は、定時株主総会の日の1週間前(取締役会設置会社では2週間前)から、本店の所在地で5年間、支店の所在地で3年間備え置かれる。(会社法442条1項・2項)

株主および会社債権者は、株式会社の営業時間内は、いつでも、計算書類等の閲覧、謄本または抄本の交付の請求をすることができる。(会社法442条3項)

なお、計算書類等が電磁的記録をもって作成されているときは、閲覧および記録された事項を記載した書面の交付を請求することができる。

→貸借対照表については、株式会社にはその公告義務があるなど、計算書類等は広く利害関係者に公開すべき書類等であるため、閲覧、謄写の請求は、株主と債権者が株式会社の営業時間内はいつでもすることができるとされているのである。

→この点、会計帳簿は、日常の金銭の出し入れの明細がこれによりわかるから、ある程度の機密性がある。このため、一定数の株式を有する株主についてその閲覧の請求が認められているのである。

なお、株式会社の親会社の社員は、その権利の行使をするため必要があるときは、裁判所の許可を得て、計算書類等の閲覧、謄本または抄本の交付の請求をすることができる。

参考問題

1．株式会社は、計算書類及び事業報告並びにこれらの附属明細書を、法定の期間、その本店に備え置かなければならない。（商法R4-32-ウ）
2．計算書類が書面をもって作成されているときは、株主及び債権者は、株式会社の営業時間内は、いつでも、当該株式会社の定めた費用を支払って当該書面の謄本の交付の請求をすることができる。（商法R4-32-エ）

答え　1．○　2．○

株式会社は、定時株主総会の後、遅滞なく貸借対照表を公告しなければなりません。

大会社においては貸借対照表および損益計算書を公告します。

ただし、公告方法が、会社法939条１項１号・２号である会社は、貸借対照表の要旨の公告で足ります。

コラム　会社が公告をする方法

会社法939条１項は、会社が公告をする方法について、次の３つを定める。

１．官報に掲載する
２．時事に関する事項を掲載する日刊新聞紙に掲載する
３．電子公告

なお、定款に、会社が公告をする方法の定めがない場合には、会社法939条４項の規定により「官報により掲載する方法」とされることになる。

１および２については、貸借対照表の「要旨」の公告でよいという意味は、新聞広告の費用は紙面の大きさで決められるからだ。

例年、日本経済新聞では、上場会社の定時総会が軒並み開催される６月末（３月末決算→６月末定時総会）に、巨額の広告収入が入った（余談ながら電子公告制度ができてから、この広告収入は激減と聞く）。

大きな会社が貸借対照表の「要旨」を新聞紙上に公告をするからだ。

もし、貸借対照表自体の公告を要するのであれば、新聞社の広告収入は数倍になるであろう。

そこまで、新聞社を儲けさせる必要もなかろうというのが、「要旨」でよいという趣旨だ。

が、電子公告では、そうした配慮は不要だ。

自社のホームページに、データを載せればよいだけだから、要旨だろうが全部だろうが、要する経費に変わりはない。

であれば、全部載せるのが、もともとのスジなのだ。

参考問題

1．株式会社は、定時株主総会の終結後遅滞なく、計算書類及び事業報告を公告しなければならない。（商法R4-32-オ）

2．株式会社の計算書類等が書面をもって作成されている場合に関する次のアからオまでの記述のうち、正しいものの組合せは、後記１から５までのうちどれか。（商法H21-30）

ア　株式会社の親会社社員は、当該株式会社の営業時間内は、いつでも、その請求の理由を明らかにして、当該株式会社の計算書類の謄本の交付の請求をすることができる。

イ　会計監査人設置会社においては、各事業年度に係る計算書類及び事業報告並びにこれらの附属明細書は、会計監査人の監査を受けなければならない。

ウ　株主は、株式会社の営業時間内は、いつでも、計算書類又は計算書類の写しの閲覧の請求をすることができる。

エ　監査役会設置会社において、取締役は、取締役会の承認を受けて定時株主総会に提出され、又は提供された事業報告の内容を定時株主総会に報告しなければならない。

オ　株式会社の債権者は、その権利を行使するために必要があるときは、裁判所の許可を得て、計算書類又は計算書類の写しの閲覧の請求をすることができる。

1　アイ　　**2**　アウ　　**3**　イオ　　**4**　ウエ　　**5**　エオ

答え

1．**×**　公告を要するのは、貸借対照表（又はその要旨）である（大会社では、貸借対照表（またはその要旨）および損益計算書）。なお、計算書類とは、貸借対照表、損益計算書、株主資本等変動計算書および個別注記表の総称である。要するに、公告を要するのは、計算書類の一部にすぎない。また、もとより、事業報告の公告は要しない。

2．**4**　アの請求については、裁判所の許可を要する（会社法442条４項）。オの請求については裁判所の許可を要しない(会社法442条3項)。この双方が×だから、答えは4である。

このほか、ウの肢が○であることもすぐにわかるだろう。

他の肢は少々、細かいことを聞いている。

イ　×　事業報告は会計監査人の監査の対象ではない（会社法436条2項1号)。会計監査人の監査の権限は会計にしか及ばないためである。

エ　○　会社法438条3項・1項3号より正しいといえる。

1 会社の計算の基本

会社法431条は、「株式会社の会計は、一般に公正妥当と認められる企業会計の慣行に従うものとする。」と規定します。

また、会社計算規則3条は、「この省令の用語の解釈及び規定の適用に関しては、一般に公正妥当と認められる企業会計の基準その他の企業会計の慣行をしん酌しなければならない。」と規定します。

前者は、まさに一般論として、株式会社の会計が企業会計の慣行に従うことを規定し、後者は、会社計算規則の用語の解釈について企業会計の慣行をしん酌する旨を定めています。

大雑把にいうと、会社法と会社計算規則においては、剰余金の配当等に関して、分配可能額をいかに割り出すかという点を規定しているのであって、それ以外の株式会社の会計については企業会計の基準によるとし、また、分配可能額の割り出しを規定した条文等の文言の解釈も、企業会計の基準によるとしています。

つまり、会社法は、会社の計算については、ほとんどを会計基準に丸投げして、唯一、分配可能額の割り出しを目的としているのです。

そして、従来の「利益の処分」のみでなく、資本金や準備金の減少による株主への会社財産の払戻しを剰余金の配当とし、自己株式の有償取得とともに、全部を統一した規制のかけかたをします。

なお、分配可能額は、基本的に、剰余金の額を元に計算されます。(会社法461条2項)

そして、その元となる剰余金とは、その他利益剰余金とその他資本剰余金を合算した額です。(会社法446条1号、会社計算規則149条)

「資本金」「準備金」は、いずれも、そのままでは配当をすることができません。

これらを、剰余金に組み入れる手続を経て初めて、配当の原資となります。
では、これらの計数相互の関係を見ていきましょう。

2 株主資本について

会社法においては、貸借対照表は、以下のように表示されます。

資産の部	負債の部
	純資産の部

ごく、大雑把にいうと、資産とはプラスの財産、負債とはマイナスの財産です。
そして、純資産の部は、そのプラスからマイナスを引いた部分であり、会社の実質的な資産です。

では、次に、純資産の部を区分けします。

純資産の部
Ⅰ　株主資本
　1．資本金
　2．資本剰余金
　　①　資本準備金
　　②　その他資本剰余金
　3．利益剰余金
　　①　利益準備金
　　②　その他利益剰余金
　4．自己株式
Ⅱ　評価・換算差額等

Ⅲ　新株予約権

上記の区分けは、会社法の用語では、以下のように分類されます。
資本金は、そのまま。
準備金は、２①資本準備金と、３①利益準備金の合算額。
剰余金は、２②その他資本剰余金と、３②その他利益剰余金の合算額。

したがって、株主資本とは、資本金、準備金、剰余金、自己株式の合計です（株主資本と資本金は別の概念であることがおわかりいただけると思います）。
会社が、何かの行為をすると、この部分の計数が変動します。
そして、肝心かなめの、分配可能額の計算の元となる「剰余金」にも変化が起こります。
つまり、資本金、準備金、自己株式の取得が相互に、剰余金の配当と関連しているのだということになります。
このあたりの仕組みが、会社法および会社計算規則に規定されているわけです。
では、以下において、これらの計数の変動の仕組みと手続を見ていきましょう。

発展　会社法における資本金の位置づけ

会社法では、資本金を０円とする手続もありえる。

では、その資本金にいったい、貸借対照表上の１つの計数であるということ以外に、どういう意味があるのだろうか。

会社法においては、資本金を原資として株主への配当等をすることができないという規制は、会社財産については、株主への払戻しよりも、会社債権者への弁済が優先するということを、制度として確保することに存在理由があると説明される。

株主は、株式会社の所有者であるから、その権利は会社債権者に対して、とどこおりなく債務の弁済をし、その残りの財産についてだけ権利主張ができるのが道理である。

つまり、負債を返済した残りが株主の所有物であるはずだ。

そこで、この仕組みを制度として確保するために、資本金を配当できないものとし、後述するようにその剰余金への組み入れは、可能ではあるが会社債権者の異議手続を要するとされている。

3 資本金の額の減少

株式会社の資本金の額とは、設立または株式の発行に際して、株主となる者が払込みまたは給付した額の総額です。（会社法445条１項）

ただし、払込みまたは給付額の半分までは、資本準備金とし、資本金の額に計上しないことも可能です。（会社法445条２項・３項）

確認事項　**「資本金の額」は登記事項である。（会社法911条３項５号）**

すべてを資本金とする場合も、一部を資本金とする場合も、一定の財産が会社に給付されることに相違なく、単に、会社の貸借対照表のどの項目に、その数額を書き込むのかという問題です。

資本金の額の減少をするためには、株主総会の決議を要します。

原則は、特別決議です。

が、定時株主総会の場合であり、かつ、資本金の額の減少後に剰余金が生じない場合（欠損をてん補するケース）は普通決議でかまいません。（会社法309条２項９号）

これは、資本金の額の減少をしても、剰余金の分配をすることのできない会社（経営状態があまりよろしくない）の場合です。

資本金の額の減少→取締役による剰余金の使い放題→会社財産を食いつぶす、の流れになる可能性がないから、普通決議でよいといっています。

コラム　**欠損とは**

欠損とは、剰余金のマイナスを意味する。

以下の左図が、欠損が生じたときの、右図が、欠損てん補の資本金の額の減少をした後の貸借対照表の純資産の部である（受験生向きに簡易表記してある）。

純資産の部	
資本金 準備金 剰余金	1000万円 0円 **△300万円**
純資産合計	700万円

純資産の部	
資本金 準備金 剰余金	700万円 0円 **0円**
純資産合計	700万円

＊欠損てん補とは、剰余金のマイナス（主に、利益剰余金。会社が出した損失）を消すことである。

＊資本金の額、準備金の額はマイナスにならない。

確認事項　資本金の額の減少の決議機関等

資本金の額の減少の決議機関は原則として株主総会（特別決議）
→株主総会議事録が添付書面となる。（商業登記法46条２項）

例外その１

定時株主総会の普通決議で欠損てん補をする場合
→定時株主総会議事録のほか、一定の欠損の額が存在することを証する書面が添付書面となる。

参考問題

1．定時株主総会において、当該定時株主総会の日における欠損の額を超えない範囲で資本金の額を減少する旨の決議が普通決議によりされたとしても、その旨の記載がされた株主総会の議事録を添付して、資本金の額の減少による変更の登記の申請をすることができる。（商業登記法H28-32-ア）

2．会計監査人設置会社が、臨時株主総会の普通決議により、資本金の額を減少することとした場合において、減少する資本金の額が当該臨時株主総会の日における欠損の額を超えないときは、当該臨時株主総会の議事録を添付して、資本金の額の変更の登記を申請することができる。（商業登記法R5-32-エ）

答え

1．○　定時株主総会、欠損てん補の２つの用語が急所である。この２つがそろえば、普通決議でよい。

2．×　臨時株主総会では普通決議は不可。特別決議を要する。

商業登記規則61条（添付書面）（一部省略）

10項　登記すべき事項につき会社に一定の分配可能額又は欠損の額が存在することを要するときは、申請書にその事実を証する書面を添付しなければならない。

資本金の額の減少をする場合の、決議事項は以下のとおりです。（会社法447条）

1．減少する資本金の額

2．減少する資本金の額の全部または一部を準備金とするときは、その旨および準備金とする額

3．資本金の額の減少がその効力を発生する日（ただし、債権者の異議手続（後

述）が、長引けば、効力の発生は後ろにずれこむことになる。→債権者の異議手続が終了しない場合、効力発生日に資本金の額の減少の効力が発生することはない。会社法449条６項ただし書）

なお、減少する資本金の額は、資本金の額の減少の効力発生日における資本金の額を超えてはいけません（会社法447条２項）。一時的にでも、資本金がマイナスになるのは許しませんという趣旨です。

◖ポイント◗　決議事項２の意味

会社法は、資本金の額を減少した場合、これを剰余金とすることを原則としている。

このため、準備金とする場合のみ、２の決議を要する。

参考問題　株式会社が資本金の額を減少して欠損の塡補をする場合において、減少する資本金の額が欠損の額を超えるときは、その超過額は準備金となる。（商法H29-32-ア）

答え　×　欠損の塡補とは、剰余金のマイナス（例　損失続きの会社）を消す手続のこと。上記の２の決議をしなければ、資本金の額が準備金に組み入れられることはない。

参考　**資本金の額の減少の効力発生日**

株式会社は、当初定めた効力発生日を、その日の前であれば変更することができる。（会社法449条７項）

コラム　取締役の決定（取締役会）による資本金の額の減少

以下の特殊な事例において可能。（苦しい会社の救済手段　会社法447条３項）

1．株式の発行と資本金の額の減少を連動させる。
2．株式の発行による資本金の増加額が、資本金の減少額以上（結果として資本金の額が減らない）。

実務的には、経営不振のため従来の株主が詰め腹を切り、他の会社の資金援助を求めたという感じの手続である。

なお、後記の、準備金の額の減少手続にも同旨の規定がある。

株式の発行による準備金の増加額が、準備金の減少額以上であれば、取締役（取締役会）による準備金の額の減少手続が可能。

確認事項　資本金の額の減少の決議機関等

例外その２

取締役の決定（取締役会設置会社においては取締役会の決議）

→取締役の過半数の一致を証する書面または取締役会議事録を添付する。（商業登記法46条１項・２項）

発展　上記コラムのケースの登記事項

資本金の額が金1000万円の会社が、100％減資をし、その効力発生日に金1000万円の増資をするケース。

登記の事由	資本金の額の減少 募集株式の発行
登記すべき事項	年月日次のとおり変更 資本金の額　金０円 同日次のとおり変更 資本金の額　金1000万円 発行済株式の総数　何株

以上のように、中間を飛ばさず、まめに登記をしなければならない。

参考問題

1．取締役会設置会社が資本金の額の減少と同時に株式の発行をする場合において、当該資本金の額の減少の効力が生ずる日後の資本金の額が当該日前の資本金の額を下回らないときは、当該資本金の額の減少は、取締役会の決議によってすることができる。（商法H29-32-ウ改）

2．株式の発行と同時に資本金の額を減少する場合において、当該資本金の額の減少の効力が生ずる日後の資本金の額が当該日前の資本金の額を下回らないときは、資本金の額の変更の登記の申請書には、当該資本金の額の減少に関する株主総会の議事録を添付しなければならない。（商業登記法R5-32-イ）

3．資本金の額の減少と同時に募集株式の発行を行う場合において、当該資本金の額の減少の効力が生ずる日後の資本金の額が当該日前の資本金の額と同額であるときは、資本金の額の変更の登記の申請をすることを要しない。（商業登記法H28-32-オ）

答え　1．○
2．×　取締役の過半数の一致を証する書面（取締役会設置会社では取締役会議事録）で足りる。
3．×

なお、会社法447条２項の規定は、資本金の額の減少の効力が発生する日における資本金の額が０円未満となってはいけないことを規定しています。

だから、決議の日において、その日の時点での資本金の額を超える減資の決議をすることは可能です。

たとえば資本金1000万円の株式会社が、資本金の額を1500万円減少する決議をすることは可能であり、この場合、資本金の額の減少の効力発生日として定められた日までに、別の手続で金500万円以上の増資をするのであれば、会社法447条２項の規定に違反することはありません。

コラム　資本金の額の減少の効力の発生１

資本金の額の減少の効力は、会社が定めた「効力発生日」に発生する。

しかし、債権者の異議手続が終了しなければ、会社が定めた「効力発生日」に資本金の額の減少の効力が発生することはない。（会社法449条６項）

したがって、会社が定めた「効力発生日」までに債権者の異議手続が完了せず、その後に債権者の異議手続を終えた場合には、資本金の額の減少には無効事由があるというべきで、債権者等は資本金の額の減少無効の訴えを提起することが可能である。

この場合、合法的な手段としては、会社が「効力発生日」の前に、債権者の異議手続を終わらせるための期間を見込んで、効力発生日を、後の日付に変更する決議をしておけばよかったのである。

そうすれば、変更後の効力発生日に資本金の額の減少の効力が発生する。

確認事項　効力発生日を変更した場合

効力発生日の変更について、会社法には決議機関の定めがない。そこで、通常の業務執行として、取締役の決定（取締役会設置会社では取締役会決議）により変更すればよい。

効力発生日が資本金の額の変更年月日であり、登記事項だから、下記の書面は、資本金の額の減少の登記の添付書面になる。

→取締役の過半数の一致を証する書面または取締役会議事録（商業登記法46

条1項・2項）
→変更後の効力発生日を公告せよという規定は存在しない。

参考 **効力発生日の変更をした場合の公告**
一般的には、公告を要しない。
しかし、組織再編に例外があり、例えば、組織変更をする株式会社や、合併消滅会社は、変更後の効力発生日を公告しなければならない。

発展 効力発生日の変更をしなかったらどうなるか
その変更の決定（または決議）をせず、債権者異議手続に手こずったまま効力発生日を過ぎたらどうなるか。
どうにもならない。お手上げである。もういちど、資本金の額の減少の手続を最初からやり直すしかない。

コラム 資本金の額の減少の効力の発生2
資本金の額の減少の効力発生日を、株主総会決議の日とすることは可能である。
この場合、債権者の異議手続として、株主総会の日の1か月以上前に、債権者に対する公告および催告（または二重の公告）をすることを要する。

4 準備金の額の減少

株式会社は、準備金の額を減少することができます。（会社法448条）
準備金も、剰余金として配当等に回すことのできない部分です。
だから、これを減少するということは、資本金の額の減少と類似の効果をもたらす（制度を悪用すれば債権者を害する目的で利益のない会社でも配当できることになる）から、資本金の額の減少と似たような手続があります。

確認事項 **準備金の額は登記事項ではない。**

準備金の額を減少するためには、次の事項につき、株主総会の決議（普通決議）を要します。
→資本金の額の減少は特別決議が原則だから、多少、手続がゆるやか。
1．減少する準備金の額
2．減少する準備金の額の全部または一部を資本金とするときは、その旨およ

び資本金とする額
3．準備金の額の減少がその効力を発生する日
（ただし、債権者の異議手続が、長引けば、効力発生は後ろにずれこむことになる。）

準備金の減少額は、3の効力発生日における準備金の額を超えてはなりません。すなわち、準備金の額をマイナスにしてはいけないという趣旨です。

資本金の額と同様、準備金の額を0円とすることも可能です。

確認事項　準備金の額の減少と登記事項

上記、2の定め、つまり、「減少する準備金の額の全部または一部を資本金とするとき」に登記事項が発生する。

資本金の額が増加するのである（いわゆる準備金の資本組入れ）。

この場合の添付書面は、「株主総会議事録」（商業登記法46条2項）、「株主リスト」および「減少に係る準備金の額が存在することを証する書面」である。（商業登記法69条）

→準備金の額は登記事項ではないから、その存在を証明させるため、後者の書面の添付を要するのである。具体的には代表者の証明書でよい。

商業登記法69条（資本金の額の増加による変更の登記）
資本準備金若しくは利益準備金又は剰余金の額の減少によつてする資本金の額の増加による変更の登記の申請書には、その減少に係る資本準備金若しくは利益準備金又は剰余金の額が計上されていたことを証する書面を添付しなければならない。

コラム　準備金の資本組入れ

以下、準備金の一部を資本金の額に組み入れたときの会計処理について記載する。

左が、手続前。右が、手続後の純資産の部である。

純資産の部	
資本金	1000万円
準備金	200万円
剰余金	0円
純資産合計	1200万円

純資産の部	
資本金	1100万円
準備金	0円
剰余金	100万円
純資産合計	1200万円

＊準備金の一部を資本金の額に組み入れた場合、その残額を剰余金に組み入れる。
＊一部の組入れの場合、剰余金が増えることに注目しよう。これが理由で、この手続には、次に説明する「債権者異議手続」が必須となる。
→剰余金は、配当されると債権者の手の届かないところ（株主の固有財産）に行ってしまう。

発展　資本組入れをすることができる準備金の種類

準備金には「資本準備金」と「利益準備金」の２つがあるがそのいずれについても資本組入れをすることができる。（商業登記法69条）

コラム　取締役の決定（取締役会）による準備金の額の減少

以下の特殊な事例において可能。（会社法448条３項）
1．株式の発行と準備金の額の減少を連動させる。
2．株式の発行による準備金の増加額が、準備金の減少額以上（結果として準備金の額が減らない）。

確認事項

上記のケースで、減少した準備金の額の全部または一部を資本金とした場合には、登記事項が発生する。

この場合の、資本金の額の増加の登記の申請書の添付書面は、以下のとおりとなる。

→取締役の過半数の一致を証する書面または取締役会議事録（商業登記法46条１項・２項）

→会社法448条３項に規定する場合に該当することを証する書面（商登規61条11項）

上記２つは、「セット」である。準備金の額は登記事項ではないため添付を要するのである。

商業登記規則61条（添付書面）

11項　資本準備金の額の減少によつてする資本金の額の増加による変更の登記（会社法第448条第３項に規定する場合に限る。）の申請書には、当該場合に該当することを証する書面を添付しなければならない。

参考問題

1．準備金の資本組入れについて、株式の発行と同時に準備金の額を減少する場合において、当該準備金の額の減少の効力が生ずる日後の準備金の額が当該日前の準備金の額を下回らないときは、当該準備金の資本組入れに関する取締役の過半数の一致を証する書面又は取締役会の議事録を添付して、準備金の資本組入れによる変更の登記の申請をすることができる。（商業登記法H28-32-イ）

2．株式の発行と同時に準備金の額を減少する場合において、当該準備金の額の減少の効力が生ずる日後の準備金の額が当該日前の準備金の額を下回らないときは、準備金の資本組入れによる変更の登記の申請書には、当該準備金の資本組入れに関する株主総会の議事録を添付しなければならない。（商業登記法R5-32-ア）

3．利益準備金の額を減少し、減少する利益準備金の一部を資本金とする資本金の額の変更の登記の申請書には、当該利益準備金の資本組入れに関する株主総会の議事録を添付しなければならない。（商業登記法R5-32-オ）

答 え

1．○

2．×　取締役の過半数の一致を証する書面（取締役会設置会社では取締役会議事録）で足りる。

3．○　本問は、株式の発行と平行した手続をとっていないときのハナシとみてよい。

5 債権者の異議手続

本書では、初めて登場する手続です。

債権者の異議手続というものが存在します。

資本金の額の減少であれ、準備金の額の減少であれ、「剰余金の発生→配当→会社財産の食いつぶし」の可能性を生みます。

と、すれば、株主の責任を問えず（株主有限責任）、また、役員等の個人の責任追及も原則はすることができない（責任を追及するためには、役員等の悪意・重過失が要件となる）という、会社財産のみが債権者への引き当てとされる会社である株式会社の債権者は、「ちょっと待て」と、ストップをかけたいに違いありません。

そのための手続を債権者の異議手続といいます。

その流れは以下のとおりです。（会社法449条）

1．会社が資本金等の減少額など所定の事項を、官報に公告し、かつ、知れている債権者に各別に催告する。
2．債権者が異議を述べることのできる期間は１か月以上。
3．その期間に異議がなければ、債権者は資本金等の額の減少に異議なしとみなす。
4．異議があれば、会社は、弁済・担保提供・信託会社に信託等の手続をする（債権者を害するおそれがなければ上記手続は不要）。

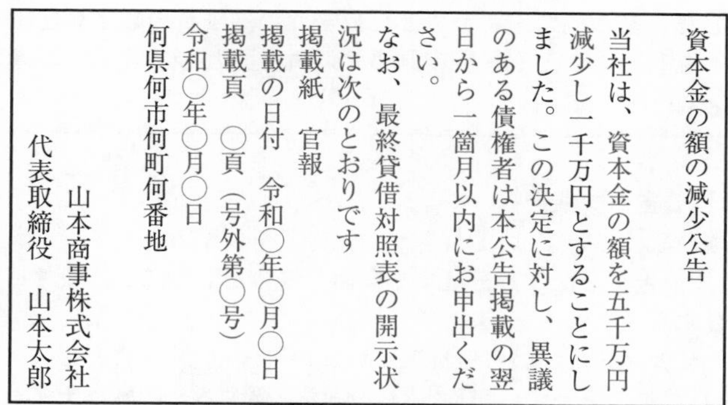

資本金の額の減少公告

当社は、資本金の額を五千万円減少し一千万円とすることにしました。この決定に対し、異議のある債権者は本公告掲載の翌日から一箇月以内にお申出ください。
なお、最終貸借対照表の開示状況は次のとおりです

掲載紙　官報
掲載の日付　令和○年○月○日
掲載頁　○頁（号外第○号）

令和○年○月○日
何県何市何町何番地
山本商事株式会社
代表取締役　山本太郎

※債権者への公告の例

なお、前記は一般的な公告の例ですが、法令事項は（必ず、公告を要すること）は、次の事項です（公告例の赤字部分）。

① 資本金の額の減少の内容
② 計算書類に関する事項として会社計算規則第152条で定めるもの
③ 債権者が一定の期間内に異議を述べることができる旨

《注意》

１について

公告方法は官報限定。

株主は会社の内部機関だから、定款規定で、日本経済新聞を見ろとか当社のホームページを見ろということができる。

が、債権者は第三者だからそうはいかない。そこで、公告方法は官報限定。

コラム 「公告かつ催告」の意味

「催告」は、会社に知れている債権者には、個別に催告して(手紙を出して)確実に資本金の額の減少に対し異議を述べることができる旨を伝えよという意味である。

「公告」は、会社に知れていない債権者に対しても、草の根を分けてもその旨を伝えよという意味である。

たとえば、ある電器会社が資本金の額の減少をしようというときに、ちょうど、その会社の製品でケガをしたため「損害賠償請求をしよう」と思い立った被害者が、ここにいう、会社に知れていない債権者の典型例であろう。

商業登記法は、基本的に、こういう「公告かつ催告」の厳格な仕組みについては、これを行ったことを登記申請書の添付書面として登記官の審査の対象にすることにしている。

【学習の指針】 公告かつ催告

債権者異議手続においては、「公告かつ催告」を要する。

この場合、「公告をしたことを証する書面」「催告をしたことを証する書面」の2つの添付を要する。

→ただし、会社に知れている債権者がいないときは、「催告」の方は要しない。

「公告をしたことを証する書面」は、必ず、要する。**例外はナイ**。

→この場合、「知れている債権者がいないことを証する書面」を代わりに添付する。

なお、以上は、清算株式会社には当てはまらない。

清算株式会社も、債権者異議手続をする。「公告かつ催告」もする。しかし、そのいずれも清算結了の登記の添付書面とならない。

なお、1の規定は、少しザル法化します。

会社が、公告方法を、時事に関する日刊新聞または電子公告とするときの特例です。

① 官報＋時事に関する日刊新聞

② 官報＋電子公告

このどちらかの方法をとれば、債権者への個別の催告を不要とすることができます。

巨大企業では、出入りの業者が数え切れないほど多いから、いちいち、催告する(手紙を出す)のは大変です。だから、この特例があります。

なお、この特例は、今後の債権者の異議手続全般に通用する手と思ってかまいません。

（特例を使わず、原則どおり、官報＋催告を選んでもよいのは当然のことである。小規模な会社なら、そのほうが、断然、安く上がる。）

4について

債権者を害するおそれがなければ上記の手続（弁済等のコト）は不要というが、誰がその「おそれの有無」を判定するのか定かではありません。

ここも、ザルといえばザルです。

登記手続上は、債権者を害するおそれのないことを証する書面というものを添付します。

何と、その証明をするのは、当該会社の代表者です。

なお、余談ながら、前記2つのザルは、古きよき商法（かなり前）には存在しなかった条文です。

コラム　債権者の異議手続が不要となるケース

以下のケースで、債権者の異議手続が不要。（会社法449条1項）
いずれも、債権者を害するおそれがない（または少ない）。

1．準備金の額を減少しその額の**全部**を資本金の額とする場合。準備金より資本金のほうが、会社財産として強固な存在（取り崩しがやりにくい）であるから。

2．定時株主総会で、準備金の額を欠損の額の範囲内で減少する場合。

《注》 上記2が、資本金の額の減少であれば、債権者の異議手続を要することになる。

◀ポイント▶　資本金の額の減少をする場合に債権者の異議手続を不要とする規定は存在しない。

以下、参考までに、準備金の額で欠損をてん補したときの会計処理の一例を記載する。

左が、手続前。右が、手続後の純資産の部である。

純資産の部	
資本金 準備金 剰余金	1000万円 200万円 △200万円
純資産合計	1000万円

純資産の部	
資本金 準備金 剰余金	1000万円 0円 0円
純資産合計	1000万円

定時株主総会におけるこの事案で、債権者が異議を述べることができない理由は、準備金の積立ては、もともと期末に確定する欠損てん補がその目的のひとつだからである。

確認事項　債権者の異議手続をした場合

1．資本金の額の減少による変更の登記を申請する場合に、以下の書面の添付を要する。

「公告および催告をしたことを証する書面」

→ザルを使用する場合には、「公告をしたことを証する書面　２通」

「異議を述べた債権者があるときは、当該債権者に弁済し若しくは相当の担保を提供し若しくは当該債権者に弁済を受けさせることを目的として相当の財産を信託したことまたは当該債権者を害するおそれがないことを証する書面」

→異議を述べた債権者がいない場合は、申請書にその旨を書けばよい（特段の書面は不要）。

2．準備金の額を減少しこれを資本金に組み入れる登記を申請する場合には、上記の債権者の異議手続に伴う書面を添付することを要しない。

→準備金の額を減少し、その一部を資本金に組み入れる場合には、会社法の問題として債権者の異議手続をすることを要する。しかし、これに関する書面は添付書類にはならない。

→その理由は、このケースでは「資本金の額の増加」は登記事項であるが、「準備金の額の減少」は登記事項ではないからである。登記申請書の添付書類は、基本的に登記事項についての証明文書であるところ、登記事項ではないことの手続を適正に行ったことの証明は求められることはないのである。

→なお、資本準備金の額または利益準備金の額を減少し、その一部を資本金に組み入れる場合に債権者の異議手続を要する理由は、この場合、資本金に組み入れた残りの部分が「その他資本剰余金」または「その他利益剰余金」に組み入れられるからである（剰余金は配当などの原資となる）。

商業登記法70条（資本金の額の減少による変更の登記）
資本金の額の減少による変更の登記の申請書には、会社法第449条第２項の規定による公告及び催告（同条第３項の規定により公告を官報のほか時事に関する事項を掲載する日刊新聞紙又は電子公告によつてした場合にあつては、これらの方法による公告）をしたこと並びに異議を述べた債権者があるときは、当該債権者に対し弁済し若しくは相当の担保を提供し若しくは当該債権者に弁済を受けさせることを目的として相当の財産を信託したこと又は当該資本金の額の減少をしても当該債権者を害するおそれがないことを証する書面を添付しなければならない。

参考問題

1．株式会社が資本金の額の減少と同時に募集株式の発行をする場合において、当該資本金の額の減少の効力が生ずる日後の資本金の額が当該日前の資本金の額を下回らないときであっても、当該資本金の額の減少による変更の登記の申請書には、債権者保護手続を行ったことを証する書面を添付しなければならない。（商業登記法H31-32-オ）
2．定時株主総会で資本金の額の減少を決議する場合において、減少する資本金の額が欠損の額を超えないときは、株式会社の債権者は、当該株式会社に対し、資本金の額の減少について異議を述べることができない。（商法H29-32-イ）
3．資本金の額を減少するには債権者保護手続をとる必要があるが、資本準備金の額の減少については債権者保護手続をとる必要がない場合がある。（商法H18-28-ア）
4．株式会社が資本金の額の減少をする場合には、当該株式会社は、その定款で電子公告を公告方法とする旨を定めているときであっても、官報による公告をしなければならない。（商法R3-34-ウ）
5．資本金の額の減少をするには、併せて株式の消却または併合を行わなければならない。（商法H18-28-イ）
6．資本金の額を減少するには株主総会の決議が必要であるが、資本準備金の額の減少については、取締役会設置会社にあっては取締役会の決議により行うことができる。（商法H18-28-ウ）
7．資本金の額を減少させる場合には、それに伴い、発行済株式総数も減少させなければならない。（商法H19-29-エ）
8．株式会社が資本金の額の減少による変更の登記を申請する場合において、知れている債権者が１人も存在しないときは、知れている債権者が存在しない旨の証明書を添付すれば、知れている債権者に催告をしたことを証する書面の添付を要しない。（商業登記法H15-29-オ）
9．株式会社においては、資本金の額を減少する場合には、欠損のてん補を目的と

する場合であっても、債権者の異議手続を執らなければならない。(商法H22-32-イ)
10. 株式会社が定時株主総会の決議によって資本金の額を減少する場合において、減少する資本金の額が欠損の額を超えないときは、当該株式会社の債権者は、当該株式会社に対し、当該資本金の額の減少について異議を述べることができない。(商法H25-33-イ)
11. 準備金の額を減少させてその一部を資本金とする場合における資本金の額の変更の登記の申請書には、準備金の額の減少に関して債権者保護手続を行ったことを証する書面を添付しなければならない。(商業登記法R2-31-ア)

答 え

1. ○　この場合には、資本金の額の減少を取締役の決定（取締役会の決議）によってすることができる（会社法447条３項）。しかし、債権者の異議手続を要しないという規定はない。
2. ×　資本金の額を減少する決議を、定時株主総会において普通決議ですることができる場合があるというのは正しい（会社法309条２項９号参照）。ただし、この場合に、債権者の異議手続を要しないという規定はない。(会社法449条１項)
3. ○　会社法449条１項。
4. ○　債権者異議手続において、官報公告は必須の手続である。
5. ×　資本金の額の減少と株式の数は無関係。
6. ×　資本金の額の減少についても、取締役会決議によることができる場合がある（会社法447条３項)。また、準備金の額の減少をする場合にも原則として株主総会の決議を要する。(会社法448条１項)
7. ×　資本金の額の減少とは貸借対照表の計数を移動するだけのハナシである。
8. ○　知れている債権者がいなければ催告は不要である。この場合、設問のとおり、代表者作成の「知れている債権者が存在しない旨の証明書」がこれに代わることになる（こういうケースは実務で時々ある)。
　なお、知れている債権者がいなくても、知れていない債権者に対する官報公告はしなければならない。とにかく、資本金の額の減少をする場合は、必ず、官報公告をしなければならない。
9. ○　資本金の額の減少をする場合に、債権者の異議手続を不要とする規定は存在しない。
10. ×
11. ×　準備金の一部の資本金への組入れに関する出題。たしかに、手続上、債権者異議手続を要する。しかし、登記申請の添付書面にはならない。

以下、資本金の額の減少についての登記手続について述べます。
会社法は、一般論として、会社が定めた効力発生日から逆算して、所要の手続がその時点で完了していれば、手続は合法的であるという考え方をとります。
したがって、債権者の異議手続も株券提出公告等と同様、株主総会決議に先立って行うことが可能です。

つまり、以下の順番は、どちらでもよいのです。

ケース1
1．資本金の額の減少の決議 2．決議後、決議事項を公告および催告

ケース2
1．資本金の額の減少をしますという公告および催告 2．資本金の額の減少の決議

そして、上記の**ケース2**の場合であれば、債権者の異議手続が決議までに終了していれば、資本金の額の減少の株主総会決議をした日を、効力発生日と定め、即日、変更の登記を申請することが可能です。
このあたりは、現実に株券を発行する株券発行会社が、株券提出公告を事前に行っていれば、株式の譲渡制限の定めを設定する定款変更の決議の効力を、その決議の日に発生させることも可能であることと、考え方が一緒です。

では、法務省の記録例を見てみましょう。
資本金の額の減少による変更の登記の登記事項は、きわめて単純です。

準備金の額または剰余金の額の増加により資本金の額を減少した場合（会社法447条）

資本金の額	<u>金５億円</u>	
	金２億5000万円	令和６年10月１日変更 令和６年10月８日登記

前記の記載例に係る一般的な登記申請書の内容は以下のとおりです。

登記の事由	資本金の額の減少
登記すべき事項	令和６年10月１日次のとおり変更 資本金の額　金２億5000万円
登録免許税	金30000円（ツ）
添付書類	株主総会議事録　１通 株主リスト　　　１通

公告および催告をしたことを証する書面　何通
異議を述べた債権者はいない
委任状　　　　　　1通

＊定時株主総会において、欠損てん補の目的で普通決議において資本金の額の減少の決議をした場合には、一定の欠損の額が存在することを証する書面の添付を要する。（商登規61条10項）

＊債権者の異議手続に関する書面は、そのときの事情により、適宜変化させて考えればよい。一例を挙げれば「公告をしたことを証する書面　2通」プラス「異議を述べた債権者に対し弁済をしたことを証する書面」という具合である。

なお、本事例は、登記簿の記録から、資本金の額の減少と株式の発行を連動させたケースではないことが明らかであるから、「取締役の過半数の一致を証する書面（取締役会設置会社にあっては取締役会議事録）」が登場する余地はありません。

参考問題　資本金の額の減少による変更の登記においては、登記簿から、減少する資本金の額が当該資本金の額の減少の効力が生ずる日における資本金の額を超えないことを確認することができるため、当該登記の申請書には、資本金の額が会社法及び会社計算規則の規定に従って計上されたことを証する書面を添付することを要しない。（商業登記法H28-32-ウ）

答 え　○　上記の申請書に、本問の書面（いわゆる計上証明書）の記載がないことを確認しよう。

参考　**効力発生日の変更**

株式会社は、資本金の額の減少の効力発生日を、その日前は、いつでも変更することができる。（会社法449条7項）

この場合の変更は、取締役の決定（取締役会設置会社にあっては取締役会の決議）により行うことができる。

このため、資本金の額の減少の効力発生日を変更した場合には、取締役の過半数の一致を証する書面（取締役会設置会社にあっては取締役会議事録）を資本金の額の減少による変更登記の申請書に添付することを要する。

参考　商業登記規則61条９項のハナシ

「資本金の額が会社法および会社計算規則に従って計上されたことを証する書面」は、条文上、資本金の額を減少する場合にも添付を要するコトになっている。しかし、資本金の額の減少には面倒な計算がなく、登記簿の記載から減少前の資本金の額を確認することができるので、平成18.3.31民商782号通達が添付を不要としている。

登記簿の記録例（H18.4.26民商第1110号依命通知改）

準備金の額の減少により資本金の額を増加した場合（会社法448条）

資本金の額	金５億円	
	金７億円	令和６年10月１日変更 令和６年10月８日登記

剰余金の資本組入れは、次節で述べることになるので、準備金の資本組入れによる変更の登記の申請書の記載の一例を見てみましょう。

登記の事由	資本準備金の資本組入れ
登記すべき事項	令和６年10月１日次のとおり変更 資本金の額　金７億円
課税標準金額	金２億円
登録免許税	金140万円（ニ）
添付書類	株主総会議事録　１通 株主リスト　１通 減少に係る資本準備金の額が計上されていたことを証する書面　１通 委任状　１通

＊株主総会決議は普通決議でよい。

本事例は、登記簿の記載から、準備金の額の減少と株式の発行を連動させたケースではないことが明らかであるから、「取締役の過半数の一致を証する書面（取締役会設置会社にあっては取締役会議事録）」プラス「会社法第448条第３項に規定する場合に該当することを証する書面」が登場する余地はありません。

また、さきにも述べましたが、債権者の異議手続をやるケースであった（準備金の一部を資本金に組入れのケース）としても、これに関する書面の添付は不要です。

6 資本金の額の増加

株式会社は、剰余金の額を減少して、資本金の額を増加することができます。(会社法450条)

株主総会決議(普通決議)を要します。

《注》 臨時株主総会でも可能←旧商法から会社法への移行時の改正点(旧商法下の利益の資本組入れは定時株主総会でのみ可能であった)。

確認事項 **剰余金の額は登記事項ではない。**

コラム 会社法の剰余金配分の考え方

会社法は、基本的に、剰余金の分配手続を、定時株主総会でのみ行うという考え方を採用していない。

そこで、会社法には「臨時計算書類」なる概念が存在する。(会社法441条)

これは、事業年度の途中で、「はて、うちの会社にはいくらの剰余金があるのだ?」ということを計算するための書類だ。

剰余金の額を減少して、資本金の額を増加する場合には、次の事項を決定します。

1. 減少する剰余金の額
2. 資本金の額の増加がその効力を生じる日

確認事項 **剰余金の額の減少と登記事項**

資本金の額の増加が登記事項となる(いわゆるその他資本剰余金(または、その他利益剰余金)の資本組入れ)。

この場合の添付書面は、「株主総会議事録」(商業登記法46条2項)および「減少に係るその他資本剰余金(または、その他利益剰余金)の額が存在することを証する書面」である。(商業登記法69条)

→その他資本剰余金(または、その他利益剰余金)の額は登記事項ではないから、その存在を証明させるため、後者の書面の添付を要するのである。具体的には代表者の証明書でよい。

商業登記法69条(資本金の額の増加による変更の登記)

資本準備金若しくは利益準備金又は剰余金の額の減少によつてする資本金の額の増加による変更の登記の申請書には、その減少に係る資本準備金若しくは利益準備金又は剰余金の額が計上されていたことを証する書面を添付しなければならない。

なお、剰余金の額を減少し、準備金の額を増加する手続も存在します。（会社法451条）

こちらも、決議要件は、株主総会の普通決議です。

準備金の資本組入れと相違して、取締役の決定（取締役会設置会社にあっては、取締役会決議）によって剰余金の資本組入れを行う場合はないので、カンタンお手軽です。

オマケ　上記いずれの手続も、債権者の異議手続が不要なことは当然であろう。

会社が剰余金として使える金を、わざわざ資本等に組み入れてくれるのだから、債権者のみなさまのための手続みたいなものだ。

参考　**資本組入れをすることができる剰余金の種類**

剰余金には「その他資本剰余金」と「その他利益剰余金」の２つがあるが、そのいずれについても資本組入れをすることができる。（商業登記法69条）

参考問題　1．株式会社が利益剰余金の額を減少して利益準備金の額を増加するには、当該株式会社が取締役会設置会社であっても、株主総会の決議を要する。（商法H19-32-ア）

2．株式会社が剰余金の額を減少して資本金の額を増加するには、株主総会の決議によって、減少する剰余金の額及び効力発生日を定めなければならない。（商法H23-32-ア）

3．剰余金の配当に関する事項を取締役会が定めることができる旨を定款で定めることができる株式会社は、剰余金の額を減少して資本金の額を増加することを取締役会が定めることができる旨を定款で定めることができる。（商法H29-32-エ）

4．株式会社においては、剰余金の額を減少してする資本金の額の増加は、資本金の額につき変更の登記がされた日ではなく、株主総会の決議によって定めた日に効力が生ずる。（商法H22-32-オ）

5．剰余金の資本組入れによる変更の登記の申請書には、臨時株主総会の議事録を添付することができない。（商業登記法H28-32-エ）

6．臨時株主総会の普通決議により、剰余金の額を減少して、資本金の額を増加することとしたときは、当該臨時株主総会の議事録を添付して、資本金の額の変更の登記を申請することができる。（商業登記法R5-32-ウ）

7．資本金の額が３億円、最終事業年度末日における剰余金の額が１億円である会社において、翌事業年度中にその他資本剰余金の額が5000万円増加した場合には、当該翌事業年度末日までに剰余金１億5000万円を資本に組み入れて、資本金の額

を４億5000万円とする変更の登記を申請することができる。(商業登記法R2-31-ウ)

答え　1．○　会社法451条２項。
2．○　会社法450条１項・２項。
3．×　剰余金の資本組入れは、必ず、株主総会の決議により行う。
4．○　登記は対抗要件にすぎない。
5．×　　6．○
7．○　前問および前々問のカタチを変えての出題。期中の組入れも可→臨時株主総会議事録添付の流れとなる。

剰余金の額の減少により資本金の額を増加した場合（会社法450条）

資本金の額	金５億円	
	金７億円	令和６年10月１日変更 令和６年10月８日登記

上記の登記が、その他資本剰余金（またはその他利益剰余金）の資本組入れによる場合であったケースにおける登記申請書の記載例を掲げます。

登記の事由	その他資本剰余金（またはその他利益剰余金）の資本組入れ
登記すべき事項	令和６年10月１日次のとおり変更 資本金の額　金７億円
課税標準金額	金２億円
登録免許税	金140万円（ニ）
添付書類	株主総会議事録　１通 株主リスト　１通 その他資本剰余金（またはその他利益剰余金）の額が計上されていたことを証する書面　１通 委任状　１通

7 剰余金の配当

株式会社は、その株主に対して、剰余金の配当をすることができます。(会社法453条)

この場合、株主総会（普通決議）で、次の事項を決定しなければなりません。

→臨時株主総会でもよい。つまり、一年中、いつでも配当をすることができる。

1．配当財産の種類（自己株式等を除く）と帳簿価額の総額
2．株主に対する配当財産の割当てに関する事項
3．剰余金の配当の効力発生日

コラム　現物配当

会社法は、現物配当を可能とした。これも、何でもアリの規制緩和の一環。
前記決議事項の１に「配当財産の種類」とあるのは、配当財産は金銭に限られないという意味を含んでいる。
が、この場合には、株主総会の特別決議を要する。
（株主に金銭分配請求権を与える場合を除く。会社法309条２項10号）
現物配当の場合には、その評価額に疑義が生じかねない。売れ残りの商品を配当されるかもしれない。それに換価に手間取ることもあろう。だから、決議要件が厳格なのだ（株主が損をするおそれがある）。
なお、金銭分配請求権とは、現物配当に代えて金銭の交付を請求することができるという株主の権利だ。
この場合、株主は、現物配当を選択するもよし、金銭配当を受けるもよし、どちらも自由だから、損がありえない。したがって、原則どおりの普通決議でかまわない。

株式会社が剰余金の配当をする場合において、現物配当をするときは、株式会社は、一定の数（基準株式数）未満の株主には、配当財産の割当てをしない旨を定めることができます。（会社法454条４項２号）
この場合は、株式会社は、基準未満株主に対して、その持株数に応じて金銭を支払わなければなりません。（会社法456条）

参考問題　株式会社がその子会社の株式を配当財産とする剰余金の配当をしようとする場合には、株主総会の決議によって、一定の数未満の数の株式を有する株主に対して配当財産の割当てをしないこととする旨を定めることができる。（商法H23-32-ウ）

答え　○　子会社の株式を配当するということは、金銭以外の配当（現物配当）のことである。現物配当については、基準株式数を定めることができる。（会社法454条４項２号）

8 取締役会設置会社の特例

取締役会設置会社は、一事業年度の途中、１回に限り、取締役会の決議により、剰余金の配当（中間配当）をすることができるという規定を、**定款**で定めることができます。（会社法454条５項）

《注意》 取締役会の中間配当は、金銭配当に限る。

9 配当財産の交付場所

配当財産の交付は、会社の持参債務です。（会社法457条１項）

したがって、株主の、株主名簿上の場所での交付を要します。

なお、所在不明株主（会社からの通知が５年以上到達しない株主）については、会社の義務の履行場所は、株式会社の住所地となります。（会社法196条２項）

コラム 配当等の禁止

会社の純資産額が、300万円を下回る会社は、配当等をすることができない。（会社法458条）

旧有限会社の最低資本金が300万円であったことの名残り。

会社法では、資本金０円の株式会社を作ることができる。

しかし、配当等をしたければ、会社の純資産額が300万円以上となるまで、汗水たらして働かなければならない。

一例を挙げると、次の株式会社は、剰余金はあるものの配当ができない。

純資産の部	
資本金 準備金 剰余金	０円 ０円 200万円
純資産合計	200万円

参考問題 株式会社においては、純資産額が300万円以上であっても、資本金の額が300万円以上でない限り、剰余金の配当をすることはできない。（商法H22-32-エ）

答 え × 純資産額が300万円以上あれば原則として剰余金の配当をすることが

できる。（会社法458条）

10 剰余金の配当等を決定する機関の特則

会計監査人設置会社は、次に掲げる事項を取締役会が定めることができる旨を**定款**で定めることができます。（会社法459条）

1．株主との合意による自己株式の有償取得。（会社法156条１項　公開買付類似の制度）
　＊特定の株主からの取得の場合は不可。
2．欠損てん補のために準備金の額を減少する場合の、①減少する準備金の額、②準備金の減少の効力発生日。
3．剰余金の処分において法務省令（会社計算規則153条）で定める事項（剰余金の額の増減および処分）。
4．株主に対する剰余金の配当。
　ただし、現物配当（金銭分配請求権を与えないケース）の場合は不可。

参考問題　指名委員会等設置会社は、配当財産を金銭以外の財産とし、かつ、株主に対して金銭分配請求権を与えないこととする旨を取締役会が定めることができることを内容とする定款の定めを設けることができる。（商法H31-32-ア）

答え　×　そういう規定はない。指名委員会設置会社においても株主総会の特別決議を要する。

コラム　**本来は指名委員会等設置会社の制度**

会計監査人設置会社において、上記の定款規定があれば、取締役会決議で、年に何度でも配当が出せることになる。（会社法459条）

が、そのための条件は定款規定の他にも存在する。

1．取締役の任期の末日が選任後１年以内に終了する事業年度のうち最終のものに関する定時株主総会の終結の日後である場合を除く。
　→監査等委員会設置会社では、上記の取締役を（取）取締役と読み替える。
2．監査役設置会社であって監査役会設置会社でないものを除く。

つまり、取締役の任期は１年まで、監査役設置会社であれば監査役会は必ず設置ということだ。

ということは、指名委員会等設置会社は、(定款規定を別とすれば)必ず、上記の、条件をクリアする。

まず、指名委員会等設置会社は、会計監査人が必置。次に、取締役の任期は１年以内。さらに、監査役がいない会社だから監査役会はいらない。よって、すべてクリアだ。

実は、取締役会決議のみで、(中間配当ならぬ)本当の配当ができるのは、旧商法の下では、指名委員会等設置会社のみであった。会社法では、その制度を、指名委員会等を設置しない会社でも採用できるように手を加えたのだ。

だから、この制度の基準は、指名委員会等設置会社を、基として考えている。

また、新しい制度である監査等委員会設置会社も (取)取締役の任期は１年サイクルであり、必ず会計監査人を置くから同様にすべての要件をクリアする。

発展　**準備金の積み立ての仕組み**

剰余金の配当をする場合、その配当によって減少する剰余金の額の10分の１を準備金（資本準備金または利益準備金）として積み立てなければならないことになっている。(会社法445条４項)

たとえば、金1000万円を配当するのであれば、金100万円を準備金として積み立てろということである。

したがって、準備金の積み立てを要する場合には、配当可能額のすべてを配当することはできない。

なお、この、準備金の積み立て義務の上限は、資本金の額の４分の１までである。(会社計算規則22条)

資本金の額が金１億円の株式会社では、金2500万円が上限である。

参考問題　1．会計監査人を設置していない株式会社であっても、定款で定めることにより、取締役会の決議によって剰余金の配当をすることができる場合がある。(商法H19-32-エ)

2．取締役会設置会社は、会計監査人設置会社でないものであっても、配当財産が金銭であれば、一事業年度の途中において１回に限り取締役会の決議によって剰余金の配当をすることができる旨を定款で定めることができる。(商法H29-32-オ)

3．剰余金の配当に関する事項を取締役会が定めることができる旨の定款の定めがある会計監査人設置会社は、株主総会の決議によって、剰余金の配当に関する事項を定めることはできない。(商法H23-32-オ)

答え 1．○ 会社法459条は使えないが、中間配当（会社法454条５項）が可能である。

2．○ 前問の焼き直し。

3．× 剰余金の配当に関する事項を株主総会の決議によっては定めない旨の定款の定め（会社法460条１項参照）がなければ、その株式会社は、取締役会と株主総会のいずれでも剰余金の配当を決議することができる。

11 剰余金の配当に関する責任

剰余金の分配可能額を超えて、配当等（配当の他、自己株式の取得を含む）をした場合に、誰が責任をとるのでしょうか。

会社法の規定する財源規制に違反した行為があった場合です。

たとえば、会社がタコ配当をしたとしましょう。

この場合、会社法462条は、金銭の交付を受けた者（株主）と、一定範囲の取締役・執行役が、連帯して交付を受けた金銭等の帳簿価額に相当する額を支払う義務があると規定しています。

すなわち、配当金は、会社に返せということです。

参考問題 株式会社が定時株主総会の決議に基づき剰余金の配当をした場合において、配当財産の帳簿価額の総額が当該剰余金の配当がその効力を生ずる日における分配可能額を超えないときは、当該剰余金の配当をした日の属する事業年度に係る計算書類につき定時株主総会の承認を受けた時において欠損が生じたときであっても、当該剰余金の配当に関する職務を行った業務執行者は、当該株式会社に対し、当該欠損の額を支払う義務を負わない。（商法H31-32-エ）

答え ○ 配当の効力発生日においてタコ配当ではなかったので、業務執行者に責任が生じない。

次に、会社法463条１項は、タコ配当につき**善意**の株主は、取締役等からの求償に応じる必要がないと規定します。

この条文の意味を解説しましょう。

もともと、タコ配当は、会社法の規定に反する行為です。

だから、株主が得た配当という利得は、法律上の原因がなく、不当利得という他はありません。

だから、配当金を返還すべきは、株主です。

しかし、会社法462条は、それだけでは済ませず、その配当に関与した取締役・執行役の責任を規定しました。これは、会社財産の保全、ひいては、債権者を保護するための特別の連帯責任です。

したがって、会社に対し違法配当額を賠償した取締役等は、株主にその求償をすることができます（だって、もともと、株主がお金をもらったのだから……）。

しかし、このスジを通すと、善意の株主が気の毒です。

もともと、取締役等のミスで、タコ配当になったのですから、配当をもらっただけの株主に今更返せというのも気が引けます。

そこで、善意の株主に対する求償権を制限したのが、会社法463条１項です。

コラム　会社債権者の場合

上記のケース。会社債権者は、株主に、金銭等の帳簿価額に相当する額を自己の債権額の範囲で会社に返還しろといえる。

もともと、不当利得なのだから当然だ。

株主の善意・悪意は問わない。債権者が遠慮をする必要はない。（会社法463条２項）

参考問題　株式会社が分配可能額を超えて剰余金の配当をした場合には、当該株式会社の債権者は、当該剰余金の配当を受けた株主に対し、当該債権者が当該株式会社に対して有する債権額を限度として、当該株主が交付を受けた配当財産の帳簿価額に相当する金銭を支払わせることができる。（商法H31-32-ウ）

答え　○

12 事業の譲渡

株式会社は、次の行為をする場合、株主総会の決議（特別決議）により、その行為に係る契約の承認を受けなければなりません。（会社法467条、309条２項11号）

1．事業の全部の譲渡。

2．事業の重要な一部の譲渡（譲り渡す資産の額が総資産の額の５分の１を超えない場合を除く）。

3．子会社の株式または持分の全部または一部の譲渡（譲り渡す株式または持分の帳簿価額がその株式会社の総資産額の５分の１を超え、かつ、譲渡の効力発生日にその株式会社が子会社の議決権の過半数を有しなくなるとき）。
4．他の会社の事業の全部の譲受け。
5．事業の全部の賃貸、事業の全部の経営の委任、他人と事業上の損益の全部を共通にする契約その他これらに準ずる契約の締結、変更、または解約。
6．会社が、その成立後２年以内に、事業のために継続して使用するものであって会社成立前から存在するもの（取得に要する価額が会社の純資産額の５分の１を超えない場合を除く）を取得する場合。

参考問題　1．株式会社がその事業の全部を賃貸するとの契約を締結するときは、株主総会の決議によって、その承認を受けなければならない。（商法R3-32-ウ）
2．株式会社は、株主総会の決議によって承認を受けなくても、他の会社の事業の一部を譲り受けることができる。（商法R4-34-1）

答え　1．○　2．○

＊6は、旧商法下で、事後設立といわれた行為。
＊2および6で、５分の１を超えないということは、言葉をかえれば20％までということになる。20％までなら、株主総会決議は不要である。２は譲渡する場合、６は譲り受ける場合。いずれもその会社の資産の20％までなら株主総会は不要という意味だ。とりあえず、この考え方を、本書では20％ルールと命名する。

→２は会社の総資産額、６は純資産額を問題にするのはなぜか。６の場合は会社が対価を支払う立場だからである。負債を除くプラス財産からしか支払はできない。

２の場合は、対価をもらう立場だから、会社の事業の大きさそのものを問題にするのである。

３は、グループ企業を念頭においた仕組み。要するに、デカイ子会社の株式等の譲渡であって、これにより、その株式会社が子会社の支配権を失うときに株主総会の承認を要するのである。

＊20％の数字は定款で下げることができる。すなわち、株主総会の活躍の場を広げることができる。
＊株主総会の決議を要しないということは、取締役（または取締役会）が、決定するということである。

《注意》 事業譲渡等（前記のうち１から５の場合をいう）に反対する株主は、株式の買取請求権の行使ができる。（会社法469条１項本文）

→ただし、株式会社が事業の全部の譲渡をし、同時に解散決議をするケースでは、反対株主は株式買取請求権を行使することができない。（会社法469条１項１号）

つまり、事業の全部を売り払って廃業するケースである。

この場合、その株式会社は清算手続に移行し各株主には残余財産の分配がされる段取りになるはずだ。つまり、いずれ残余財産の配当がされるであろう。だから、買取請求権を行使する場面ではないのである。

→また、以下に述べる簡易事業譲渡（事業の全部の譲受け）のときも反対株主は株式買取請求をすることができない。

→ただし、一定の少数株主（原則　1/6A＋１議決権）の反対によって、事業の全部の譲受けに株主総会の決議を要することとなったときは、反対株主が株主買取請求をすることができる。（会社法469条１項２号カッコ書、468条３項）

参考問題　株式会社が事業の全部の譲渡をする場合において、株主総会において当該事業譲渡の承認と同時に会社の解散が決議されたときは、当該事業譲渡に反対した株主は、当該株式会社に対し、自己の有する株式を買い取ることを請求することができる。（商法R3-32-ア）

答え　×

【急所】定義が大事

「事業譲渡等」とは、「前記のうち１から５の場合をいう」

これが、大事な理解である。

たとえば、事業の重要な一部の譲受けは、前記の「１から５」に入っていない。

この場合、その譲受けは、通常の業務執行にすぎないから、取締役の決定（取締役会設置会社にあっては取締役会決議）によることができる。

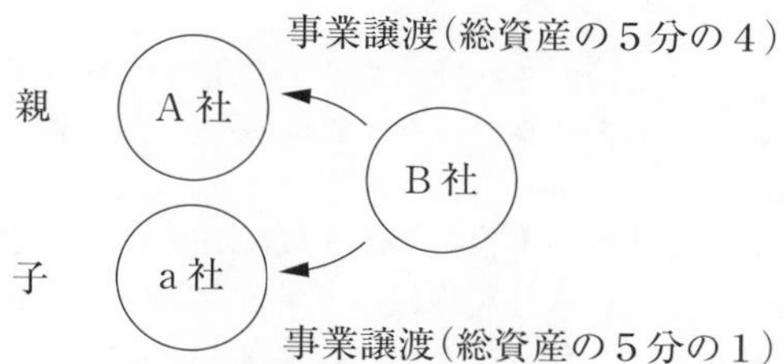

1. A社とa社　株主総会の決議を要しない
2. B社　　　A社への譲渡についてのみ株主総会の決議を要する

確認事項　事業の譲渡は登記事項ではない

これは、一般の売買である。売買が登記されるわけがない。

会社の商品を売るように、会社の事業を売るのが「事業譲渡」であり単なる損益取引である。

参考問題　会社が、他の会社から事業の重要な一部を譲り受ける場合、これに反対の株主はその有する株式の買取請求権の行使をすることができる。

答え　×　これまでの記述をよく読むこと。

参考　**略式事業譲渡・簡易事業譲渡**

会社法の特質に事業譲渡を行うことの容易性が挙げられる。

この点は、後に、合併等で学ぶが、ちょうど事業譲渡について、その基本形が現れる。

そこで、少しページを割いて、その原理を説明しよう。

会社法468条1項は、略式事業譲渡の基準を規定する。

1. 事業の全部の譲渡
2. 事業の重要な一部の譲渡（20%を超えるもの）
3. 子会社の株式または持分の全部または一部の譲渡（20%を超え、株式会社がその支配権を失うもの）
4. 事業全部の譲受け
5. 事業全部の賃貸等

この場合、契約の相手方が、自らの特別支配会社であれば、株主総会を要しない。
特別支配会社とは、ある会社の総株主の議決権の10分の９以上を他の会社およびその完全子会社等で保有する場合の、その他の会社のことだ。
Ａ社とＢ社があるとする。
Ａ社とＢ社で、Ａ社の事業の全部をＢ社が買い取る契約をした。
さて、このように、Ａ社がＢ社に事業の全部を譲渡する場合、普通は、当然のことながら、Ａ社の株主総会の特別決議を要する。
これは、全部を譲渡するケース（100％譲渡）だから、20％ルールは使えない。
だが、この場合、Ｂ社がＡ社の議決権ある株式の90％以上を保有していたらどうなるか。
Ａ社が、事業譲渡の承認決議の株主総会を開催すると、たとえ他の株主全員が反対しても、Ａ社の株主たるＢ社の一存で、決議は可決されるに決まっているではないか。
だから、そういう形式的な株主総会はやめよう。
どっちみち、反対しても勝ち目のない10％未満の株主のために株主総会招集のための手間と時間をかけることはないだろう、と、これが、略式事業譲渡の考え方である。
これを本書では、90％ルールと命名する。

＊定款をもって、この90％の数字を引き上げることができる。これも、株主総会の活躍の場を広げるための定款変更である。

次に、会社法は、「４．事業全部の譲受け」の特例を定める。
簡易事業譲渡の問題だ。（会社法468条２項）
Ａ社とＢ社があるとする。
Ａ社とＢ社で、Ａ社の事業の全部をＢ社が買い取る契約をした。
この場合の、Ｂ社の株主総会の問題だ。
会社法468条２項は、20％ルールを適用する。
すなわち、その買取額が、Ｂ社の純資産額（金を払う立場）の20％以下であれば、Ｂ社の株主総会決議は不要である。
なお、この20％は、定款規定で引き下げることができる。これも、株主総会の活躍の場を広げるための規定だ。
なお、会社法468条２項の簡易事業譲渡については、一定の割合（法務省令で定める）の株主が反対の意思表示をした場合には、簡易事業譲渡をすることができないという規定がある。（会社法468条３項）

この場合には、事業の全部の譲受けをするためには、原則どおり、株主総会の特別決議を要することになる。

以上の考え方は、合併、会社分割、株式交換等において、そのまま通用する基本形である。

コラム　略式・簡易事業譲渡と反対株主

反対株主の株式買取請求の可否を整理しておこう。

1．略式事業譲渡の場合

反対株主は株式買取請求ができる（なお、特別支配会社による買取請求は不可）。

理由　特別支配会社が横暴をしかねないケースだから少数派株主の保護を要する。

2．簡易事業譲渡の場合

反対株主は株式買取請求ができない。

理由　譲り受ける事業の規模が小さいのだから、株主が口出しする問題じゃない。

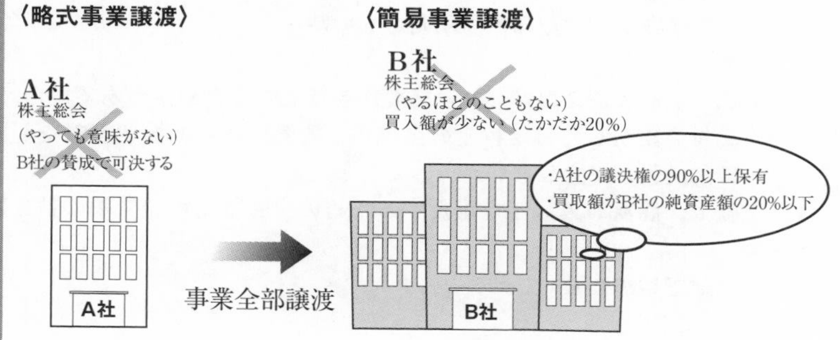

参考　**特別支配会社の正確な定義**

Q　特別支配会社とは？

A　ある株式会社の総株主の議決権の10分の9（これを上回る割合を当該株式会社の定款で定めた場合にあってはその割合）以上を他の会社および当該他の会社が発行済株式の全部を有する株式会社その他これに準ずるものとして法務省令で定める法人が有している場合における当該他の会社をいう。（会社法468条1項）

上記に「法務省令」とあるのは、会社法施行規則136条である。

発展　簡易事業譲渡を阻止するための少数株主の割合

以下に掲げた数のうち、いずれかの要件を満たせば、簡易事業譲渡を阻止することができる。（会社法施行規則138条）

事業譲渡につき議決権を行使できる株式を、特定株式と呼ぶ。その特定株式の議決権の数をAとする。

1．すべての会社の場合

A×1/2×1/3＝1/6A（原則）

上記の1/2は特別決議の定足数である。1/3は特別決議を阻止するための１－2/3を指す。

＊仮に、特別決議の定足数を、議決権の３分の１、そして議決要件を４分の３の賛成とする定款規定がある会社では、上記の数は以下のように変化する。

A×1/3×1/4＝1/12A

上記の1/6Aなり1/12Aの数に１を加えた議決権の数が簡易事業譲渡の阻止のために必要となる。

2．特別決議の決議要件として、株主の一定の頭数（X）が賛成することを要するという定款規定がある会社の場合

→特定株主の総数（Y）から、反対を表明した特定株主の数（Z）を引いた残数が、上記の数を満たさない時。

Y－Z<X

3．上記、１および２以外の、決議要件を定めた定款規定がある場合

→反対を表明した特定株主の全部が、実際に株主総会で反対をした場合に、決議が成立しない時。

4．定款で、簡易事業譲渡を阻止するための少数株主の議決権の数を定めた場合

→定款で定めた数。

以上を解説すれば、１においては、反対株主の全員が、株主総会で反対をすれば、事業譲渡のための特別決議が成立しない「可能性」があるケース。

２、３は、一定数の特定株主の反対表明があれば、明らかに特別決議が成立しないケースである。

参考問題

1．事業譲渡に関する次のアからオまでの記述のうち、判例の趣旨に照らし正しいものの組合せは、後記１から５までのうちどれか。（商法H24-32）

ア　株式会社の事業により生じた債務につき事業譲渡によって免責的債務引受けをする場合には、債権者の同意を得なければならない。
イ　事業譲渡をする株式会社は、事業譲渡の効力が生ずる日から6か月間、事業譲渡に係る契約の内容等を記載し、又は記録した書面又は電磁的記録を当該株式会社の本店に備え置かなければならない。
ウ　譲受会社が譲渡会社の特別支配株主であるいわゆる略式事業譲渡について、当該事業譲渡が法令又は定款に違反する場合において、譲渡会社の株主が不利益を受けるおそれがあるときは、譲渡会社の株主は、譲渡会社に対し、当該事業譲渡をやめることを請求することができる。
エ　譲受会社が譲渡会社の特別支配株主であるいわゆる略式事業譲渡をする場合には、譲渡会社の株主は、当該譲渡会社に対し、自己の有する株式を公正な価格で買い取ることを請求することができない。
オ　譲渡会社が株主総会の決議によって事業譲渡に係る契約の承認を受けなければならないにもかかわらず、事前又は事後のいずれにおいても株主総会の承認の手続をしていない場合には、当該事業譲渡に係る契約は、無効である。

1　アイ　**2**　アオ　**3**　イウ　**4**　ウエ　**5**　エオ

2．他の会社の事業の全部の譲受けをする株式会社の債権者は、当該株式会社に対し、当該譲受けについて異議を述べることができる。（商法H25-33-ア）

3．株式会社が事業の重要な一部の譲渡をする場合であっても、いわゆる簡易事業譲渡の要件を満たすときは、株主総会の決議による承認を受ける必要がない。（商法R3-32-イ）

答え　1．2　合併など組織再編の学習をまだしていない段階なのでむずかしく感じると思う。基本的に事業譲渡についての条文は少ないのである（会社法467条から470条の4つだけ）。合併等の場合、いろいろな制度が整備されているが、事業譲渡は「事業を売るだけ」のハナシであり、広く民法（または商法）が適用される範囲が広いというのが基本的な考え方なのである。

ア　○　免責的債務引受けに債権者の同意を要するのは民法上、当たり前のハナシである。本問とは逆に事業譲渡に伴って債権譲渡をするときもいちいち債権譲渡の通知をするなど個別の手続を要する。
イ　×　本問のような「書類等の備置義務」は、合併などの組織再編をする株式会社に課されるのだが、事業譲渡についてはそういう規定はない。
ウ　×　本問のような「やめることの請求」は、合併などの組織再編をする株式会社に存在する仕組みだが、事業譲渡についてはそういう特別の規定はない。
エ　×　反対株主の買取請求は少数株主を保護するための仕組みであり、むしろ、略式事業譲渡のように大株主がその一存で事業譲渡を決めてしまうような場合にこそ、よりいっそう整備されなければならないとさえいえる仕組みである。（会社法469条2項2号参照）

オ　○　会社法が「やれ」といっている手続（株主総会の承認決議）をしていないのだから、当然、無効である（最判昭61.9.11）。でなければ、結局、すべての事業譲渡が株主総会の決議なく「有効に」できることになってしまい、不合理も甚だしいことになろう。

2．×　　3．○

第11章

解散および清算

1 株式会社の解散

株式会社の解散事由は、以下のとおりです。（会社法471条）

1．定款で定めた存続期間の満了（例　会社設立から30年　実務上稀な規定）
2．定款で定めた解散事由の発生（例　何某が死亡したら解散　同上）
3．株主総会の決議（実務のほとんどがこれ　特別決議）
4．合併（もちろん消滅会社のほうだけが解散する）
5．破産手続開始の決定
6．解散を命ずる裁判

＊休眠会社のみなし解散という制度がある。株式会社が12年間何の登記もしない場合、法務大臣がその会社に対し、事業を廃止していないならば届け出ろ、と官報に公告をする。この届出をしなければ、登記官の職権で解散の登記が入る。
＊なぜ、12年かというと、定款規定により伸長しても、取締役の任期は10年が上限だからだ。12年間登記しないのであれば、「もう事業はやめたんでしょ」と思われても致し方あるまいということだ。

登記簿の記載例（H18.4.26民商第1110号依命通知改）

（1）　存続期間を設定した場合

存続期間	会社成立の日から満30年 令和６年10月１日設定　令和６年10月８日登記

（2）　解散の事由を設定した場合

解散の事由	当会社は、瀬戸内海に沈没している日本丸の引揚作業並びにその解体及び処分が完了したときに解散する 令和６年10月１日設定　令和６年10月８日登記

上記は、存続期間、解散事由の登記の記録例です。

確認事項　**存続期間および解散の事由について**

1．存続期間、解散の事由は登記事項である。（会社法911条３項４号）

２．存続期間、解散の事由は定款の記載事項である。（会社法471条１号・２号）

参考問題　株式会社の存続期間は、株式会社の成立後であっても、定款に定めることができる。（商法H28-27-ウ）

答え　○　設立後に、定款の変更ができるのは当たり前の話。

確認事項　**解散登記と職権抹消**

解散の登記を申請すると、以下の事項が登記官の職権により抹消される。（商登規72条１項）

１．取締役会設置会社である旨の登記並びに取締役、代表取締役および社外取締役に関する登記

２．特別取締役による議決の定めがある旨の登記および特別取締役に関する登記

３．会計参与設置会社である旨の登記および会計参与に関する登記

４．会計監査人設置会社である旨の登記および会計監査人に関する登記

５．監査等委員会設置会社である旨の登記、監査等委員である取締役に関する登記及び重要な業務執行の決定の取締役への委任についての定款の定めがある旨の登記

６．指名委員会等設置会社である旨の登記並びに委員、執行役および代表執行役に関する登記

ついでにいえば、支配人の登記も職権抹消である。（商登規59条）

以上から、わかるように、会社が解散し清算株式会社となった場合に、従前の機関、役員等のうち、生き残ることができるのは「監査役」および「監査役会」のみである。

→もちろん、他に株主総会が生き残ることはいうまでもない。

他の機関は、すべて、登記官の手によりきれいに掃除されてしまう。

参考問題　１．定款の定めにより監査役及び会計監査人を置いていた会社が解散したときは、解散の登記がされても、監査役設置会社である旨及び会計監査人設置会社である旨の登記を抹消する記号は、いずれも記録されない。（商業登記法H28-33-ア）

２．会計監査人設置会社が株主総会の決議により解散した場合は、解散の登記の申請と同時に、会計監査人設置会社の定めの廃止及び会計監査人の任期満了による

退任の登記の申請をしなければならない。(商業登記法R4-33-ウ)

答え　1．×　会計監査人設置会社である旨の登記は、お掃除の対象である。
2．×　いずれもお掃除の対象。職権抹消となる。

では、解散の登記は、いったい誰が申請をするのだろうか。
それは、「代表清算人」である(清算人が清算株式会社の業務執行機関である)。
では、その根拠条文を示そう。

商業登記法71条（解散の登記）
1項　解散の登記において登記すべき事項は、解散の旨並びにその事由及び年月日とする。
2項　定款で定めた解散の事由の発生による解散の登記の申請書には、その事由の発生を証する書面を添付しなければならない。
3項　代表清算人の申請に係る解散の登記の申請書には、その資格を証する書面を添付しなければならない。ただし、当該代表清算人が会社法第478条第1項第1号の規定により清算株式会社の清算人となつたもの（同法第483条第4項に規定する場合にあつては、同項の規定により清算株式会社の代表清算人となつたもの）であるときは、この限りでない。

上記の３項を簡単に読み替えると、解散登記を申請するときは、代表清算人の資格を証する書面を添付せよといっている（解散登記は嘱託、職権のケースもある)。

ただし書以下は、いわゆる法定清算人のハナシである。

会社が解散し、清算人の定めがない場合には、原則として、従前の取締役、代表取締役が横滑りで、清算人、代表清算人となる。この場合には、登記簿の記載から誰が法定代表清算人であるかは明らかだから、その資格を証する書面は不要と決まっている。

→解散の登記と清算人の登記を同時に申請するケース（後述）では、清算人の選任を証する書面等が、「代表清算人の資格を証する書面」となるため清算人の選任を証する書面等のみの添付で足り、代表清算人の資格に関して別段の書面の添付は不要となる。

登記簿の記録例（H18.4.26民商第1110号依命通知改）

1　株主総会の決議により解散した場合（会社法第471条）

解　散	令和６年４月１日株主総会の決議により解散 令和６年４月８日登記

2　存続期間の満了により解散した場合

解　散	令和６年10月１日存続期間の満了により解散 令和６年10月８日登記

［注］この場合の解散の日は、存続期間の満了の日の翌日である。

3　定款に定めた解散事由の発生により解散した場合

解　散	令和６年10月１日定款所定の解散事由の発生により解散 令和６年10月８日登記

4　解散を命ずる判決の確定により解散した場合

解　散	令和６年10月１日東京地方裁判所の解散を命ずる判決の確定により解散 令和６年10月８日登記

5　会社法第472条１項の規定により解散した場合（休眠会社のみなし解散）

解　散	令和６年10月１日会社法第472条第１項の規定により解散 令和６年10月８日登記

上記のうち、１から３が、代表清算人が申請をしたケース、４が裁判所書記官の嘱託による登記、５が休眠会社の職権による解散登記のケースです。

では、上記の３のケースの申請書を書いてみましょう。
法定代表清算人以外の代表清算人が申請をするものとします。

登記の事由	解散	
登記すべき事項	令和６年10月１日定款所定の解散事由の発生により解散	
登録免許税	金30000円（レ）	
添付書類	定款で定めた解散事由の発生を証する書面	１通
	代表清算人の資格を証する書面	１通
	委任状	１通

＊登記期間は、解散をしてから２週間以内である。（会社法926条）

以上です。

上記のケースで、添付を要するのは、定款で定めた解散事由の**「発生を証する」**書面であり、定款で定めた解散事由が何であるかは、すでに登記簿に記録されていることを理解しましょう。

法定代表清算人からの申請の場合には、「代表清算人の資格を証する書面」の添付は不要です。

なお、その他の解散事由の場合における解散事由の発生を証するための添付書面は以下のとおりです。

1のケース　株主総会決議による解散
　株主総会議事録（特別決議　会社法309条2項11号）
　株主リスト
2のケース　存続期間の満了による解散
　特別の書面は要しない（存続期間の定めは登記事項）。

参考問題

1．定款で定めた存続期間の満了によって解散した場合の解散の登記の申請書には、存続期間の満了を証する書面を添付しなければならない。（商業登記法S62-34-2）

2．代表取締役を定めていた株式会社が株主総会の決議により解散した場合において、当該株式会社の定款では清算人を定めておらず、株主総会の決議においても清算人が選任されていないときは、代表清算人の申請に係る解散の登記の申請書には、代表清算人の資格を証する書面を添付しなければならない。（商業登記法H20-31-エ）

答え　1．×　存続期間の定めは登記簿の記録から明らかなので、これを証明する必要はない。

2．×　商業登記法71条3項ただし書。

2 会社の継続

解散事由のうち1から3の場合、会社を継続することができます。（会社法473条）

1、2の定款規定のある会社は稀だから、実務上、継続が考えられるのは、株主総会決議により解散した会社の場合がほとんどといっていいでしょう。

継続というのは、事業を再開することです。

こちらも、解散と同様、株主総会の特別決議を要します。(会社法309条２項11号)

実務では、解散したまま放置される会社は、多数存在します。
これは、将来の継続を狙う行動です。
たとえば、じいちゃんとばあちゃんが、もう年だから辞めようと、会社を解散させます。
でも、もしかしたら、将来息子が会社を必要とするかもしれません。
そこで、一応会社を残しておきます（べつにジャマになるものでもないし…)。
そうすれば、継続ができるからです。
10年後でも、20年後でも継続が可能です。

《注》 休眠会社の継続のみは、解散したものとみなされた後３年以内と、継続の期限を切られます。

参考問題 定款で定めた解散の事由の発生によって解散した株式会社は、清算が結了するまで、株主総会の特別決議によって、株式会社を継続することができる。(商法R2-31-オ)

答 え ○ 会社法473条、309条２項11号

登記簿の記録例（H18.4.26民商第1110号依命通知改）

継続の登記

会社継続	令和６年10月１日会社継続 令和６年10月８日登記

［注］この登記をしたときは、解散、清算人、代表清算人及び清算人会設置会社である旨の登記に抹消記号を記録する。(商登規73条)

確認事項 **継続の登記**
登記すべき事項は、継続の旨およびその年月日である。

さて、継続は解散の反対です。
清算株式会社が眠りから覚めるケースです。
では、継続の登記が申請された場合、登記官は何をすべきでしょうか？

商業登記規則73条（継続の登記）
会社法第473条の規定による継続の登記をしたときは、解散の登記、清算人会設置会社である旨の登記並びに清算人及び代表清算人に関する登記を抹消する記号を記録しなければならない。

以上のように、清算株式会社時代の機関の後始末は、登記官の職権でなされます。

しかし、清算株式会社には、継続後にも使える機関があるとしても監査役、監査役会のみです。

そこで、継続後の機関（少なくとも取締役１人以上）について、株主総会において選任等の決議を行う必要があります（もちろん被選任者の就任承諾も要する）。

→継続の登記のみをしようとしても却下である。この点、解散の場合には、清算人の登記をせずとも解散の登記だけができたことと相違するので注意のこと。

継続の登記は、もちろん、代表取締役が申請します。

ここでの注意点は、商業登記規則61条４項後段、５項から６項の印鑑証明書の件です。

この印鑑証明書の添付の省略は絶対にできません。

まず、継続の登記はさきにも述べましたが、取締役の就任、代表取締役の就任登記を必然的に伴います。

しかも、前任の取締役等がいない（前任は清算人等）のであるから、商業登記規則61条４項後段、５項（就任承諾書に係る印鑑）の「再任」の例外規定が使えません。

また、商業登記規則61条６項の議事録等の真正担保の印鑑証明書も、変更前の代表取締役または代表執行役が存在しない（代表清算人しかいなかった）ことになるから「変更前の代表取締役または代表執行役の登記所届出印」を議事録に押印することもありえません。

以下に、会社継続の場合の一番単純な登記申請書の記載例を挙げます（継続後の会社が取締役１名のみの会社）。

登記の事由	会社継続 取締役及び代表取締役の変更
登記すべき事項	年月日会社を継続 同日以下の者就任 取締役Ａ 代表取締役－住所－Ａ
登録免許税	金40000円（資本金の額が金１億円を超える場合は金60000円）
添付書類	株主総会議事録　１通

株主リスト	1通
就任承諾書は株主総会議事録の記載を援用	
印鑑証明書	1通
委任状	1通

＊登録免許税は、継続が（ソ）で3万円、役員変更分は（カ）。
＊書面申請の場合、別途、印鑑届書の提出を要する。
＊登記期間は、継続をしたときから2週間以内である。（会社法927条）

参考問題

1．株主総会の決議により解散した会社が継続する場合には、新たに選任された会社の代表者は、会社継続の登記を申請しなければならない。（商業登記法H18-29-エ）
2．定款で定めた存続期間の満了により解散した株式会社が継続をするときの株式会社の継続の登記は、代表取締役又は代表執行役の申請によってする。（商業登記法S57-37-4）
3．解散した株式会社を継続する旨の株主総会の決議があった場合の継続の登記の申請と新たに選任された役員の就任の登記は、同時に申請しなければならない。（商業登記法H6-35-オ）
4．株式会社の継続の登記の申請書には、株主総会の議事録を添付しなければならない。（商業登記法R2-32-4改）

答 え　1．○　会社法927条が、継続の登記の登記義務を定めた根拠条文。
2．○　3．○　4．○

解散した会社は、自らを存続会社とする合併ができません（会社法474条1号　自分が吸収合併されることはできる）。

また、吸収分割で、他の会社の事業を承継することもできません。

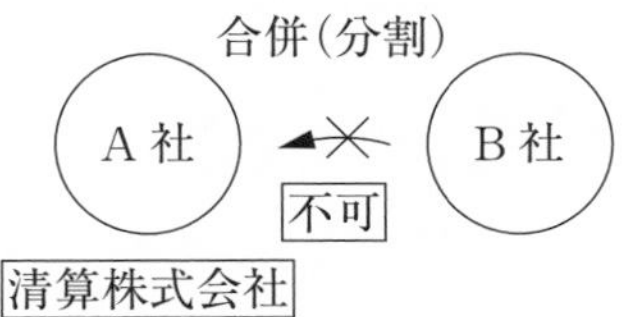

他の会社を清算手続に巻き込むことはできない。

コラム　解散を命じる裁判

２種類ある。その違いを知ろう。

1．会社の解散命令（会社法824条）

やばい会社をつぶすケース。

不法な目的により会社が設立された場合等、公益を確保することができないとき、法務大臣・株主・社員・債権者その他利害関係人（やばい会社をつぶすためなので広範囲）の申立てにより裁判所が解散を命じる。

2．解散の訴え（会社法833条）

こちらは、公益は関係ない。

株主の私益のための制度。少数株主権の１つである。

① 総株主の議決権の10分の１以上の議決権を有する株主

→議決権の全くない株主だけを総株主から除く（一部の議決権をもつ株主は総株主（分母）に算入する）。

② 発行済株式の10分の１以上の株式を有する株主

→会社の自己株式は発行済株式に算入しない。

＊10分の１について、定款で下げることができる（株主の権利行使をしやすくする方向）。

提訴理由は、株式会社が著しく困難な状況にあるとか、回復できない損害が生じるおそれがあるとか、取締役の財産管理・処分が著しく失当であるため会社の存立を危うくするときなど、要するに、放置すれば株価がゼロになるおそれがあるとき。

【急所】債権者の提訴権

上記の「解散の訴え」を、債権者が提起できないことに注目しよう。

この訴えの目的は、危機的状況にある株式会社をさっさと解散させて、株主の**残余財産を確保**することにある。

債権者がなすべきは、さっさと会社財産を差し押さえることであろう。

確認事項　**上記いずれも、解散の登記は裁判所書記官の嘱託によりなされる。株式会社において、解散の登記に申請義務が課されるのは、以下の３つのケースのみである。（会社法926条）**

1．定款で定めた存続期間の満了のケース

2．定款で定めた解散の事由の発生のケース

3．株主総会の決議による解散のケース
→このほか、組織再編絡みで、合併による解散登記も申請することを要する。
→申請を要しないのは、破産手続開始による解散と、解散を命じる裁判のケースおよび休眠会社の職権解散の場合。

参考問題

1．解散した株式会社が、他の会社を吸収合併することはできない。
2．解散した会社は、その後3年以内に限り、会社を継続することができる。
3．取締役の財産の管理または処分が著しく失当で、当該株式会社の存立を危うくするときは、その会社の債権者は、訴えをもって株式会社の解散を請求することができる。

答え　1．○　会社法474条1号。
2．×　一般論としては誤り。なお、休眠会社のみなし解散の場合はこのとおり。（会社法472条、473条）
3．×　会社法833条1項。一定の要件を満たす株主のみが提訴権者になる。

3 清　　算

会社は、解散すると清算手続に入ります。
（合併・破産手続開始の決定による解散は別論→合併であれば存続会社が権利義務を承継するから清算の余地はない。破産手続開始の決定の場合は、裁判所のご厄介になる。）

→清算につき裁判所への届出は不要。
清算株式会社の目的は、事業は終了のうえ、債務は弁済し、債権は回収し、その残余財産を株主に分配することです。
（当然のことながら、債務を弁済しないで、株主に分配してはいけない。債権者優先である。）

参考　株主への残余財産の分配手続においても、その柔軟化が図られている。すなわち、金銭のみでなく現物による残余財産の分配が可能である。

この作業が終了すると、会社財産がゼロになります。
これが、清算結了です。

会社は、清算結了により権利能力を失います。すなわち、自然人における死を意味します。

コラム　株主総会の承認

清算株式会社は、清算事務終了後、決算報告を作成し、これを株主総会に提出し承認の決議を受けなければならない。(会社法507条３項)

この承認時が、「会社の死」(清算結了という) である。

すなわち、会社としての権利義務のすべてがゼロの時点が清算結了である。

確認事項　清算結了の登記

会社法929条により登記義務が課せられる。

株式会社の場合には、登記期間は前記の決算報告が承認された日から２週間以内である。

登記簿の記録例 (H18.4.26民商第1110号依命通知改)

清算結了の登記

登記記録に関する事項	令和６年10月１日清算結了 令和６年10月８日登記 令和６年10月８日閉鎖

上記の記載例に係る登記申請書は次のようなものである。

登記の事由	**清算結了**	
登記すべき事項	**令和６年10月１日清算結了**	
登録免許税	**金2000円 ((3) ハ)**	
添付書類	**株主総会議事録**	**１通**
	株主リスト	**１通**
	委任状	**１通**

＊決算報告の内容が、債務超過であれば、登記は受理されない。会社としての権利義務のすべてがゼロとはいえないことが明白だからである。ただし、この債務を清算人個人が免責的に引き受けていれば会社の債務はゼロといえるから、清算結了の登記を申請することは可能である。

＊清算結了の承認をした株主総会議事録に清算事務報告書を合てつする。それが、「決算報告の承認があったことを証する書面」となる。

参考問題　清算会社が清算結了の登記の申請をする場合は、当該清算結了の登記の申請書には、債権者保護手続を行ったことを証する書面を添付しなければならない。（商業登記法R4-33-オ）

答え　×

商業登記法75条（清算結了の登記）
清算結了の登記の申請書には、会社法第507条第３項の規定による決算報告の承認があつたことを証する書面を添付しなければならない。

参考問題　下記のアからオまでの記述のうち、次の文章中の（ ）に入れることができるものの組合せとして正しいものは、後記１から５までのうちどれか。（商業登記法H11-34）

「清算株式会社の清算結了の登記に関し、清算人が現務を結了して、債権を取り立て、債務を弁済して計算したところ、残存債務があった。この残存債務が会社の株式全部を有する親会社に対する債務であった場合には、（ ）により残存債務が消滅した旨の記載がある決算事務報告書を承認した株主総会の議事録を添付して、清算結了の登記を申請することができる。」

ア　清算人が自己の財産をもって親会社に債務を弁済したこと
イ　親会社が会社に対する残余財産分配請求権を放棄したこと
ウ　清算人が親会社に対する会社の債務を免責的に引き受けたこと
エ　清算人が親会社に対する債務の消滅時効を援用したこと
オ　親会社が会社の債務を免除したこと

1　アイウ　**2**　アイオ　**3**　アエオ　**4**　イウエ　**5**　ウエオ

答え　**5**

ア　清算人が代位弁済をした結果、清算人による清算会社への求償権が生じる。よって、債務はゼロにならない。
イ　親会社が残余財産分配請求権を放棄しても、清算会社の債務が消えるわけではない。
ウエオはいずれも、清算会社の債務はゼロであるといえる。

解散をすると、取締役は退任します。

「経営者」は、不要になるからです。
が、取締役は、そのまま、清算人に横滑りをすることが、会社法の原則です。
清算人が、清算事務を執行します。
次に掲げる者が清算人になります。（会社法478条１項・２項・３項）

1．取締役（２と３の者がいない場合）
→監査等委員会設置会社では（取）取締役、指名委員会等設置会社では監査委員以外の取締役
2．定款で定める者
3．株主総会の決議によって選任された者
4．裁判所が選任した清算人（上記３項目により、清算人となる者がいない場合に利害関係人の申立てにより、または解散を命ずる裁判の際に選任される。）

確認事項　**就任承諾書の要否**

清算人の就任承諾書の添付の要否は重要論点である。
次のように規定されている。

商業登記法73条（清算人の登記）
2項　会社法第478条第１項第２号又は第３号に掲げる者が清算人となつた場合の清算人の登記の申請書には、就任を承諾したことを証する書面を添付しなければならない。

要するに前記のうち、「定款で定める者」および「株主総会の決議によって選任された者」について、清算人の就任承諾書の添付を要することになる。
→法定清算人（横すべりのケース）については、会社の選任行為がないから、就任承諾書の添付はそもそも問題にならない（就任承諾とは、選任に対して、その承諾をすることを意味する）。
→裁判所が選任する場合には、その者を審尋するはずであり、就任の意思のない者を選任することはありえない。

参考問題

1．裁判所が選任した清算人の辞任の登記は、裁判所による選任の取消しがなければ、することができない。（商業登記法H22-32-ア）
2．裁判所が選任した清算人が辞任した場合において、裁判所が後任の清算人を選任したときは、清算人が辞任したことを証する書面を添付して、清算人の辞任による変更の登記を申請することができる。（商業登記法H31-33-イ）
3．裁判所が選任した清算人を株主総会において解任する決議をした場合は、当該清算人の解任を決議した株主総会の議事録を添付して、清算人の解任による変更

の登記を申請することができる。(商業登記法H31-33-ウ)

4. 定款に代表清算人は清算人の互選により選定する旨の定めがある場合において、裁判所が選任した複数名の清算人が代表清算人を互選したときは、当該定款及び当該清算人が代表清算人を互選したことを証する書面を添付して、代表清算人の選任の登記を申請することができる。(商業登記法H31-33-オ)

5. 休眠会社のみなし解散による解散の登記がされた株式会社の当該解散の時における取締役が清算人となるべき場合において、解散前に取締役の変更があったにもかかわらず、その登記がされていないときは、清算人の就任の登記の前提として、取締役の変更の登記の申請をしなければならない。(商業登記法H22-32-イ)

6. 定款で定める者が清算人となる場合においては、清算人の登記の申請書には、就任承諾書の添付を要しない。(商業登記法H22-32-オ)

答え　1. ×　辞任届の添付をすれば、登記をすることができる。

2. ○　前問の解説のとおり。

3. ×　裁判所が選任した清算人を株主総会が解任することはできない。(会社法479条1項カッコ書)

4. ×　裁判所が清算人を選任したときは、裁判所が代表清算人を定める。(会社法483条5項・3項)

5. ○　解散の登記をすると取締役の登記は職権抹消となるので、通常は、取締役について変更登記をすることは要しない。しかし、設問のケースでは変更登記を要する。なぜなら、変更後の取締役が法定清算人となるべきだからである。

6. ×　商業登記法73条2項。

---

4 清算株式会社の機関

清算人は、1人でかまいません。

清算株式会社にも株主総会は存在します(会社法491条が、株主総会に関する規定をまとめた、会社法第2編第4章第1節を全部準用している)。上記の2つの機関が清算株式会社の必置機関です。

複数の清算人を置くこともできます。

この場合の業務の執行の決定は、清算人の過半数の決議によります。(会社法482条2項)

清算人は、清算株式会社を代表します。(会社法483条1項)

清算人が2人いれば、その双方が代表者です。(会社法483条2項)

ただし、他に代表清算人を定めた場合には、その者が会社を代表します。

代表清算人の選定方法は、定款の定め、株主総会の決議、定款の定めに基づく清算人による互選のいずれの方法も可能です。（会社法483条３項）

仮に、清算人会を設置するのであれば、清算人は３人以上を要します。

組織は３階建てとなり、清算人会は、清算人の中から代表清算人を選定しなければなりません。（会社法489条２項３号）

この場合、取締役会に準じる形で、運営を行います。（会社法490条参照。４項・５項が取締役会の条文を準用している。）

1．招集権者は、各清算人。（定款または清算人会で招集権者を決めることができる。会社法490条１項）
2．招集手続は、清算人会の会日の１週間前（定款で短縮可）までに通知。
→全員の同意あれば、招集手続は不要
3．株主による招集請求が可能（監査役設置会社を除く）。
4．議決に加わることのできる清算人の過半数が出席し、その過半数で議決を行う（定款で、これを上回る割合を定めることができる）。
5．議事録の保存義務等（本店で10年。監査役設置会社の株主、会社債権者は、閲覧等の請求について裁判所の許可を要する）。

以上、取締役会の規定を思い出し、清算人会には、その規定とほぼ同様の規律があることをご確認ください。

なお、清算株式会社には、株主総会に関する規定が、ほぼ、そのまま準用されます。

たとえば、株主総会の権限についての会社法295条は、取締役会を清算人会と読み替えてそのまま準用されます。（会社法491条）

このため、株主総会の権限は次のようになります。

1．清算人会非設置会社
株主総会は、万能の決議機関。
2．清算人会設置会社
株主総会は、会社法および定款で定めた事項のみ決議する権限を有する。

コラム　清算人と取締役の共通点

清算人の職務は以下のとおりである。

1．現務の結了
2．債権の取立ておよび債務の弁済

3．残余財産の分配

会社法は、現務の結了までは、清算人が事業活動の残務を行うことを想定している。

だから、清算人と会社との競業がありえる。そこで、競業取引について株主総会（清算人会設置会社においては清算人会）の承認を要する旨の会社法356条が準用される。（会社法482条４項　利益相反取引についての準用もある。会社財産を清算人が買い受けるという事態が想定されるから、こちらは、当然のことである。）

また、清算人は、支配人の選任および解任・支店の設置、移転および廃止をすることができる。

これも、会社法が、清算株式会社が事業活動の残務を行うことを想定しているからだ。

最後に、以下、清算人と取締役の共通点を列挙しておく。

1．任務懈怠による会社に対する損害賠償義務がある。（会社法486条）
→責任の一部免除の規定は準用されていない。

2．第三者に対する損害賠償義務の規定がある。（会社法487条。責任の要件は職務を行うにつき、悪意・重過失あること）

3．株主により提起される責任を追及する訴えの対象になる。（会社法847条。株主代表訴訟の被告になりえる）

4．各種の会社の組織に関する訴えを提起することができる。（会社法828条２項）

5．清算人の員数が会社法または定款で定めた員数に欠けた場合に、任期満了または辞任により退任した清算人が、なお清算人の権利義務を有する。（会社法479条４項、346条１項）

6．少数株主権（議決権または発行済株式の総数の100分の３）としての、裁判所による解任の規定がある。（会社法479条２項）

7．会社に対して忠実義務を負う。（会社法482条４項、355条）

参考 **清算株式会社にできること、できないこと**

〈できること〉

1．商号の変更

2．募集株式の発行および募集新株予約権の発行
→清算の目的のために出資を募ることがありうる。

3．本店移転、支店設置、支配人の選任

〈できないこと〉
1．清算株式会社を存続会社とする合併
2．清算株式会社を承継会社とする会社分割
3．株式交換、株式移転、株式交付
4．資本金の額の減少
5．資本準備金の資本組入れ
6．その他資本剰余金の資本組入れ
7．剰余金の配当

ポイント　4から7ができない理由

剰余金の配当ができない理由はカンタンだ。株主には、清算手続の最後に、残余財産を分配する。途中でカネなど（配当）を渡すことはできない。

であれば、4から6ができない理由もカンタンだ。配当ができない会社が、資本金・準備金・剰余金の額を上下するのは無意味である。

参考問題

1．募集株式を発行した株式会社がその登記をしない間に解散の決議をして解散の登記をした場合には、募集株式の発行による変更の登記の申請はすることができない。（商業登記法H3-33-5）
2．株式会社は、清算の目的の範囲内において、募集株式を解散後に発行したことによる変更の登記を申請することができる。（商業登記法R2-32-5改）
3．清算株式会社は、解散前に新株予約権付社債に付された募集新株予約権の発行に係る募集事項を決定したときに限り、募集新株予約権の発行による変更の登記を申請することができる。（商業登記法H24-31-オ）
4．清算株式会社を当事会社とする株式交換による変更の登記は、することができない。（商業登記法H24-32-ア）
5．株主総会において清算人に選任された者で、その後辞任によりなお清算人としての権利義務を有する者を株主総会の決議で解任したとする清算人解任の登記の申請は、することができる。（商業登記法S60-33-5）
6．清算株式会社は、その株主に対し、剰余金の配当をすることができない。（商法H31-32-オ）
7．資本金の額の減少の効力発生日を解散の日以降の一定の日とする資本金の額の減少による変更の登記の申請は、解散の登記後は受理されない。（商業登記法H14-28-イ）
8．清算株式会社が、準備金の資本組入れの決議をした場合には、準備金の資本組入れによる変更の登記を申請することができる。（商業登記法R2-31-オ）

9．清算株式会社は、支配人を選任して、その登記をすることはできない。（商業登記法H24-31-ウ）

答え　1．×　解散の登記後であっても、募集株式の発行による変更の登記を申請することができる。

2．○　解散後の発行も可。

3．×　清算株式会社は募集新株予約権の発行をすることができる。その決議の日は解散後でもかまわない。

4．○　清算株式会社は株式交換の当事会社となることができない。（会社法509条1項3号）

5．×　清算人も権利義務の承継をする。（会社法479条4項、346条1項）

6．○　清算株式会社は配当することができない。

7．○　清算株式会社は、清算→残余財産分配の手続中であるから、剰余金の配当もできないし、剰余金を増やす意味をもつ資本金の額の減少もすることができない。そもそも株主資本の計数をいじることができない。

8．×　準備金の資本組入れもできない。

9．×　清算株式会社は支配人を選任することができる。もちろん、その旨の登記もすることができる。

コラム　**清算株式会社の支配人**

支配人の登記は解散の登記をしたときに職権抹消される（商業登記規則59条）。しかし、その後に清算株式会社が支配人を選任して、その旨の登記をすることはできるのである。以上を明確にしておくとよい。

参考問題　支配人の登記がされていた会社が解散し、解散の登記がされたときは、当該支配人の登記を抹消する記号が記録されるが、清算手続中に支配人が選任されたときは、当該支配人の選任の登記をすることができる。（商業登記法H28-33-ウ）

答え　○

5 清算株式会社の機関設計

清算株式会社は、従前の機関をそのまま引き継ぐ必要はありません。

新たに、機関設計をすることができます。(会社法477条)
ただし、下記のルールが存在します。

1．監査等委員会・指名委員会等を設置することはできない（理由　清算株式会社になじまない)。
2．清算人会、監査役、監査役会を置くかどうかは任意である（置くという定款規定ある場合に限る)。
3．監査役会を置くのであれば、清算人会の設置を要する（取締役会≧監査役会の原則と同趣旨)。
4．解散時に、公開会社・大会社の場合、監査役の設置が義務づけられる（社会的責任を果たすためである)。

【急所】４が急所だ

解散時に、公開または大会社であるときは、監査役の設置が義務づけられる。後に、監査役を廃止することは決してできない（譲渡制限会社や中小会社になってもダメ)。

確認事項　**清算株式会社の機関設計**

清算株式会社の機関設計のルールは上に挙げたことだけだ。
そこで、次のようなことを確認してほしい。

1．取締役会設置会社が解散し、清算人会を設置しないことができる。
2．清算人会を置き、監査役を置かないことができる。
3．解散のときに大会社でも、会計監査人を置くことができない。

重要

1．株主総会が清算人を選任・解任する場合の決議要件は普通決議である。が、この場合、定款規定をもってしても、定足数を議決権を行使することができる株主の議決権の３分の１未満にすることができないという､｢役員の選解任」についての会社法341条は、清算人には準用されていない。
2．清算人には、任期に関する規定はない。
3．清算株式会社の監査役には、監査役の任期を定めた会社法336条が準用されない。(会社法480条２項　監査役にも任期がない)
4．会計参与、会計監査人に関する規定は、清算株式会社に準用されていない。(会社法491条)

参考問題

1．清算株式会社となった時点で会社法上の公開会社であった会社は、清算開始後に定款を変更して発行する全部の株式を譲渡制限株式とし、監査役を置く旨の定めを廃止しても、監査役設置会社の定めの廃止の登記をすることができない。（商業登記法H28-33-イ）
2．会社法上の公開会社でない監査役を置いている清算会社（解散の時に大会社であったものを除く。）が、全部の株式について株式譲渡制限の定めの廃止による変更の登記をするときは、監査役の任期満了による退任の登記の申請をしなければならない。（商業登記法R4-33-イ）
3．解散の時に会社法上の公開会社又は大会社ではなかった清算株式会社が監査役を置く旨の定款の定めを廃止する定款の変更をし、当該定款の効力が生じたときは、監査役設置会社の定めの廃止による変更の登記の申請及び監査役の退任による変更の登記を申請しなければならない。（商業登記法H24-31-ア改）
4．解散前に会社法上の公開会社であり、かつ、会社法上の大会社であった会社は、解散して清算株式会社となった後に定款を変更して監査役会を置く旨の定めを廃止しても、監査役会設置会社の定めの廃止の登記をすることができない。（商業登記法H28-33-オ）
5．株式会社が解散の時において会社法上の公開会社であり、かつ、監査等委員会設置会社であった場合には、監査等委員である取締役は、清算株式会社の監査役となる。（商法R2-31-ア）
6．清算株式会社の監査役の任期は、清算を開始した時から4年以内に終了する清算事務年度のうち最終のものに関する定時株主総会の終結の時までである。（商法R2-31-イ）
7．株式会社が解散の時において取締役会設置会社であった場合には、清算人会を置かなければならない。（商法R2-31-エ）
8．次のアからオまでの株式会社（特例有限会社を除く。）の登記のうち、解散の登記の日より後に生じた事由として登記の申請をすることができないものの組合せは、後記1から5までのうち、どれか。（商業登記法H30-32）

ア　募集新株予約権の発行による変更の登記
イ　監査役の監査の範囲を会計に関するものに限定する旨の定款の定めの設定による変更の登記
ウ　定款に監査役の任期の定めがない場合における監査役の任期満了による退任の登記
エ　資本金の額の減少による変更の登記
オ　清算株式会社が吸収合併消滅株式会社となる吸収合併による変更の登記

1　アエ　**2**　アオ　**3**　イウ　**4**　イオ　**5**　ウエ

答 え　1．○　解散の時に公開会社（または大会社）であったときは、その後いかなる状況が生じても、監査役を廃止することができない。

2．×　そもそも清算会社の監査役には任期がない。公開会社になったからといって、監査役の任期が満了することもない。

3．○　解散の時に会社法上の公開会社又は大会社ではなかったのだから本問の清算株式会社は監査役を廃止できる。その場合の手続は、清算前の株式会社と同じことである。

4．×　設置義務があるのは、監査役である。監査役会の設置義務までは生じない。

5．○　設問の清算株式会社（解散の時に公開会社）は、監査役を置かなければならない。そして、このケースにおいて、解散前が監査等委員会設置会社であるときは、監査等委員である取締役が監査役となる（会社法477条４項）。なお、解散前が指名委員会等設置会社であるときは、監査委員が監査役となる。（会社法477条５項）

6．×　清算株式会社の監査役に任期の定めはない(清算結了まで働けという意味)。

7．×　清算人会の設置義務が生じるのは、監査役会を設置する清算株式会社のみである。

8．**5**

以下、清算人の登記の申請について述べることとします。

まず、この点についての、条文を紹介しましょう。

> **商業登記法73条（清算人の登記）**
> １項　清算人の登記の申請書には、定款を添付しなければならない。
> ３項　裁判所が選任した者が清算人となつた場合の清算人の登記の申請書には、その選任及び会社法第928条第１項第２号に掲げる事項を証する書面を添付しなければならない。

まず、最初の清算人の定め方を復習しましょう。

次に掲げる者が清算人になります。（会社法478条１項・２項・３項）

1．取締役（２と３の者がいない場合）
2．定款で定める者
3．株主総会の決議によって選任された者
4．裁判所が選任した清算人（上記３項目により、清算人となる者がいない場合に利害関係人の申立てにより、または解散を命ずる裁判の際に選任される。）

商業登記法73条１項の規定により、清算人の登記の申請書には、**必ず**、定款の添付を要します。
定款を添付する意味は、「清算人会設置会社の定めの有無」の確認にあります。
また、前記１の法定清算人のケースでは定款に清算人の定めがないこと、また２のケースでは、当該定款の定めがあることも審査の対象です。

確認事項　**清算人の登記（会社法928条の登記）において定款は必ず添付すべき書面である。**

【学習の指針】消極証明
前記は、商業登記法が、消極証明を求める**きわめて稀**な事案である。
清算人の登記をする場合、１から４のいずれにおいても「定款に、清算人会を置く旨の定めのないこと」の証明のため、定款の添付をせよという意味である（清算人会を設置するときは、積極証明）。
法定清算人が就任するときは、「定款に、清算人の定めがないこと」の証明の意味合いもある。

次に、商業登記法73条３項が注目です。
この条文は、裁判所が清算人を選任したケースでは、その選任を証する書面のほか、代表清算人の氏名および住所を証する書面を添付せよといっています。
ここで、注目すべき点は、裁判所が清算人を選任したケースでも、選任された清算人が自ら清算人の登記を「申請」することになっている点です。
通常、裁判所において、積極的にある登記事項が発生した場合には、嘱託による登記がされます。（会社法937条１項）
しかし、この、清算人の登記が、その重大な例外なのです。

確認事項　**清算人の変更の登記と印鑑証明書・本人確認証明書**
商業登記規則61条４項から６項は、清算人については、何も語っていない。
すなわち清算人の登記において、印鑑証明書が添付書面になることはナイ。
→ただし、書面申請の場合、印鑑届はすべきである。ここに添付の印鑑証明書は要する。たとえ従前の代表取締役が横滑りをする法定代表清算人の場合であっても、従前とは資格が異なるため印鑑の再提出は必須の手続となる。
また、商業登記規則61条７項も清算人については、何も語っていない。
したがって、清算人の登記を申請するときに本人確認証明書を要するということもない。
ついでに言うと、代表権を有する清算人であって一定の者が辞任するときにも、辞任届に登記所届出印または個人の実印を押印せよとの定めがない。

次に、最初の清算人の登記をする場合の登記事項を確認しましょう。

会社法928条（清算人の登記）
1項　第478条第1項第1号に掲げる者が清算株式会社の清算人となったときは、解散の日から2週間以内に、その本店の所在地において、次に掲げる事項を登記しなければならない。
1　清算人の氏名
2　代表清算人の氏名及び住所
3　清算株式会社が清算人会設置会社であるときは、その旨

上記は、法定清算人のケースの条文であるが、清算人を選任した場合についても、以下の条文があり、登記事項は同じです。

会社法928条（清算人の登記）
3項　清算人が選任されたときは、2週間以内に、その本店の所在地において、清算株式会社にあっては第1項各号に掲げる事項を、清算持分会社にあっては前項各号に掲げる事項を登記しなければならない。

ここで、おもしろいのは、最初の清算人に関する登記は、独立の登記であって（従前の登記事項の「変更」ではないという意味）清算人の就任や清算人会設置の定めの設定の登記を申請する場合において、就任の旨およびその年月日や設置の日付が登記事項とはならないことです。

そのため、登記の事由に「年月日清算人及び代表清算人の就任」と書くのです。

→なお、いったん登記された清算人の変更の場合には、変更日付が登記事項になる。

→また、清算人の登記や清算人の就任登記において、旧氏を登記することができる。（商業登記規則81条の2第1項）

参考問題

1．破産手続終了後の会社につき、残余財産があることが判明した場合において、裁判所が清算人を選任したときは、清算人の選任の登記は、裁判所書記官の嘱託によって行われる。（商業登記法H28-33-エ）

2．清算人会を置く旨の定款の定めがある株式会社が解散したときにする清算人の登記においては、清算人の氏名並びに代表清算人の氏名及び住所のほか、清算人会設置会社である旨も登記しなければならない。（商業登記法H24-31-エ）

3．株主総会の決議により株式会社が直ちに解散するとともに清算人が選任された場合には、当該清算人が当該決議の翌日に就任の承諾をしたときであっても、当該決議の日から2週間以内に、その本店の所在地において、解散の登記及び清算

人の登記を申請しなければならない。（商業登記法H24-31-イ）

4．最初の清算人を裁判所が選任した場合の当該選任による清算人の登記の申請書には、当該清算人に係る選任決定書のほか、定款も添付しなければならない。（商業登記法H31-33-ア）

5．株主総会の決議により、会社を解散するとともに、最初の清算人１名を選任した場合は、清算人の登記の申請書には、当該清算人が就任を承諾したことを証する書面に押印された印鑑につき市町村長の作成した証明書を添付することを要しない。（商業登記法R4-33-ア）

6．休眠会社のみなし解散による解散の登記がされた会社において、当該解散の時における取締役Ａが清算人となるときは、当該解散後に株主総会の決議により選任した清算人Ｂの就任の登記の前提として、当該解散の時における取締役Ａが清算人となった旨の登記の申請をしなければならない。（商業登記法R4-33-エ）

答え　1．×　代表清算人が申請する。　2．○　会社法928条１項。

3．×　解散の登記は決議の日から２週間以内だが、清算人の登記は清算人の就任の日から２週間以内でよい。（会社法928条３項）　4．○　商業登記法73条１項。

5．○　6．○　みなし解散のケースでは、いったん法定清算人の就任（取締役Ａの清算人就任）が生じる。二代目清算人（B）の就任登記の前提として、Ａの就任の登記を省略することはできない。

登記簿の記録例（H18.4.26民商第1110号依命通知改）

清算人、代表清算人を選任した場合（最初の清算人及び代表清算人。会社法第478条、第928条）

役員に関する事項	清算人　甲野太郎	令和６年10月１日登記
	清算人　乙野次郎	令和６年10月１日登記
	清算人　丙野五郎	令和６年10月１日登記
	東京都大田区東雪谷四丁目15番１号 代表清算人　甲野太郎	令和６年10月１日登記

では、上記の登記が、存続期間の満了した株式会社（取締役会設置会社）にお

いて、法定清算人の登記がされたケースと仮定して、これに係る登記申請書の記載例を挙げましょう。

→従前の取締役が甲乙丙、代表取締役を甲とする。

なお、清算人会を設置する定めはないものとし、清算人の登記を解散の登記と同一の申請書に記載するものとします。

存続期間の定めは、「会社成立から満30年」とし、会社成立の日を平成6年9月1日としましょう。

登記の事由	解散	
	令和6年9月2日清算人及び代表清算人の就任	
登記すべき事項	令和6年9月2日存続期間の満了により解散	
	清算人	甲野太郎
	清算人	乙野次郎
	清算人	丙野三郎
	代表清算人	東京都大田区東雪谷四丁目15番1号
		甲野太郎
登録免許税	金39000円	
添付書類	定款	1通
	委任状	1通

＊登録免許税は、解散分が金3万円(レ)、清算人の就任は9000円((3)－イ)である。

＊法定清算人のケースだから就任承諾書は不要。

＊登記の事由の「令和6年9月2日清算人及び代表清算人の就任」の年月日は、清算人の登記の登記期間の起算点（法定清算の事案だから、解散の日）を意味する。(会社法928条1項)

【重要事項】独立の登記

会社法911条3項（株式会社の設立の登記の登記事項）に登場しない登記事項を独立の登記ということがある。清算人の登記の他、**支配人の登記**がこれにあたる。この場合、「年月日」が登記事項とならない。

なお、清算人に変更があった場合は話が別だ。

初代清算人の退任の年月日、2代目清算人の就任の年月日はいずれも登記事項である。

支配人についても同様であり、初代支配人の代理権消滅の年月日、2代目支配人の就任の年月日は登記事項である。

こちらは、いったん登記された事項の変更だからそうなるのである。

事例により添付書類の考え方を以下に整理しておきます（いずれも清算人会を

設置せず、清算人の互選により代表清算人を選定する定款の定めもないケース)。

事例 1

解散→株主総会決議
清算人の登記→株主総会決議で清算人を定めた

添付書類	定款	1通
	株主総会議事録	1通
	株主リスト	1通
	就任承諾書	何通
	委任状	1通

事例 2

解散→定款で定めた解散事由の発生
清算人の登記→定款で清算人を定めた

添付書類	定款	1通
	定款で定めた解散事由の発生を証する書面	1通
	就任承諾書	何通
	委任状	1通

上記のほか、清算人会設置会社では、以下の書面を添付します。
・清算人会議事録(代表清算人の選定)
・代表清算人の就任承諾書
定款の定めにより清算人の互選で代表清算人を選定したケース
・清算人の互選を証する書面
・代表清算人の就任承諾書

＊代表清算人の就任承諾書は3階建ての清算会社でのみ添付を要する。

コラム　清算人の就任と印鑑証明書

清算人(または代表清算人)の就任登記をするときに印鑑証明書の添付を要するという規定はない。ただ、代表清算人のうち印鑑届をする者があるときは印鑑届の一部として個人の市区町村長作成の印鑑証明書を要することとなる。この理は、法定清算人の場合のように、従前の代表取締役が代表清算人に横滑りする事案でも同様であり、たとえ、同一人物でも代表取締役と代表清算人は「資格が違う」ので印鑑届をし直す必要があるのである。

なお、余談だが、解散したときにわざわざ代表清算人のハンコを作る会社などない。そこで、その代表清算人は、従前の「何株式会社代表取締役之印」なる代表印をそのまま届け出る。そんなことは一向にかまわない。

何が書いてあろうが、これが私のハンコですと言えば、それがその人のハンコだ。

コラム　清算株式会社の登記の登録免許税

清算株式会社にも解散前の登録免許税額の規定は適用される。たとえば、清算株式会社が譲渡制限に関する定めを変更すれば登録免許税の額は金３万円（ツ）である。しかし、「清算に係る登記」の変更、更正、抹消などの登記の登録免許税は金6000円とされている（登録免許税法別表第１の24（3）ニ）。たとえば、清算人の変更の登記の登録免許税の額は金6000円となるのである。

→なお、最初の清算人（または代表清算人）の登記は上記の変更には当たらない。登録免許税の額は金9000円である。(登録免許税法別表第１の24(3)イ)

参考問題

1．株式会社が解散した場合において、裁判所が利害関係人の申立てによって清算人を選任したときは、当該清算人は、清算人の登記を申請しなければならない。（商業登記法H18-29-ウ）

2．会社の解散及び清算人の登記の申請は、同一の申請書ですることができる。（商業登記法S58-33-1）

3．清算人会の決議により代表清算人を選定したことによる変更の登記の申請書には、清算人会議事録の印鑑につき市区町村長の作成した証明書を添付しなければならない。（商業登記法H14-28-ウ）

4．解散の決議とともに取締役全員を清算人に選任した場合、当該解散及び清算人の登記の申請書には、定款を添付することを要しない。（商業登記法H2-40-1）

5．代表清算人が印鑑を提出する場合において、当該代表清算人と解散時の代表取締役が同一であり、かつ、当該代表清算人の印鑑と登記所に提出してある代表取締役の印鑑が同一であるときは、市区町村長の作成した印鑑証明書を添付するこ

とを要しない。（商業登記法H2-40-2）

6．清算人会設置会社でない清算株式会社が清算人を２名選任した場合においては、当該清算人就任の登記の申請は、各清算人が清算株式会社を代表してすることができる。（商業登記法H2-40-3）

7．利害関係人の請求により裁判所の選任した清算人の就任の登記は裁判所の嘱託によってする。（商業登記法H2-40-4）

8．清算人会設置会社が、株主総会で、解散の決議をして清算人を３名選任した場合の最初の清算人の登記の申請書には、代表清算人の選定に関する清算人会議事録を添付しなければならない。（商業登記法S62-34-1）

9．株主総会で解散の決議をし、取締役が清算人となった場合において、清算人の登記を申請するときは、申請書に当該申請人が就任を承諾したことを証する書面を添付しなければならない。（商業登記法S62-34-3）

10．会社が解散し、取締役が清算人となった場合において、清算人の登記を申請するときは、申請書に当該清算人が就任を承諾したことを証する書面を添付することを要する。（商業登記法S61-36-ウ）

11．清算人会の決議により代表清算人を選定した場合の代表清算人の就任の登記の申請書には、清算人会議事録の印鑑につき、市区町村長の作成した証明書を添付しなければならない。（商業登記法S62-34-5）

12．会社が解散し、定款の定めにより清算人が定まった場合において、清算人の登記を申請するときは、申請書に当該清算人が就任を承諾したことを証する書面を添付することを要する。（商業登記法S61-36-エ）

13．会社が株主総会の決議によって解散し、取締役以外の者を清算人に選任したときは、２週間以内に、その本店の所在地において、清算人の登記をしなければならない。（商業登記法S61-36-オ）

14．株主の請求により清算人解任の裁判があったときは、会社の清算人は、その裁判の謄本を添付して清算人解任の登記を申請しなければならない。（商業登記法S60-32-1）

15．清算人の員数が１名である場合には、その者につき代表清算人の登記の申請をすることができない。（商業登記法S60-32-3）

16．会社の解散の登記においては、解散の事由をも登記しなければならない。（商業登記法S59-40-2）

17．株主総会で、解散の決議をして取締役以外の者を清算人に選任した場合の最初の清算人の登記の申請書には、定款を添付することを要しない。（商業登記法S62-34-4）

18．株主総会の決議により、株式会社（特例有限会社を含まない）を解散するとともに、当該解散の時における取締役以外の者を清算人に選任した場合においては、清算人の登記の申請書には、定款の添付を要しない。（商業登記法H22-32-ウ改）

19．清算人会の決議により代表清算人を選定したことに基づく代表清算人の就任による変更の登記の申請書には、清算人会の議事録の印鑑につき市区町村長の作成した証明書の添付を要しない。(商業登記法H22-32-エ)。

20. 資本金の額が1億円の清算株式会社における清算人の辞任及び就任による変更の登記と監査役の辞任及び就任による変更の登記を一の申請書で申請する場合の登録免許税の額は、6000円である。(商業登記法23-35-ア改)

21. 裁判所が選任した清算人の任務が終了したものとして、当該清算人選任決定を裁判所が取り消したことにより当該会社の登記記録が閉鎖された後に、当該会社に残余財産があることが判明し、裁判所が別の清算人を新たに選任した場合に必要となる清算人の登記の登録免許税の額は、6000円である。(商業登記法H31-33-エ)

答え 1．○　2．○　3．×　4．×　5．×

6．○　清算人も各自代表が原則。なお、設問の「清算人の就任の登記」は「清算人の登記」とは別物である。「清算人の就任の登記」は最初の清算人が終わった後の清算人の変更登記の問題であり、この場合には、就任年月日が登記される。

7．×　8．○　9．×　10．×　11．×　12．○

13．○　会社法928条３項。

14．×　本事例は、清算人の選任ではない。解任であるから登記は嘱託によることになる。取締役、監査役等の解任の裁判のケースと同じ。(会社法937条１項２号ホ)

15．×　会社法928条１項。

16．○　このことは、後述する持分会社にも該当する。

17．×　18．×　19．○

20．×　清算人の変更の登記の登録免許税は、申請１件につき6000円である（登録免許税法別表第１の24（3）ニ）。監査役の変更分については清算株式会社の特則はないから、清算前の株式会社と同様に、資本金の額が金１億円の設問会社では、登録免許税は、申請１件につき１万円である。したがって、本問の登録免許税は、計１万6000円となる。

21．○　最初の清算人の登記ではなく変更登記の取扱いとなる。

---

6 債務の弁済等

清算株式会社は、以下の要領で会社債権者に対し債務を弁済します。

1．債権届出の催告を官報において公告し、かつ、知れている債権者には各別にこれを催告する（公告は１回でよい。届出期間は２か月を下ることができない)。

→二重公告は不可。一般論として、清算に伴う「２か月モノ」の債権者への異議手続は、二重公告でごまかすことができない。

→このことは、応用範囲の広い知識となる。

2．清算株式会社は、上記の期間は、弁済をすることができない。債権者の平等を図るためである（ただし、少額のものその他債権者を害するおそれのない債務については、裁判所の許可を得て弁済できる）。

3．上記期間内に届出をしない債権者（知れている債権者を除く）は、清算から除斥される。**→知れている債権者は除斥できない。**

4．清算株式会社は、債務弁済までは、原則として、残余財産を株主に分配してはいけない。

コラム　清算から除斥された債権者は失権するか

失権はしない。が、清算後の残余財産にのみ、その権利を主張できる。（会社法503条２項）

確認事項　登記の添付書面

「公告かつ催告」であるのに、前記の２か月モノのそれは、いずれも清算結了の登記の添付書面とならない。

裏話だが、このため、清算株式会社が現実に公告をすることはほとんどナイ。会社を止めるのに経費を使いたくないのだ。

参考問題

1．取締役会設置会社が解散をした場合、清算人会を設置しなければならない。

2．大会社が株主総会の決議により解散した場合には、監査役を置かなければならない。

3．清算人を解任する場合には、株主総会の普通決議による。この場合、定款の規定があれば、その定足数を議決権ある株主の議決権の３分の１未満とすることも可能である。

4．株主が、清算人の責任を追及する訴えを提起することはできない。

5．清算株式会社が、債権の届出期間を官報に公告した場合に、その期間内に届出をしなかった債権者は権利を失う。

6．株主に残余財産を分配する場合には、金銭で交付をしなければならない。

7．清算から除斥された債権者は、分配がされていない残余財産に対してのみ、弁済を請求することができる。（商法R2-31-ウ）

8．清算中の株式会社に関する次のアからオまでの記述のうち、正しいものの組合せは、後記１から５までのうちどれか。（商法H19-33）

ア　清算中の株式会社が清算人会を置く旨の定款の定めを設けるときは、併せて監査役を置く旨の定款の定めを設けなければならない。

イ　解散した時に会社法上の公開会社であった株式会社が清算中に定款に株式譲渡制限の定めを設けたときは、監査役を置く旨の定款の定めを廃止して、監査役を置かないものとすることができる。

ウ　清算中の株式会社は、各清算事務年度に係る貸借対照表及び事務報告並びにこれらの附属明細書を作成しなければならない。

エ　大会社である株式会社は、清算中も、貸借対照表及びその附属明細書について、会計監査人の監査を受けなければならない。

オ　清算中の株式会社は、債権者に対し2か月以上の一定の期間内にその債権を申し出るべき旨を官報に公告し、かつ、知れている債権者には各別にこれを催告しなければならず、この公告を官報のほか定款の定めに従って時事に関する事項を掲載する日刊新聞紙に掲載する方法により二重に行っても、知れている債権者に対する催告を省略することはできない。

1　アウ　　**2**　アエ　　**3**　イエ　　**4**　イオ　　**5**　ウオ

答え　1．✕　会社法477条2項。　2．○　会社法477条4項。

3．○　会社法491条。341条は準用されず。　4．✕　会社法847条。

5．✕　知れている債権者は除斥されない（会社法503条1項）。また、清算から除斥された債権者も、残余財産に対して権利を有する。

6．✕　会社法504条1項1号、505条。　7．○　会社法603条2項。

8．**5**

ア　✕　そういうルールはない。（会社法477条各項参照）

イ　✕　会社法477条4項。

ウ　○　会社法494条1項。

エ　✕　清算株式会社に会計監査人の制度は準用されていない。

オ　○　会社法499条1項。株式会社の清算手続においては知れている債権者への各別の催告を省略することはできない。債権者にとっては弁済を受けるための最後のチャンスであるから会社側の手抜きは許されていないのである。

参考　**特別清算**

会社法510条は、清算の遂行に著しい支障をきたすべき事情あるとき、債務超過の疑いあるときに、裁判所が特別清算の開始を命じることができる旨を規定する。

会社法により、清算手続は、原則として裁判所の手を離れることになったが、特別清算は別論である。ガチガチに裁判所の介入を受ける。

これは、株式会社にのみ存在する制度であり、持分会社に特別清算の規定はない。←出題可能性があるのはこれだけ。

確認事項

解散後の、債権者への公告および各別の催告をする場合の異議申出の期間は最低２か月である。

この場合、公告および催告をしたことを証する書面は添付書面にならない。

しかし､解散の日と清算結了の日の間に２か月の期間が経過していないときは、上記の２か月の申出期間が存在しなかったことが登記官に明らかになるため、当該申請は却下される。

以下に、会社が令和６年８月１日に株主総会の決議により解散し、その後、清算結了をしたケースで、当該登記を１つの登記申請書にまとめた場合の申請書の例を挙げよう。

登記の事由	解散		
	令和６年８月１日清算人及び代表清算人の選任		
	清算結了		
登記すべき事項	令和６年８月１日株主総会の決議により解散		
	清算人Ａ		
	代表清算人－住所－Ａ		
	令和６年10月２日清算結了		
登録免許税	金41000円		
	内訳	解散	金30000円
		清算人の登記	金9000円
		清算結了	金2000円
添付書類	定款	１通	
	株主総会議事録	２通	
	株主リスト	２通	
	就任承諾書	１通	
	委任状	１通	

＊上記は、株主総会において清算人Ａを選任したケースを想定した。

＊清算結了の日付は、令和６年10月２日以降でなければ却下となる。

→なお､実務において､10月３日以降でなければ補正になることもあるようだ。

これは、解散をしてからでなければ、債権者への公告はできないという条文の作りになっているため（会社法499条１項参照)、解散決議の日に官報公告（朝一番で出る）はできず、公告の日が解散決議の翌日以降になるはずだという発想による。

参考問題

1．清算結了の登記の申請書には、清算事務報告書及び結了時の貸借対照表を合綴した株主総会議事録とともに、「一定の期間内に債権を申し出るべき旨」を公告した官報を添付しなければならない。(商業登記法H14-28-オ)

2．清算結了の登記をした後に会社財産に属する債権が存在することの確認の判決が確定した場合には、清算結了の登記の抹消は、裁判所書記官の嘱託によって行われる。(商業登記法H18-29-オ)

3．株式会社の清算結了の登記を申請するには、この申請書に決算報告書を承認した株主総会の議事録を添付しなければならない。(商業登記法S59-40-5)

4．株式会社において解散及び清算人の選任の決議がされた場合においては、当該清算人が就任してから２か月以上の期間を経過していなければ、清算結了の登記の申請をすることはできない。(商業登記法H20-31-イ)

5．清算結了の登記の申請をする場合においては、当該清算結了の登記の申請書には、決算報告の承認があったことを証する書面として、当該決算報告の承認を決議した株主総会議事録並びに当該株主総会の承認を受けた決算報告書並びに清算開始時における当該清算株式会社の財産目録及び貸借対照表を添付しなければならない。(商業登記法H20-31-ウ)

6．清算人が株主総会において決算報告の承認を受けた後、清算結了の登記を申請する前に、株式会社に残余財産があることが判明した場合においては、清算結了の登記及び当該清算結了の登記の抹消を申請し、当該残余財産の分配等を行った上で、再度、株主総会において決算報告の承認を受け、更に清算結了の登記を申請しなければならない。(商業登記法H20-31-ア)

答え　1．×　公告をしたことを証する書面の添付は要しない。

2．×　この判決は、会社法上の訴えの問題ではない。民法上の債権の存在確認の問題でしかないから、登記が嘱託されるわけがない。

3．○　商業登記法75条。

4．○　会社法499条１項。

5．×　「清算開始時における当該清算株式会社の財産目録及び貸借対照表」が不要。

6．×　残余財産がある間は清算が結了していない。再度、株主総会において決算報告の承認を受け、単に清算結了の登記を申請すればよい。

確認事項　**解散登記未了の会社の継続**

解散登記が未了の間に、継続の決議をした場合には、以下の登記をすべて申請する必要が生じる。

以下は、存続期間の満了により解散した会社の例。

登記の事由	解散
	年月日清算人及び代表清算人の就任
	存続期間の廃止
	会社継続
	取締役及び代表取締役の変更

このほか、場合により、取締役会設置会社の定めの設定等の機関設計およびこれに伴う役員の就任、株式の譲渡制限の定めの譲渡承認機関の変更などの登記の申請を要することも予想される。

ちなみに、以下のケースの登録免許税はどうなるだろうか？（資本金の額は金１億円以下とする）

登記の事由	解散
	年月日清算人及び代表清算人の就任
	存続期間の廃止
	会社継続
	取締役会設置会社の定めの設定
	取締役及び代表取締役の変更
	株式の譲渡制限に関する規定の変更

１．解散（レ）　３万円
２．清算人の登記（(3) イ）9000円
３．継続（ソ）　３万円
４．取締役会の設置（ワ）　３万円
５．役員変更（カ）　１万円
６．登記事項変更（ツ）　３万円

以上で、合計13万9000円となる。

参考問題

1．定款所定の存続期間の満了後、解散の登記前に存続期間の定めを廃止して会社を継続させた場合には、存続期間の定めの廃止の登記のほかに、解散の登記及び継続の登記をしなければならない。（商業登記法S59-40-4）

2．取締役会設置会社の会社継続の登記の申請書には、代表取締役が就任を承諾したことを証する書面の印鑑につき市区町村長の作成した証明書を添付しなければならない。（商業登記法S63-32-5）

3．休眠会社のみなし解散により解散の登記がされている株式会社が、株主総会において清算人を選任したことにより、当該選任に係る清算人就任による変更の登

記を申請するには、定款に別段の定めがある場合を除き、その前提として、法定清算人の就任及び退任の登記を申請しなければならない。(商業登記法H14-28-エ)
4．定款で定めた存続期間の満了により解散した株式会社が当該存続期間の満了後直ちに当該株式会社を継続する旨の株主総会の決議をしたときは、解散及び清算人の登記をした後でなければ当該株式会社の継続の登記の申請をすることができない。(商業登記法H20-31-オ)

答え　1．○　2．○　3．○　4．○

第12章

持分会社

持分会社とは、合名会社・合資会社・合同会社のことです。

この会社形態は、１階建ての会社であり、原則として、社員が業務を執行し、会社を代表します。所有と経営が形式上も分離しないのが原則です。

社員＝業務執行社員＝代表者

株式会社に例えるのであれば、株主＝取締役＝代表取締役です。

が、次に挙げる形とすることもできます。

社員≧業務執行社員≧代表者

この場合には、社員の一部が業務を執行し、その中から、代表者を選定します。

持分会社は、その社員の責任が、有限か、無限かにより三分されます。

会社債権者に対する社員の責任の取り方による類型です。

１．合名会社　社員全員が無限責任社員

２．合資会社　社員の一部が無限責任社員、一部が有限責任社員

３．合同会社　社員全員が有限責任社員

コラム　**１人持分会社**

社員が１人だけの持分会社の設立は可能だ。

合名会社・合同会社いずれも可能。しかし、合資会社だけは、ことの性質上２人を必要とする。

参考問題　持分会社の社員の最低員数は、いずれの種類の持分会社においても１人である。（商法H19-34-ア）

答え　×　合名会社・合同会社では社員は１人で足りる。しかし、合資会社では最低でも無限責任社員・有限責任社員各１人合計２人の社員を必要とする。

無限責任社員は、会社の保証人に類似した地位です。

すなわち、会社が債務を完済することができない場合等は、債権者に対し直接の弁済責任を負います。

会社が倒産した場合に、債権者が、無限責任社員の個人財産である家屋敷を差し押さえることがありえます。

これに対して、有限責任社員は、株式会社の株主の地位とほぼ同様と考えてかまいません。

合同会社の社員であれば、より株主の地位に接近します。

いずれにしても、出資の価額の限度でしか、責任を負いません。

合同会社の社員は、出資を履行することにより社員となりますから、出資は履行済みであり、その後、債権者に責任を負うことはありません。

この点、株主と同じ立場です。

持分会社の性質は、無限責任社員の有無により大別されます。

〈無限責任社員がいるグループ〉
合名会社・合資会社
〈有限責任社員だけのグループ〉
合同会社

合同会社は、債権者に対して、原則として社員が責任を負いません（すでに出資した限度でのみ責任を負う。株主と同様、持分の評価がゼロになる（株主でいえば株価がゼロになる）という危険しか負担しない)。

だから、会社財産だけが、債権者に対する引き当てです。

債権者が、いざというときに、差し押さえることができるのは、会社名義の財産だけなのです。

そこで、債権者をいかに保護をするかという観点が生じます。

ここが、合名・合資会社との決定的な違いです。

たとえば、社員への配当の問題を考えましょう。

利益の配当について、株式会社に類似の財源規制の規定があるのは、合同会社のみです。

合同会社はタコ配当をしてはいけません。

会社債権者を害するからです。

ところが、合名・合資会社はどうでしょう。

この両会社にも「資本金」の概念そのものは存在します。

が、登記事項ではありません。資本金の額が登記されるのは合同会社のみです。

要するに合名・合資会社は、資本金の額を会社の外部に公示する必然性はありません（内部的な意味しかない）。

つまり、無限責任社員に対しては、利益がなくても配当を出してかまいません。

合名会社は、大手を振っての、タコ配当が可能なのです。

なぜなら、会社債権者は、会社財産がスカスカでも、無限責任社員の家屋敷を差し押さえればよいからです。

無限責任社員は、会社債務を個人保証しているのと同様ですから、ある財産が、会社財産だろうが、個人資産だろうがどちらでもかまいません。

これに対し、合資会社の有限責任社員に対しては、配当金の財源規制があります。（会社法623条）

コラム　持分会社の資本金の額の減少

合名・合資会社の資本金の額の減少手続には、債権者の異議手続は不要。合同会社のみ必要。これも、上記タコ配当の可否と同趣旨の規定。（会社法620条１項、626条１項、627条）

参考問題　1．合同会社は、社員名簿を作成し、これに社員の氏名又は名称及び住所を記載し、又は記録しなければならない。（商法H21-31-イ）

2．合名会社が利益の配当により社員に対して交付した金銭等の帳簿価額が当該利益の配当をする日における利益額を超える場合には、当該利益の配当を受けた社員は、当該合名会社に対し、連帯して、当該金銭等の帳簿価額に相当する金銭を支払う義務を負う。（商法R2-32-ウ）

答え　1．×　そういう規定はない。社員の氏名等は、重要事項（義兄弟の契りを表す）であり、定款に書いてある。別に社員名簿を作る必要がない。

2．×　そのような規定は存在しない。無限責任社員への配当に財源規制は存在しないのである。

では、前置きはこれくらいにして、以下において、持分会社の規定を具体的に見ていきましょう。なるべく要点のみを記載します。

1 持分会社の設立

まず、社員となろうとする者が定款を作成します。(会社法575条)

定款の記載事項は以下のとおりです(絶対的記載事項)。

1. 目的
2. 商号
3. 本店の所在地
4. 社員の氏名または名称および住所
5. 社員の責任の別(有限責任社員か無限責任社員か)
6. 社員の出資の目的(有限責任社員にあっては金銭等に限る)およびその価額または評価の標準

《注》 合名・合資・合同の別は、商号に記載される。他に、社員の責任の別でも判明する。

《注》 合名→合資に会社の形式を変えようなどという場合には、単に、社員の責任に関する定款変更をすればよいだけである。この場合、会社法は、組織変更などという大それた言葉は使用しない。

参考問題 合名会社の定款には、その社員の全部を無限責任社員とする旨を記載し、又は記録することを要しない。(商法H31-33-ア)

答え × 「社員の責任の別」は持分会社の定款の絶対的記載事項である。

さて、この定款の規定の中に、持分会社の本質が現れています。

6の項目を見ましょう。カッコ内が重要です。無限責任社員の出資の目的は、金銭等に限りません。「信用」「労務」何でもオッケーです。

彼らは、会社の保証人類似の存在であり、基本的に、債権者からみれば人的担保ですから、目に見えない出資でかまいません。

では、「信用」「労務」等を会社に対する持分としてどう算定するのか、これが、6の項目の最後に記載された「評価の標準」の意味です。

【急所】持分会社の定款

4から6が急所である。

持分会社の学習全体の**急所**であり、ここを理解すれば、後の学習がすいすい進む。

以下、解説する。

4．社員の氏名または名称および住所

株式会社では、株主は定款の記載事項ではない。しかし、持分会社は社員が定款の記載事項だ。これは、持分会社は組合的な会社（人的結合体）であり、いわば**義兄弟の契り**のようなものだからだ。

だから、社員が、劉備、関羽、張飛と書くのである（桃園の誓い）。

5．社員の責任の別

全員が無限責任なら合名会社、双方いれば合資会社、全員が有限責任なら合同会社である。

6．社員の出資の目的（有限責任社員にあっては金銭等に限る）およびその価額または評価の標準

この記載は、社員の**持分を決める基準**なのである。

株式会社では、ある株主が何株を有するかで持分が決まる。

しかし、持分会社の持分はそうはいかない。

そこで、誰の出資は何で、それがいくらの額にあたるのか、根本規則であり定款で定めておかないと後々困るのである。

→たとえば、社員が退社するときの持分の払戻しの計算の基準が、上記の価額であり評価の標準となる。

以下、合資会社の定款の記載例を挙げます。

アカ字で示した条項は、絶対的記載事項です。

定款

（商号）
第1条　当会社は、合資会社山本商会と称する。

（目的）
第2条　当会社は、次に掲げる業務を営むことを目的とする。
1．食料品の製造及び販売
2．上記に附帯する一切の事業

（本店の所在地）
第３条　当会社は、本店を横浜市に置く。

（社員の氏名、住所、出資及び責任）
第４条　当会社の社員の氏名又は名称及び住所、社員が無限責任社員又は有限責任社員のいずれであるかの別、社員の出資の目的及びその価額又は評価の標準は、次のとおりである。

１．労務　この評価の標準１か年金100万円
　　横浜市西山区高田一丁目１番１号
　　無限責任社員　　山　本　太　郎
２．金500万円
　　横浜市中央区中山一丁目１番１号
　　有限責任社員　　田　中　一　郎
３．横浜市西山区横山二丁目１番地１　家屋番号１番１
　　木造スレートぶき平家建店舗　１階　床面積　50平方メートル
　　この価格　金500万円
　　横浜市西山区高田三丁目３番３号
　　有限責任社員　　山　本　花　子
（業務執行社員）
第５条　社員山本太郎及び社員田中一郎を、当社の業務執行社員とする。
（以下略）

コラム　合名会社・合資会社の設立

一番簡単にやるとすれば、定款を作り、ポンポンと判子をついて（社員が１人ならポンでもいいかも）、そのまま登記所に設立登記を申請すれば、それで完了だ。

何と、出資の払込手続を省略してかまわない。

また、公証人の認証を要するという規定もないから、彼らに貢ぐ必要もない。

これが、両会社形態の特徴だ。合名会社であれば「信用」の出資に払込みはありえない。

合資会社では、少なくとも有限責任社員は金銭等を出資してもらわなければならない。

が、それは、会社成立（登記により成立する）後でよいのだ。

これに対し、合同会社の払込手続は会社成立前に完了する必要がある。

出資を履行していない有限責任社員は、合資会社の場合はありえても、合同会社には、原則としてはありえない。
合同会社は、会社債権者に対して、まさに、会社財産だけが引き当ての会社だから、出資が未履行の段階で設立を認めるわけにはいかないのだ（といっても１円でもよいのだが…）。

ポイント　定款の認証

以下の会社で公証人による定款の認証を要しない。

- **合名会社**
- **合資会社**
- **合同会社**

発展　出資をしていない合同会社の社員

合資会社の無限責任社員が退社し、合同会社となる定款変更をしたとみなされる場合（会社法639条２項）、未だ出資を完了していない有限責任社員は、その日から１か月以内に出資の履行をしなければならない。（会社法640条２項）

とすると、この１か月の間、まだ出資の履行をしていない合同会社の有限責任社員なるものが存在しうることになる。

【学習の指針】社員の出資

合同会社の社員は、出資をすることにより社員となる（出資をしていない社員は、上記の特殊事例のみ）。
合名・合資会社の社員の出資は、設立または加入の後でよい。
以上の区別は、持分会社を学習する際の急所である。

コラム　社員の資格

自然人・法人を問わない。制限はない。
法人が持分会社の業務執行社員、代表社員となることもできる。
この点、株式会社の取締役が自然人に限定されていたことと相違する。持分会社の社員は「出資者」だから法人でもかまわないのだと説明されている。

発展　会社の組織に関する訴えの整理法１（珍しいモノに注目せよ。）

持分会社にも、設立無効の訴えがある。
コレは株式会社と一緒に「設立無効」の訴えとして規定されている。
すなわち、持分会社に特有の論点はない。

が、持分会社にはクセモノがある。設立の取消しの訴えというモノが存在するのである。

こういう珍しいモノに注目しよう。(会社法832条)

設立の取消しとは、設立行為が民法等の規定により取り消された場合の事後処理である。

この点、株式会社では、設立時募集株式の引受けが取り消されても、基本的に会社は残りの資本金だけでスタートできる。

しかし、持分会社は、出資者の個性を重視する組合的な会社である(義兄弟の契りのようなものである)。

したがって、社員による設立行為の取消しが、そのまま持分会社の設立の取消事由になるのである。

このパターンが2つある。

1. 提訴権者が社員の場合

当該社員が設立の意思表示を取り消し、持分会社の設立の取消しを主張するパターン。

2. 提訴権者が債権者の場合

社員による持分会社の設立行為を、その社員の債権者を害することを理由として取り消すパターン。

この両者は、提訴期間は設立から2年であり、設立無効の場合と異ならない。

しかし、特異なのが、被告である。

基本的に会社の組織に関する訴えについては、会社が被告である。

しかし、上記2のパターン、すなわち、持分会社の設立の取消しの訴えのうち、債権者が提訴するケースでは、被告は会社のほか当該社員の双方となる。

こういう珍しいものを出題者は好むのである。

参考問題

1. 合資会社の有限責任社員については、労務による出資も許されるが、合同会社の社員については、その出資の目的は金銭その他の財産に限られる。(商法H19-34-エ)
2. 合同会社においては、労務を社員の出資の目的とすることができる。(商法H24-33-ア)
3. 合同会社の社員は、労務をその出資の目的とすることができる。(商法R3-33-ア)
4. 社員がその債権者を害することを知って持分会社を設立したことを原因とする会社の設立の取消しの訴えについては、当該持分会社のほか、当該社員をも被告としなければならない。(商法H18-34-イ)

5．法人は、持分会社の業務を執行する社員となることができる。（商法R4-33-オ）

6．法人は、合同会社の社員になることができるが、合名会社及び合資会社の無限責任社員になることはできない。（商法H20-35-ア）

7．合同会社は、他の合同会社の業務執行社員となることができる。（商法H24-33-イ）

8．合資会社においては、有限責任社員を業務を執行する社員とすることができる。（商法R3-33-イ）

9．設立しようとする会社が持分会社である場合には、社員になろうとする者が作成した定款は、公証人の認証を受けることを要しない。（商法H23-27-ア）

10．持分会社を設立するには、その社員になろうとする者は、定款を作成し、その定款に公証人の認証を受けなければならない。（商法H30-32-1）

11．会社の設立に関する次のアからオまでの記述のうち、株式会社及び合同会社のいずれにも当てはまるものの組合せは、後記1から5までのうちどれか。なお、「設立手続の遂行者」とは、株式会社にあっては「発起人」を、合同会社にあっては「社員になろうとする者」をそれぞれ指すものとし、また、定款は書面により作成されるものとする。（商法H19-28）

ア　会社を設立するには、設立手続の遂行者が定款を作成し、その全員がこれに署名し、又は記名押印しなければならない。

イ　定款には、成立後の会社の資本金の額に関する事項を記載しなければならない。

ウ　設立手続の遂行者は、会社の成立までの間、定款を設立手続の遂行者が定めた場所に備え置かなければならない。

エ　会社の設立に際して金銭以外の財産を出資する者がある場合には、定款に当該財産を記載しなければならない。

オ　出資に係る金銭の払込みは、設立手続の遂行者が定めた銀行等の払込みの取扱いの場所においてしなければならない。

1　アウ　**2**　アエ　**3**　イエ　**4**　イオ　**5**　ウオ

12．社員の出資の目的を金銭とする合同会社の設立の登記の申請書には、当該金銭の払込みがあったことを証する書面として、当該合同会社の代表社員が作成した出資金領収書を添付することができる。（商業登記法H29-33-ア）

13．持分会社の社員は、設立に係る意思表示を取り消すことができる場合であっても、訴えをもって当該持分会社の設立の取消しを請求することはできない。（商法R4-33-エ）

答え　1．×　有限責任社員一般のハナシとして労務の出資はできない。

2．×　3．×　4．○　会社法834条19号、832条2号。　5．○

6．×　7．○

8．○　社員（無限責任社員及び有限責任社員）を持分会社の業務執行社員とすることができる。

9．○　10．×

11. **2**

ア　双方にあてはまる。(会社法26条1項、575条1項)

イ　双方にあてはまらない。(会社法27条、576条)

ウ　株式会社にのみあてはまる（会社法31条1項)。合同会社にはこの点の規定がない。つまり、どこに置いてもいい。

エ　双方にあてはまる。(会社法28条1号、576条1項6号)

オ　株式会社にのみあてはまる（会社法34条2項、63条1項)。合同会社にはこの点の規定がない。金銭出資は現ナマで支払ってもいいことになっている。

12. ○　銀行等での払込みを要しないから、代表社員の領収書でもよい。

13. **×**

---

2 持分会社の設立の登記

持分会社の設立の登記に登記義務は存在します。しかし、登記をすべき期間の定めがありません。

ここに、持分会社の設立登記の本質があります。

つまり、株式会社の設立手続のような厳格さがなく、単に定款を作成して登記申請をするだけというのが、持分会社の設立登記の姿です。

参考　**持分会社の変更登記**

変更の登記には登記期間の定めがある。みなさんおなじみの会社法915条1項は、「会社の登記」の通則であり、持分会社にも適用がある。

すなわち、登記の期間は、変更が生じてから2週間である。

参考問題

1．合資会社の設立の登記は、本店の所在地においては、有限責任社員の出資の履行があったときから2週間以内にしなければならない。(商業登記法S61-33-1)

2．合同会社を設立する場合には、社員になろうとする者の全ての出資の履行があった日又は社員になろうとする者が定めた日のいずれか遅い日から2週間以内に設立の登記をしなければならない。(商業登記法H25-28-エ)

3．合名会社の設立の登記の申請書に添付する定款は、公証人の認証を受けなければならない。(商業登記法S57-38-4)

4．設立しようとする合名会社の定款が電磁的記録をもって作成された場合において、当該合名会社の設立時代表社員が当該電磁的記録の内容を印刷した書面に「本書面は電子定款に係る電磁的記録に記録された情報と同一である」旨記載して押印したときは、電磁的記録をもって作成された定款に代えて当該書面を添付して、設立の登記を申請することができる。（商業登記法H31-34-ア）

答え　1．×　登記期間の定めはない。
2．×　前問に同じ。
3．×　持分会社の定款は、いずれも公証人の認証を受けることを要しない。
4．×　電子定款そのものを添付すべきである。登記申請の調査は原本をもってすることが原則である。

まず、設立手続の容易さが、もっとも明確に現れる合名会社の設立から述べます。

登記簿の記録例（H18.4.26民商第1110号依命通知改　一部省略アリ）
設立に関する登記

会社法人等番号	0000-00-000000
商　号	合名会社横浜木材商店
本　店	横浜市中区山下町37番地の9
公告をする方法	官報に掲載してする
会社成立の年月日	令和６年10月１日
目　的	1　木材の販売 2　上記に附帯する一切の事業
社員に関する事項	横浜市中区本町二丁目10番地 社員　甲野太郎
	横浜市中区本牧町二丁目20番地 社員　乙野次郎
	横浜市中区山下町15番地 社員　株式会社丙野商店
	代表社員　甲野太郎

存続期間	会社成立の日から満50年
登記記録に関する事項	設立 令和６年10月１日登記

合名会社の登記事項は、会社法912条各号に規定があります。各自で見てみましょう。

注意点を挙げます。

1．代表社員は氏名のみが登記される（会社を代表しない社員がいる場合**のみ**登記事項となる)。

2．合名会社を代表する社員が法人である場合には、その職務を行うべき者の氏名および住所が登記事項となる。

以下、記録例を挙げます。

社員に関する事項	横浜市中区山下町40番地 社員　　　株式会社甲野商店 東京都大田区中央三丁目４番６号 職務執行者　甲野一郎

参考問題　合名会社において、法人である社員が加入する場合には、当該社員が代表社員でないときであっても、社員の加入による変更の登記の申請書には、登記すべき事項として、当該社員の名称及び住所並びに当該社員の職務執行者の氏名及び住所を記載しなければならない。(商業登記法R2-34-エ)

答え　×　法人である社員が代表社員でないときは、職務執行者の氏名及び住所を登記しない。次の要領である。

社員に関する事項	横浜市中区山下町40番地 社員　株式会社甲野商店

では、さきの設立登記の記録例についての登記申請書はどうなるのでしょうか？(株式会社丙野商店の本店は横浜市にあることに注目！)

登記の事由	設立の手続終了	
登記すべき事項	別紙のとおり	
登録免許税	金60000円（ロ）	
添付書類	定款	1通
	委任状	1通

以上が、もっとも簡単な書式例です。設立手続など「ないに等しい」のです。

まず、定款の記載事項と、登記事項を比較してみましょう。

定款の記載事項（会社法576条）

1．目的
2．商号
3．本店の所在地
4．社員の氏名または名称および住所
5．社員の責任の別（有限責任社員か無限責任社員か）
6．社員の出資の目的（有限責任社員にあっては金銭等に限る）およびその価額または評価の標準

上記の1、2、4が登記事項です。

代表社員については、各自代表の場合には登記事項とはならないし、したがってこの点の添付書面は不要となります。

→さきの申請書は、定款で代表社員甲野太郎を定めたとして作成されている。

また、前記の申請書は、定款で本店の所在場所を具体的に決めたことを前提にしています。

定款で、最小の行政区画までしか決定していなければ、本店の具体的な所在場所の決定に関する「業務執行社員の過半数の一致があったことを証する書面」の添付を要します。

商業登記法93条（添付書面の通則）

登記すべき事項につき総社員の同意又はある社員若しくは清算人の一致を要するときは、申請書にその同意又は一致があつたことを証する書面を添付しなければならない。

公告をする方法は、定款に定めがあれば、その方法。なければ「官報に掲載してする」ことになります。

「存続期間または解散の事由」も登記事項となります。（会社法912条4号）

しかし、もとより、これは定款の記載事項です。(会社法641条1号・2号)

以上、定款の記載のみで、合名会社の設立の登記に必要な事項が全部出揃うことをご確認願いたい。

基本的に、払込み手続なるものが存在しないことが、無限責任社員のみしかいない合名会社の設立手続の特長です。

コラム　他の添付書面

合名会社の設立の登記の申請に、次の添付書面に登場の可能性がある。

1. 代表社員を定款の規定により社員の互選で定めた場合
   互選を証する書面および代表社員の就任承諾書
2. 代表社員が法人である場合(商業登記法94条2号)
   - その法人の登記事項証明書(設立会社の登記所の管轄区域内にその法人の本店または、主たる事務所がある場合を除く)
   →会社法人等番号の記載をもって登記事項証明書に代えることもできる。
   - 社員である法人の職務を行うべき者の選任に関する書面
   - 上記、職務を行うべき者の就任承諾書
3. 社員が法人である場合(商業登記法94条3号)
   - その法人の登記事項証明書(設立会社の登記所の管轄区域内にその法人の本店または、主たる事務所がある場合を除く)
   →会社法人等番号の記載をもって登記事項証明書に代えることもできる。

コラム　持分会社の社員の就任承諾書

持分会社の社員は、業務執行機関のカオもあるが、むしろ出資者の意味合いが強い(だからこそ法人がなれる)。したがって、一般論として、社員の就任承諾書なるものは添付が要求されない。

上記の、「互選を証する書面および代表社員の就任承諾書」は、定款に互選規定がある場合には、代表社員の就任承諾書を添付せよという通達があるために添付を要することになっている。(H18.3.31民商782号通達)

参考問題

1. 合名会社又は合資会社の定款に社員の退社の事由又は持分の払戻しに関する定めがある場合において、これらを変更したときは、その変更の登記を申請しなけ

ればならない。(商業登記法H18-35-ア)
2．合名会社の社員の出資の目的及びその価額は、登記すべき事項ではない。(商業登記法S58-35-4)
3．合名会社の設立の登記の申請書には、社員が出資を履行したことを証する書面を添付しなければならない。(商業登記法S60-40-4)
4．業務執行社員の中から社員の互選により代表社員を定める旨の定款の定めがある合名会社の代表社員が法人である場合には、当該法人の代表者が職務執行者となるときであっても、合名会社の設立の登記の申請書には、当該代表者が職務執行者に就任することを承諾したことを証する書面を添付しなければならない。(商業登記法H28-34-オ)
5．合名会社に社員が加入する場合において、加入する社員が法人であり当該法人が代表社員となるときは、合名会社の社員の加入による変更の登記の申請書には、当該社員の職務を行うべき者が就任を承諾したことを証する書面を添付しなければならない。(商業登記法R3-33-ア)
6．合同会社において、代表社員が法人である場合の職務執行者の就任による変更の登記の申請書には、当該職務執行者が就任を承諾したことを証する書面に押印した印鑑につき市町村長の作成した証明書を添付することを要しない。(商業登記法R2-34-イ)

答え　1．×　「退社の事由又は持分の払戻しに関する定め」は登記事項ではない。
2．○　会社法912条参照。　　3．×　商業登記法94条参照。
4．○　本問は、法人が、代表社員となるときに要する、職務を行うべき者の就任承諾書について出題している。その職務執行者が、法人の代表者であろうが、担当部長であろうが、その添付を要する。
5．○　法人代表社員の職務執行者の就任承諾書は、新社員加入による変更登記の場合にも必要となる。
6．○　就任承諾書の押印にかかる証明書の定め（規則61条4項・5項）は、株式会社についての規定であり、持分会社には適用がない。

次に、合資会社の設立について述べます。
合資会社の登記事項は、合名会社のそれがベースであるが多少増えます。

登記簿の記録例（H18.4.26民商第1110号依命通知改　一部省略、変更アリ）
設立に関する登記

会社法人等番号	0000-00-000000
商　号	合資会社横浜菓子本舗
本　店	横浜市戸塚区戸塚町20番地
公告をする方法	官報に掲載してする
会社成立の年月日	令和６年10月１日
目　的	１　和菓子の製造販売 ２　上記に附帯する一切の事業
社員に関する事項	横浜市中区本町二丁目10番地 無限責任社員　　　　甲野太郎
	横浜市中区本牧町二丁目20番地 無限責任社員　　　　乙野次郎
	横浜市中区山下町15番地 有限責任社員　　　　丙野五郎 神奈川県鎌倉市小袋台70番地　宅地150平方メートル、この価額金500万円　全部履行
	横浜市戸塚区戸塚町100番地 有限責任社員　　　　丁野六郎 金100万円　内金50万円履行
	横浜市中区本町三丁目１番地 有限責任社員　　　　戊野七郎 金50万円　全部履行
	代表社員　　　甲野太郎
登記記録に関する事項	設立 令和６年10月１日登記

増えたのは、「社員が有限責任社員又は無限責任社員のいずれであるかの別」(会社法913条６号）と、「有限責任社員の出資の目的及びその価額並びに既に履行した出資の価額」(会社法913条７号）です。

このうち、６号は定款の記載事項です。

しかし、７号のうち「既に履行した出資の価額」が、定款の記載事項ではありません。

そこで、合名会社の設立時に比べて、次の添付書面が追加されます。

「有限責任社員が既に履行した出資の価額を証する書面」(商業登記法110条)

→もちろん、上記の価額はゼロでもよい。これは、会社設立後に出資しますの意味となる。

→具体的には、出資財産が金銭であれば代表社員の作成した領収書でいい。持分会社の払込みは金融機関でしなくてもいいのである。また、現物出資であれば財産引継書を作成する。

【急所】定款の記載事項とそうでないもの

次の区分けが、合資会社の登記手続を理解する上での急所となる。

1．有限責任社員の出資の目的及びその価額
定款の記載事項である。
その変更には、原則として、総社員の同意を要する。持分会社は、**義兄弟の契り**だから全員の一致で定款を変更する。

2．既に履行した出資の価額
定款の記載事項ではない。
これを登記するときは「有限責任社員が既に履行した出資の価額を証する書面」で足りる。
→例えば、「金100万円　内金50万円履行」のうち、「金100万円」が出資の目的（金）及びその価額（100万円）を意味する。その変更には、総社員の同意を要する。
→「内金50万円履行」は、既に履行した出資の価額を意味する。その変更には、総社員の同意を要しない。

以下、有限責任社員が既に履行した出資の価額を証する書面の一例を挙げておきます。

受領証明書
横浜市戸塚区戸塚町100番地
社員　丁野六郎　殿

金　50万円也
出資金として上記の金額を既に受領済みであることを証する。
令和６年10月１日
横浜市中区本町二丁目10番地
合資会社横浜菓子本舗
代表社員　甲野太郎

では、さきほどの要領で、合資会社のもっとも単純な設立登記申請書を作成すれば以下のとおりです。

登記の事由　設立の手続終了
登記すべき事項　別紙のとおり
登録免許税　金60000円（ロ）
添付書類　定款　１通
有限責任社員が既に履行した出資の価額を証する書面　１通
委任状　１通

次に、合同会社の登記簿を見てみましょう。
今度は、かなり、登記事項が変化するので、よく見てください。

登記簿の記録例（H18.4.26民商第1110号依命通知改　一部省略記載アリ）

設立に関する登記

会社法人等番号	0000-00-000000
商　号	合同会社横浜菓子本舗
本　店	横浜市戸塚区戸塚町20番地

公告をする方法	官報に掲載してする
会社成立の年月日	令和６年10月１日
目　的	１　和菓子の製造販売 ２　上記に附帯する一切の事業
資本金の額	金500万円
社員に関する事項	業務執行社員　　甲野商事株式会社
	業務執行社員　　丁野六郎
	業務執行社員　　戊野七郎
	横浜市中区山下町15番地 代表社員　　　甲野商事株式会社 横浜市中区山下町15番地 職務執行者　甲野太郎
登記記録に関する事項	設立 令和６年10月１日登記

以下の点が、これまでと違います。

１．資本金の額が登記された。

合同会社は、株式会社と同様に物的会社（社員が債権者に、原則として人的責任を負わない）であるし、剰余金の配当規制もある。そのため、資本金の額を公示する必要があるのである。

２．業務執行社員の氏名または名称が登記される。

業務を執行しない社員は登記されない。

株式会社の株主に類似の立場だからである。

→合名、合資会社においては業務執行社員は登記されない。したがって、これらの会社において、誰が業務執行社員であるかは、「定款」を見なければわからない仕組みになっている（会社法590条１項）。しかし、合同会社では、誰が業務執行社員であるかは登記簿上明らかになる。この点が、決定的に異なる。

→合名、合資会社で「社員」を登記する理由は、彼らは、債権者に直接の責任を負う立場にあるから公示の必要があるのである。

3．代表社員の氏名または名称および住所は、常に、登記事項になる。

業務執行社員の全員が、代表社員である場合にも代表社員の登記をする。

以上のうち、2は定款の記載事項です。また、代表社員は、合同会社にも存在します。

そこで、合同会社の設立の登記の申請書の添付書面は、合名会社のケースをベースにして、以下の、資本金の額に関する書面が増えることになります。

1．払込み及び給付があったことを証する書面（商業登記法117条）
2．設立時の資本金の額につき業務執行社員の過半数の一致があったことを証する書面（商業登記法118条、93条）
3．資本金の額が会社法及び会社計算規則の規定に従って計上されたことを証する書面（商登規92条、61条9項）
→ただし、金銭出資のみの場合には、3の書面は不要である（H19.1.17民商91号通達）。この点の考え方は、**株式会社の設立の場合と同じ**である。

合同会社のもっとも単純な設立登記申請書を作成すれば以下のとおりです（社員が自然人のみの場合）。

登記の事由	設立の手続終了	
登記すべき事項	別紙のとおり	
課税標準金額	金500万円	
登録免許税	金60000円（ハ）	
添付書類	定款	1通
	払込みがあったことを証する書面	1通
	委任状	1通

＊登録免許税額は、資本金の額を課税標準金額とし、その1000分の7であるが、この額が6万円に満たなければ6万円となる。

確認事項 **給付があったことの証明**

持分会社では、現物出資財産の給付があったことの証明を要する。

株式会社では、取締役等の調査報告が添付書面となるときに、その調査事項の一つに出資が完了したことがあるにすぎない。

＊定款において設立時資本金の額、本店の具体的所在場所、代表社員を定めた場合の申請書例である。

参考問題　1．合同会社の設立の登記の申請書には、代表社員が就任を承諾したことを証する書面に押された印鑑につき市区町村長の作成した印鑑証明書を添付しなければならない。(商業登記法H19-35-ア)

2．合同会社の設立に際し、定款の定めに基づく社員の互選によってＡが代表社員と定められた場合において、Ａが代表社員への就任を承諾したことを証する書面に押印された印鑑につき市町村長の作成した証明書を添付しなければ、設立の登記を申請することができない。(商業登記法H30-35-ウ)

3．合同会社を設立しようとする場合において、定款に資本金の額を定めていないときは、合同会社の設立の登記の申請書には、資本金の額の決定に係る総社員の同意があったことを証する書面を添付しなければならない。(商業登記法R3-33-エ)

答え　1．×　商業登記規則61条４項は持分会社と無関係である。　2．×
3．×　業務執行社員の過半数の一致を証する書面でよい。

コラム　旧氏の登記

持分会社でも次の者について、旧氏を登記することができる（商業登記規則88条の２）。清算人、社員、代表社員または代表清算人が法人であるときの職務執行者。

参考問題　合同会社の代表社員が法人である場合の職務執行者の就任による変更の登記の申請をする者は、当該職務執行者の旧氏（記録すべき氏と同一であるときを除く）を記録するように申し出ることができる。(商業登記法H29-33-オ改)

答え　○

3 社員の責任

社員は次に掲げる場合、連帯して、持分会社の債務を弁済する責任を負います。(会社法580条１項)

1．当該持分会社の財産をもってその債務を完済することができない場合。
2．当該持分会社の財産に対する強制執行がその効を奏しなかった場合。

（社員が、当該持分会社に弁済をする資力があり、かつ、強制執行が容易であることを証明した場合を除く。）

＊カッコ内は、民法上、保証人の権利として規定された検索の抗弁権と同趣旨の規定。

以上は、持分会社の無限責任社員に、そのまま適合します。
債権者に対する、直接・連帯責任です。

有限責任社員の場合も、直接・連帯責任ですが、責任の限度が出資の価額に限定されます。（会社法580条２項）

が、これは、一般論としては、合資会社の有限責任社員が、出資をまだ履行していない場合にのみ、該当する規定です。
合同会社の社員は、出資の履行により社員となります（社員となった時点で義務は履行済み）。ですから、株式会社の株主と同じく、原則として会社債権者に対して責任を負うことはありません。（合資会社の無限責任社員が退社し会社法639条２項の規定により合同会社となる定款変更をしたものとみなされた場合には、例外的に、「まだ出資の履行をしていない合同会社の有限責任社員」が存在することがありうる。会社法640条２項参照）

発展　会社法580条の読み方

会社法580条１項は持分会社の社員全員についての規定である。持分会社の社員は責任の有限・無限を問わず、会社債権者に対して、直接の連帯責任を負う。
しかし、580条２項は、有限責任社員は出資の価額を上限として責任を負うことを定め、なおかつ、上記の出資の価額のうち「まだ出資を履行していない額」についてのみ責任を負うとしている。
したがって、原則として全額の出資を履行済みである合同会社の有限責任社員は、事実上、会社債権者に責任を負わないという結論になる。

4 社員の抗弁権

持分会社の社員が、債権者に持分会社の債務を弁済する責任を負う場合であっても、持分会社が債権者に対して、相殺権・取消権・解除権を有するときは、社員は、その債権者に対し、債務の履行を拒むことができます。（会社法581条２項）
社員が、自ら、会社の相殺権を援用できるわけではないことにご注意ください。

あくまでも、支払拒絶の抗弁権があるだけです。

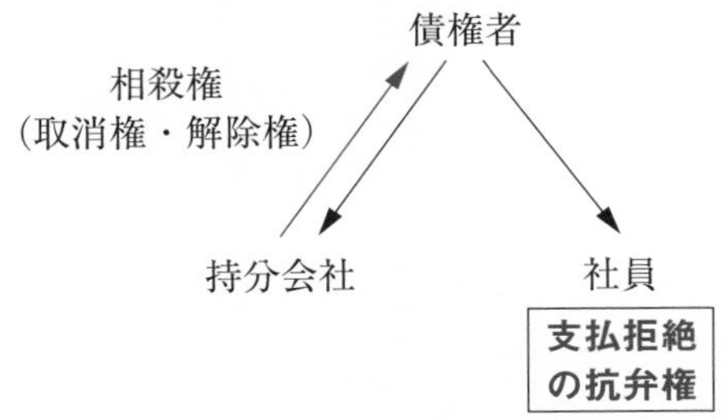

5 その他社員の責任に関する問題

社員が債権を出資した場合、債務者が弁済期に弁済をしなければ、社員がその弁済をする責任を負います。（会社法582条２項）

民法においては、債権の譲渡人は、債務者の資力の有無は当然には担保しませんが、その例外的な事象です。

たとえば、100万円の債権出資をしたが、弁済期に債務者が無資力であれば、出資者が自ら会社に100万円（＋利息、損害金）を支払わなければなりません。

次に、社員の責任を変更した場合、基本的に債権者側に有利な解決法が採用されます。社員の側には厳しい規定です。（会社法583条）

1．有限責任社員→無限責任社員
　変更前の会社債務についても、無限責任を負う。

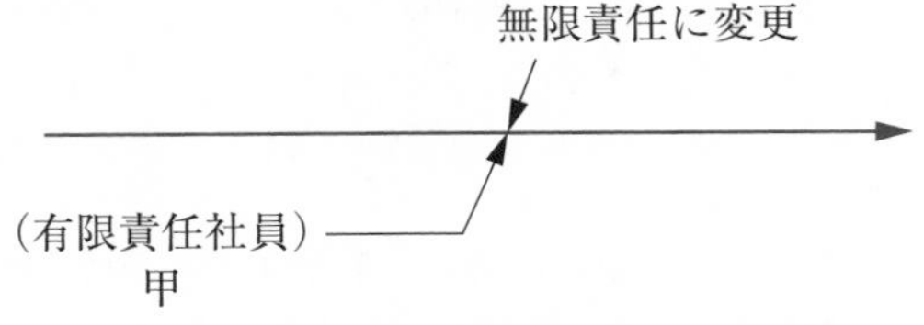

全体として、無限責任（アカ線部分）

2．有限責任社員（出資額100万円）→有限責任社員（出資額50万円）
　その旨の登記前の会社債務について100万円の責任を負う。
　（責任を変更しても登記しなければ債権者（善意・悪意を問わない）に対抗できない。）

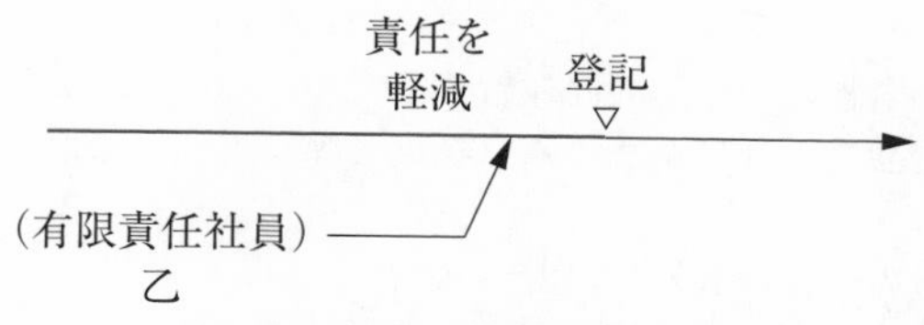

登記まで重い責任(アカ線部分)

3．無限責任社員→有限責任社員
その旨の登記前の会社債務について無限責任を負う。
(責任を変更しても登記しなければ債権者（善意・悪意を問わない）に対抗できない。)

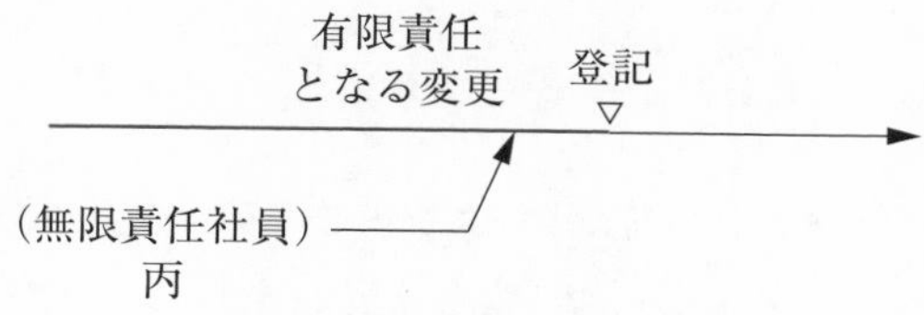

登記まで無限責任(アカ線部分)

ただし、上記、2および3の責任は、登記後、2年以内に、請求または請求の予告をしない債権者に対しては、登記後2年が経過した時に消滅する。(会社法583条4項)

【急所】商業登記の基本思想の例外

商業登記は、取引の安全のための仕組みであり、原則として、悪意者を保護しない。

しかし、ここは**別論**である。社員の責任の所在や程度は登記により明確化されている。

悪意の債権者についても事情は同じである。

確認事項　社員の責任

持分会社の社員が無限責任社員または有限責任社員のいずれであるかの別は定款の絶対的記載事項である。(会社法576条1項5号)

→社員の責任の変更の登記の申請書には、原則として、定款変更に係る総社員の同意書を添付する。

→持分会社の定款変更は、定款に別段の定めがある場合を除き、総社員の同意により行う。(会社法637条)

退社した社員の責任についても同趣旨の条文が存在します。(会社法612条)
退社とは、持分会社の社員を辞める(払戻し等による)ことです。

1．退社した社員の責任(会社法612条)
その旨の登記をする前の会社債務について従前の責任を負う。
(退社をしても登記しなければ債権者(善意・悪意を問わない)に対抗できない。)
ただし、登記後、2年以内に、請求または請求の予告をしない債権者に対しては、登記後2年の経過をもって責任は消滅する。

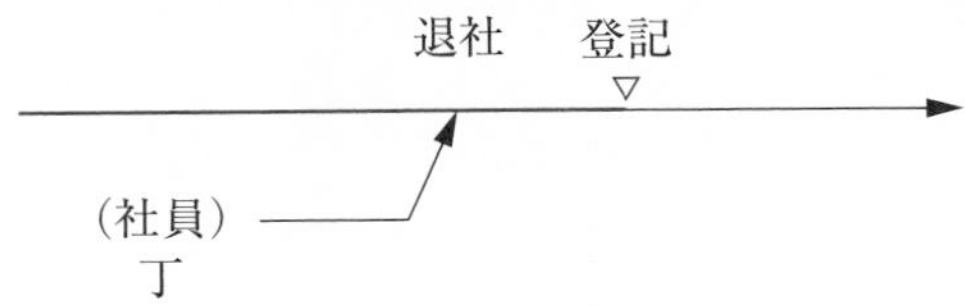

登記前の会社債務について責任を負う(アカ線部分)

2．持分の全部を譲渡した社員の責任(会社法586条)
その旨の登記をする前の会社債務について従前の責任を負う。
(退社をしても登記しなければ債権者(善意・悪意を問わない)に対抗できない。)
ただし、登記後、2年以内に、請求または請求の予告をしない債権者に対しては、登記後2年の経過をもって責任は消滅する。

以下は、社員が加入した場合についての規定です。(会社法605条)
1．会社成立後に加入した社員の責任
加入前に生じた持分会社の債務についても弁済の責任を負う。

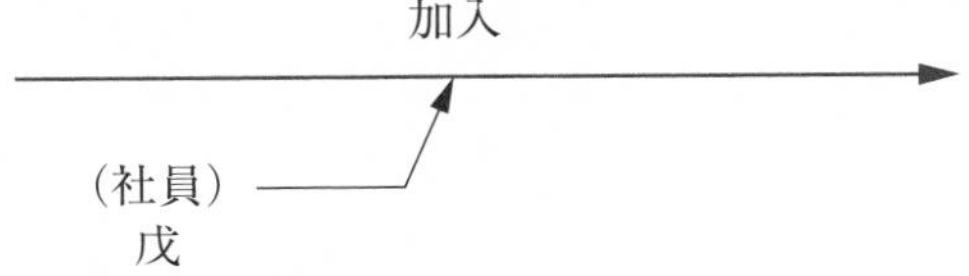

加入前の会社債務について責任を負う(アカ線部分)

参考 **持分会社の社員の加入**
持分会社の社員の加入は、当該社員に係る定款の変更をした時に効力が生じる。(会社法604条2項)
ただし、合同会社の有限責任社員のみ、定款変更後に出資を履行したのであれば、その払込みまたは給付を完了した時に加入の効力が生じる。(会

社法604条３項）

発展　社員に厳しい規定を置く理由

上記の社員の責任は、一様に、持分会社の社員に重い責任を負わせている。

その理由は、もちろん、債権者の保護だ。

持分会社の社員には、一定の場合、自ら退社をすることができるという規定がある。（会社法606条）

また、定款変更により、無限責任社員の責任を有限責任に変えてしまうこともできる。

さらに、合名会社の全社員を有限責任とし、合同会社に変えてしまうという芸当も可能だ。（会社法638条）

以上に挙げた、これらの行為について、債権者の異議手続を要するという規定は存在しない。であれば、変更後の社員に従前の責任を負わせる必要が生じるのは当然のことだ。

そして、その変更が登記され、外部に公示されるまで、責任の軽減を許さないのだ。

参考問題

1．合名会社の成立後に加入した社員であっても、その加入前に生じた当該合名会社の債務について、これを弁済する責任を負う。（商法Ｈ30-32-5）

2．持分会社の成立後に加入した社員は、その加入前に生じた持分会社の債務については、弁済する責任を負わない。（商法R4-33-ア）

3．合資会社の有限責任社員が無限責任社員となった場合には、当該無限責任社員となった者は、その者が無限責任社員となる前に生じた当該合資会社の債務についても、無限責任社員としてこれを弁済する責任を負う。（商法H19-34-ウ）

4．合名会社を退社した社員は、本店の所在地における退社の登記の前に生じた会社の債務について責任を負うが、当該退社の登記後２年以内に請求又は請求の予告をしない会社の債権者に対しては、責任を免れる。（商業登記法H16-29-5）

5．合名会社を退社した社員は、その退社後に生じた当該合名会社の債務について、これを弁済する責任を負わない。（商法H25-34-エ）

6．合名会社又は合資会社の社員は、持分の全部を他人に譲渡した場合には、その旨の登記をする前に生じた当該合名会社又は当該合資会社の債務について、従前の責任の範囲内でこれを弁済する責任を負うが、合同会社の社員は、持分の全部を他人に譲渡した場合には、このような責任を負わない。（商法H28-32-４）

答え　1．○　会社法605条。　　2．×　会社法605条。

3．○　会社法583条１項。
4．○　会社法612条２項。　　5．×
6．○　合同会社の社員は登記事項でない（業務執行社員を登記する）ため、持分の全部を譲渡した社員の責任に係る規定（会社法586条）の適用がない。

6 持分の譲渡

持分会社は、人的な結合体（団結が大事）ですから、その持分の譲渡は容易ではありません。

株式会社と比較すれば、かなり、ガチガチの譲渡制限が、しかも、もともと規定されています。（会社法585条）

参考　株式会社の株式の譲渡は原則として自由。

社員は、他の社員の全員の承諾がなければ、その持分の全部または一部を他人に譲渡することができません。（会社法585条１項）

が、業務を執行しない有限責任社員は、**業務を執行する社員の全員の承諾**があれば、その持分を譲渡することができます。（会社法585条２項）

＊上記の２項目について、定款で別段の規定をすることが可能。（会社法585条４項）

無限責任社員	1．業務を執行する	他の社員全員の承諾を要する。
	2．業務を執行しない	他の社員全員の承諾を要する。
有限責任社員	1．業務を執行する	他の社員全員の承諾を要する。
	2．業務を執行しない	→ **業務を執行する社員の全員の承諾で足りる。（定款変更の特例アリ）**

社員の持分の譲渡

コラム　会社法585条２項の意味

業務を執行しない有限責任社員とは、どういう意味か。

持分会社の社員は、原則として、全員が業務を執行する。（会社法590条　社員が複数いれば持分会社の業務執行の決定は原則として社員の過半数で行う。）

つまり、俗にいえば、全員が経営者だ。

しかし、持分会社は、定款をもって、業務を執行する社員を定めることができる。（会社法591条１項　この場合、業務執行社員が複数いれば持分会社の業務執行の決定は原則として業務執行社員の過半数で行う。）
　この場合、業務を執行せず、かつ、有限責任である社員の地位は、あたかも、株式会社の株主であるがごとき地位となる。
　業務の執行の決定には直接は口を出さない。また、責任は有限だからだ。
　そこで、この者についてまで、他の社員全員の承諾という厳しい譲渡制限の規定を適用することはなかろう。業務執行社員全員の承諾（経営者会議の一致した承認）で、譲渡を許してもよかろうというのが、会社法585条２項の意味である。
　→会社法585条３項に、このケースにおける定款変更についての特則が規定されている。

【急所】総社員の同意によらない定款の変更

　持分会社は、義兄弟の契りだ。だからその契り（定款）の変更は社員全員でする。
　しかし、上記は、その特殊な例外だ。
　業務を執行しない有限責任社員の持分の譲渡に伴う定款変更は、業務執行社員の全員の同意ですることができる。
　なお、業務執行社員が誰なのかは、合同会社以外では登記事項ではない。定款を見なければわからない。
　なぜ、社員の持分の譲渡に定款変更がいるのかわからない読者はいるかな。
　持分を全部譲渡すると、その者が退社し、新たな社員が入社する。
　社員は定款の記載事項だ。誰と義兄弟の契りをするのか定款に書かないわけにはいかない。
　また、社員間（例Ｘ→Ｙ）の持分の一部譲渡でも、定款の記載事項に変更が生じる。
　そう。ＸとＹそれぞれの、社員の出資の目的及びその価額云々が変化する。

コラム　持分会社の業務執行の決定

・原則（会社法590条２項）
　社員の過半数で決定する。
・業務執行社員を定めた場合（会社法591条１項）
　業務執行社員の過半数で決定する。
　以上、いずれも定款で別段の定めをすることができる。

発展　自己持分の取得

持分会社は、その持分の全部または一部を譲り受けることはできない。(会社法587条1項)

もし、(譲渡によらずに) 取得した場合でも、その持分は消滅する。(会社法587条2項)

金庫株ならぬ金庫持分はありえないわけだ。

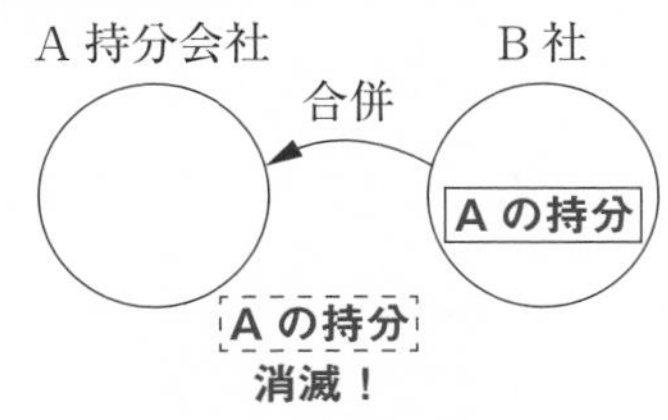

持分消滅の一例

参考問題

1．合名会社の社員は、当該社員以外の社員の過半数の承諾があれば、その持分を他人に譲渡することができる。(商法H30-32-3)

2．合資会社の業務を執行しない無限責任社員Aの責任を有限責任に変更したことによる変更の登記は、定款に別段の定めがある場合を除き、業務を執行する社員の全員の同意があったことを証する書面を添付して申請することができる。(商業登記法H30-35-イ)

3．業務を執行しない有限責任社員は、業務を執行する社員の全員の承諾があるときは、その持分の全部又は一部を他人に譲渡することができる。(商法H20-35-ウ)

4．業務を執行しない合同会社の社員の持分の譲渡は、定款に別段の定めがあるときを除き、当該合同会社の業務を執行する社員の全員の同意によってすることができる。(商法H21-31-ア)

5．合資会社の業務を執行しない有限責任社員の持分の一部の譲渡による変更の登記の申請書には、定款に別段の定めがある場合を除き、その譲渡につき総社員の同意があったことを証する書面を添付しなければならない。(商業登記法H22-34-ア)

6．業務を執行しない有限責任社員は、業務を執行する社員の全員の承諾がある場合であっても、定款に定めがあるときでなければ、その持分の全部又は一部を他人に譲渡することができない。(商法H23-34-ア)

7．持分会社は、その持分の全部又は一部を譲り受けることができないが、定款に定めがあれば、持分の一部を譲り受けることができる。(商法H23-34-ウ)

8．合同会社は、当該合同会社の持分を譲り受けることができる。(商法H24-33-ウ)

9．合同会社は、その持分を社員から譲り受けることができない。（商法H29-33-イ）
10. 合同会社が当該合同会社の持分を取得した場合には、当該持分は、当該合同会社が取得した時に、消滅する。（商法H24-33-エ）
11. 持分会社が当該持分会社の持分を取得した場合には、当該持分は、当該持分会社がこれを取得した時に、消滅する。（商法R4-33-イ）

答え

1．×　他の社員の全員の承諾を要する。
2．×　社員の責任は定款の記載事項である。持分会社の定款の変更は、定款に別段の定めがなければ、総社員の同意により行う。
3．○　会社法585条3項。　4．○　3に同じ。
5．×　業務執行社員の承諾があったことを証する書面があれば足りる。（商業登記法93条）
6．×　定款に別段の定めがなければ、業務執行社員全員の承諾によって持分を譲渡することができる。（会社法585条2項・4項）
7．×　持分会社は、その持分の全部又は一部を譲り受けることができない。（会社法587条1項）
8．×　会社法587条1項。　9．○　10. ○　会社法587条2項。
11. ○　会社法587条2項。

7 持分会社の業務執行

持分会社では、社員が業務を執行することが原則ですが、定款で業務を執行する社員を定めることができました。

この場合、業務を執行する社員は、**正当な事由**がなければ、辞任をすることができません。（会社法591条4項）

また、業務を執行する社員は、正当な事由がある場合に限り、他の社員の一致によって解任できます。（会社法591条5項）

いずれも、正当な事由を要する点、かなり、厳格な地位の保障（業務執行社員の義務ともいえる）です。

次に、業務を執行する社員を定款で定めた場合には、他の社員による監査の問題を生じます。

会社法592条は、各社員が、業務および財産の状況を調査することができると規定します。もちろん、業務を執行しない社員にもこの権限（監視権）が生じます。

（定款による別段の定めは可。が、事業年度終了時または重要な事由あるときの監視権を奪うことはできない。）

コラム　支配人の選任

支配人は重要な権限をもつ商業使用人である。

したがって、その選任および解任決議は、会社にとって重要な決議である。

そこで、会社法は、支配人の選任および解任は、業務執行社員を定める定款規定がある場合にも、社員の過半数で決すると規定する。（会社法591条２項。定款による別段の定めは可）

→株式会社においては、支配人の選任および解任について次の規定がある。

①　取締役が２人以上の場合には、取締役の過半数で決定。→個々の取締役への委任は不可（会社法348条２項・３項１号）

②　取締役会設置会社では、取締役会決議による。→個々の取締役への委任は不可（会社法362条４項３号）

参考問題

1．合資会社の有限責任社員は、定款に別段の定めがある場合を除き、当該合資会社の業務を執行する権限を有する。（商法H19-34-オ）

2．取締役会設置会社の支配人については、取締役会の決議によらずに代表取締役の決定により選任することができる場合があるが、代表取締役は、取締役会の決議により選任しなければならない。（商法H18-31-ウ）

3．業務を執行する社員を定款で定めた場合であっても、支配人の選任及び解任は、合名会社及び合同会社においては総社員の過半数をもって、合資会社においては無限責任社員の過半数をもって、それぞれ決定しなければならない。（商法H20-35-エ）

4．合同会社においては、業務を執行する社員が自己のために合同会社と取引をしようとする場合に当該取引について当該社員以外の社員の過半数の承認を受けることを要しないとの定款の定めを設けることはできない。（商法R3-33-エ）

5．合同会社の業務を執行する社員がその職務を行うのに費用を要するときは、合同会社は、業務を執行する社員の請求により、その前払をしなければならない。（商法R3-33-オ）

6．社員は、業務を執行するが、定款の定めをもって、一部の社員を業務の執行をする社員とすることができる。（商法H23-34-イ）

7．持分会社の社員は、当該持分会社の業務を執行する権利を有しないときであっても、その業務及び財産の状況を調査する権利を有し、この権利が定款で制限されていたとしても、裁判所の許可を得れば、これを行使することができる。（商

法H28-32-3）

8．持分会社は、定款によっても、社員が事業年度の終了時に当該持分会社の計算書類の閲覧の請求をすることを制限する旨を定めることはできない。（商法R5-32-ア）

答え　1．○　会社法590条1項。持分会社の社員は定款に別段の定めがある場合を除き、持分会社の業務を執行する。

2．×　前段が誤り。（会社法362条4項3号）

3．×　合資会社においても、社員の過半数をもって決定しなければならない。（会社法591条2項）

4．×　持分会社は、定款で別段の定めをすることができる。

5．○　会社法593条4項が民法の委任に関する規定をゴソッと準用。

6．○　会社法590条1項。

7．×　最後の一文が誤り。裁判所の許可云々は、試験委員の作文。正しくは、「定款によっても、社員が事業年度の終了時又は重要な事由があるときに同項の規定による調査をすることを制限する旨を定めることができない」である。（会社法592条2項ただし書）

8．○　こちらが正しい。

8 業務を執行する社員の責任等

業務を執行する社員は、会社に対して、職務執行についての、善良な管理者の注意義務を負います。（会社法593条1項）

会社とは委任類似の関係が生じます（会社法593条4項が民法の委任に関する条文をゴソッと準用）。

したがって、その業務を執行する社員が、任務を怠れば、会社に対し連帯してこれによって生じた損害を賠償しなければなりません。（会社法596条）

また、業務を執行する有限責任社員は、その職務を行うについて悪意または重大な過失があったときは、これによって第三者に生じた損害を賠償しなければなりません。（会社法597条）

これは、株式会社の役員等の第三者に対する責任と同趣旨の規定です。

業務を執行する有限責任社員は、会社の執行機関なので、株式会社の役員等と類似の立場です。

（会社法597条が、業務を執行する無限責任社員に言及しない理由は、彼らは業務を執行しようがしまいが、もともと会社の損害賠償債務の全部を保証する立場にあるからです。)

コラム　競業取引・利益相反取引

いずれも、「業務を執行する社員」について、原則として禁止されている。

その承認のための要件は、２つの場合で異なるので、この点注意を要する。

1．競業取引　他の社員全員の承認を要する。(会社法594条。定款による別段の定めは可)

2．利益相反取引　他の社員の過半数の承認を要する。(会社法595条。定款による別段の定めは可)

参考問題

1．合名会社の業務を執行する社員は、自己又は第三者のために当該合名会社と取引をしようとするときは、当該社員以外の社員の過半数の承認を受けなければならない。(商法R2-32-エ)

2．業務を執行する社員が自己又は第三者のために持分会社と取引をしようとするときは、当該取引について、当該社員以外の社員の過半数の承認を受けなければならないが、定款の定めをもって、社員の全員の承認を受けなければならないとすることができる。(商法H23-34-エ)

3．合同会社の業務を執行する社員が第三者のために当該合同会社の事業の部類に属する取引をしようとする場合には、当該社員以外の業務を執行する社員の全員の承認を受けなければならない。(商法H29-33-オ)

答え　1．○　会社法595条１項１号。本肢は、定款に別段の定めがないことを前提とした出題である。

2．○　会社法595条。

3．×　他の社員の全員の承認を要する。

業務を執行する社員は、持分会社を代表します。(会社法599条１項)

複数の業務執行社員がいる場合には、各自が、会社を代表します。

ただし、他に、会社を代表する社員その他持分会社を代表する者を定めた場合は、この限りではありません。

◀ポイント▶　代表社員

業務を執行する社員は、持分会社を代表する。（会社法599条1項本文）

しかし、他に持分会社を代表する者を定めた場合は、この限りでない。（会社法599条1項ただし書）

業務執行社員は、必ず、定款において定めるのである。

上記、持分会社を代表する者の定め方は、以下の2とおりである。（会社法599条3項。いずれも業務執行社員の中から定める）

1．定款で定める。

2．定款の規定に基づく社員の互選により定める。

→これに対して、業務執行社員については、定款で定めるという手しか存在しない（定款に何の定めもなければ、社員の全員が業務執行社員である）。

持分会社と、社員間の訴えについては、持分会社を代表する者が存しない場合には、その社員以外の社員の過半数で、その訴えについての代表者を定めることができます。（会社法601条）

また、株主代表訴訟ならぬ社員代表訴訟の制度もあります。（会社法602条）

訴えの提起をすることができるのは、社員です。

社員が持分会社に対して社員の責任を追及する訴えの提起を請求した場合に、会社が、60日以内に訴えを提起しなければ、社員自らが持分会社を代表して訴えを提起することができます。

いわゆる株主代表訴訟では、株主が原告ですが、社員代表訴訟は、会社が原告であり、社員がこれを代表するのです（会社法の原則として、各社員は、イコール持分会社の代表社員だからである）。

参考　**業務執行社員が法人である場合**

業務執行社員が法人である場合、その法人は、その職務を行う者を選任し、その者の氏名および住所を持分会社の他の社員に通知しなければならない。（会社法598条1項）

なお、株式会社の取締役が法人であることは、ありえない。自然人に限られる。

参考問題

1．業務執行社員の中から社員の互選により代表社員を定める旨の定款の定めがある合資会社においては、業務執行権を有する有限責任社員を代表社員に互選した

ことを証する書面を添付しても、代表社員の選任による変更の登記の申請をすることができない。(商業登記法H28-34-ウ)

2．定款の定めに基づく社員の互選により、業務執行社員３人のうち１人を代表社員と定めている合名会社において、当該代表社員が死亡した場合には、他の業務執行社員が当然に合名会社を代表することにはならず、改めて、社員の互選により、後任の代表社員を定め、変更の登記の申請をしなければならない。(商業登記法H22-34-イ)

3．社員が持分会社に対して社員の責任を追及する訴えの提起を請求した場合において、当該持分会社が当該請求の日から60日以内に当該訴えを提起しないときは、当該請求をした社員は、当該持分会社のために、自らが原告となって、当該訴えを提起することができる。(商法H28-32-５)

答え　1．×　有限責任社員が代表社員となっても一向にかまわない。

2．○　取締役会を設置しない株式会社で、定款に代表取締役の互選規定がある場合と同視すればよい。

3．×　ひっかけ問題である。社員が原告ではない。持分会社が原告であり、社員がこれを代表して訴えを提起する(会社法602条本文)。株主代表訴訟にあっては、原告が株主であることと比較して学習しよう。

9 社員の退社

社員は、自ら、退社をすることができます。

その要件は、以下のとおりです。(会社法606条１項)

1．持分会社の存続期間を決めていない（普通は決めない)。

2．ある社員の終身間会社が存続する（長生きするかもしれない)。

上記のいずれの場合も、６か月前の予告により、事業年度終了時に退社をすることができます。

(社員としての責任（特に無限責任社員は重い）が永続することを避けるための規定。なお、定款で別段の定めができる。また、やむを得ない事由があれば、各社員は、いつでも退社をすることができる。会社法606条２項・３項)

以下は、社員の退社の予告書の一例です。

社員の退社の登記を申請するときに、その退社を証する書面として添付します。

> 予告書
> 定款に存続期間の定めがないため、私は、貴社の事業年度の終了時である令和6年9月30日をもって退社することを予告します。
> 令和6年3月1日　**←退社の6か月前までの日**
> 何市何町何番地
> 社員　田中　花子　㊞
> 山本商会合名会社
> 代表社員　山本太郎　殿

参考問題　合名会社の存続期間を定款で定めなかった場合には、当該合名会社の社員は、退社する6か月前までに退社の予告をすることにより、いつでも退社することができる。（商法H25-34-ア）

答え　×「いつでも」というところが誤りである。（会社法606条1項）

10 法定退社

以下の場合には、社員は退社します。（会社法607条1項）
→責任の無限、有限の別を問わず、社員が退社する。

1．定款で定めた事由の発生
2．総社員の同意
3．死亡
4．合併（社員が法人の場合の話である。その法人が合併により消滅すれば退社する）
5．破産手続開始の決定
6．解散（社員が法人の場合である）
7．後見開始の審判を受けたこと
8．除名

《注》上記5から7について、持分会社は、退社事由としない旨の定款規定を設けることができる。（会社法607条2項）

3・4について
死亡が退社事由であるということは、その相続人が持分会社の持分を相続しないことを意味します。が、これについても、定款で、持分を承継する旨を定めることができます（会社法608条１項)。また、合併についても同様に、合併による存続会社や新設会社を入社させる定款規定を置くことができます。

→結局、定款で別段の定め（退社事由としない）が、認められていないのは下記のみである。すべて、そうした定款規定がありえないものばかりである。
1．定款で定めた事由の発生（当たり前。これを退社事由としたくないのであれば、定款を変更してその事由を削除すべし。)
2．総社員の同意（みんながオッケーなのだから辞めればいいだろう。総社員の同意があっても退社できないという定款規定はいかにもヘン。)
3．除名（会社内が対立し、裁判所の手を借りて社員を退社させたケース。)

以下、社員の死亡、合併を退社事由としない旨の定款の定め（実務でよくあるハナシ）の一例である。

定款 第何条（社員の死亡及び合併） 当会社の社員が死亡した場合又は合併により消滅した場合、その社員の持分を相続人その他の一般承継人が承継する。

コラム　清算持分会社の社員の退社の特則

清算持分会社の清算手続は、その終了をもって社員を退社させることをゴールとしている。このため、手続の中途での社員の退社が認められない。（会社法674条２号、675条）
→会社法606条（任意退社)、607条１項（法定退社のうち死亡・合併以外)、609条（持分の差押債権者による退社）の適用がない。
→また、定款に別段の定めがなくても、清算持分会社の社員が死亡または合併により消滅すると、その相続人その他の承継人が持分会社の社員の地位を承継することとなる。

参考問題

1．持分会社の社員の死亡は、無限責任社員については退社事由に当たるが、有限責任社員については退社事由に当たらず、当該有限責任社員の相続人が当該有限責任社員の持分を承継する。（商法H28-32-２）
2．社員の死亡によりその相続人が当該社員の持分を承継する旨を定款で定めている合資会社の社員が死亡した場合には、遺産分割協議により当該社員の相続人のうちの1人を社員の持分を承継する者と定めたときであっても、相続人であって社員以外の者すべてを社員とする変更の登記の申請をしなければならない。（商業登記法H22-34-オ）

3．合資会社の社員が死亡した場合に当該社員の相続人が当該社員の持分を承継する旨を定款で定めている合資会社の社員が死亡した場合において、遺産分割協議により当該社員の相続人の1人を社員と定めたときであっても、その法定相続人全員の入社による変更の登記を申請しなければならない。（商業登記法S63-36-1）

4．「社員が死亡したときは、その相続人が当該社員の持分を承継する。」旨を定款で定めている合資会社において、社員が死亡した場合には、当該社員の共同相続人のうちの一人であるAが当該社員の持分を承継する旨の遺産分割協議が成立したときであっても、Aのみの相続による加入を原因とする社員の変更の登記を申請することはできない。（商業登記法R2-34-ウ）

5．定款に業務執行社員が死亡した場合には当該業務執行社員の相続人がその持分を承継する旨の定めがあり、かつ、業務を執行しない社員の定めがない資本金の額が1億円の合同会社の業務執行社員が死亡し、その唯一の相続人がその持分を承継した場合において、業務執行社員の死亡及び加入による変更の登記を一の申請書で申請するときの登録免許税の額は、1万円である。（商業登記法H23-35-オ）

6．社員の死亡によりその相続人が当該社員の持分を承継する旨を定款で定めている場合において、当該合資会社の有限責任社員Aが死亡し、当該合資会社の無限責任社員BがAの唯一の相続人として相続によりその持分を承継したときは、Aについては死亡による退社を原因とし、Bについては相続による加入を原因とする有限責任社員の変更の登記をしなければならない。（商業登記法H24-34-ア）

7．合名会社は、社員が後見開始の審判を受けたことによっては退社しない旨を定めることができる。（商法H25-34-イ）

8．持分会社は、無限責任社員が破産手続開始の決定によっては退社しない旨を定款で定めることはできない。（商法R4-33-ウ）

9．定款に業務執行社員につき任期の定めがある合同会社において、当該定款の規定による業務執行社員の任期満了後直ちに当該業務執行社員が再度業務執行社員に指定された場合には、業務執行社員の重任による変更の登記を申請しなければならない。（商業登記法R3-33-オ）

10．清算中の合名会社において、社員の一人について破産手続開始の決定があった場合には、当該社員の退社による変更の登記を申請しなければならない。（商業登記法R2-34-ア）

11．合資会社において、社員の除名の訴えに係る請求を認容する判決が確定した場合には、当該判決の判決書の正本及び確定証明書を添付して当該社員の退社による変更の登記を申請しなければならない。（商業登記法R2-34-オ）

答 え　1．×　死亡は、持分会社の社員一般の退社事由である。

2．○　定款の規定により、いったん、相続人全員が社員となるものと解されている。

3．○　遺産分割をしても会社債権者には当然には対抗できないから、相続人全員を入社させるべきである。なお、この場合の添付書類は、「社員の加入または退社を証する書面」(商業登記法111条、96条1項）として、相続を証する書面（戸籍謄本等）および定款を添付する。

4．○　前問の焼き直し。

5．○　持分会社の社員変更と、株式会社の役員変更の登録免許税の考え方は同一である（別表の区分が同じである。登録免許税法別表第1の24 (1) カ）。なお、合名合資会社では、資本金の額が登記されないので、社員変更の登記の登録免許税は、常に、申請1件について1万円となる。

6．×　Aの退社の登記はすべきだが、Bの加入の登記は要しない。Bはもともと無限責任社員であり、無限責任と有限責任が併存することはないのである。

7．○　　8．×

9．×　登記の申請を要しない（平20.11.21民商3037)。

10．×　清算持分会社の社員は、破産によって退社しない。(会社法674条2号)

11．×　裁判所書記官からの嘱託登記となる。(会社法937条1項1号ル)

11 持分の差押債権者による退社（会社法609条）

持分会社の持分は、株式とは異なり、容易に譲渡・換価ができません。

そこで、社員の債権者（個人としての社員の債権者）が、その持分会社の持分を差し押さえた場合、社員を退社させることができます。

→6か月前までに持分会社および当該社員にその予告をすることにより、事業年度の終了時において当該社員を退社させることができる。

要するに、ある債権者が、債務者の個人資産を押さえようとしたのですが、ロクな財産がありません。不動産も、銀行預金も株もありません。

仕方がないから、株の代わりに、持分会社の持分を差し押さえたというようなケースです。

この場合、持分自体の競売は容易ではありません。が、その社員が退社をすれば、元社員は持分会社から持分が払い戻されます。

そこで、債権者に、社員をムリヤリ退社させる権利を与え、払戻し財産で、債権の回収を可能とするのです。

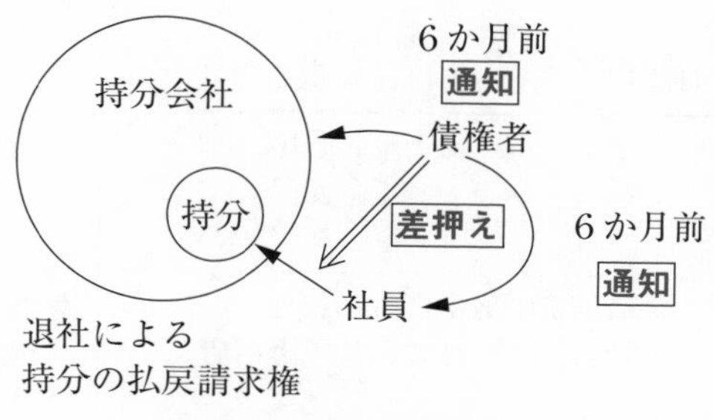

アカ字の3つが添付書面

コラム　持分会社の社員の除名の訴え

持分会社の社員に一定の事由（業務執行にあたっての不正行為等）があるときに、持分会社は、対象社員以外の社員の過半数の決議に基づき裁判所に、対象社員の除名を求める訴えを提起することができる。（会社法859条）

参考問題

1．合同会社の社員の持分を差し押さえた債権者は、事業年度の終了時の6か月前までに合同会社及び当該社員に対して当該社員を退社させる旨の予告をし、当該事業年度の終了時において当該社員を退社させることができる。（商法H21-31-ウ）

2．合名会社の社員の持分の差押えによる当該社員の退社の登記の申請書には、当該持分に係る差押命令書並びに当該合名会社及び当該社員あての退社予告書であって事業年度の終了時の6か月前までに退社の予告をした事実が判明するもの等の当該社員の退社の事実を証する書面の添付を要しない。（商業登記法H22-34-エ）

答え　1．○　会社法609条1項。

2．×　いずれの書面も添付を要する。（商業登記法96条1項）

12 社員の加入および退社と登記手続

社員の加入についての登記記録例を紹介しよう。

〈合名会社の場合〉

登記簿の記録例（H18. 4 .26民商第1110号依命通知改）

社員に関する事項	横浜市中区山下町40番地 社員　　　　　丁野四郎	令和６年10月１日加入 令和６年10月８日登記
	横浜市中区山下町40番地 社員　　　株式会社甲野商店	令和６年10月１日加入 令和６年10月８日登記

〈合資会社の無限責任社員の場合〉

登記簿の記録例（H18. 4 .26民商第1110号依命通知改）

社員に関する事項	東京都大田区中央三丁目 ４番６号 無限責任社員　　　甲野一郎	令和６年11月１日加入 令和６年11月８日登記
	横浜市中区山下町40番地 無限責任社員　　株式会社甲野商店	令和６年11月１日加入 令和６年11月８日登記

〈合資会社の有限責任社員の場合〉

登記簿の記録例（H18. 4 .26民商第1110号依命通知改）

社員に関する事項	東京都中央区築地一丁目２番１号 有限責任社員　乙野商事株式会社 金50万円　全部履行	令和６年11月１日加入 令和６年11月８日登記

〈合同会社の場合〉

登記簿の記録例（H18. 4 .26民商第1110号依命通知改）

業務執行社員が加入した場合

社員に関する事項	業務執行社員　甲野一郎	令和６年11月１日加入 令和６年11月８日登記

社員の加入または退社等による変更の登記を申請する場合には、次の書面を添付しなければなりません。（商業登記法96条、111条、118条）

「社員の加入又は退社の事実を証する書面」

→法人が社員として加入する場合は、以下の書面の添付をも要する。(商業登記法96条1項カッコ書)

代表社員が法人である場合(商業登記法94条2号)

・その法人の登記事項証明書(設立会社の登記所の管轄区域内にその法人の本店または、主たる事務所がある場合を除く)

→会社法人等番号の記載をもって登記事項証明書に代えることもできる。

・社員である法人の職務を行うべき者の選任に関する書面

・上記、職務を行うべき者の就任承諾書

社員が法人である場合(商業登記法94条3号)

・その法人の登記事項証明書(設立会社の登記所の管轄区域内にその法人の本店または、主たる事務所がある場合を除く)

→会社法人等番号の記載をもって登記事項証明書に代えることもできる。

では、以下、「社員の加入又は退社の事実を証する書面」の具体例を挙げます。

1. 加入について

「社員の氏名又は名称及び住所」は、定款の絶対的記載事項です。(会社法576条1項4号)

また、持分会社の社員の加入は、当該社員に係る定款の変更をした時に、その効力を生じます。(会社法604条2項)

したがって、「社員の加入の事実を証する書面」は、原則として、定款変更をした総社員の同意書がこれにあたることになります。

会社法637条(定款の変更)
持分会社は、定款に別段の定めがある場合を除き、総社員の同意によって、定款の変更をすることができる。

同　意　書

1. 以下の者を当社に加入させる。
　何市何町何番地
　無限責任社員　　丁野四郎
2. 定款第何条に次の事項を加える。
　金　何円
　何市何町何番地

無限責任社員　　丁野四郎
以上について、当会社の社員全員が同意する。

令和６年10月１日

何市何町何番地　合名会社Ｘ商会
社員　甲山　一郎　㊞
社員　乙野　二郎　㊞
社員　丙川　三郎　㊞

①　新たな出資による加入の場合

原則として「定款の変更に係る総社員の同意があったことを証する書面」を添付すればよい。

これに加えて、合資会社の有限責任社員の加入については、「出資の履行があったことを証する書面」を要します。（商業登記法112条）

→登記事項である「すでに履行した出資の価額」を証明する趣旨である。

このほか、合同会社の業務執行社員の加入においては別の書面を要します。

合同会社においては、定款の変更をした時に、新たに社員となろうとする者の払込みまたは給付が完了していないときには、その者は「払込み又は給付を完了した時に」社員となるのです。（会社法604条３項）

また、合同会社においては、新たな払込みまたは給付により、資本金の額が増加することがあります。

そのため、以下の書面の添付を要することになります。

・出資に係る払込み又は給付があったことを証する書面（商業登記法119条）
　→合同会社の社員の加入の要件である会社法604条３項の給付の完了を証明するのである。
・資本金の額が会社法及び会社計算規則の規定に従って計上されたことを証する書面（商登規92条、61条９項）
　→出資に係る財産が金銭のみの場合は不要。株式会社における募集株式の発行に係る資本金の額の増加においては、株式発行割合を証するために金銭出資のみの場合でも「資本金の額の計上証明書」を要したことと比較しておこう。
・増加すべき資本金の額につき業務執行社員の過半数の一致があったことを証する書面（商業登記法118条、93条）
　→後二者は、資本金の額が増加する場合に添付。

参考問題

1．社員の死亡によりその相続人が当該社員の持分を承継する旨を定款で定めている場合において、当該合資会社の社員が死亡したことにより、当該合資会社の社員でない当該社員の相続人が相続により当該合資会社に加入したときは、相続による加入を原因とする社員の変更の登記の申請書には、その者が死亡した社員の相続人であることを証する書面を添付しなければならない。（商業登記法H24-34-ウ）

2．社員でない者が市場価格1,000万円の有価証券を出資して当該合資会社の有限責任社員となったことによる社員の加入による変更の登記の申請書には、当該有価証券の市場価格を証する書面を添付することを要しない。（商業登記法H24-34-オ）

3．合同会社の業務執行社員としてAが新たに出資をして加入するに際し、平成30年6月25日にAの加入に関する事項についての総社員の同意があり、同月28日にAが出資に係る払込みの全部を完了した場合には、平成30年6月28日を変更日として業務執行社員の加入及び資本金の額の変更の登記を申請することができる。（商業登記法H30-35-オ）

4．合資会社が新たに社員を加入させる場合において、新たに社員になろうとする者が社員の加入に係る定款の変更をした時に出資に係る払込みの一部を履行していないときは、その者は、当該払込みを完了した時に当該合資会社の社員となる。（商法R2-32-イ）

5．合同会社は、社員が解散後に加入したことによる資本金の額の増加による変更の登記を申請することができる。（商業登記法R2-32-5改）

答え　1．○　「加入の事実を証する書面」として添付する。（商業登記法111条、96条1項）

2．○　持分会社の社員となろうとする者がする現物出資について、その価額の相当性を担保する書面の添付が求められることはない（株式会社の場合と相違する）。本問のケースで添付を要するのは「有限責任社員の出資の履行があったことを証する書面」（その有価証券の受領証など）である。（商業登記法112条）

3．○　合同会社においては、入社しようとする者（A）は、払込みを完了した時に社員となる。（会社法604条3項）

4．×　合資会社（合名会社も）の社員は、定款変更の時に加入する。出資は、後回しでよい。（会社法604条2項）

5．×　持分会社の清算は、社員関係の終了を目的としているため、解散後に、新たな出資により社員を加入させることができない。（会社法674条1号）

コラム　合同会社の資本金の額

詳しくは、会社計算規則30条が規定する。

合同会社の出資の履行による加入とは、株式会社に置き換えれば、募集株式の発行による新株主の誕生と実質が同じである。

しかし、合同会社では、業務執行社員の加入は登記事項になるから、この場合には、資本金の額の増加だけではなく、社員の加入の登記の申請もすべきことになるわけである。

以下、簡単に、持分会社の資本金の額の増加の仕組みを話しておく。

1．社員が出資の履行をしたことにより持分会社に払込みまたは給付をした財産の価額を資本金の額として計上できる（簿価引継ぎの場合には別の規定アリ）。

2．しかし、その全部を、資本剰余金に計上してもいい。資本金と資本剰余金の割り振りは会社が自由に決めればいい。→つまり資本金の額はゼロでもいい（なお、**持分会社に準備金の概念はナイ**）。

前記の、「増加すべき資本金の額につき業務執行社員の過半数の一致があったことを証する書面」とは、持分会社の通常の業務執行の決定（会社法591条1項）として、上記の「割り振り」を決めた書面のことであり、株式会社に置き換えれば、資本金の額と資本準備金の額の割り振りに相当する。

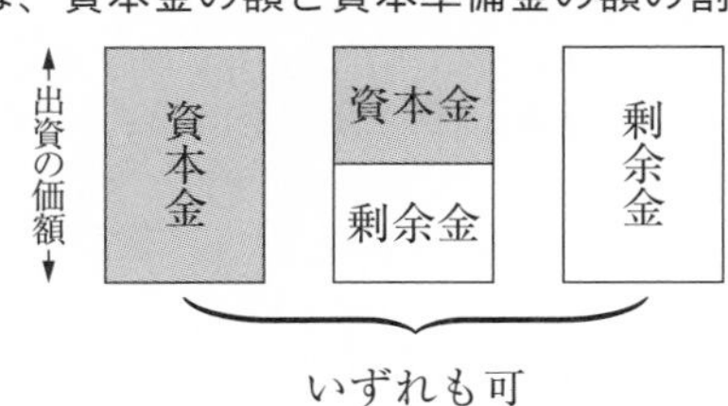

参考問題　合同会社の設立の登記の申請書には、資本金の額として、出資として払込み又は給付がされた財産の価額の2分の1以上の額を記載しなければならない。（商業登記法H29-33-ウ）

答え　×　設立時の取扱いも、上記のコラムの記載と同様である。

②　持分の譲受けによる加入の場合

「社員の加入の事実を証する書面」として、持分の譲渡契約書および定款の変更に係る総社員の同意があったことを証する書面等がこれにあたります。

なお、持分の全部の譲渡契約の場合には、この書面は、譲渡人の「社員の退社の事実を証する書面」ともなります。

コラム　業務を執行しない有限責任社員の場合

業務執行社員全員の承諾により持分の譲渡が可能である。

したがって、次の書面の添付を要する。

1．持分の譲渡契約書

2．譲渡された持分が業務を執行しない社員に係るものであることを証する書面（変更前の定款等）

3．業務執行社員全員の同意を証する書面

〈合資会社の有限責任社員の持分の全部の譲り受けの場合〉

登記簿の記録例（H18.4.26民商第1110号依命通知改）

持分の全部を社員以外の者に譲渡した場合

社員に関する事項	東京都中央区八丁堀三丁目 ３番２号	
	有限責任社員　　乙野太郎	令和６年12月３日退社
	金200万円　全部履行	令和６年12月10日登記
	東京都千代田区大手町二丁目 １番16号 有限責任社員　丙野五郎	令和６年12月３日加入
	金200万円　全部履行	令和６年12月10日登記

2．退社について

〈合名会社の社員の退社〉

登記簿の記録例（H18.4.26民商第1110号依命通知改）

社員に関する事項	横浜市中区山下町１番地 社員　　丙野太郎	
		令和６年11月１日退社
		令和６年11月８日登記

［注］　1　設立当初からの社員が任意退社（会社法606条）、総社員の同意、定款に定めた事由の発生（会社法607条１項１号・２号）の事由により退社した場合の例である。

2　死亡、合併、破産手続開始の決定、解散、後見開始の審判を受けたこと（会社法607条1項3号から7号）の事由により退社した場合は、原因項目を「死亡」、「合併」、「破産手続開始決定」、「解散」、「後見開始」等とする。

「社員の退社の事実を証する書面」としては、会社法606条（任意退社）または会社法607条（法定退社）、会社法609条（持分の差押債権者による退社）に該当することを個々の事例にあわせて証明すればよい。

なお、前記の退社事由が生じた場合、持分会社は、当該社員が退社した時に、当該社員に係る定款の定めを廃止する**定款変更をしたものとみなされ**ます。（会社法610条）

したがって、総社員の同意により定款を変更する必要はありません。

「社員の退社の事実を証する書面」の例

・死亡の場合　親族からの死亡届、戸籍一部事項証明書、医師の死亡診断書
・任意退社の場合　予告の後、退社したことを証する書面（会社法606条1項による退社のケース）
　やむを得ない事由により退社したことを証する書面（会社法606条3項による退社のケース）
・持分差押えの場合　持分差押命令書および退社させる旨の予告書（2通→会社宛てと社員宛て、会社法609条1項のケース）
・総社員の同意による場合　総社員の同意書

参考問題　定款に存続期間の定めがない合名会社の社員の一部が、事業年度の終了の時の6か月前までに退社の予告をし、事業年度の終了の時に退社した場合は、社員の退社による変更の登記の申請書には、当該予告の後、退社したことを証する書面のほか、総社員の同意があったことを証する書面を添付しなければならない。（商業登記法H31-34-ウ）

答　え　×　総社員の同意があったことを証する書面を要しない。「社員の氏名又は名称及び住所」は定款の記載事項であるが、社員の退社の際には、持分会社はその旨の定款変更をしたものとみなされる（会社法610条）。このため、定款変更に係る総社員の同意は不要なのである。

参考　社員の加入および退社の登記申請書の記載例（合資会社の無限責任社員の持分の譲渡の場合）

登記の事由	無限責任社員の退社及び加入
登記すべき事項	年月日無限責任社員Ａ退社 同日次の者加入 何県何市何町何番地　無限責任社員　Ｂ
登録免許税	金10000円
添付書類	総社員の同意書　１通 持分譲渡契約書　１通 委任状　　　　　１通

＊登録免許税は、株式会社の役員変更分と同じく(カ)の区分であるが、合名会社と合資会社は資本金の額が登記事項ではないので、一律に金１万円とされている。

＊合同会社では、資本金の額が金１億円を超えれば金３万円となる。

＊総社員の同意書並びに持分譲渡契約書の内容は、次のとおり。

同　意　書

１．社員Ａがその持分の全部（金100万円）をＢに譲渡して本会社を退社し、同時にＢが入社すること。
新入社員の氏名及び住所並びに出資の目的及び価額
何市何町何番地　金　100万円　Ｂ

２．定款第何条のうち、社員Ａに関する事項を削除し、次の事項を加える。
金　100万円
何市何町何番地　無限責任社員　　Ｂ

以上について、当会社の社員全員が同意する。
令和６年10月１日

何市何町何番地　合名会社　Ｘ
社員　甲　　　㊞
社員　乙　　　㊞
社員　丙　　　㊞

持分譲渡契約書
A及びBは、次の契約をした。 1．Aは、合名会社Xの持分（金100万円）の全部をBに譲渡する。 令和６年10月１日 譲渡人　住所　A　㊞ 譲受人　住所　B　㊞

参考問題

1．社員の持分の差押債権者が６か月前までに会社及び社員に予告をして事業年度の終了時に当該社員を退社させた場合には、社員の退社による変更の登記の申請書には、当該社員の持分に対する差押命令の謄本を添付すれば足りる。（商業登記法H19-35-イ）

2．合資会社の業務を執行しない有限責任社員がその持分の一部を他の社員に譲渡したことによる変更の登記の申請書には、定款に別段の定めがある場合を除き、持分の譲渡契約書、譲渡された持分が業務を執行しない社員に係るものであることを証する書面及び業務執行社員の全員の同意があったことを証する書面を添付しなければならない。（商業登記法H28-34-エ）

3．合名会社に無限責任社員が加入する場合には、無限責任社員の加入の登記の申請書には、当該無限責任社員が就任を承諾したことを証する書面を添付しなければならない。（商業登記法H18-35-イ）

4．合資会社の業務を執行しない有限責任社員が持分の全部を他人に譲渡した場合には、社員の変更の登記の申請書には、持分の譲渡についての総社員の同意があったことを証する書面を添付しなければならない。（商業登記法H18-35-ウ）

5．合資会社の有限責任社員の出資の価額の増加による変更の登記の申請書には、総社員の同意があったことを証する書面を添付しなければならない。（商業登記法H18-35-エ）

6．合名会社が新たに定款をもって代表社員を定めた場合の代表社員の就任による変更の登記の申請書には、定款及び総社員の同意があったことを証する書面を添付しなければならない。（商業登記法H17-29-ア）

7．定款に社員を加入させるには代表社員の同意があれば足りる旨の定めがある合資会社に新たな無限責任社員が加入した場合は、代表社員の同意書及び定款を添付して、社員の加入による変更の登記を申請することができる。（商業登記法H31-34-イ）

8．合資会社の有限責任社員の加入による変更の登記の申請書には、就任承諾書及

び加入の事実を証する書面を添付しなければならない。(商業登記法H17-29-ウ)

9．合資会社を代表しない社員全員が退社したことにより、代表社員1名のみとなった場合には、代表社員の氏名の登記の抹消を申請しなければならない。(商業登記法H17-29-エ)

10. 合名会社の社員の住所に変更が生じたことによる社員の住所変更の登記の申請書には、定款の変更に関する総社員の同意があったことを証する書面を添付しなければならない。(商業登記法H8-30-1)

11. 合名会社が定款を変更して、業務を執行する社員の中から持分会社を代表する社員を新たに定めたことによる代表社員の変更の登記の申請書には、総社員の同意があったことを証する書面の印鑑につき、市区町村長の作成した印鑑証明書を添付しなければならない。(商業登記法H8-30-3)

12. 合資会社の無限責任社員が破産手続開始の決定を受けたときは、社員の退社による変更の登記を申請しなければならない。(商業登記法S63-36-3)

13. 合同会社においては、その社員が破産手続開始の決定を受けたことによっては退社しない旨を定款で定めることができない。(商法H30-32-2)

14. 合資会社の有限責任社員が後見開始の審判を受けたときでも、社員の退社による変更の登記を申請することを要しない。(商業登記法S63-36-4)

15. 合資会社において、定款をもって社員全員を会社を代表すべき社員と定めたときは、代表社員の登記の申請は、することができない。(商業登記法S63-36-5)

16. 合資会社の無限責任社員が持分の一部を有限責任社員の1人に譲渡した場合における変更の登記の申請書に記載すべき登記の事由は「有限責任社員の出資の増加」としなければならない。(商業登記法S60-36-2)

17. 合名会社の社員が死亡したときは、相続人が入社したことによる変更の登記の申請をしなければならない。(商業登記法S58-35-1)

18. 清算中の合資会社の社員が死亡した場合は、当該死亡した社員については社員の死亡による退社の登記を、当該死亡した社員の相続人全員については社員の加入による変更の登記を、それぞれ申請しなければならない。(商業登記法H31-34-エ)

19. 合同会社においては、資本金の額は、設立又は社員の加入に際して社員となろうとする者が当該合同会社に対して払込み又は給付をした財産の額であり、少なくとも当該額の2分の1の額は、資本金として計上しなければならない。(商法H22-32-ア)

20. 合資会社の有限責任社員の出資の価額の減少による変更の登記の申請書には、定款に別段の定めがある場合を除き、総社員の同意があったことを証する書面を添付しなければならない。(商業登記法H22-34-ウ)

答え　1．×　退社させる旨の予告書（2通）の添付も要する。

2．×　持分の譲渡契約書を要しない。本問では、社員の加入も退社も生じていないからである。

3．× 社員の加入の事実を証する書面として、定款変更をした総社員の同意書の添付を要するが（商業登記法96条１項）、就任を承諾したことを証する書面の添付は要しない。
4．× 業務執行社員全員の同意で足りるケースである。（会社法585条３項）
5．○ 「社員の出資の目的及びその価額又は評価の標準」は定款の絶対的記載事項であるから（会社法576条１項６号）、その変更については、原則として総社員の同意を要する。（会社法637条）
6．× 定款変更に係る総社員の同意書のみ添付で足りる。（商業登記法93条）
7．○ 定款変更についての別段の定めがあるケース。
8．× 就任承諾書の添付を要しない。
9．○ 合資会社では、会社を代表しない社員がある場合に限り、代表社員の氏名または名称が登記されることになるので（会社法913条８号カッコ書）、会社を代表しない社員が存在しなくなれば、代表社員の登記は抹消すべきである。
10. × 社員の住所は定款の記載事項ではあるが、住所の移転について定款の変更は不要。本事例は、株式会社の代表取締役の住所変更と同様に、申請書の添付書類は委任状のみである。
→ただし、社員が法人であれば、その商号・本店あるいは名称・主たる事務所の変更登記について登記事項証明書の添付を要する。（商業登記法96条２項。当該登記所の管轄区域内に当該法人の本店又は主たる事務所がある場合を除く）
→会社法人等番号の記載をもって登記事項証明書に代えることもできる。
11. × 商業登記規則61条４項は、持分会社と無関係。
12. ○ 破産手続開始の決定は、法定退社事由。（会社法607条１項５号）
13. × 破産手続開始の決定を退社事由としない旨の定款の定めをすることができる。
14. × 後見開始の審判を受けたことは法定退社事由。（会社法607条１項７号）
15. ○ 代表社員の登記をするのは、合資会社を代表しない社員がある場合に限られる。（会社法913条８号カッコ書）
16. × 登記の事由は「社員の責任の変更」である。無限責任社員の持分を譲受けた有限責任社員は、無限責任社員となるのである。
17. × 社員の死亡は、法定退社事由である。（会社法607条１項３号）
18. × 清算持分会社にあっては、定款に別段の定めがなくとも、相続人が被相続人の持分を承継する（会社法675条）。しかし、その旨の登記を要しないとの先例がある。
19. × 持分会社には、準備金の概念はなく、払込みまたは給付された財産のうち、どれだけ資本金の額に計上するかを持分会社が任意に決めることができる。
20. ○ 持分会社において「社員の出資の目的及びその価額又は評価の標準」は、定款の絶対的記載事項である（会社法576条１項６号）。定款の変更に、原則として、総社員の同意を要するのは当然の話といえる。（会社法637条）

13 退社に伴う持分の払戻し

退社した者は、その持分の払戻しを受けることができます。(会社法611条)

出資の種類は問いません。「信用」「労務」の場合も払戻しが可能です。

払戻金の計算は、「退社の時」における持分会社の財産の状況に従ってします(退社後、会社が傾いても退社時の会社の財産状況に従う)。

ただし、除名による場合は、退社時ではなく、「除名の訴えを提起した時」の財産の状況に従います。

参考 **持分の払戻しとは**

持分会社の計算は、基本的に「組合」に近い考え方をする。「組合」の性質は「個人の集まり」である。

だから、1人が抜けるのであれば、その者の出資とその者の出資分に対応する損益部分は「払戻し」をしようという発想になるのである。

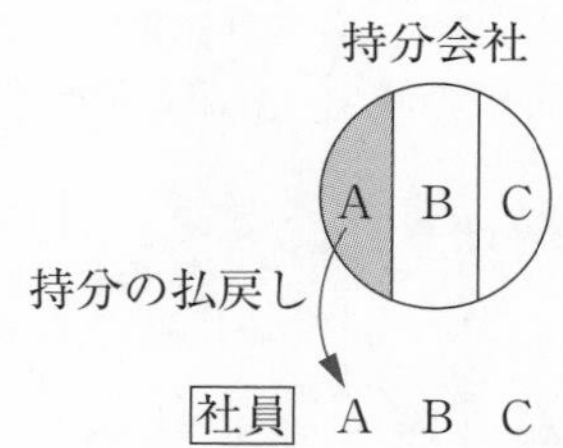

社員ABCの持分会社において
Aが退社した場合

参考問題 合名会社の社員が退社した場合には、当該合名会社は、当該社員の持分の払戻しに際し、その出資の種類を問わず、金銭で払い戻すことができる。(商法H25-34-ウ)

答え ○ 信用および労務を出資したときでも、金銭による持分の払戻しができる。

合同会社には、退社に伴う持分の払戻しについて、財源規制があります。

合同会社が、持分の払戻しにより社員に対して交付する金銭等の帳簿価額が、当該持分の払戻しをする日における剰余金額を超える場合には、合同会社の債権者は異議を述べることができます。（会社法635条１項）

この場合には、債権者の異議手続を要します。

合同会社では、債権者の引当て財産は、合同会社の資産だけだから、その減少には歯止めをかけなければなりません。

参考 **債権者の異議手続の方法**

株式会社の資本金の額の減少のケースと同様である。

しかし、持分払戻額が、簿価純資産額を超える場合には、債権者の異議手続は「清算手続」に準じて行われることになるため、公告期間は２か月に延長され、公告２本立てによる各別の催告の省略もすることができなくなり、さらに、債権者を害するおそれがないという抗弁も排除される。（会社法635条２項カッコ書・３項ただし書・５項ただし書）

なお、合同会社の社員が退社する場合、持分の払戻しのために資本金の額の減少をすることができます。（会社法626条、会社計算規則30条２項１号）

この場合には、後述する資本金の額の減少の登記を併せてすることになります。

次に、持分会社に独自の規定を挙げましょう。

商号変更の請求（会社法613条）

持分会社が退社した社員の氏名等を商号に用いる場合、社員はその名称の使用の差止めを請求できます。

これを認めないと、退社した社員が、会社法589条の責任（社員であると誤認させる行為をした者の責任）を、問われるおそれがあるからです。

持分会社は、もともと個人営業に近い形態なので、この請求が認められます。

会社の計算

持分会社も各事業年度に係る計算書類を作成しなければなりません。（会社法617条２項）

が、貸借対照表（またはその要旨）を、公告せよという規定はありません。

計算書類とは、貸借対照表、損益計算書、社員資本等変動計算書、個別注記表の４つの総称です。

合同会社は４つのすべてを作成しなければなりませんが、合名・合資会社は貸借対照表のみの作成で足ります（会社計算規則71条１項）。

また、持分会社は計算書類を作成した時から10年間、これを保存しなければなりません（会社法617条３項）。

参考問題

1．合名会社の債権者は、当該合名会社の営業時間内は、いつでも、その計算書類の閲覧の請求をすることができる。（商法R5-32-エ）

2．持分会社は、会計帳簿の閉鎖の時から10年間、その会計帳簿及びその事業に関する重要な資料を保存しなければならない。（商法R5-32-ウ）

答え

1．× 持分会社の貸借対照表は公告されない。すなわち、公開性のある文書ではない。このため債権者にこれを閲覧させることを要しない。なお、持分会社の社員は、持分会社の営業時間内は、いつでも閲覧を請求することができる（会社法618条１項）。

2．○

コラム　持分会社の公告

持分会社は株式会社と同様、公告方法を定めることができる。（会社法939条）

定款規定がなければ、公告方法は官報ということになる。

持分会社が公告をすることもありえるからである。

なお、会社が公告をする方法は、すべての会社における登記事項である。

参考問題

1．合名会社がその商号中に退社した社員の氏名を用いている場合には、当該社員は、当該合名会社に対し、その氏名の使用をやめることを請求することができる。（商法H25-34-オ）

2．合同会社がその商号中に退社した社員の名称を用いているときは、当該退社した社員は、当該合同会社に対し、その名称の使用をやめることを請求することができる。（商法H29-33-ウ）

3．合名会社においては、必ずしも貸借対照表を作成する必要はない。（商法H19-32-オ）

4．合同会社の業務を執行する社員は、各事業年度に係る計算書類を作成し、当該合同会社の社員全員の承認を受けなければならない。（商法H21-31-オ）

5．合同会社は、貸借対照表の作成後遅滞なく、貸借対照表又はその要旨を公告しなければならない。（商法H29-33-ア）
6．合資会社の債権者は、当該合資会社の計算書類の閲覧又は謄写の請求をすることはできない。（商法H31-33-ウ）

答え　1．○　2．○　3．×　会社法617条２項。
4．×　社員全員の承認を受けなければならないという規定はない。　5．×
6．○　持分会社のうち、合同会社の債権者のみが、計算書類の閲覧または謄写の請求をすることができる（会社法625条）。

14 資本金の額の減少

持分会社は、損失のてん補のために、その資本金の額を減少することができます。（会社法620条１項）

その額は、損失の額として、法務省令（会社計算規則162条）で定める額を超えてはいけません。（会社法620条２項）

→以下の規制がある。

・資本金の額の減少する日において資本金の額がマイナスになってはいけない。
・資本剰余金と利益剰余金の合計額がマイナスである場合に、そのマイナスを消すための数値が減少の上限。
（資本性の資金は原則としてマイナスにはならないが、利益剰余金のほうはいわゆる累積損失としてマイナス計上の会社は多い。）

以下、合同会社の出資の払戻しについて述べましょう。

【用語解説】→ 出資の払戻し

文字どおり、いったんした出資の払戻しのことである。株式会社における自己株式の有償取得がこのパターンに近い。

持分の払戻しのケースとの相違は、出資の払戻しの場合には払戻しを受けた社員が退社をしないことである。

一般論として、持分会社の社員は、すでに出資として払込みまたは給付をした金銭等の払戻しの請求ができます。（会社法624条）

この場合、合同会社以外の会社では、債権者との間の財源規制の問題は生じません。

たとえば、有限責任社員に出資の払戻しをしても、定款記載の「社員の出資の目的」に変更が生じるわけでもありません。

単に、すでに出資の履行をした額（合資会社において登記事項）が減少するだけです。

いざというときは、債権者はその限度で、有限責任社員個人の財産を差し押さえればよいことになります。

だから、出資の払戻しに財源規制の必要性は生じません。

これに対し、社員が原則として債権者に責任を負わない、合同会社の出資の払戻しにおいては、財源の規制が存在します。（会社法632条２項　少々ややこしい規定アリ）

また、当然に定款変更手続を要します。

合同会社においては、定款記載の「社員の出資の目的」は、「すでに出資済みの額」を意味しますから、出資を払い戻す場合に、定款変更を要することは当然のことです。

なお、合名・合資会社では、出資の払戻しに定款の変更を要しません。

「社員の出資の目的及びその価額等」（定款の記載事項）に変更が生じることはなく、単に、「既に履行した出資の価額」が変更となるにすぎないからです。

会社法624条

１項　社員は、持分会社に対し、既に出資として払込み又は給付をした金銭等の払戻し（以下この編において「出資の払戻し」という。）を請求することができる。この場合において、当該金銭等が金銭以外の財産であるときは、当該財産の価額に相当する金銭の払戻しを請求することを妨げない。

会社法632条（出資の払戻しの制限）

１項　第624条第１項の規定にかかわらず、合同会社の社員は、定款を変更してその出資の価額を減少する場合を除き、同項前段の規定による請求をすることができない。

合同会社の出資の払戻しには、財源規制があります。（会社法632条２項）

→基本的に剰余金が存在しなければ払戻しができない。

そこで、合同会社は、出資の払戻しのために、資本金の額の減少を行うことができます。（会社法626条１項、会社計算規則30条２項２号）

→出資の払戻しは、資本剰余金からするが、この額が不足であれば資本金の額を減少して、資本剰余金に組み入れ、その後に出資の払戻しという段取りをふまざるをえないということである。

この場合を含み、一般論として、**合同会社が資本金の額の減少を行う場合**には、**債権者の異議手続**を要します。(会社法627条)

参考 **持分会社が資本金の額を減少するパターン**

合名・合資会社
1．損失のてん補(会社法620条)

合同会社
1．損失のてん補(会社法620条)
2．持分の払戻しのため(会社法626条)
3．出資の払戻しのため(会社法626条)

参考問題 合同会社の社員は、定款を変更してその出資の価額を減少する場合を除き、出資の払戻しを請求することができない。(商法R2-32-オ)

答え ○ 会社法632条1項

債権者の異議手続の方法は、株式会社の資本金の額の減少の場合と、同様です。

相違点は、合同会社の資本金の額の減少は、債権者の異議手続が終了した日に、その効力を生じますが(会社法627条6項)、株式会社では資本金の額の減少は会社が定めた「効力発生日」に生じることくらいです。

登記すべき事項における「原因日付」の考え方が違うわけです。

では、以下において、損失のてん補のためにした合同会社の資本金の額の減少の登記の申請書の記載例を挙げましょう。

登記の事由	資本金の額の減少
登記すべき事項	年月日次のとおり変更 資本金の額　　金○円
登録免許税	金30000円(ツ)
添付書類	業務執行社員の過半数の一致があったことを証する書面　1通 催告及び公告をしたことを証する書面　何通

異議を述べた債権者はいない	
資本金の額が会社法及び会社計算規則の規定に従って計上されたことを証する書面	1通
委任状	1通

＊業務執行社員の持分の払戻しによる資本金の額の減少の登記を申請する場合には、あわせて、業務執行社員の退社の登記をする。

＊業務執行社員の過半数の一致があったことを証する書面の内容は、資本金の額の減少についての決定である（商業登記法118条、93条）。株式会社の資本金の額の減少決議における株主総会議事録に該当する。

＊「資本金の額が会社法及び会社計算規則の規定に従って計上されたことを証する書面」(商登規92条、61条９項）の添付を要する点が、**株式会社の資本金の額の減少の場合と相違**する。減少する資本金の額の詳細規定は会社計算規則30条２項参照。

確認事項　業務執行社員の過半数の一致を証する書面

持分会社の業務は、業務執行社員の過半数の一致で決定する。

このため、株式会社における株主総会議事録や、取締役会議事録にあたるものが、「業務執行社員の過半数の一致を証する書面」となる。

なお、合同会社が出資の払戻しをするためには、定款の変更を要します。（会社法632条１項）

このため、出資の払戻しに係る定款変更についての「総社員の同意書」の添付も要することとなります。（商業登記法118条、93条）

なお、合資会社においては、有限責任社員の出資の目的およびその価額並びにすでに履行した出資の価額が登記事項となります。

登記簿の記録例（H18.4.26民商第1110号依命通知改）

社員に関する事項	東京都中央区築地一丁目２番１号 有限責任社員　　乙野二郎	令和６年11月１日加入
	金100万円　内金50万円履行	令和６年11月８日登記

したがって、上記、乙野二郎が、出資の払戻しを受けた場合、または残金50万円の出資を履行した場合はいずれも、登記事項が発生します。

また、出資の目的およびその価額の変更も登記事項となります。

《参考条文》

> **商業登記法112条（出資履行の登記）**
> 有限責任社員の出資の履行による変更の登記の申請書には、その履行があつたことを証する書面を添付しなければならない。

参考問題

1．合名会社及び合資会社が資本金の額を減少する場合にはそれらの債権者は異議を述べることができないが、合同会社が資本金の額を減少する場合にはその債権者は異議を述べることができる。（商法H20-35-イ）
2．合資会社においては、損失のてん補のために資本金の額を減少するには、債権者の異議手続を執らなければならない。（商法H22-32-ウ）
3．合資会社が資本金の額を減少する場合には、当該合資会社の債権者は、当該合資会社に対し、資本金の額の減少について異議を述べることができる。（商法H30-32-4）
4．合資会社が資本金の額を減少する場合には、当該合資会社の債権者は、当該合資会社に対し、資本金の額の減少について異議を述べることができる。（商法R5-32-オ）
5．合同会社の資本金の額の減少による変更の登記の申請書には、資本金の額が会社法及び会社計算規則の規定に従って計上されたことを証する書面を添付することを要しない。（商業登記法H29-33-エ）
6．合同会社が資本金の額の減少による変更の登記を申請する場合は、当該登記の申請書には、当該資本金の額の減少につき総社員の同意があったことを証する書面を添付しなければならない。（商業登記法H31-32-イ）

答え　1．○　会社法627条　2．×　会社法620条　3．×　4．×
5．×　計上証明書を要する。株式会社の資本金の額の減少においては、計上証明書を要しなかったこととの比較を要する。
6．×　資本金の額は定款の記載事項ではない。したがって、業務執行社員の過半数の一致を証する書面を添付する。

15 資本金の額の増加

合同会社の資本金の額の増加は、新たに社員が加入する時にも生じました（P240参照　加入を証する書面として、総社員の同意書の添付を要する）。

このほか、既存の社員が、さらに出資を追加する場合にも同様に資本金の額が増加します。

→「社員の出資の目的及びその価額」は定款の記載事項だから、総社員の同意書の添付を要する。

以上は、株式会社の募集株式の発行手続に類似します。

次に、これ以外に資本金の額の増加の登記をするケースを解説しましょう。

持分会社は、資本剰余金の額の全部または一部を資本金の額とするものと定めることができます。(会社計算規則30条1項3号)

この手続は、株式会社における、その他資本剰余金(または、その他利益剰余金)の資本組入れと同様の仕組みです。→もちろん、債権者の異議手続なんか不要です。

この場合の決議は、合同会社の、通常の業務の執行と考えてかまいません。

では、今までの知識をもとに、資本金の額が金500万円の合同会社が、資本剰余金200万円を減少して資本金の額を増加したとして登記申請書の記載例を考えてみましょう。

→特に、添付書類はどうなるか？

登記の事由	資本金の額の変更
登記すべき事項	年月日次のとおり変更
資本金の額	金700万円
課税標準金額	金200万円
登録免許税	金30000円（ニ）
添付書類	業務執行社員の過半数の一致があったことを証する書面　1通
	資本金の額が会社法及び会社計算規則に従って計上されたことを証する書面　1通
	委任状　1通

以上です。

株式会社の場合の株主総会議事録の代わりが、業務執行社員の過半数の一致があったことを証する書面です。

資本金の額が会社法及び会社計算規則に従って計上されたことを証する書面は、商業登記規則92条が添付の根拠です。

→資本剰余金が存在することなどの証明を要する。

→なお、株式会社における剰余金の資本組入れにおいては「資本金の額の計上証明書」の添付は要しなかったことと比較しよう。株式会社の場合は、「減少に係る剰余金の額が存在することを証する書面」が添付書面となる。

参考問題

1．合同会社の登記に関し、社員の退社に伴う持分の払戻しにより資本金の額を減少する場合において、その払戻金が剰余金額を超えないときは、社員の退社による変更の登記の申請書には、債権者保護手続を行ったことを証する書面の添付を要しない。（商業登記法H19-35-エ）

2．合同会社の登記に関し、資本剰余金の額の全部を資本金の額とするものと定めた場合には、定款に別段の定めがない限り、資本金の額の増加による変更の登記の申請書には、業務執行社員の過半数の一致があったことを証する書面並びに資本金の額が会社法及び会社計算規則に従って計上されたことを証する書面を添付しなければならない。（商業登記法H19-35-オ）

3．合同会社における資本剰余金の資本組入れによる資本金の額の変更の登記の申請書には、業務執行社員の過半数の一致があったことを証する書面並びに資本金の額が会社法及び会社計算規則の規定に従って計上されたことを証する書面を添付しなければならない。（商業登記法R3-33-ウ）

4．新たな出資による社員の加入により合同会社が資本金の額を増加する場合において、当該出資に係る財産が金銭以外のものであるときは、当該資本金の額の増加による変更の登記の申請書には、資本金の額が会社法及び会社計算規則の規定に従って計上されたことを証する書面を添付しなければならない。（商業登記法H31-32-エ）

5．合同会社においては事業年度ごとに貸借対照表を公告する必要があるが、合名会社及び合資会社においてはその必要はない。（商法H20-35-オ）

答 え

1．×　合同会社が資本金の額を減少するのだから債権者保護手続を要する。（会社法627条）

2．○　商業登記法118条、93条、商業登記規則92条、61条９項。

3．○　前問の焼き直し。

4．○　現物出資のケースは添付を要する。なお、合同会社においては、出資の係る財産が金銭のみの場合、資本金の額の計上証明書を要しないことに注意しよう。株式会社の場合と相違して自己株式処分割合にあたる条項が観念できないからである（持分会社に自己持分は存在しない）。

5．×　持分会社に、貸借対照表などの計算書類を作成する義務はある（会社法617条２項）。しかし、これを公告すべしという規定はない。

◖ポイント◗　社員に関する登記事項をここで復習しよう。

1．合名会社の場合

①　社員の氏名または名称および住所

②　代表社員の氏名または名称（合名会社を代表しない社員がいる場合に限り登記をする）

③　代表社員が法人である場合、職務を行うべき者の氏名および住所

2．合資会社の場合

①　社員の氏名または名称および住所

②　社員の責任の有限、無限の別

③　有限責任社員の出資の目的およびその価額ならびに既に履行した出資の価額

④　代表社員の氏名または名称（合資会社を代表しない社員がいる場合に限り登記をする）

⑤　代表社員が法人である場合、職務を行うべき者の氏名および住所

3．合同会社の場合

①　業務を執行する社員の氏名または名称

②　代表社員の氏名または名称および住所

③　代表社員が法人である場合、職務を行うべき者の氏名および住所

以下にポイントを指摘する。

1．合名・合資会社の場合には、「社員の氏名または名称および住所」が登記事項であるところ、合同会社では「業務を執行する社員の氏名または名称」が登記事項である。

→合名・合資会社の社員は、責任の有限・無限を問わず、全員が債権者に直接責任を負うから公示の必要がある。

→合同会社の業務を執行しない社員は、株式会社の株主のようなものだから公示の必要がない。

2．合同会社では、「代表社員の氏名または名称および住所」を必ず登記する。合名会社・合資会社は、他に会社を代表しない社員がいる場合に限り「代表社員の氏名または名称」を登記する。

参考問題　持分会社の社員については、いずれの種類の持分会社においても、その全員の氏名又は名称及び住所について、これを定款に記載するとともに、登記しなければならない。（商法H19-34-イ）

答え　×　後半が誤り。合同会社では業務執行社員、代表社員のみ登記される。（会社法914条６号～８号）

16 定款の変更

持分会社は、定款に別段の定めがある場合を除き、総社員の同意によって、定款の変更をすることができます。（会社法637条）

この規定は、もちろん、合同会社にも適用があります。

すなわち、合同会社の定款変更について、出資金額が多い者の発言権が強いということはありません（定款に別段の定めは可能）。

参考問題　持分会社が定款の変更をするには、総社員の同意が必要であるが、定款に定めがあれば、社員の多数決によることができる。（商法H23-34-オ）

答え　○　会社法637条。

このほか、合資会社には、**みなし定款変更**の仕組みがあります。

もっともカンタンな例で、次の合資会社を想定しましょう。

1．無限責任社員　X
2．有限責任社員　Y

Ｙが退社すると、その合資会社は合名会社となる定款の変更をしたものとみなされます。（会社法639条１項）

Ｘが退社すると、その合資会社は合同会社となる定款の変更をしたものとみなされます。（会社法639条２項）

この場合、Ｙの出資が未履行のときは、みなし定款変更の日から１か月以内に出資をしなければなりません。（会社法640条２項本文）

→この場合に限り、まだ出資をしていない合同会社の社員がありうる。

→もちろん、１か月のうちに他の無限責任社員を入社させて合資会社に後戻りすれば、Ｙに出資義務は生じない。（同項ただし書）

17 登記手続との関連

ある登記事項の変更が、定款の記載事項の変更に係るときは、原則として、定款変更のための総社員の同意書が添付書面となります。(商業登記法93条、111条、118条)

これに対して、ある登記事項の変更が、定款の変更にあたらなければ、申請書に添付すべきは、「ある社員の一致」を証する書面で足りることになります。

商業登記法93条（添付書面の通則）
登記すべき事項につき総社員の同意又はある社員若しくは清算人の一致を要するときは、申請書にその同意又は一致があつたことを証する書面を添付しなければならない。

＊上記は、合名会社の規定。この条文が、合資会社（111条)、合同会社（118条）に準用される。

要するに、株式会社であれば定款の変更は、原則として株主総会議事録を添付するところ、持分会社では「総社員の同意書」となります。

また、株式会社であれば、定款変更以外の決議は、株主総会、取締役の過半数の一致、取締役会において行うところ、持分会社では、通常の業務の執行の決定は原則として社員の過半数の一致で行うのです。

しかし、業務執行社員を定款で定めた場合には、業務執行社員の過半数の一致で行うことになります。

合同会社では、業務執行社員は登記事項だからこの点は登記官に自明であるが、合名会社、合資会社では、業務執行社員が誰であるかは定款を見なければわからない仕組みになっていることを前提に、変更の登記の添付書面を組み立てればよいのです。

ちなみに、合同会社の、商号の変更の登記の申請書例を挙げましょう。

登記の事由	商号変更	
登記すべき事項	年月日次のとおり変更	
	商号　合同会社　何何企画	
登録免許税	金30000円（ツ）	
添付書類	総社員の同意書	1通
	委任状	1通

参考問題

1．本店の所在地につき定款で市町村までを定めた合資会社が同一市町村内で本店を移転したことによる本店の移転の登記の申請書には、総社員の同意があったことを証する書面を添付しなければならない。（商業登記法H8-30-2）

2．合名会社が初めて支店を設置した場合における支店設置の登記の申請書には、総社員の同意があったことを証する書面を添付しなければならない。（商業登記法S60-36-1）

3．合資会社の目的の変更の登記の申請書には、総社員の同意があったことを証する書面を添付しなければならない。（商業登記法S58-35-3）

答え　1．×　本事例は定款の変更を要しないケースである。

2．×　支店の所在地は定款の絶対的記載事項ではない。

3．○　目的は定款の絶対的記載事項である。（会社法576条１項１号）

18 解散および継続

持分会社の解散事由は以下のとおりです。（会社法641条）

1．定款で定めた存続期間の満了
2．定款で定めた解散の事由の発生
3．総社員の同意
4．社員が欠けたこと
5．合併（もちろん消滅会社のほうだけが解散する）
6．破産手続開始の決定
7．解散を命ずる裁判

確認事項　**解散登記の添付書類（解散事由の発生に関するもの）**

1．ない
2．定款で定めた解散の事由の発生を証する書面（商業登記法98条２項、111条、118条）
3．総社員の同意書（商業登記法93条、111条、118条）
4．退社の事実を証する書面（商業登記法96条、111条、118条）
なお、清算人の資格証明書につき、商業登記法98条３項参照。

持分会社には休眠会社のみなし解散の規定は存在しません。
持分会社の社員には、会社法上、任期の規定が存在しないからです。

たとえ、最後の登記から、12年が経過しても、休眠しているという推定をすることができません。

前記1から3の事由により解散した場合には、持分会社を継続することができます（もちろん清算結了前に限る）。

この場合、**一部社員の同意による継続も可能**であり、同意しなかった社員は、継続の日に、退社することになります。（会社法642条1項・2項）

《参考条文》解散登記に伴う職権抹消

商業登記規則86条（清算人の登記）

1項　会社法第928条第2項又は第3項の規定による清算人の登記をしたときは、代表社員に関する登記を抹消する記号を記録しなければならない。

2項　（一部省略）　前項の規定は、会社法第641条第4号若しくは第7号の規定による解散の登記をした場合に準用する。

商業登記規則91条（解散等の登記）

1項　会社法第641条（第5号及び第6号を除く。）の規定による解散の登記をしたときは、業務を執行する社員及び代表社員に関する登記を抹消する記号を記録しなければならない。

＊商業登記規則86条は合名会社（合資会社にも準用アリ）、商業登記規則91条は合同会社についての規定である。

参考問題

1．合同会社は、社員が一人となったことによって解散する。（商法H24-33-オ）

2．社員の全員が退社したことにより当該合資会社が解散した場合には、退社を原因とする社員の変更の登記をすることなく、解散の登記のみをすることができる。（商業登記法H24-34-イ）

3．合同会社の継続の登記の申請書には、総社員の同意があったことを証する書面を添付しなければならない。（商業登記法R2-32-4改）

4．定款で定めた存続期間の満了によって解散した合名会社が、社員の一部の同意によって継続する場合は、当該合名会社を継続することについて同意しなかった社員については、社員の退社による変更の登記を申請しなければならない。（商業登記法H31-34-オ）

答え　1．×　持分会社の解散事由は「社員が欠けたこと」である。（会社法641条4号）

2．×　解散と同時に社員の退社の登記をしなければならない。（昭36.11.16-2861）

3．× 社員の一部の同意による継続も可。
4．○ 一部社員の同意による継続の場合、同意しなかった社員は、継続の日に退社する（会社法642条１項・２項）。

---

19 清　算

解散事由が合併、破産手続開始の場合を除き、持分会社は清算をしなければなりません。

持分会社の清算の方法は、ほぼ、株式会社の清算手続と同様の流れをとります。

細かい点を学習する必要はありません。

（理由　清算という論点自体がマイナー。したがって、もし、出題するとすれば、試験官は株式会社の清算を主力としてする。この場合、持分会社について出題可能性があるのは、株式会社の手続との明確な相違のみ。）

そこで、一点のみ、注意事項を挙げます。

持分会社には、任意清算の制度があります。（会社法668条以下）

これは、定款または総社員の同意によって、会社法の正規のルートを辿らずに行う清算手続です。

その目的は、もちろん、手続の簡素化、すなわち、面倒なことはしたくないということにあります。

1．任意清算が可能なのは、合名・合資会社のみ。
2．解散事由のうち、①定款規定による解散(存続期間満了か解散事由の発生)、②総社員の同意、の場合に限る。
3．この場合、解散の登記を申請するときに、清算人の資格を証する書面が不要。
→社員がそのまま清算事務を行うため、清算人の選任を要しないから。
4．債権者の異議手続を要する（いい加減な清算をすれば債権者を害する）。

参考　**合同会社の法定清算**

合同会社の法定清算の基本的な段取りは以下のとおり。

1．清算人を置く。
2．２か月以上の期間を定め、その期間内に債権を届け出るよう債権者に対する公告および催告を行う。
3．公告期間満了後、債務を弁済する。
4．残余財産を社員に分配する。
5．清算が結了する。

なお、合名会社・合資会社が法定清算をする場合、債権者への公告および催告を要しない。

参考問題 合同会社は、定款又は総社員の同意によって、当該合同会社が総社員の同意によって解散した場合における当該合同会社の財産の処分の方法を定めることができる。(商法H31-33-エ)

答 え × 「定款又は総社員の同意によって……解散した場合の……財産の処分の方法を定める」とは、任意清算をするという意味である。合同会社は任意清算ができない。

20 解散および清算人の登記の基本

基本的には、株式会社の解散、清算と相違はありません。

解散の登記と清算人の登記は、同時に申請をすることは要しないし、また、裁判所により選任された清算人の登記が、「申請」によるという原理も同じです。

解散から、清算人の登記、清算結了、継続まで、登録免許税もかわらない。

重要 **合名会社、合資会社の任意清算**

このケースは、清算人の選任を要しない。つまり、社員がそのまま清算事務を行う。

しかし、清算人の登記をする場合の、定款の添付の要否が異なります(就任承諾書の考え方は株式会社の清算人のときと同じ)。

この点だけが注意事項です。

というのは、株式会社の場合、「清算人会設置会社の定め」が登記事項となることから、清算人会に関する定款規定の有無の判定のために定款の添付を要します。

しかし、持分会社の清算の場合には、清算人会を設置することはありません。

そのため、定款の添付の要否は、場合ごとに判断します。

以下、それぞれの場合の、清算人の登記の添付書類を挙げます(委任状は省略)。

1. 業務執行社員が法定清算人になる場合(横滑りのケース)
   - 定款(定款で定めた清算人がいないことを証明する)
2. 定款で清算人を定めた場合
   - 定款

・就任承諾書
3．社員（または業務執行社員）の過半数で定めた場合
・社員（または業務執行社員）の過半数の一致を証する書面
・就任承諾書
4．裁判所が選任した場合
・選任を証する書面
・持分会社を代表する清算人の氏名または名称を証する書面
＊なお、清算人・代表清算人が法人である場合について、商業登記法99条２項・３項参照。

コラム　清算人の登記事項

清算持分会社では、清算人の住所氏名（または名称）を登記する。

代表清算人は、清算持分会社を代表しない清算人がいる場合に限ってその氏名（または名称）を登記する（会社法928条２項）。

以上、合同会社を含んでの規定である。

参考問題　合同会社の清算人の登記の申請書には、登記すべき事項として、清算人の氏名又は名称及び住所を記載しなければならない。（商業登記法R2-32-2改）

答え　○

確認事項　**定款添付の意味**

１の定款は、「定款に清算人の定めがないこと」の証明を求めている（消極証明）。

２の定款は、もちろん積極証明である。

なお、株式会社と相違して、持分会社は、清算人会を置くことができない。

このため「定款に清算人会の定めがないこと」の証明が求められることがない。

そこで、３と４では、定款の添付が不要となるのである。

参考問題

1．合名会社の清算人が裁判所によって職権で選任された場合には、清算人の登記を申請しなければならない。（商業登記法H17-29-イ）
2．合資会社が総社員の同意により解散し、定款で定められた方法により会社の財

産の処分をする場合の解散の登記の申請書には、総社員の同意があったことを証する書面及び清算人の資格を証する書面を添付しなければならない。（商業登記法H8-30-4）

3．合名会社において、その社員全員が退社したことによる変更の登記及び解散の登記は、退社した社員又はその相続人がしなければならない。（商業登記法S60-36-5）

4．定款をもって代表する社員が定められている合資会社において、総社員の同意によって解散し、任意清算の方法により清算する場合の解散の登記は、当該代表する社員が合資会社を代表して申請しなければならない。（商業登記法H1-32-1）

5．合名会社の社員が欠けたことにより解散した場合において、その会社が清算人の就任の登記の申請を同時にしないでした解散の登記の申請は商業登記法24条の却下事由に該当する。（商業登記法H9-35-オ）

6．社員が欠けたことによる合名会社の解散の登記の申請書には、定款を添付しなければならない。（商業登記法S57-33-3）

7．持分会社が解散し、業務を執行する社員が清算人になった場合には、清算人の登記の申請書には、定款を添付しなければならない。（商業登記法H18-35-オ）

8．合同会社が、社員の過半数の同意により最初の清算人を選任したときは、当該清算人の登記の申請書には、定款を添付しなければならない。（商業登記法R2-32-1改）

9．合同会社の清算人（裁判所が選任したものを除く。）の解任による変更の登記の申請書には、総社員の同意があったことを証する書面を添付しなければならない。（商業登記法R2-32-3改）

10．会社が解散したときにする最初の清算人の登記又は清算結了の登記の申請に関する次のアからオまでの記述のうち、当該会社が株式会社である場合又は合同会社である場合のいずれか一方の場合にのみ該当するものの組合せは、後記1から5までのうち、どれか。（商業登記法H25-34）

ア　会社の定款の定め以外の方法によって清算人が就任した場合において、清算人の登記の申請書に定款を添付することを要しないときがある。

イ　清算人の登記の申請書には、登記すべき事項として、清算人としての氏名又は名称及び住所を記載しなければならない。

ウ　清算人が1名である場合にする清算人の登記の申請書には、当該清算人と解散時の代表取締役又は代表社員とが同一人であるときを除き、清算人の就任承諾書に押印された印鑑につき市区町村長の作成した証明書を添付しなければならない。

エ　定款で定めた解散の事由の発生により会社が解散した場合には、最初の清算人が就任した日から2か月を経過する日より後の日でなければ、清算結了の登記の申請は、することができない。

オ　本店と支店が異なる登記所の管轄区域内にある会社がその本店の所在地にお

いて清算結了の登記を申請したときは、その支店の所在地において清算結了の登記を申請することを要しない。

1 アイ **2** アウ **3** イエ **4** ウオ **5** エオ

答え 1．○ 会社法928条３項。

2．× 任意清算のケースだから、清算人は選任されない。

3．× 社員が欠けたことによる解散の場合、任意清算はすることはできず、清算人が選任される。登記は、清算人から申請すべきである。

4．○ 会社法668条２項参照。

5．× 商業登記法98条３項本文。同時に申請しなくてもよい。

6．× 定款の添付は不要である。(商業登記法98条参照)

7．○ 横滑り（法定清算人）のケース。

8．× 社員の過半数の一致で清算人を選任したケースは、定款不要。

9．× 社員の過半数の一致で足りる（会社法648条１項、２項)。持分会社の通常の業務の執行の決定にあたる。

10．**1**

ア 合同会社のみあてはまる。

イ 合同会社のみあてはまる。株式会社では、清算人の氏名を記載する。

ウ いずれにもあてはまらない。

エ 双方にあてはまる。合同会社も２か月の清算期間を要する（任意清算ができないため)。

オ いずれにもあてはまる。株式会社にも合同会社にも支店所在地での登記の仕組みは存在しない。

以下、持分会社の登記事項に関する総合問題です。

本書の今までの記述の総復習と力試しに解いてみましょう。

参考問題　持分会社の登記に関する次のアからオまでの記述のうち、第１欄の会社において第２欄の事由が生じた場合における登記すべき事項が第３欄に正しく記載されていないものの組合せは、後記１から５までのうちどれか。（商業登記法H23-33）

	第１欄	第２欄	第３欄
ア	合同会社	平成23年７月１日、Ａが100万円を出資して業務を執行しない新たな社員として加入する旨の定款変更を行った。同日、Ａが100万円の払込みをしたことにより、資本金の額が500万円となった。	平成23年７月１日次のとおり変更　資本金の額　金500万円
イ	合名会社	平成23年７月１日、解散をした場合におけるその財産の処分の方法（任意清算）を定めるとともに、解散することについて、総社員の同意があった。	平成23年７月１日総社員の同意により解散
ウ	合資会社（会社を代表しない社員がいないものに限る。）	平成23年７月１日、無限責任社員Ａ（本店の所在場所　○県○市○町一丁目１番１号）が新たに加入し、Ｂ（住所　○県○市○町二丁目２番２号）がその職務を行うべき者となった。	平成23年７月１日次のとおり加入　○県○市○町一丁目１番１号　無限責任社員Ａ　○県○市○町二丁目２番２号 職務執行者Ｂ
エ	合同会社	平成23年７月１日、会社を代表する業務を執行する社員Ａの職務を行うべき者として、Ｂが退任し、Ｃ（住所　○県○市○町三丁目３番３号）が就任した。	平成23年７月１日業務執行社員Ａの職務執行者Ｂ退任　同日次のとおり就任　○県○市○町三丁目３番３号　職務執行者Ｃ
オ	合資会社	平成23年７月１日、500万円の出資を全部履行している有限責任社員Ａが200万円の出資を全部履行している有限責任社員Ｂ（住所　○県○市○町四丁目４番４号）に対して持分100万円を譲渡したことについて、総社員の同意があった。	平成23年７月１日持分の一部譲渡により次のとおり変更　○県○市○町四丁目４番４号　有限責任社員Ｂ　金300万円　全部履行

1 アイ　**2** アオ　**3** イウ　**4** ウエ　**5** エオ

答え　**5**

ア　○　合同会社では業務を執行しない社員は登記事項ではない。これに対して、資本金の額は登記事項である。(会社法914条５号・６号)

イ　○　任意清算の場合は、社員の地位に変化はない(社員→清算人に変化しない)。

ウ　○　会社を代表しない社員がいない合資会社だから、代表社員の氏名または名称は登記をしない（会社法913条８号)。また、合資会社を代表する社員が法人であるときは、当該社員の職務を行うべき者の氏名及び住所は登記事項である。(会社法913条９号)

エ　×　次のように登記すべきである。「平成23年７月１日変更　代表社員　住所　Ａ　職務執行者　住所　Ｃ」。以上は全体で１つの登記事項であるため、職務執行者の氏名及び住所だけを登記することはできない。

オ　×　有限責任社員Ａについても「出資の目的及びその価額並びに既に履行した出資の価額」の登記をすべきである。「平成23年７月１日持分の一部譲渡　住所　有限責任社員Ａ　金400万円　全部履行」の要領。

補節 会社に関するその他の問題

会社の組織の再編の問題に入る前に、いままでの記述で、書き残している点を簡単に補足します。

① 会社の商号

会社の名称を商号とします。(会社法６条１項)

会社は商号中に、「株式会社」「合名会社」「合資会社」「合同会社」のいずれかを使用しなければなりません。(会社法６条２項)

逆に、会社でない者は、その名称または商号中に、会社と誤認されるおそれのある文字を使用してはなりません。(会社法７条１項)

コラム　**類似商号規制の撤廃**

これについては、一度述べた。「山本商事」の隣地に「元祖山本商事」を設立できる。

そのまた隣に「本家山本商事」も可能だ。というより、地番が違えば、「山本商事」そのものを設立することもでき、登記をすることができる。

だが、会社法は、不正競争を許すというわけではない。

不正目的をもって、他の会社であると認識される名称を付した会社に対しては、その侵害の停止または予防の請求をすることができる。（会社法８条２項）
他に、不正競争防止法による手続も可能。

② 名板貸人の責任

自己の商号を使用して営業または事業を行うことを**他人に許諾した商人**は、その商人がその営業を行うものと誤信してその他人と取引をした者に対し、その他人と連帯して、その取引によって生じた債務を弁済する責任を負います。（商法14条）

たとえば、商人Ａが、ＢにＡの商号を使用することを認めた場合には、ＢをＡと誤認して取引をした第三者に対して、ＡはＢと連帯して弁済の責任を負うのです。
これを、名板貸人の責任といいます。
→商法における、表見法理の現れである。

参考問題

1．営業につき商人からその商号の使用を許された者が、営業活動上惹起（じゃっき）された交通事故に基づく不法行為上の損害賠償義務者であることを前提として、被害者との間で単にその支払金額と支払方法を定めるにすぎない示談契約を締結した場合には、当該商人は、当該示談契約の締結に当たって当該商人が営業主であると誤認した被害者に対し、当該示談契約に基づき支払うべきものとされた損害賠償債務を弁済する責任を負う。（商法H21-35-イ）
2．自己の商号を使用して営業を行うことを他人に許諾した商人は、当該商人が当該営業を行うものと誤認して当該他人と取引をした者に対し、当該他人が当該取引に関する不法行為により負担することとなった損害賠償債務を弁済する責任を負わない。（商法H29-35-2）
3．自己の商号を使用して営業を行うことを他人に許諾した商人が当該他人と取引した者に対して当該取引によって生じた債務を弁済する責任を負うには、特段の事情がない限り、当該他人の営業が当該商人の営業と同種の営業であることを要する。（商法R5-35-イ）

答え　1．×　本事例では、被害者は名板借人と取引をしたわけではない。このため、商法14条の適用はなく、名板貸人が本条の責任を負うことはない。
2．×　こちらは、取引に関する不法行為なので名板貸人の責任が生じる。
3．○　営業の種類が相違すれば、取引の相手方が、許諾を受けた他人を商人と誤認することがありえないからである。

---

③ 事業を譲渡した場合の競業の禁止

事業を譲渡した会社は、別段の意思表示のない限り、次に挙げる競業行為をしてはいけません。（会社法21条）

1．同一市町村（東京都の同一の特別区、政令指定都市においては同一の区または総合区（例横浜市中区）を意味する）において、その区域および隣接の市町村で、譲渡の日から20年間、同一の事業をしてはならない。
2．譲渡会社が、同一事業を行わないと特約した場合には、その特約は事業譲渡から30年間の期間に限り、効力を有する。

次に、事業譲渡に伴い、譲受会社が、譲渡会社の商号を続用するケースを考えてみましょう。

事業と一緒に商号まで売り飛ばしたのです。

この場合、外形上は、同一会社と見られても仕方がありません。

なにしろ、同じ商号で同じ事業をしているのですから。

そのため、会社法22条１項は、このケースでは、譲受会社もまた、譲渡会社の債務を弁済する義務を負うと規定しています。

つまり、譲受会社は、譲渡会社の債務をも負担するのです。

ただし、これには例外があります。

譲受会社が、その本店所在地で、譲渡会社の債務を弁済する責任を負わない旨を登記すれば、譲渡会社の債務を負担しません。

また、事業を譲り受けた後に、譲渡会社**および**譲受会社が、遅滞なく、第三者に対してその旨を通知した場合も同様です。（会社法22条２項）

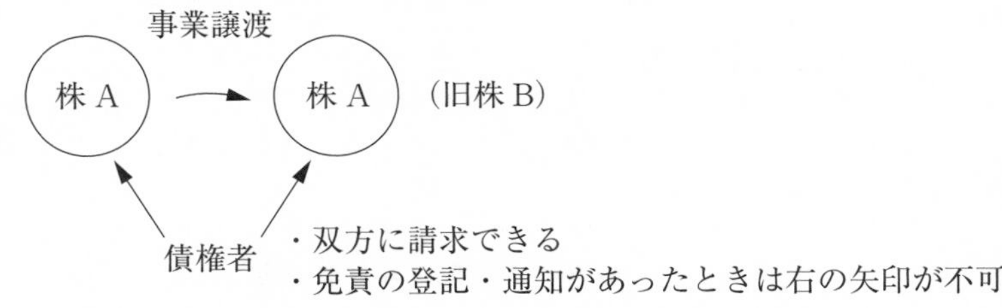

さらに、譲受会社が、譲渡会社の商号を続用しないケースにおいても、譲受会社が譲渡会社の事業によって生じた債務を引き受ける旨を広告したときも同様に

譲受会社は譲渡会社の債務を弁済する義務を負います（会社法23条1項　こんな広告、誰がするのかという気はするが……）。

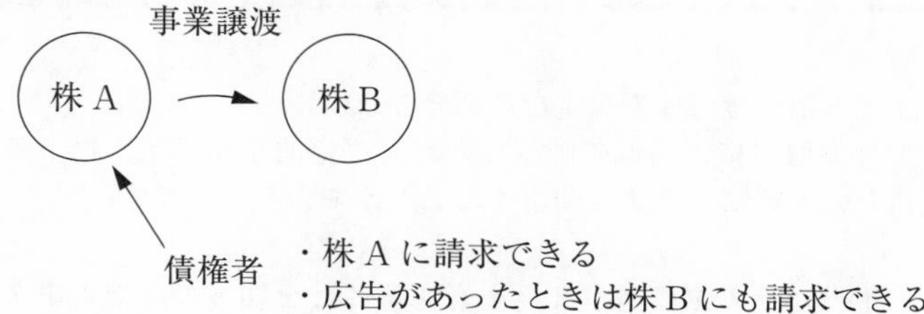

次に、逆パターンがあります。

今度は、第三者が債務者のケースです。

商号続用のケースで、もともと、譲渡会社の事業によって生じた債権であるのに、うっかりして譲受会社に弁済してしまった場合、弁済者が善意でかつ重過失がなければ、弁済はその効力を有します。

これは、弁済者の保護規定です。（会社法22条4項）

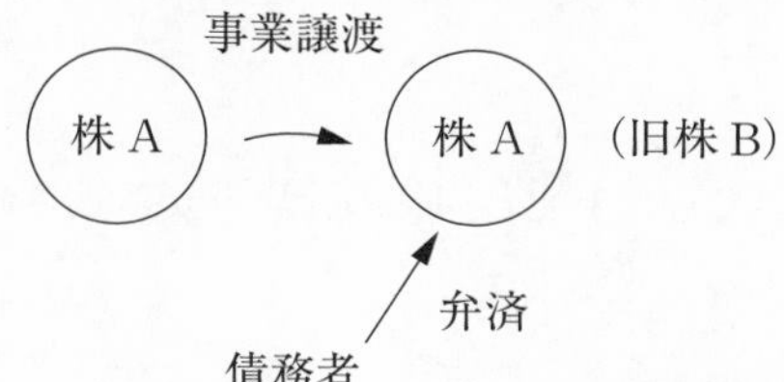

・原則は非債弁済（弁済は無効。二重払いを要する）
・しかし債務者が善意・無重過失のときは弁済は有効

参考問題

1．営業を譲渡した商人が同一の営業を行わない旨の特約をした場合には、その特約は、その営業を譲渡した日から30年の期間内に限り、その効力を有する。（商法H21-35-エ）

2．営業を譲り受けた商人が営業を譲渡した商人の商号を引き続き使用する場合であっても、譲渡人が、遅滞なく、譲受人が譲渡人の債務を弁済する責任を負わない旨を第三者に対して通知したときは、譲受人は、譲渡人の営業によって生じた当該第三者に対する債務を弁済する責任を負わない。（商法H21-35-オ）

答え　1．○　商法16条2項。

2．× 免責の効果が生じるためには、通知は「譲渡人及び譲受人」が行うことを要する。（商法17条２項）

最後に、詐害事業譲渡に係る規定をご紹介します。

民法の詐害行為取消権に類似の制度ですが、決定的な相違は、以下の仕組みは債権者が裁判上の手続によらずに利用することができることです。

たとえば、甲社がその債権者（X）を害することを知って、その事業（優良事業です）を乙社に譲渡したとしましょう。

甲社は、Xへの支払いができなくなることを知りつつ、その優良資産を処分してしまったわけです。

この場合、甲社の残存債権者のXは、乙社に対してその債務の履行を請求できます。

→事業譲渡により乙社が承継した財産の価額が履行請求の限度となる。

→ただし、事業譲渡の効力が生じたときに乙社が善意であったときは、Xは乙社に履行の請求をすることができない。

参考 **会社以外の商人の場合**

個人商人の詐害営業譲渡についても、上記と同様の仕組みが新設されている。（商法18条の２）

第13章

組織変更・合併・会社分割・株式交換および株式移転

1 組織変更

組織変更とは、株式会社が持分会社に、または、持分会社が株式会社にその組織を変更することです。

① 株式会社のする組織変更

株式会社が組織変更をする場合には、組織変更計画を作成します。

組織変更計画において、変更後の会社形態が、合名会社・合資会社・合同会社のいずれであるかを決定し、それに応じて、定款で定める事項等会社の決まりごとを作成します。(会社法744条)

たとえば、以下の事項です。

1．目的
2．商号
3．本店の所在地
4．社員の氏名または名称および住所
5．社員の責任（有限責任か無限責任か）
6．社員の出資の価額

確認事項　組織変更計画書および定款（商業登記法77条１項１号・２号）
組織変更による設立登記の申請書の添付書面になる。
→公証人の認証は不要である。

また、組織変更計画では、組織変更がその効力を発生する日を決定します。

組織変更は、会社の同一性に変化がありませんから、厳密な意味での会社の設立とは異なりますが、定款の作成等、持分会社の設立に必要な事項を決めます。

さて、組織変更の場合には、株主をそのまま、社員とすることができます。

たとえば、株主としてＡＢＣの３名がいる株式会社が社員ＡＢＣ３名の持分会社に変身します。
この場合には、必ずしも、３名に金銭等の交付をする必要はありません。

しかし、株主に、持分会社の持分権ではなく、金銭等（現物も可）を交付することもできます。
たとえば、社債の交付も可能です。この場合、株主は、持分会社の債権者となります（会社の内部機関ではなく、法律的には第三者という立場になる）。

また、持分会社は、株式会社の新株予約権を承継することが不可能です。
（株式を発行できない→組織変更の効力発生日に新株予約権は消滅する。会社法745条５項）

そこで、組織変更に際して、新株予約権に代わる金銭の額またはその算定方法が組織変更計画において定める事項とされています。（会社法744条１項７号）
→この額に不満の新株予約権者は、公正価格での新株予約権の買取請求をすることができる（後述する）。

組織変更計画は、組織変更の効力発生日の前日までに総株主の同意を得なければなりません。（会社法776条１項）

確認事項　総株主の同意を証する書面
添付書面である。（商業登記法46条１項）株主リストも要する。

付帯事項　反対株主の株式買取請求
組織変更に反対の株主の株式買取請求を定めた規定はない。
これは、上記の付帯事項であり、総株主の同意を要する手続に少数株主の保護を要するわけがないのである。

組織変更をする場合、次の２つの事項に留意が必要です。

１．新株予約権者の保護
新株予約権者は、組織変更により、権利を失います。
そこで、新株予約権者は、会社に対し、新株予約権の公正価格による買取りを請求することができます。（会社法777条１項）
会社は、上記の請求の機会を与えるため、組織変更の効力発生日の20日前まで

に新株予約権者に組織変更をする旨を通知しなければなりません。（会社法777条3項）

参考問題　組織変更をする株式会社の新株予約権の新株予約権者は、当該株式会社に対し、自己の有する新株予約権を公正な価格で買い取ることを請求することができる。（商法H29-34-1）

答え　○

確認事項　**新株予約権を発行する株式会社の添付書面**

新株予約権を発行する株式会社の場合、以下のいずれかの添付を要する。（商業登記法77条5号、59条2項2号）

・新株予約権証券提出公告をしたことを証する書面
・新株予約権証券を発行していないことを証する書面

2．債権者の異議手続

組織変更をするためには、債権者の異議手続を要します（会社法779条）。これは**定理**であり、たとえ、合同会社が株式会社に組織変更する（あるいはその反対。いずれの場合も資本金の額が変化することはナイ）ときでも、債権者異議手続は、**必須**です。

手続の内容は、株式会社の資本金の額の減少における手続と、ほぼ同様です。

①　組織変更をする旨等を官報に掲載し、かつ、知れている債権者に各別に催告する（債権者が異議を述べることのできる期間は1か月を下ることができない）。
②　が、官報の他、会社が公告をする方法（時事に関する日刊紙または電子公告）で公告をすれば、知れている債権者への各別の催告は不要。
③　債権者が異議を述べなければ、組織変更について承認をしたものとみなす。
④　異議を述べた場合、会社は、弁済、担保提供、弁済を目的とする信託をする。ただし、債権者を害するおそれがなければこの限りではない。

確認事項　**債権者の異議手続に関する添付書類**

資本金の額の減少のケースと同様に、公告および催告をした書面等を添付する。

会社は、組織変更計画の内容等を記載した書面等を、本店に備え置かなければなりません。

株主および債権者は、会社の営業時間中いつでも閲覧等の請求をすることができます。

これは、株主や債権者に、組織変更の計画を知らしめるための措置です。

備置期間は、以下の日のいずれか早い日から組織変更の効力発生日までです。（会社法775条１項・２項）

1．総株主の同意を得た日
2．新株予約権者への通知または公告の日
3．債権者への催告または公告の日

発展　効力発生日の変更

債権者の異議手続に手間取っているうちに、当初定めた効力発生日を過ぎてしまいそうになったらどうするのか？

債権者の異議手続が終了しない場合、組織変更の効力は発生しない（会社法745条６項）。では、どうなるか？

この場合に限らないが、組織変更をする株式会社は、効力発生日を変更することができるのである。（会社法780条１項）

→変更をすれば、その決議機関の決定を証する書面を添付する。

→組織変更をする株式会社は、変更後の効力発生日を公告しなければならない。（会社法780条２項。組織変更をする持分会社についても同様。会社法781条２項）

コラム　定　款

会社法745条２項は、組織変更をする株式会社は、その効力発生日に、組織変更計画に従い定款を変更したものとみなす、と規定する。

ただし、登記実務では、組織変更の登記申請書の添付書面として定款が要求されている。（商業登記法77条２号）

参考問題　合資会社が組織変更をする場合には、組織変更後の株式会社は、組織変更後の株式会社の商号について、組織変更計画の定めに従い、株主総会の決議によって定款の変更をしなければならない。（商法H29-34-3）

答え　×　持分会社の組織変更にも同旨の規定がある（会社法747条２項）。組織変更の効力発生日に、組織変更計画の定めに従い定款の変更をしたものとみなされるので、組織変更後の株主総会において定款変更の決議をすることを要しない。

このほか、組織変更をする株式会社が現実に株券を発行する株券発行会社であれば、株券提出公告を要します。(会社法219条1項5号)

これは、組織変更の対価についての引換証を提出せよとの意味合いです。

確認事項　株券発行会社に関する添付書面

株券発行会社の場合、以下のいずれかの添付を要する。(商業登記法77条4号、59条1項2号)

・株券提出公告をしたことを証する書面

・株式の全部について株券を発行していないことを証する書面

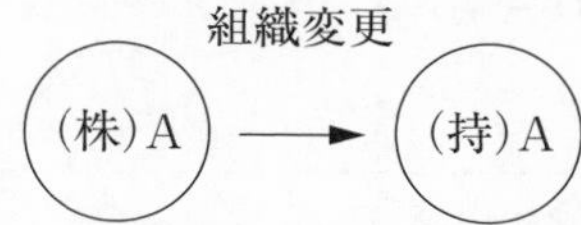

株券　無効となる

・株券発行会社で

・株券提出公告をしたことを証する書面（対価の引換証のイミ）

（または）

・株式の全部について株券を発行していないことを証する書面

新株予約権　無効となる

・必ず

・新株予約権証券提出公告をしたことを証する書面

（または）

・新株予約権証券を発行していないことを証する書面

では、以下に、登記申請書の例を挙げます。

事案は、株式会社が組織変更をし、合名会社となったケースです。

なお、登記事項および添付書類はもっとも簡略なケースです。

→組織変更をした株式会社は、株券も新株予約権も発行していない。

→合名会社の社員は1名（自然人)。

② 組織変更に関する登記の基本

1．報告的登記である。

→登記期間は、効力が生じた日から2週間以内。(会社法920条)

2．合名会社の設立登記および株式会社の解散登記を申請する。

→同時に申請をしなければならない。

→組織変更は、会社の同一性に変化がない。

だから、本来は、設立でも解散でもないのであるが、持分会社と株式会社では登記事項が大幅に違うため、公示上の問題として登記簿を「差替える」必要がある。

したがって、この双方の登記は、同時に申請しなければならず、同時に申請をしなければ登記の申請は却下となる。（商業登記法24条11号）

商業登記法78条

1項　株式会社が組織変更をした場合の株式会社についての登記の申請と組織変更後の持分会社についての登記の申請とは、同時にしなければならない。

以下、組織変更の効力発生日を令和6年10月1日とします。

1-1

組織変更による合名会社設立登記申請書

商　号（フリガナ）	山本商事合名会社（ヤマモトショウジ）
本　店	何県何市何町何番地
登記の事由	組織変更による設立
登記すべき事項	別紙のとおり
登録免許税	金60000円（ロ）
添付書類	定款　1通
	総株主の同意書　1通
	株主リスト　1通
	組織変更計画書　1通
	公告及び催告をしたことを証する書面　何通
	異議を述べた債権者はいない
	委任状　1通

何県何市何町何番地
申請人　山本商事合名会社
何県何市何町何番地
社員　山本太郎
何県何市何町何番地
上記代理人　司法書士　田中一郎　㊞

＊委任状の押印は合名会社の届出印で押印。当然、山本太郎は印鑑の提出を要する。山本太郎が委任情報に電子署名をするときは、印鑑の提出は不要。

＊合名会社、合資会社の設立登記の登録免許税額は金６万円である。
＊定款は、組織変更後の合名会社のものを添付する。

別紙の内容の例は、以下のとおりです。

「商号」 山本商事合名会社
「本店」 何県何市何町何番地
「公告をする方法」 官報に掲載してする
「会社成立の年月日」 令和○年○月○日
「目的」 1．不動産管理業
　　　　2．前号に附帯する一切の事業
「社員に関する事項」
「資格」 社員
「住所」 何県何市何町何番地
「氏名」 山本太郎
「登記記録に関する事項」
　令和６年10月１日山本商事株式会社を組織変更し設立

＊報告的登記であるから、「登記記録に関する事項」の欄に、年月日を記入する。
＊会社成立の年月日は、株式会社として最初に設立をした日。

1-2

株式会社の組織変更による解散登記申請書

フリガナ	ヤマモトショウジ
商　号	山本商事株式会社（登記簿検索のため、旧商号を書く）
本　店	何県何市何町何番地
登記の事由	組織変更による解散
登記すべき事項	令和６年10月１日何県何市何町何番地 山本商事合名会社に組織変更し解散
登録免許税	金30000円（レ）
添付書類	

何県何市何町何番地
　申請人　山本商事合名会社
何県何市何町何番地
　社員　山本太郎
何県何市何町何番地
　上記代理人　司法書士　田中一郎　㊞

以上で手続完了です。

なお、上記の解散登記の添付書類の欄は、書き忘れたのではありません。

添付書類はナシなのです。

1-1 の設立登記のほうにすべての書面を添付したから、解散登記の申請書には添付書面は不要なのです。（商業登記法78条２項）

さて、以下の事項を補足します。

1．登録免許税について

株式会社が合同会社になる場合、資本金の額の変動はすることができません。

このケースの登録免許税の考え方は少々ややこしい。（登録免許税法別表第１の24 (1) ホ、登録免許税法施行規則12条１項２号）

コラム　組織変更直前の株主に交付する対価がすべて組織変更後の合同会社の持分である場合

この場合はややこしくない。

資本金の額×1.5／1000（この額が３万円に満たなければ３万円）

2．添付書類について

持分会社の設立登記に添付すべき書面については、全部は紹介していないが、基本的に「どうしたら持分会社の設立の登記を申請できるか」を考えればよいだけです。

以下、参考にすべき条文を挙げておきます。

① 法人社員の加入について　商業登記法77条６号・７号

② 合資会社の有限責任社員について　商業登記法77条８号（すでに履行をした出資の価額の証明）

③ 合同会社について　登録免許税法施行規則12条４項の規定に関する証明書（ややこしい税金計算のハナシ）

このほか、代表社員の選定に関する書面、代表社員の就任承諾書、株券提出公告・新株予約権証券提出公告に関する書面等に登場の可能性があります。

商業登記法76条（組織変更の登記）

株式会社が組織変更をした場合の組織変更後の持分会社についてする登記においては、会社成立の年月日、株式会社の商号並びに組織変更をした旨及びその年月日をも登記しなければならない。

→以上は、組織変更の登記事項の根拠条文

参考問題 1．株式会社が合同会社への組織変更をする場合において、当該組織変更計画において定めた効力発生日までに債権者保護手続が終了しないため、当該効力発生日の前日までに当該効力発生日を変更したときは、変更後の効力発生日を公告しなければならないが、当該組織変更後の合同会社についてする登記の申請書には、効力発生日の変更に係る公告をしたことを証する書面を添付する必要はない。（商業登記法H20-32-エ）

2．株式会社が合資会社となる組織変更をした場合は、組織変更による設立の登記の申請書には、有限責任社員が既に履行した出資の価額を証する書面を添付しなければならない。（商業登記法R4-34-オ）

答　え 1．○商業登記法77条３号は、組織変更の登記の申請書に会社法779条２項の規定による公告をしたことを証する書面の添付を要すると規定するが、効力発生日の変更公告をしたことを証する書面を添付せよとは書いていない。

なお、効力発生日は登記事項であるから、これを証明するために、その変更に係る取締役の過半数の一致を証する書面（取締役会設置会社にあっては取締役会議事録）の添付は要する。

→以上の話は、株式会社がする吸収合併等の組織再編や資本金の額の減少の場合において、効力発生日を変更したケースも、同様に考えてかまわない。

2．○　有限責任社員が既に履行した出資の価額は、合資会社の設立登記の登記事項であるから、当然に添付を要する。

コラム　会社法人等番号

組織変更をしても、会社法人等番号は従前のそれと相違しない。

解散した株式会社の番号と、同じ会社法人等番号を設立後の持分会社に付す。

会社法人等番号は、税務署がバッチリ課税することを目的としている。

だから、ある会社に一度ついた番号は、以後、変化しない。

いわゆるマイナンバーと同じことである。

③ 持分会社のする組織変更

持分会社は株式会社に組織変更をすることができます。

この場合の手続も、株式会社の持分会社への手続とほぼ同様です。

組織変更計画を作成し、定款で定める事項等を決定します。

たとえば、以下の事項です。（会社法746条）

1．目的
2．商号
3．本店の所在地
4．発行可能株式総数

確認事項　組織変更計画書および定款（商業登記法107条1項1号・2号、114条、123条）
組織変更の登記の申請書の添付書面になる。
→公証人の認証は不要である。

また、組織変更の効力発生日を決定します。
持分会社の社員は、そのまま、株式会社の株主に移行することもできます（社員に株式を割り当てるケース）。
が、持分の対価として、金銭等（現物も可。社債、新株予約権、新株予約権付社債も可）を交付することもできます。

持分会社は、組織変更の効力発生日の前日までに、持分会社の総社員の同意を得なければなりません。（会社法781条1項　なお、定款で別段の定めができる）

◀ポイント▶
持分会社→株式会社　総社員の同意（定款で別段の定め可　会社法781条1項）
株式会社→持分会社　総株主の同意（会社法776条1項）

確認事項　総社員の同意書
原則として組織変更の登記の申請書に添付を要する。

コラム　株式会社のする組織変更との比較

持分会社は、新株予約権を発行できない。だから、持分会社がする組織変更では会社が新株予約権者に通知等をすることはありえない。
株券提出公告もナイ。
また、組織変更計画の内容を記載した書面等の備置の規定は、持分会社の行う組織変更手続には準用がない。
以上の点で、持分会社の組織変更は、簡略な手続となる。
ただし、持分会社が組織変更をする場合も、株式会社のときと同様に、債権者の異議手続を要する。

組織変更の場合、会社のタイプが変わるということ自体への債権者の異議手続を要することになる。
そのため、合同会社が株式会社に組織変更する場合や、その逆の場合（いずれも資本金の額は変化しない）においても、債権者の異議手続は必須である。

参考問題　1．組織変更をする合名会社は、組織変更計画備置開始日から組織変更がその効力を生ずる日までの間、組織変更計画の内容等を記載し、又は記録した書面又は電磁的記録をその本店に備え置かなければならない。（商法H29-34-4）
2．組織変更後の持分会社は、組織変更がその効力を生じた日から6か月間、組織変更に関する事項を記載し、又は記録した書面又は電磁的記録をその本店に備え置かなければならない。（商法H29-34-5）

答 え　1．×　持分会社に書類の備置義務はない。
2．×　持分会社に書類の備置義務はない。本問においては、組織変更前の株式会社に書類の備置義務があった。（会社法775条1項）

参考　**組織変更と資本金の額**
株式会社→持分会社の組織変更の場合　変化しない。（会社計算規則33条1号）
持分会社→株式会社の組織変更の場合　変化しない。（会社計算規則34条1号）

確認事項　**債権者の異議手続に関する添付書類**
株式会社の資本金の額の減少のケースと少々、異なる。
1．合名会社、合資会社が株式会社に組織変更をする場合
会社に知れている債権者への各別の催告を省略することができない。（会社法781条2項参照）
つまり、「ザル」が使えない。
→無限責任社員が消えて、物的会社になるパターンであるから、債権者の保護を手厚くせよとの意味。
2．合同会社が株式会社に組織変更をする場合
株式会社の資本金の額の減少のケースと同様である。「ザル」は使用できる。（官報プラス他の公告という手段で、各別の催告の省略が可能。）

参考問題　1．合名会社が組織変更をした場合において、債権者保護手続に係る公告を官報のほか定款の定めに従って時事に関する事項を掲載する日刊新聞紙によってしたときは、組織変更後の株式会社についてする登記の申請書には、知れている債権者に対して各別の催告をしたことを証する書面を添付することを要しない。（商業登記法R4-34-イ）

2．組織変更をする合同会社は、債権者が一定の期間内に異議を述べることができる旨等の公告を、官報のほか、定款の定めに従い、時事に関する事項を掲載する日刊新聞紙に掲載する方法又は電子公告の方法によりするときであっても、知れている債権者には、各別にこれを催告しなければならない。（商法H29-34-2）

答え　1．×　合名会社の組織変更では、「ザル」が使えない。

2．×　二重公告による「ザル」が効かないのは、合名、合資会社のみである。

では、もっとも簡略なカタチで登記の申請書の記載例を挙げます。

以下、合同会社を株式会社に組織変更をした例。

組織変更後の取締役は１人のみで、他の機関は置きません。

また、組織変更前の資本金の額は金100万円、組織変更の効力発生日を令和６年10月１日とします。

2-1

組織変更による株式会社設立登記申請書

フリガナ	ヤマモトショウジ
商　号	山本商事株式会社
本　店	何県何市何町何番地
登記の事由	組織変更による設立
登記すべき事項	別紙のとおり
課税標準金額	金100万円
登録免許税	金30000円（ホ）
添付書類	定款　１通
	総社員の同意書　１通
	組織変更計画書　１通
	公告及び催告をしたことを証する書面　何通
	異議を述べた債権者はいない
	取締役の就任承諾書　１通
	本人確認証明書　１通

登録免許税法施行規則第12条第4項の規定に関する証明書
委任状　　　　　　　　1通
何県何市何町何番地
　申請人　山本商事株式会社
何県何市何町何番地
　代表取締役　山本太郎
何県何市何町何番地
　上記代理人　司法書士　田中一郎　㊞

＊委任状の押印は株式会社の届出印で押印。当然、山本太郎は印鑑の提出を要する。山本太郎が委任状情報に電子署名をするときは、印鑑の提出は不要。

別紙の内容の例は、以下のとおりである。
「商号」山本商事株式会社
「本店」何県何市何町何番地
「公告をする方法」官報に掲載してする
「会社成立の年月日」令和○年○月○日
「目的」1．不動産管理業
　　　　2．前号に附帯する一切の事業
「発行可能株式総数」○株
「発行済株式の総数」○株
「資本金の額」金100万円
「株式の譲渡制限に関する規定」
　当会社の株式を譲渡により取得するには、当会社の承認を要する。
「役員に関する事項」
「資格」取締役
「氏名」山本太郎
「役員に関する事項」
「資格」代表取締役
「住所」何県何市何町何番地
「氏名」山本太郎
「登記記録に関する事項」
　令和6年10月1日山本商事合同会社を組織変更し設立

＊報告的登記であるから、「登記記録に関する事項」の欄に、年月日を記入する。
＊会社成立の年月日は、合同会社として最初に設立をした日。

重要　**印鑑証明書は不要**

商業登記規則61条４項前段

設立（合併及び組織変更による設立を除く）の登記の申請書には、設立時取締役が就任を承諾したことを証する書面の印鑑につき市区町村長の作成した証明書を添付しなければならない。

また、このため、組織変更による設立登記申請書には、取締役の本人確認証明書（監査役設置会社では、監査役、指名委員会等設置会社では執行役を含む）の添付を要することになる。（商業登記規則61条７項）

参考問題　1．合同会社が取締役会設置会社でない株式会社となる組織変更をした場合は、組織変更後の株式会社についてする登記の申請書には、取締役が就任を承諾したことを証する書面に押印された印鑑につき市町村長の作成した証明書を添付しなければならない。（商業登記法R4-34-ウ）

2．新設合併による設立の登記を申請する場合において、新設合併設立株式会社が取締役会設置会社（指名委員会等設置会社を除く。）であるときは、当該設立の登記の申請書には、設立時代表取締役の就任を承諾したことを証する書面に押印した印鑑につき市町村長の作成した証明書を添付しなければならない。（商業登記法R2-33-オ）

答え　1．×　　2．×　合併による設立登記でも、印鑑証明書は不要。

2-2

合同会社の組織変更による解散登記申請書

フリガナ	ヤマモトショウジ
商　号	山本商事合同会社（登記簿検索のため、旧商号を書く）
本　店	何県何市何町何番地
登記の事由	組織変更による解散
登記すべき事項	令和６年10月１日何県何市何町何番地 山本商事株式会社に組織変更し解散
登録免許税	金30000円（レ）
添付書類	

何県何市何町何番地

申請人　山本商事株式会社

何県何市何町何番地

代表取締役　山本太郎

何県何市何町何番地
上記代理人　司法書士　田中一郎　㊞

以下の事項を補足します。

1．登録免許税について

持分会社が株式会社になる場合、資本金の額の変動はすることができません。

しかし、このケース(組織変更による株式会社の設立)の登録免許税の考え方は、少々ややこしいです。(登録免許税法別表第1の24（1）ホ、登録免許税法施行規則12条1項2号)

基本的に、この点に関する財務省令の学習を要し、少々ややこしい税額計算の問題が待っています。

が、いずれにしても、こうして計算した額が3万円に満たなければ、登録免許税額は3万円となります。

さきの、株式会社の登記の申請書に登録免許税30000円と書いたのは、資本金の額が金100万円であれば、逆立ちしても税額計算が3万円を超えることはないからです。

コラム　組織変更直前の社員に交付する対価がすべて組織変更後の株式会社の株式である場合

この場合はややこしくない。(試験に出せるのはこのケースのみ)

1．組織変更前が合同会社の場合
資本金の額×1.5/1000（この額が3万円に満たなければ3万円）

2．組織変更前が合名・合資会社の場合
資本金の額が900万円までは1.5／1000。900万円を超える部分は7／1000（この額が3万円に満たなければ3万円)。

2．添付書類について

株式会社の設立登記に添付すべき書面についても、全部は紹介していないが、基本的に「どうしたら株式会社の設立の登記を申請できるか」を考えればよいだけです。

以下、参考にすべき条文などを挙げておきます。

①　役員等に関係する書面　商業登記法107条1項3号・4号
②　株主名簿管理人を置いた場合　商業登記法107条1項5号
③　合名会社および合資会社の組織変更の場合には、「資本金の額が会社法及

び会社計算規則の規定に従って計上されたことを証する書面」(合名・合資会社においては資本金の額が登記されていないために添付を要するのである)

④　登録免許税法施行規則12条4項の規定に関する証明書（ややこしい税金計算のハナシ）

参考問題

1．合名会社が組織変更をした場合の組織変更後の株式会社についてする登記の申請書には、資本金の額が会社法及び会社計算規則の規定に従って計上されたことを証する書面を添付しなければならない。（商業登記法R4-34-ア）

2．合同会社が組織変更をした場合において、当該組織変更を無効とする判決が確定したときは、当該合同会社は、組織変更後の会社についての解散の登記及び組織変更前の会社についての回復の登記を申請しなければならない。（商業登記法R4-34-エ）

答え　1．○

2．×　申請を要しない。設問の登記は裁判所書記官が嘱託する。なお、組織変更無効の訴えは、会社の組織に関する訴えのひとつである。

発展　**組織変更と特例有限会社**

特例有限会社が組織変更をして持分会社となることはできる。

しかし、持分会社が組織変更をして特例有限会社となることはできない。

→特例有限会社は、旧商法時代の遺物である。会社法の下では、これを設立することはもはやできない。

コラム　**持分会社の種類の変更**

組織変更と似た登記に、「持分会社の種類の変更」がある。

こちらは、合名会社が合資会社になるといったカタチの、持分会社内部での変更の問題である。

以下、簡単に述べる。

「持分会社の種類の変更」は、会社法においては、「定款の変更」の問題となる。

たとえば、合名会社が、有限責任社員を加入させるという定款変更を行った場合に、合資会社へと種類が変更されるのである。

また、合資会社の無限責任社員全員の責任を有限責任社員とする定款変更を行えば、合同会社へと種類が変更されることになる。

持分会社の種類の変更は、通常は、定款変更の決議時に効力が生じる（登記は報告的）が、種類の変更により、合同会社になる場合においては、社員が出資に係る払込みまたは給付の全部または一部を履行していないときは、当該定款の変更の効力は、当該払込みまたは給付を完了した日にその効力を生じる。

では、以下において、組織変更の登記と持分会社の種類の変更登記について、共通点と相違点を挙げる。

共通点

1．報告的登記である。
2．登記簿差替えのため、本店所在地において設立登記と解散登記の同時申請になる。
　→よって、解散登記の添付書類はナシ。
3．登記期間（効力発生から2週間）。
4．添付書面は、「定款」、「総社員の同意書」の添付を要する点が同一。
　→組織変更計画ならぬ、種類変更計画というものは存在しない。

相違点

1．決定的な相違は、持分会社の種類の変更の登記の場合、「債権者の異議手続を要しない」ことである。
　→債権者には、「社員の責任の変更」、「社員の退社および加入」などの場合における会社法所定の責任の規定に従って各社員が責任を負う。
　では、一例として、登記の申請書の記載例を挙げる。

3-1

合資会社の種類変更による合名会社設立登記申請書

登記の事由	種類変更による設立	
登記すべき事項	別紙のとおり	
登録免許税	金60000円（ロ）	
添付書類	総社員の同意書	1通
	定款	1通
	委任状	1通

＊別紙のうち「登記記録に関する事項」は、年月日○○合資会社を種類変更し設立と書く。→報告的登記であるから年月日が登場する。
＊添付書類の基本形は、定款（種類変更後のもの）＋総社員の同意書である。場合により、これに、次の書面を加える。

→要は、それぞれの会社を「設立」するのにいかなる添付書類が必要であるかを考えてみればよい。

1．合資会社となるケース

・「有限責任社員が既に履行した出資の価額を証する書面」を要する。
上記は、合資会社に特有の登記事項だからである。

・合名会社が有限責任社員を加入、合同会社が無限責任社員を加入させたケース
「加入を証する書面」の添付を要する。
→加入した者が法人であれば、その法人の登記事項証明書等の添付も要することになる。
→持分会社の種類の変更は、社員の責任の変更、退社によっても生じるが、社員が加入したことによる種類の変更は、合名会社または合同会社が合資会社になる場合に限られる。

2．合同会社となるケース

・資本金の額が会社法及び会社計算規則に従って計上されたことを証する書面

・出資に係る払込み及び給付が完了したことを証する書面（原則として添付、会社法639条２項のケースが例外）

＊合同会社設立の場合の登録免許税は、登録免許税法別表第１の24(1)ホ

3-2

合資会社の種類変更による解散登記申請書	
登記の事由	種類変更による解散
登記すべき事項	年月日何県何市何町何番地○○合名会社に種類変更し解散
登録免許税	金30000円（レ）
添付書類	

種類変更の日は、原則としてその旨の定款の変更をした日である。

しかし、合同会社に種類変更する場合、定款変更の時に、出資未履行の社員がいるときは、その者が出資に係る払込みまたは給付をしたときに種類変更の効力が生じる。（会社法640条１項）

参考問題

1．組織変更をする合名会社の債権者は、当該合名会社に対し、当該組織変更について異議を述べることができる。（商法H25-33-ウ）

2．株式会社が合資会社となる組織変更をする場合には、組織変更による設立の登記の申請書には、有限責任社員が既に履行した出資の価額を証する書面を添付する必要はない。（商業登記法H19-34-エ）

3．合名会社が株式会社となる組織変更をする場合において、債権者に対する公告を官報のほか定款で定めた官報以外の公告方法によってしたときは、組織変更による設立の登記の申請書には、知れている債権者に対して各別の催告をしたことを証する書面を添付する必要はない。（商業登記法H19-34-オ）

4．合名会社が有限責任社員を加入させる定款の変更をすることにより合資会社となった場合の合資会社についてする登記の申請書には、定款、有限責任社員が既に履行した出資の価額を証する書面及び有限責任社員の加入を証する書面を添付しなければならない。（商業登記法H15-33-1）

5．合資会社が定款の変更をすることにより合名会社となった場合の合名会社についてする登記の申請書には、定款を添付しなければならないが、有限責任社員の退社に関する書面又は出資の払戻しに関する書面を添付することを要しない。（商業登記法H15-33-2）

6．合名会社が組織変更をした場合における株式会社についてする登記の申請書には、定款、組織変更後の株式会社の取締役が就任を承諾したことを証する書面を添付しなければならないが、組織変更の決議の内容を公告し、社員に各別に通知したことを証する書面を添付することを要しない。（商業登記法H15-33-3）

7．株式会社が合名会社となる組織変更をした場合における合名会社についてする登記の申請書には、異議を述べた債権者があるときは、その者に対し弁済し、若しくは相当の担保を提供し、若しくは当該債権者に弁済を受けさせることを目的として相当の財産を信託したこと又は当該組織変更をしても当該債権者を害するおそれがないことを証する書面を添付しなければならない。（商業登記法H15-33-5）

8．合名会社がその社員の全部を有限責任社員とする定款の変更をする場合には、債権者は、当該会社に対し、定款の変更について異議を述べることができる。（商法R2-32-ア）

9．組織変更後の合名会社についてする登記の申請書には、議決権を行使することができる株主の議決権の過半数を有する株主が出席し、出席した株主の議決権の3分の2以上の賛成をもって決議をした株主総会議事録を添付しなければならない。（商業登記法H4-33-1）

10. 合名会社を株式会社に組織変更した場合の合名会社についての解散の登記の申請と株式会社についての設立の登記の申請は同時にしなければならない。（商業登記法H6-35-エ）

11. 組織変更による株式会社の設立の登記の登録免許税の課税標準は、申請件数である。（商業登記法S63-40-5）

12. 合名会社が、その社員の一部を有限責任社員とする定款の変更をすることにより、合資会社に種類を変更した場合の合資会社についてする登記の申請書には、有限責任社員が既に履行した出資の価額を証する書面を添付しなければならない。（商業登記法S60-40-5）

13. 合同会社が無限責任社員を加入させる定款の変更をしたことにより合資会社となった場合に当該合資会社についてする設立の登記の申請書には、有限責任社員が既に履行した出資の価額を証する書面を添付することを要しない。（商業登記法H24-34-エ）

14. 合資会社において、有限責任社員全員の退社と同時に新たな有限責任社員が加入した場合には、合資会社の解散の登記及び合名会社の設立の登記をした後でなければ、新たな有限責任社員の加入による変更の登記の申請をすることはできない。（商業登記法H28-34-ア）

15. 組織変更による取締役会設置会社の設立の登記の申請書には、代表取締役が就任を承諾したことを証する書面の印鑑につき市区町村長の作成した証明書を添付しなければならない。（商業登記法S63-32-2）

16. 組織変更による解散の登記の申請書には、代理人によって申請する場合であっても代理権限を証する書面を添付することを要しない。（商業登記法S61-40-2）

17. 合名会社が総社員の同意によりその社員の一部を有限責任社員とする定款の変更をした場合において、種類変更による合資会社の設立の登記及び合名会社の解散の登記を申請するときは、合名会社の解散の登記の申請書には、当該定款の変更に係る総社員の同意があったことを証する書面を添付しなければならない。（商業登記法R3-33-イ）

答え　1．○　会社法781条２項、779条。

2．×　添付を要する。（商業登記法77条８号）

3．×　ザルは使えない。（会社法781条２項参照）

4．○　商業登記法105条１項１号～３号。

5．○　定款を添付すれば足りる。

6．○　商業登記法107条参照。

7．○　組織変更に債権者の異議手続は必須である。（商業登記法77条３号）

8．×　持分会社の種類変更に債権者異議手続は不要。

9．×　総株主の同意書の添付を要する。（商業登記法46条１項）

10. ○　商業登記法107条２項、78条１項。

11. ×　登録免許税法別表第１の24(1)ホ。

12. ○　商業登記法105条１項２号。

13. ×　「有限責任社員の出資の目的及びその価額並びに既に履行した出資の価額」は持分会社の中でも合資会社に独自の登記事項である。このうち「既に履行した出資の価額」は持分会社の定款の記載事項ではないので、合資会社の設立登記を申請するのであればそのことを証する書面を要することになるのは理の当然とい

ってよい。(商業登記法122条2項2号)

14. ×　有限責任社員が同時加入しているので、合名会社への種類変更が生じていない。
15. ×　商業登記規則61条5項・4項カッコ書。
16. ○　添付書面はナシ。商業登記法78条2項、107条2項、114条、123条。
17. ×　持分会社の種類変更による解散登記も添付書面はナシ。

参考問題　持分会社の種類の変更の登記に関する次のアからオまでの記述のうち、誤っているものの組合せは、後記1から5までのうちどれか。(商業登記法H20-30)

ア　合資会社の唯一の無限責任社員の退社により当該合資会社が合同会社に種類の変更をする場合における当該種類の変更後の合同会社についてする登記の申請書には、当該合資会社の社員が当該合同会社に対する出資に係る払込み及び給付の全部を履行したことを証する書面を添付する必要はない。

イ　合資会社の唯一の有限責任社員の死亡により当該合資会社が合名会社に種類の変更をする場合においては、当該種類の変更前の合資会社については解散の登記、当該種類の変更後の合名会社については設立の登記をそれぞれ申請しなければならない。

ウ　合資会社が総社員の同意によりその社員の全部を有限責任社員とする定款の変更をすることにより合同会社に種類の変更をする場合においては、当該種類の変更後の合同会社についてする登記の申請書には、当該種類の変更前の合資会社の定款を添付しなければならない。

エ　合名会社がその社員の全部を有限責任社員とする定款の変更をすることにより合同会社に種類の変更をする場合において、当該合名会社の社員が当該合名会社においてあらかじめ定めた当該定款の変更の効力発生日までに当該種類の変更後の合同会社に対する金銭の出資に係る払込みを完了していないときは、当該合同会社についてする登記の申請書には、当該効力発生日の変更についての総社員の同意書を添付しなければならない。

オ　社員としてA及びBの2名がいる合同会社が合名会社に種類の変更をする場合において、当該種類の変更後の合名会社の定款に、業務を執行する社員をA1名と定め、他に当該合名会社を代表する社員その他当該合名会社を代表する者を定めていないときは、当該合名会社についてする登記の申請書には、当該合名会社の定款を添付すれば、他に代表社員の選定に係る書面を添付する必要はない。

1　アイ　　**2**　アウ　　**3**　イオ　　**4**　ウエ　　**5**　エオ

答え　**4**　珍しい部類の問題だが、会社法の規定を理解している受験者であれば解答は可能である。

ア　○　本事例は、合資会社の無限責任社員の死亡による、合同会社への「みなし定款変更」の問題である。この場合が、「まだ出資の履行をしていない合同会社の社員」が登場する可能性のある唯一のケースである。（会社法639条２項、640条２項）

したがって、登記手続としても、当該合資会社の社員が当該合同会社に対する出資に係る払込み及び給付の全部を履行したことを証する書面を添付する必要はない。

イ　○　そのとおり。

ウ　×　合同会社の設立登記を申請するのだから、その登記事項の証明のために、種類変更後の合同会社の定款を添付するに決まっている。

エ　×　このケースは、会社の意思に基づく種類変更であり、「まだ出資の履行をしていない合同会社の社員」が登場するケースではない。出資の履行が完了したときに定款変更の効力が生じることになる（会社法640条１項）。したがって、効力発生日の変更に係る総社員の同意は要しない。

オ　○　持分会社の業務を執行する社員は、定款に別段の定めがなければ、持分会社を代表する（会社法599条）。したがって、設問のケースは定款のみで社員Ａの代表権を証明することができる。

参考問題　組織変更の登記に関する次のアからオまでの記述のうち、正しいものの組合せは、後記１から５までのうちどれか。（商業登記法H21-35）

ア　株式会社が組織変更をした場合の組織変更後の合同会社についてする登記の申請書には、社員が既に履行した出資の価額を証する書面を添付しなければならない。

イ　合同会社が組織変更をした場合の組織変更後の株式会社についてする登記の申請書には、資本金の額が会社法及び会社計算規則の規定に従って計上されたことを証する書面を添付しなければならない。

ウ　株式会社が組織変更をした場合の組織変更後の合同会社についてする登記の申請書には、組織変更をする株式会社の当該組織変更の直前における資産の額及び負債の額並びに当該組織変更後の合同会社が当該組織変更に際して当該組織変更の直前の株式会社の株主に対して交付する財産（当該組織変更後の合同会社の持分を除く。）の価額を記載した書類（当該組織変更後の合同会社の代表者が証明したものに限る。）を添付しなければならない。

エ　合同会社が組織変更をした場合の組織変更後の株式会社についてする登記の申請書には、当該合同会社が債権者の異議手続に係る公告を官報及び定款の定めに従って電子公告の方法によりしたときであっても、これらの公告及び知れたる債権者に対する各別の催告をしたことを証する書面を添付しなければならない。

オ　株式会社が組織変更をした場合の組織変更後の合同会社についてする登記の申請書には、当該組織変更の効力発生日の20日前までに当該株式会社の登録株式質権者及び登録新株予約権質権者に対して組織変更をする旨を通知したことを証する書面又はその旨を公告したことを証する書面を添付することを要しない。

1 アイ　**2** アエ　**3** イウ　**4** ウオ　**5** エオ

答え **4**

ア　×　設問の「社員が既に履行した出資の価額を証する書面」は合資会社を設立するときの添付書面である。

イ　×　組織変更前の合同会社の資本金の額と組織変更後の株式会社の資本金の額は一致する。だから、資本金の額の計上証明書を要するわけがない。

ウ　○　これが「ややこしい税金計算」のための添付書面である。(登録免許税法施行規則12条4項)

エ　×　合同会社→株式会社の組織変更のケースだから、「ザル」が使える。

オ　○　会社法776条2項・3項の通知又は公告をしたことを証する書面の添付は要求されない。→元来、商業登記法では、通知「又は」公告をしたことを証する書面の添付は要求されていない。

2 吸収合併

【学習の指針】合併が基本

組織再編には、組織変更の他、合併、株式交換、株式移転、株式交付、会社分割があります。

このうち、**合併が基本**です。

まず、しっかり、合併を理解すること。その上で他との比較をするのが学習の王道です。

合併があいまいだと決して力がつきません。

合併をきちんと学ぶと他の分野は楽チンそのものです。

会社法では、合併・会社分割・株式交換・株式移転・株式交付においても、株主等に対する対価の柔軟化が図られます。

本節ではまず、こうした組織再編の基本について、みなさんにとって、一番イメージが湧きやすいであろう吸収合併について記載します。

会社は他の会社と、合併をすることができます。(会社法748条)

合併は、相手のある話ですから「合併契約」を作成します。

(組織変更には相手がない、だから「組織変更計画」であった。)

《注意》 会社法748条は、会社の種類を限定していない。つまり、会社法上の会社である、株式会社・合名会社・合資会社・合同会社はいずれも自由に合併できる。
→なお、特例有限会社については後述する。

《参考条文》

会社法748条前段（合併契約の締結） 会社は、他の会社と合併をすることができる。

参考問題

1．合名会社は、他の株式会社を消滅会社とする吸収合併をすることができる。
2．株式会社を吸収合併存続会社とし、合名会社を吸収合併消滅会社とする吸収合併は、することができない。（商法R5-34-ア）
3．株式会社と株式会社とが新設合併をして、合名会社を設立することができる。（商法H18-29-ウ）
4．合名会社と合名会社とを合併して株式会社とする設立の登記の申請は、することができない。（商業登記法S60-36-3）

答え　1．○　吸収合併のケース。　2．×
3．○　この肢は、新設合併のケース。
4．×　これも、新設合併のケース。

吸収合併とは、一方の会社が、他方の会社を吸収する形で行う合併です。
実務上、合併といえば、こちらがほとんどです。
この場合、一方が存続し、他方が消滅（合併は解散事由の１つ）します。
合併により、消滅会社の権利義務のすべてが存続会社に承継されます（いわゆる包括承継）。
存続するほうを、吸収合併存続会社。消滅するほうを、吸収合併消滅会社と呼びます。

参考問題

1．吸収合併をする場合には、吸収合併存続会社が吸収合併消滅会社の債務の一部を承継しないこととすることができる。（商法H24-34-イ）
2．会社がその有する不動産を第三者に譲渡し、その後に当該会社を吸収合併消滅会社とする吸収合併が効力を生じた場合には、当該第三者は、当該不動産につい

て所有権の移転の登記をしなければ、当該所有権の取得を吸収合併存続会社に対抗することができない。(商法H24-34-ウ)

答え　1．×　合併とは権利義務一切の「包括承継」のことである。
2．×　合併は包括承継であり、この点、相続と同じ性質である。したがって、被相続人が生前に不動産を譲渡したケースと同視して考えればよい。

コラム　新設合併

吸収合併の他の合併形態。2つの会社の双方が消滅し、合併新設会社を立ち上げる。

合併とは、2個以上の会社が契約により1会社に合同することです。
合併は、社団法上の契約である点で、事業譲渡と異なります。
事業譲渡は、取引上の契約であり、単に、事業を売却したにすぎません。
そこで、譲渡会社の債務を譲受会社が承継するためには、個別に債務引受の手続をする必要があります。
ところが、合併は、全財産の包括承継です。
この点、相続と同様であり、債務の承継も合併に連動して包括的に行われます。
要するに、個別の債務引受の手続は不要であり、そのかわりに、合併当事会社は債権者の異議手続を行います。

また、合併の場合には、消滅会社は合併の効力発生により当然に解散します。
そして、消滅会社の清算手続を要しません。
このあたりも、事業譲渡との相違です。

株式会社を存続会社とする合併の場合、吸収合併契約において、以下の事項を定めます。(会社法749条)

1．吸収合併存続会社の商号住所
2．吸収合併消滅会社の商号住所
3．吸収合併消滅会社の株主(または社員)に対価を**交付するときは**、次の事項(無対価の合併のケースは定める必要がない)
　①　株式の場合　種類・数と資本金(資本準備金)に関する事項
　②　社債の場合　種類・金額
　③　新株予約権の場合　内容・数

④　新株予約権付社債の場合　社債部分の種類・金額、新株予約権部分の内容・数

⑤　存続会社の株式等以外の財産であれば、その内容および数、額等

4．3の場合には、吸収合併消滅会社の株主（社員）に対する金銭等の割当てに関する事項

5．吸収合併消滅会社が新株予約権を発行している場合の**対価**（以下の２つのうちいずれか）

①　存続会社の新株予約権の場合　内容・数

②　金銭の場合　金額

（吸収合併消滅会社の新株予約権が社債付きであれば、社債部分についての取り決めも必要となる。）

6．5の場合には、新株予約権者に対する新株予約権または金銭の割当てに関する事項

7．吸収合併がその効力を生ずる日

＊上記3の消滅会社の株主に対する対価の規定が、いわゆる合併対価の柔軟化の規定である。

そのうち、①が、従来型のオーソドックスな合併。

合併による消滅会社の株主は、存続会社の株式の交付を受ける。

この場合、存続会社の資本金の額を増やすことができる（合併により消滅会社の資産をまるごと承継する）。

②から⑤は、存続会社が、単に合併新株を発行するという話ではない。

消滅会社の株主に、社債等の対価を現実に交付するのだ。

【会社法の基本思想】取引の発想

会社法に取引の発想があることはすでに述べた。

無対価合併を除けば、合併には対価が伴う。

存続会社（Ｘ社）が、消滅株式会社（Ｙ社）の株主に合併対価を交付するのである。

その対価は２つに大別される。

1．対価が、Ｘ社の株式であるとき

その取引は、資本取引である。

このため、資本金の額が増加することがある。

2．対価が、Ｘ社の株式以外であるとき

その取引は、損益取引にすぎない（例　対価がカネであれば、Ｘ社は、事実上、Ｙ社を買ったことになる）。

このため、資本金の額が増加することはない。

参考問題　1．吸収合併消滅株式会社が新株予約権を発行しているときは、吸収合併存続株式会社は、吸収合併に際して、当該新株予約権の新株予約権者に対し、当該新株予約権に代えて、当該吸収合併存続株式会社の株式を交付することはできない。（商法H24-34-ア）

2．吸収合併存続株式会社の甲種種類株式と乙種種類株式の価値が等しい場合には、吸収合併消滅株式会社の株主Ａに対して甲種種類株式１株を、吸収合併消滅株式会社の株主Ｂに対して乙種種類株式１株を、それぞれ交付するという吸収合併契約における合併対価の割当てに関する事項についての定めをすることができる。（商法Ｈ30-34-エ）

3．吸収合併存続株式会社は、吸収合併消滅株式会社の株主に対し、吸収合併の対価として、当該吸収合併存続株式会社の子会社の株式を交付することはできない。（商法R5-34-ウ）

答え　1．○　消滅する新株予約権の新株予約権者に対する対価は、「存続株式会社の新株予約権」または「金銭」のいずれかに限られる。（会社法749条１項４号）

2．×　株主平等原則に反する。

3．×　合併対価は柔軟化されている。「存続会社の株式等以外の財産」を合併対価とすることができる。要するに「何でもよい」のであり、子会社の株式を合併対価としてもかまわない。

重要　**合併は、原則として、合併契約書において定めた効力発生日にその効力が発生する。**

会社法では、登記は、合併の対抗要件にすぎない。（会社法750条２項）

これは、たとえば、年度始めの４月１日に合併がしたくても、その日が日曜日であれば合併ができない（登記所がお休み）ということが、実務上、会計等の面で弊害になっていたための改正である。

なお、債権者の異議手続が手間取った場合、合併の効力の発生は、その終了しない間は発生しない。（会社法750条６項）

参考問題　吸収合併消滅会社の吸収合併による解散は、吸収合併の登記の後でなければ、これをもって第三者に対抗することができない。（商法H24-34-エ）

答え　○　吸収合併自体もそうだが、吸収合併による消滅会社の解散も登記が対抗要件である。(会社法750条２項)

参考　新設合併を含む設立型の組織再編（新たな会社を立ち上げるパターン）の場合、合併等の組織再編の効力は登記により生じる。その理由は、もとより設立は登記が効力発生要件であるからである。(会社法814条１項、49条)

参考　**効力発生日の変更**

消滅株式会社は、存続株式会社との合意により、効力発生日を変更することができる。(会社法790条１項)

この場合、消滅株式会社等は、変更前の効力発生日（変更後の効力発生日が変更前の効力発生日前の日である場合にあっては、当該変更後の効力発生日）の前日までに、変更後の効力発生日を公告しなければならない。

→この公告義務は、消滅株式会社等に課されるのであり、存続株式会社等の公告義務を定めた規定はないことに注意しよう。

参考問題　1．A社を吸収合併存続株式会社とし、B社を吸収合併消滅株式会社とする吸収合併において、A社及びB社の合意によって吸収合併の効力発生日を変更した場合には、A社の吸収合併による変更の登記の申請書には、効力発生日の変更に係るA社及びB社の合意を証する書面並びに効力発生日の変更の決議をしたA社及びB社の取締役会の議事録を添付しなければならない。(商業登記法H30-33-ア改)

2．吸収合併契約において定めた効力発生日に債権者の異議手続が終了していない場合には、効力発生日後に債権者の異議手続を終えたときであっても、吸収合併は、その効力を生じない。(商法H31-34-ウ)

答え　1．×　合意書の他、A社の取締役会議事録のみでよい。変更登記の申請人はA社であり、それ以外の会社（B社）の取締役会議事録には、これを添付すべき根拠規定がない（商業登記法80条６号は、吸収合併消滅株式会社の合併承認に係る議事録等の添付を求めているにすぎない)。

2．○　債権者異議手続が終了していないのに効力発生日の変更の手続を怠ったときは、合併はその効力を生じない。すなわち、合併したければ、最初から全部の手続をやり直すしかない。

発展 **効力発生日の変更公告**

主に、債権者異議手続に手間取ったときにする。

公告を要するのは、次の会社である。

1．組織変更をする株式会社（または持分会社）

2．消滅株式会社等（吸収合併消滅株式会社、吸収分割株式会社、株式交換完全子会社）

3．吸収合併消滅持分会社、吸収分割合同会社

→タマが出ていく方で公告する（タマとは、たとえば、合併において承継される権利義務のことである）。

→資本金の額の減少では、効力発生日を変更してもその公告を要しない。

なお、「効力発生日の変更公告をしたことを証する書面」は添付書面とはならない（添付の根拠規定がない）。

確認事項 **合併契約書**

合併による変更の登記の申請書に、必ず添付を要する。（商業登記法80条1号）

→合名会社、合資会社、合同会社が存続会社となる場合も、合併契約書の添付を要する。（商業登記法108条1項1号、115条1項、124条）

なお、新設合併の場合も、合併の態様を問わず、合併契約書の添付は必須である。

参考問題　合名会社と合資会社とが合併した場合の合資会社の合併による変更の登記の申請書には、吸収合併契約書を添付しなければならない。（商業登記法H17-29-オ）

答 え　○　商業登記法115条、108条1項1号。

さて、以上に羅列しただけでは、合併の意味がわかりかねるかとも思います。

そこで、少し具体的にお話します。

みなさんが株を買った会社が、吸収合併されるという発表がされたとします。

たとえば、住友銀行とさくら銀行の合併の際には、さくら銀行が消滅会社です。

この場合、さくら銀行の株主は、合併の日をもって株主権を失います（会社自体が消滅するため。なお、存続会社である住友銀行の株主の地位はそのまま。単に会社の名前が三井住友銀行に変更されただけのこと）。

みなさんが、さくら銀行の株主であったとしましょう。
この場合、みなさんの興味は次の一点です。
「住友銀行の株を何株もらえるのだろう。」

上記の合併は、旧商法下です。だから、合併の対価は、住友銀行の株式しかありえません。
基本的に、住友銀行が新しい株式を発行し、これを、さくら銀行の旧株主に割り当てます。
この場合に、一体、さくら銀行の株１株につき、何株与えるのか？　これが、いわゆる合併比率の問題であり、株主の重大関心事なのです。
なお、この点は、住友銀行の既存株主についても同様です。
さくら銀行の株主に有利な発行がされれば、相対的に、住友銀行の既存株主の所有する株式の価額は低下するからです。
これがいわゆる合併対価の問題であり、合併における最も重要な要素であるのです。
会社法においては、この対価が存続会社の株式に限られなくなります。
この点が、旧商法から会社法になったときの重要な改正でした。

【学習の指針】対価に注目
対価を出す方（存続株式会社）とこれを受ける方（消滅株式会社の株主）の各々において、合併対価が何であるかによって、合併の手続が微妙に変化します。
その変化が出題の主力です。
あることが、対価を出す方の話なのか、対価を受ける方の話なのか、ここに注目して学習をしよう。

コラム　対価の柔軟化　アメリカのための改正？

対価の柔軟化は、合併に止まらない。株式交換、株式移転、会社分割すべて同様。
この改正は、アメリカの圧力によるものとウワサされた。
たとえば、アメリカの会社が日本に子会社を作る。その子会社が、アメリカの親会社の株式を持つことができる。
（子会社が親会社の株を取得することは原則禁止である。が、吸収合併・株式交換・吸収分割の対価としての取得は禁止されていない。会社法800条）
そして、この子会社が、合併に際して親会社の株式を対価として交付することができるのだ（いわゆる三角合併）。

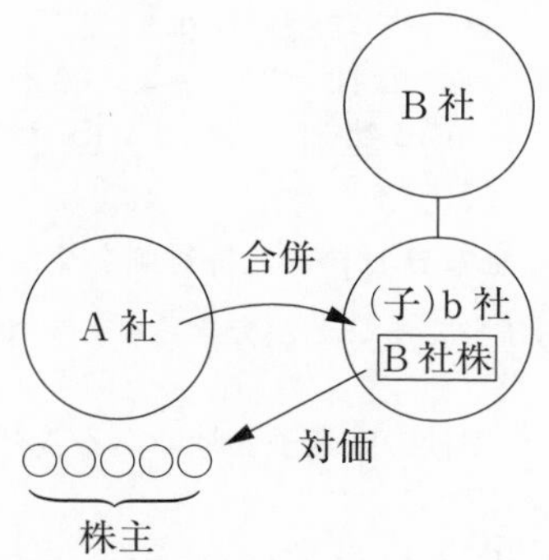

つまり、こういうことだ。アメリカの某大企業が、日本に現地法人を作る。その会社が、みなさんが株を持っている会社を吸収合併する。

そこで、みなさんに対価として親会社の株式を与える。

すると、みなさんはいつのまにか、アメリカの証券市場に上場されているアメリカ株の株主になるのだ。

アメリカの株式の時価総額は、日本の10倍あるといわれる。

日本人は貯金をするが、アメリカ人は貯金などしない。株を買うのだ。

だから、アメリカの証券市場は規模がでかい。

とすれば、日本の企業は買収しやすいわけだ。

さて、合併対価の柔軟化は、以上にとどまらず、株式以外の財産を対価とすることも可能である。

みなさんの所有する株式が、社債、新株予約権、金銭あるいは他の財産に変身する日は近いかもしれない。

参考 **無対価の合併**

実務上、このケースは多い。

完全親会社が完全子会社を合併する場合には、必ず、無対価となる。

消滅株式会社の株主には、対価の交付をすることができるのが原則であるが、例外として、存続株式会社と消滅株式会社には対価の交付ができないのである。(会社法749条1項3号カッコ書)

つまり、A社が、B社を吸収合併するとき、A社が所有するB社の株式と、B社の自己株式には、対価の割当てをすることができないことになる。

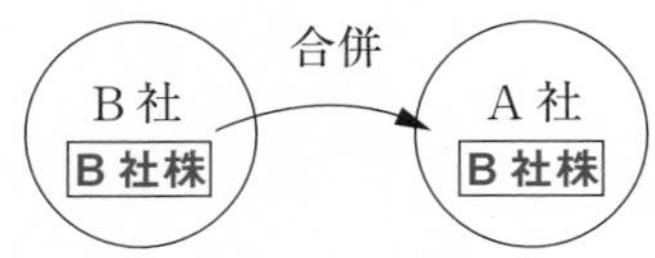

上記の**B社株**に合併対価を交付できない

また、対価を割り当てることができるケースでも、無対価の合併はよくある。

たとえば、双方が甲社の完全子会社であるA社とB社の合併である。

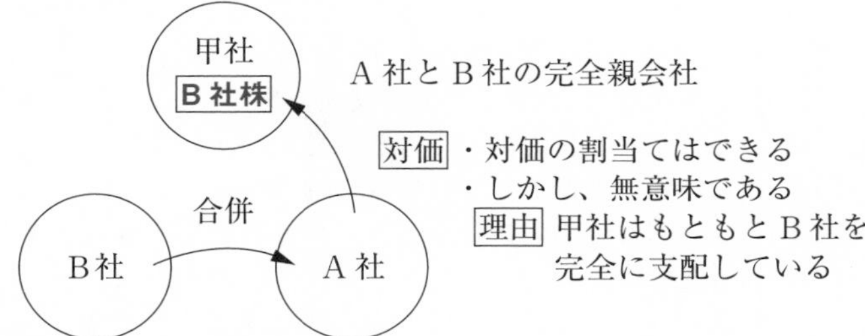

合併対価が存在しない場合、合併による存続会社の資本金の額が増加することは、決してない。

参考問題 B株式会社がA株式会社の発行済株式のすべてを有する場合において、B株式会社を存続株式会社としてA株式会社とB株式会社が吸収合併をするときは、当該吸収合併による変更の登記の申請書には、資本金の額が会社法及び会社計算規則の規定に従って計上されたことを証する書面を添付しなければならない。(商業登記法H21-29-イ)

答 え × 無対価合併のケースだから、資本金の額が増えることはない。したがって、「資本金の額が会社法及び会社計算規則の規定に従って計上されたことを証する書面」は不要である。

① 吸収合併の手続

株式会社の吸収合併の手続について、吸収合併存続会社および消滅会社の双方について記載します。

なお、この項を読む前に、20%ルール、90%ルールを復習しておきましょう。(P

155以下参照)

原則として、双方の株式会社において、株主総会の特別決議による合併契約の承認を要します。(会社法783条1項、795条1項)

公開会社である合併消滅会社の株主が、譲渡制限株式を対価として受ける場合には消滅会社の株主総会では特殊決議を要する等の例外は存在する。

→合併により株式の譲渡制限が設定される結果になるため手続が厳格化する。(会社法309条3項2号)

→なお、上記は種類株式発行会社ではない株式会社に関する規定である。

承認決議は、合併の効力が生じる日の前日までに行うことが必要です。

→決議の日に合併の効力が生じることはない。決議の翌日に合併の日取りは可能である。(債権者の異議手続等、必要な手続を事前に行うことが前提のハナシ)

確認事項　合併契約を承認した機関の議事録等

かならず、添付書面になる。

合併契約を株主総会で承認すれば、株主総会議事録である(これが最もノーマルなパターンである)。

→もちろん、吸収合併消滅株式会社、吸収合併存続株式会社の双方の議事録を添付する。

発展　吸収合併により、消滅会社(単一株式発行会社)の株主が、持分会社の持分を取得することとなる場合、その全員の同意を要する。(会社法783条2項・4項)

持分会社の持分は譲渡がしにくい。この点、株式に比べて厄介な代物であるからだ。

→この場合の添付書面は、「総株主の同意書」である。

→種類株式発行会社では、持分を取得することとなる種類株主全員の同意書を添付する。

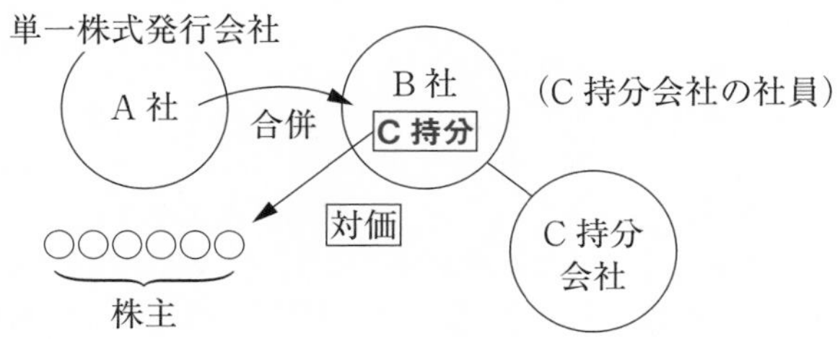

・A 社の株主は、合併により C 持分会社の社員となる
・合併に A 社の株主全員の同意を要する（合併が、A 社の株主が、 株主どうしや C 持分会社の社員との義兄弟の契りを結ぶことを意味するためである。)
・このため A 社に反対株主の株式買取請求ができるという規定がナイ

ただし、次の場合には、原則として、株主総会の決議を要しないで合併をすることができます。(会社法784条、796条)

1．消滅会社において
・存続会社が、消滅会社の特別支配会社である場合。
→90％ルールの適用（略式組織再編)。
2．存続会社において
・消滅会社が、存続会社の特別支配会社である場合。
→90％ルールの適用（略式組織再編)。
・消滅会社の株主に対する合併対価の総額が、存続会社の純資産額の５分の１（定款でこれを下回る割合を定めることができる）を超えないとき（簡易組織再編)。
→20％ルールの適用。
（ただし、合併差損が生じる場合には、簡易組織再編は不可）

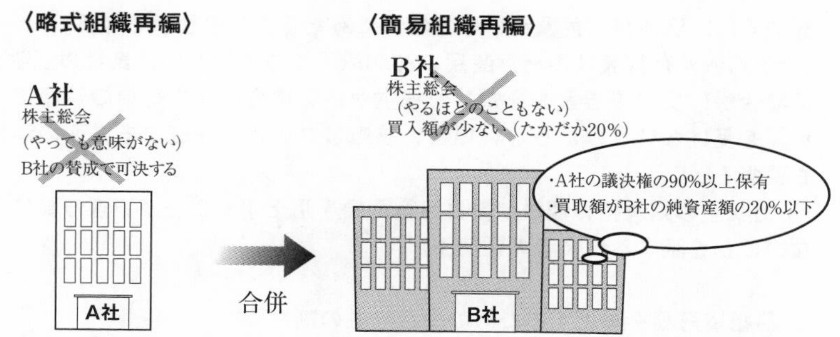

＊消滅会社において20%ルールの適用はありえない。会社の100%が消滅するからだ。

＊一定の割合（法務省令で定める）の少数株主が反対の意思表示をした場合には、簡易組織再編をすることができない。（会社法796条３項）

確認事項　**株主総会の承認を要しない場合の添付書類**

〈消滅株式会社の場合〉

・**取締役の過半数の一致を証する書面（取締役会設置会社にあっては、取締役会議事録）**

・**会社法784条１項本文の場合に該当することを証する書面**

　→**要するに、略式組織再編ができる場合にあたることの証明である。**

　→**具体的には、存続会社が消滅会社の特別支配会社であることを証する消滅会社の株主、各株主の保有株式数、議決権の個数などを証する代表者の証明書である。**

〈存続株式会社の場合〉

①　略式組織再編のケース

・**取締役の過半数の一致を証する書面（取締役会設置会社においては取締役会議事録）**

・**会社法796条１項本文の場合に該当することを証する書面**

　→**要するに、略式組織再編ができる場合にあたることの証明である。**

　→**具体的には、消滅会社が存続会社の特別支配会社であることを証する存続会社の株主、各株主の保有株式数、議決権の個数などを証する代表者の証明書である。**

②　簡易組織再編のケース

・**取締役の過半数の一致を証する書面（取締役会設置会社にあっては、取締役会議事録）**

・**会社法796条２項本文の場合に該当することを証する書面**

→要するに、簡易組織再編ができる場合にあたることの証明である。
(合併対価が存続会社の純資産額の20%以下であることの代表者の証明書)
→簡易合併に反対する旨を通知した株主がある場合、株主総会の決議による承認を受けなければならない場合に該当しないことを証する書面の添付をも要する。
(反対株主の議決権の個数が簡易組織再編を阻止することができる数に達しないことを証する代表者の証明書)

参考 **簡易組織再編を阻止するための少数株主の割合**

以下に掲げた数のうち、いずれかの要件を満たせば、簡易組織再編を阻止することができる。(会社法施行規則197条)

事業譲渡の項ですでに述べたが、もう一度掲載する。

吸収合併の存続会社において、合併につき議決権を行使できる株式を、特定株式と呼ぶ。その特定株式の数をＡとする。

なお、吸収分割承継会社、株式交換完全親会社における簡易組織再編でも同様の計算式が成り立つ。

1．すべての会社の場合

Ａ×１/２×１/３＝１/６Ａ（原則）

上記の１/２は特別決議の定足数である。１/３は特別決議を阻止するための１－２/３を指す。

＊仮に、特別決議の定足数を、議決権の３分の１、そして議決要件を４分の３の賛成とする定款規定がある会社では、上記の数は以下のように変化する。

Ａ×１/３×１/４＝１/12A

上記の１/６Ａなり１/12Aの数に１を加えた議決権の数が簡易組織再編の阻止のために必要となる。

2．特別決議の決議要件として、株主の一定の頭数（Ｘ）が賛成することを要するという定款規定がある会社の場合

→特定株主の総数（Ｙ）から、反対を表明した特定株主の数（Ｚ）を引いた残数が、上記の数を満たさないとき。

Ｙ－Ｚ＜Ｘ

3．上記、１および２以外の、決議要件を定めた定款規定がある場合

→反対を表明した特定株主の全部が、実際に株主総会で反対をした場合に、決議が成立しないとき。

4．定款で、簡易組織再編を阻止するための少数株主の議決権の数を定め

た場合
　→定款で定めた数。

以上を、解説すれば、1においては、反対株主の全員が、株主総会で反対をすれば、合併のための特別決議が成立しない「可能性」があるケース。
2、3は、一定数の特定株主の反対表明があれば、明らかに決議が成立しないケースである。

コラム　合併差損

消滅会社の純資産がマイナスであっても、これを吸収合併することができる。
この場合、合併差損をそのまま計上する。
が、この場合には、簡易組織再編をすることはできず、株主総会決議を要することになる。(会社法796条2項ただし書)
なお、合併差損の正確な定義については、会社法795条2項1号・2号、会社法施行規則195条が規定している。正確にいえば、消滅会社が債務超過であるかどうかということと、合併に際して差損が生じるかどうかという問題は別問題であり、純資産額がプラスの会社を合併する場合でも差損が生じることはある。
→受験者としては、簿価マイナスの資産を引き継ぐケース（消滅会社の純資産額がマイナスのケース。俗にいう債務超過）は、必ず合併差損が生じると考えればよい。
以下、債務超過の会社の純資産の部の一例をご紹介する。

純資産の部	
資本金 準備金 剰余金	1000万円 0円 △1200万円
純資産合計	△200万円

参考　合併差損

ついでなので、もう少しくわしく書く。
たとえば、B社が、A社の完全親株式会社であったとしよう。
B社は、A社の全株式を保有する。
その株式の評価が1000万円であったとしよう。

完全親会社であるB社の貸借対照表は、一例として、次のようになる。

<table>
<tr><th>資産の部</th><th>負債の部</th></tr>
<tr><td rowspan="4">…
…
A社の株式　1000万円
…</td><td>…
負債合計　　何円</td></tr>
<tr><td>純資産の部</td></tr>
<tr><td>…</td></tr>
<tr><td>純資産合計　5000万円</td></tr>
<tr><td>資産合計　　何円</td><td>負債・純資産合計　何円</td></tr>
</table>

さて、この状況で合併をする。

この時、被合併会社のA社の純資産の額が800万円だったとしよう。

そうするとB社の純資産の額が減るのである。

合併後は、次のようになる。

<table>
<tr><th>資産の部</th><th>負債の部</th></tr>
<tr><td rowspan="4">…
…
A社の株式　0円
…</td><td>…
負債合計　　何円</td></tr>
<tr><td>純資産の部</td></tr>
<tr><td>…</td></tr>
<tr><td>純資産合計　4800万円</td></tr>
<tr><td>資産合計　　何円</td><td>負債・純資産合計　何円</td></tr>
</table>

純資産の額が200万円減った。

資産が、A社の株式の分（金1000万円）減り、その対価がA社の純資産の額（金800万円）にすぎないのだから減るのが道理である。

これが**合併差損**であり、上記のように被合併会社が債務超過でなくても差損が生じることがある。

参考問題　1．会社とその完全子会社との吸収合併により完全子会社が消滅する場合には、合併後存続する会社が完全子会社から承継する資産の額がその承継する債務の額を下回るときであっても、合併による変更の登記の申請書には、いずれの会社の株主総会の議事録も添付する必要はない。（商業登記法H19-34-ア）

2．吸収合併における承継債務額が承継資産額を超える場合には、当該吸収合併による変更の登記の申請書には、存続会社の株主全員の同意があったことを証する書面を添付しなければならない。（商業登記法R3-31-イ）

答え　1．×　簿価マイナスの資産の承継だから、必ず差損が生じる。完全親会社での簡易組織再編は不可である。ちなみに、この肢のケースは、完全子会社では株主総会決議を要しない（略式組織再編が可能である）。さきにも述べたが、この合併は無対価だから、会社法784条1項ただし書の略式組織再編のできない例外規定に該当する可能性もない。

2．×　株主総会議事録でよい。合併差損が生じても存続会社で簡易合併ができなくなるだけの話。

→会社法784条1項ただし書については、下記「発展」において述べる。

発展　株主総会決議を要する場合

以下の場合にも、株主総会決議の省略ができない。

1．吸収合併消滅会社の略式組織再編（会社法784条1項ただし書）

①　合併対価の全部または一部が譲渡制限株式

（かつ）

②　消滅会社が公開会社で種類株式発行会社でない場合（すべての株式を公開しているという意味）

〈理由〉　消滅株式会社の株式に譲渡制限が付着する結果となるため。

→株式の譲渡制限の設定は議決権の個数以外に、株主のアタマ数も問題になるから、90％以上の議決権を持つ株主の一存で決議ができないことが、ものの道理である。

《注》　消滅会社が種類株式発行会社である場合にどうなるのかは、後記「参考1」に記載する。

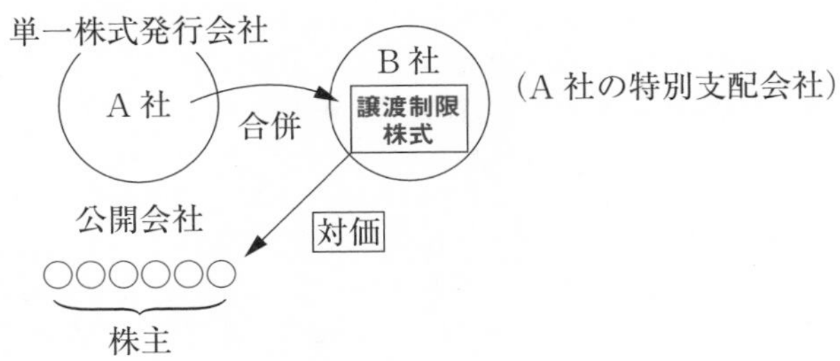

A社の合併承認は特殊決議Ⅰで行う
(略式合併不可)

→単一株式発行会社のする譲渡制限規定の設定には、議決権を有する株主の半数以上の同意を要する。

→したがって、略式合併（多数派株主の横暴の最たるもの）ができないのは**当たり前**である。

参考問題　A社を吸収合併存続株式会社とし、B社を吸収合併消滅株式会社とする吸収合併に際して、会社法上の公開会社でないA社が、種類株式を発行していない会社法上の公開会社であるB社の特別支配会社である場合において、吸収合併に際してB社の株主に対してA社の株式を交付するときは、A社の吸収合併による変更の登記の申請書には、合併契約の承認の決議をしたB社の株主総会の議事録を添付しなければならない。(商業登記法H30-33-オ改)

答　え　○　B社の株主総会において、特殊決議Ⅰの成立を要する。

２．吸収合併存続会社の略式・簡易組織再編（会社法796条１項ただし書、796条２項ただし書）

①　合併対価の全部または一部が存続株式会社の譲渡制限株式
（かつ）
②　存続会社が公開会社でない場合
〈理由〉　存続会社において、譲渡制限株式の交付となるから。

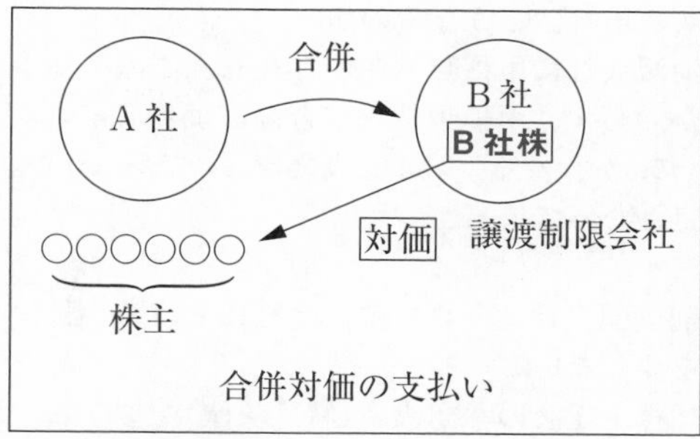

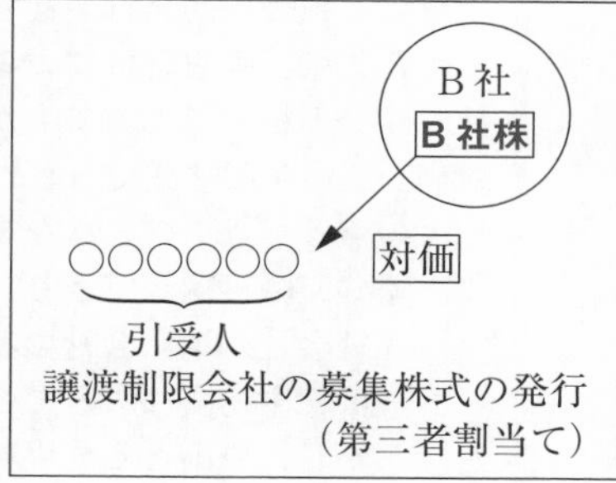

B社にとって左右パターンが同じ

1．譲渡制限会社（B社）の第三者割当ては、株主総会（特別決議）が必須

2．よって左のパターンもB社の株主総会（特別決議）が必須
→B社で略式・簡易合併ができない

要するに、合併においても、B社の譲渡制限株式の株主の「閉鎖性への配慮」を要するのである。

《注》 存続会社が公開会社であり、合併対価の全部または一部が存続株式会社の譲渡制限株式の場合については、後記「参考　種類株式発行会社の場合の考え方」で説明する。
公開会社が、譲渡制限株式を交付するということは、その公開会社は種類株式発行会社なのである。

参考問題　吸収合併に際して吸収合併消滅会社の株主に対して交付する金銭等の全部が公開会社でない吸収合併存続会社の譲渡制限株式である場合は、吸収合併消滅会社が吸収合併存続会社の特別支配会社であっても、吸収合併による変更の登記の申請書には、吸収合併契約を承認した吸収合併存続会社の株主総会の議事録を添付しなければならない。（商業登記法R4-32-エ）

答 え　○　存続株式会社の株主の閉鎖性への配慮を要する。

参考　**種類株式発行会社の場合の考え方１　消滅する株式会社の場合**

会社法784条１項ただし書は、吸収合併における合併対価等の全部または一部が譲渡制限株式等であって、消滅株式会社等が公開会社であり、かつ、種類株式発行会社でないときは、略式組織再編をすることができないと規定している。

では、種類株式発行会社である場合はどうなるのか。

たとえば、吸収合併による消滅会社に甲種類株主が存在し、この甲種類株式が公開株式であるにもかかわらず、甲種類株主が合併により取得する対価が譲渡制限株式であるときにはいかなる手続が必要となるのであろうか。

この点は、以下のような規定となっている。

1．略式組織再編ができる。

→存続会社が消滅会社の特別支配会社であれば消滅会社における合併決議は株主総会によることを要しない。

2．しかし、原則として甲種類株主総会の承認決議(特殊決議)を要する。

(会社法783条3項、324条3項2号)

以上のように、甲種類株主総会の承認決議を要するとすることで甲種類株主の保護を図るのが会社法の考え方である。

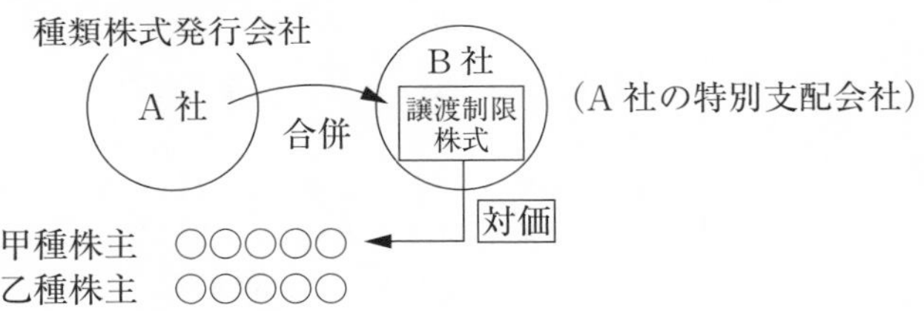

・A 社で略式合併ができる（株主総会不要）

・甲種株式の株主による種類株主総会（特殊決議Ⅰ）を要する

会社法は**「分析的」**であり、種類株式の株主の保護は、個別に種類に応じて行うのである。

以下、発展事項。

1．同様のことは、株式交換の完全子会社の種類株主（公開株の株主）が取得する対価が譲渡制限株式である場合にも該当する。

2．しかし、会社分割の場合にはかかる規定は存在しない。

なぜならば､会社分割においては対価を取得するのは分割会社であり、「分割会社の株主ではない」からである。

確認事項　上記のケースの添付書面

種類株主総会議事録・株主リストの添付を要する。

発展　持分が対価である場合（会社法783条４項）

種類株式発行会社において、甲種株式の株主に対する合併対価の全部または一部が持分会社の持分である場合には､株主総会等による合併承認の決議のほか、

甲種株式の株主全員の同意を要する。この場合も参考1のケースと考え方の基本が同じである。

要するに、合併により、株式→持分会社の持分へと変更されることは、甲種株式の株主にとって非常に重要な問題になるのである。

確認事項 **上記のケースの添付書面**

甲種株式の株主全員の同意書・株主リストの添付を要する。

参考問題 吸収合併消滅会社が種類株式発行会社である場合において、合併対価の一部が持分会社の持分であるときは、合併による変更の登記の申請書には、持分の割当てを受ける種類の種類株主全員の同意を証する書面を添付しなければならない。(商業登記法H19-34-イ)

答え ○ 会社法783条4項。

参考 **種類株式発行会社の場合の考え方2　存続する株式会社の場合**

今度は吸収合併存続会社のハナシである。

存続会社が種類株式発行会社である場合には、種類株主総会決議を要するケースがある。

そのケースとは？

それは、吸収合併消滅会社の株主等に対して交付する対価が吸収合併存続会社の株式（譲渡制限のある種類株式であり、この点の承認を要しないとする会社法199条4項の定款規定が存在しないもの）のケースである。(会社法795条4項)

この点は、募集株式の発行のときに述べたが、譲渡制限の付着した種類株式について第三者割当てによる募集株式の発行をする場合には、原則として会社法199条4項が規定する種類株主総会の承認決議を要する。

その理由は、自らの株式に譲渡制限という不自由なものを付与しているその種類株主の**「閉鎖性への配慮」**であった。

ところで、吸収合併に際して、消滅株式会社の株主に存続株式会社の種類株式を交付するということは、その実質（当該種類株主のメンバーが増える可能性がある）において募集株式の発行と異なるところがない。

したがって、会社法は、吸収合併の場合においても、かかる場合に、吸収合併存続株式会社の当該種類株主総会決議を要するとしているのである。

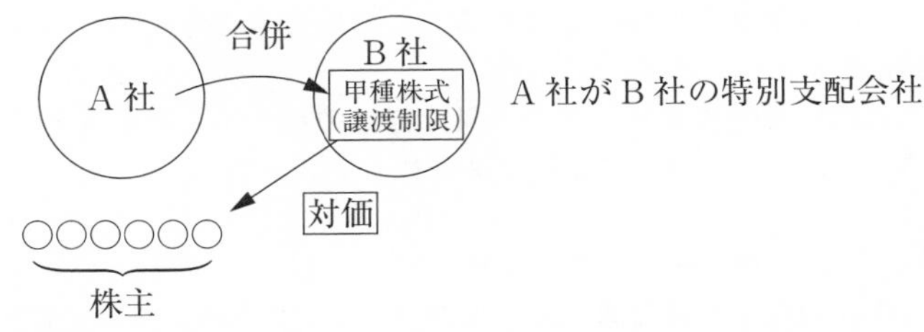

1. B社が公開会社であるときは、B社において略式合併ができる（株主総会を要しない）
2. しかし、原則として甲種株式の株主による種類株主総会（特別決議）を要する

〔ポイント〕ここでも会社法は**「分析的」**である

以下、発展事項。

1. 同様のことは、株式交換の完全親会社において株式交換対価として譲渡制限の付着した種類株式を交付する場合にも該当する。
2. また、会社分割の場合に吸収分割承継会社において分割対価として譲渡制限の付着した種類株式を交付する場合にも同様のことがいえる。分割に際して第三者割当てによる株式の交付と同様の行為をすることになるからである。

確認事項　**上記のケースの添付書面**

種類株主総会議事録・株主リストの添付を要する。

参考問題　吸収合併存続株式会社が種類株式発行会社である場合において、吸収合併消滅株式会社の株主に対して合併対価として吸収合併存続株式会社の譲渡制限種類株式が割り当てられるときは、当該譲渡制限種類株式を引き受ける者の募集について当該譲渡制限種類株式の種類株主を構成員とする種類株主総会の決議を要しない旨の定款の定めがあるときであっても、吸収合併存続株式会社において、当該譲渡制限種類株式の種類株主を構成員とする種類株主総会の決議を要する。（商法H30-34-ウ）

答え　×　その旨の定款の定めがあるときは、その譲渡制限株式の株主による種類株主総会決議を要しない。

---

② 反対株主の株式買取請求

消滅会社・存続会社いずれにおいても、合併に反対の株主は、原則として、自己の有する株式を公正な価格で買い取ることを請求することができます。(会社法785条、797条)

気に入らない合併をする会社の株主など、辞めてやる。というわけです。
→この場合、会社は、合併の効力発生日の20日前までに吸収合併をする旨、相手方会社の商号、住所などを一定の株主に対して通知しなければならない。(会社法785条3項、797条3項)

これは、反対株主に株式買取請求の機会を与える趣旨の通知です。
なお、次の場合、この通知を公告に代えることができます。
1. 公開会社の場合（会社法785条4項1号、797条4項1号）
2. 株主総会の決議により合併契約の承認をした場合（会社法785条4項2号、797条4項2号）

参考 **通知を公告に代えることができる理由は次のとおり**
〈公開会社の場合〉
反対株主の株式買取請求に実益のないケースが多く、株式買取請求の機会を与えることの重要度が低い。
要するに、合併に反対であれば、市場で株を売ればよいということ。
〈株主総会の決議により合併契約書の承認をした場合〉
株主総会の招集通知が、一度は行っているはずだからである。

消滅会社（単一株式発行会社）の場合、合併契約の承認を総株主の同意で行う場合があります（合併対価が持分会社の「持分」である場合）。
このケースでは、株主は株式の買取請求をすることはできません。なぜなら、反対株主が1人でもいれば、合併ができないからです。
また、種類株式発行会社においては、合併契約の承認について、ある種類の株主の全員の同意を要することがあります。(会社法783条4項)
このケースでは、その種類株主が株式の買取請求をすることはできません。

なお、存続会社で簡易合併をするときは、反対株主が株式の買取請求をすることができません。(会社法797条1項ただし書)
→ただし、簡易合併に対して一定の数の株主（原則として1/6A＋1議決権）が反対をし、合併について株主総会の決議を要することとなったときは、反対株主に株式買取請求権が生じる（Aは特定株式の数）。

→また、合併差損が生じるなどの理由で簡易合併ができないときにも反対株主にその有する株式の買取請求権が生じる。

この他、略式合併ができるときの特別支配会社も、株式買取請求をすることができません。

取締役（または取締役会）が合併を決したときに、特別支配会社がこれに反対して株式買取請求をするなどはナンセンスだからです。（会社法797条２項２号カッコ書）

確認事項　**合併による変更登記の申請において、株主への通知または公告をしたことを証する書面の添付は不要である。**

【ポイント整理】株式買取請求権

１．簡易合併　株式買取請求ができない
理由　合併の規模が小さいから
→株主総会の決議を要するとき（1/6A＋１議決権を有する株主の反対があったか合併差損がある場合）は、株式買取請求ができる。

２．略式合併　株式買取請求ができる
理由　多数派が横暴だから
→特別支配会社は株式買取請求ができない（株式買取請求の制度趣旨は少数派の保護にある）。

発展　**吸収合併を承認する株主総会決議と債権者の異議手続の先後**

会社法においては、手続の先後は問われていない。

だから、あらかじめ債権者の異議手続に着手した後に、合併の決議をしてもよい。

なお、株主総会の承認決議については、効力発生日の前日までに行うことが要求されている。（会社法783条１項、795条１項）

したがって、承認決議の日に吸収合併の効力が発生することはない。

参考問題　吸収合併存続株式会社が吸収合併消滅株式会社の特別支配会社である場合であっても、吸収合併消滅株式会社の反対株主は、吸収合併消滅株式会社に対し、自己の有する株式を公正な価格で買い取ることを請求することができる。（商

法H30-34-イ）

答 え　○　反対株主の株式買取請求は、合併に反対の少数派株主を保護するための仕組みのひとつである。吸収合併消滅株式会社の泡沫株主（特別支配会社以外の少数派株主）が、この仕組みを利用できるのはあたりまえのハナシである。

③ 合併をやめることの請求

【学習の指針】合併をやめることの請求と書類等の備置義務

合併などの組織再編をスクイーズアウトに使うことができる。

たとえば、A社がA社の支配株主であるB社に合併する。合併対価は金銭等でありB社の株式ではないとしよう。

これにより、無事、スクイーズアウト（A社の少数派の追い出し）ができる。

このため、合併にも、少数派の保護のために、合併をやめることの請求や書類等備置きの義務を定めた規定がある。

次の場合に、株主が不利益を受けるおそれがあるときは、吸収合併をやめることを請求できます。

消滅株式会社において（会社法784条の2）

1．吸収合併が法令または定款に違反する場合（違反行為をとがめるケース）

2．略式合併をする場合において、合併対価が各合併当事会社の財産の状況その他の事情に照らして著しく不当であるとき（これは、多数派の横暴をやめさせるケース）

→上記の事情は、株式交換完全子会社および吸収分割会社（タマが出るほう）においても同様である(タマとは、承継させる資産や株式などのことです)。

→しかし、1つ例外がある。吸収分割会社が簡易分割をするときは、株主がこれをやめることを請求することができない。簡易分割では、分割する資産の価額が小さいので、株主に発言権が認められていないのである。

存続株式会社において（会社法796条の2）

1．吸収合併が法令または定款に違反する場合（違反行為をとがめるケース）

2．略式合併をする場合において、合併対価が各合併当事会社の財産の状況その他の事情に照らして著しく不当であるとき（これは、多数派の横暴をやめさせるケース）

なお、簡易合併をするときは、存続会社の株主は合併をやめることを請求することができません。簡易合併では、消滅会社の株主に交付する対価の価額が小さいので、株主に発言権が認められていないのです。

→上記の事情は、株式交換完全親会社および吸収分割承継会社（タマが入るほう）においても同様である。

→なお、合併差損が生じたり、一定の数の株式を有する株主が反対するなどの理由で簡易合併をすることができないときは、株主が合併をやめることを請求することができる。

参考問題

1．吸収合併が法令又は定款に違反し、吸収合併存続会社の株主が不利益を受けるおそれがあるときであっても、吸収合併存続会社の株主は、吸収合併存続会社に対し、当該吸収合併の差止めを請求することはできない。（商法R4-34-4）

2．吸収合併存続会社を株式会社とする吸収合併による変更の登記の申請書には、吸収合併存続株式会社において吸収合併をする旨を公告し、又は株主に通知したことを証する書面を添付しなければならない。（商業登記法H17-34-エ）

3．株式買取請求に係る株式の買取りは、当該株式の代金の支払の時に、その効力を生ずる。（商法H20-31-オ）

答え　1．×　2．×　反対株主のための通知または公告をしたことを証する書面の添付を要するとは商業登記法には書いていない。

3．×　一般論として、買取りは、反対株主の買取請求の原因となった行為の効力発生日に生じる（会社法117条6項、182条の5第6項、470条6項、786条6項、798条6項、816条の7第6項）。その例外として、設立型の組織再編（新設合併、新設分割、株式移転）に伴う反対株主の買取請求については、買取りは設立会社の成立の日にその効力を生じる。（会社法807条6項）

④ 債権者の異議手続

消滅株式会社・存続株式会社いずれにおいても、債権者の異議手続を要します。（会社法789条、799条）

消滅株式会社の債権者は、合併により従来の会社とは別会社の債権者になりますから（請求書の宛て先が別会社となってしまう）、当然に異議を述べることができます。

存続株式会社においても、合併は存続会社に悪影響を与える可能性がある（合併する相手先の財務内容が思いのほかに悪く、存続会社の経営が傾くことがありえる）ので、同様に、異議を述べることができます。

なお、債権者の異議手続の内容は、資本金の額の減少の場合と同様に考えて差し支えありません。

確認事項　債権者の異議手続関係書面

もちろん、合併による変更の登記の添付書面である。

吸収合併消滅株式会社につき商業登記法80条８号、吸収合併存続株式会社につき商業登記法80条３号に規定がある。

「資本金の額の減少の場合」と同様に、「二重のザル」は、健在である。

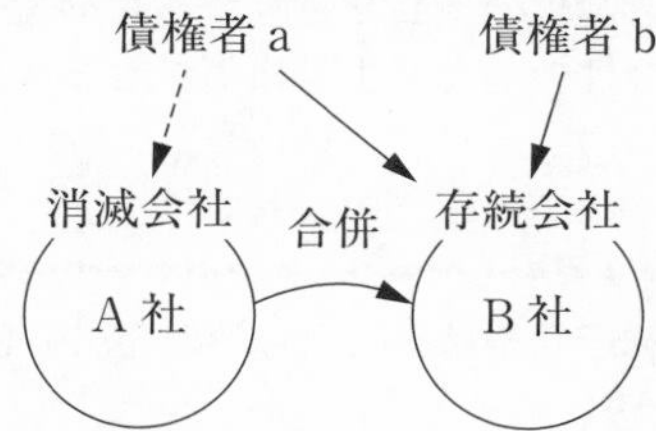

債権者異議手続の意味

・債権者aに対して
債務者がA社→B社に変わる（免責的債務引受けにあたる）ことへの保護を要するため

・債権者bに対して
B社の債務が増える（新たにライバル債権者aが登場する）ことへの保護のため

参考問題　A株式会社とその発行済株式の全部を有するB株式会社とが吸収合併をする場合には、吸収合併存続会社がB株式会社であるときでも、B株式会社の債権者は、B株式会社に対し、当該吸収合併について異議を述べることができる。（商法H25-33-エ）

答 え　○

参考問題　公告方法として官報に掲載する方法を定款で定めている吸収合併消滅株式会社は、吸収合併について異議を述べることができる債権者がいる場合におい

て、官報及び時事に関する事項を掲載する日刊新聞紙にそれぞれ合併に関する公告を行ったときは、知れている債権者に対して各別に催告することを要しない。（商法R5-34-イ）

答え　×　公告方法が「官報」の会社では「二重のザル」は使えない。会社法789条３項

⑤ 新株予約権者に対する通知等

吸収合併消滅株式会社は、新株予約権者に対して、吸収合併の効力発生日の20日前までに、合併をする旨等を通知または公告しなければなりません。（会社法787条３項・４項）

これは、新株予約権者に、新株予約権の買取請求の機会を付与するためです。

なお、吸収合併消滅会社の新株予約権は、合併の効力発生日に消滅します。（会社法750条４項）

参考問題　吸収合併消滅会社が発行した新株予約権は、吸収合併の登記をした時に、消滅する。（商法R4-34-2）

答え　×　効力発生日に消滅する。およそ吸収合併の効力は、その効力発生日に生じるのである。

また、吸収合併消滅会社が新株予約権証券を発行している場合には、吸収合併の効力の発生日までに当該株式会社に対し、新株予約権証券を提出しなければならない旨を、当該日の１か月前までに公告し、かつ、新株予約権者およびその登録新株予約権質権者に各別に通知をしなければなりません。（会社法293条１項３号）→草の根分けても探し出すパターンである。

こちらは、新株予約権者に合併対価を交付するための手続です。

確認事項　**新株予約権を発行する株式会社に関する添付書面**

吸収合併消滅株式会社が、新株予約権を発行する株式会社の場合、以下のいずれかの添付を要する。（商業登記法80条10号、59条２項２号）

- **新株予約権証券提出公告をしたことを証する書面**
- **新株予約権証券を発行していないことを証する書面**

《注意》 存続会社では、新株予約権者に対する通知等は不要である。従来どおりの権利を行使できるからである。

参考 株券提出公告

消滅株式会社が株券発行会社である場合、現実に株券を発行していれば、株券提出公告を要する。

合併対価を受けるための引換証の提出の意味である。

【会社法の基本思想】分析的思考

会社法は「分析的」である。

だから、消滅株式会社（A社）の新株予約権を、存続株式会社（B社）が承継するとは考えない。

次の２段階で考えるのである。

1．合併により、A社の新株予約権が、必ず、消滅する。

2．B社が、その対価を交付する。対価は、金銭またはB社の新株予約権である。

なお、A社の新株予約権が消滅し、その新株予約権者にB社の新株予約権を交付するケースを、俗に「新株予約権の承継」という。

この言葉は便利なので（いちいち、A社の新株予約権が消滅し、その新株予約権者にB社の新株予約権を交付すると書くのはたいへんですね）、よく使われるのだが、先に書いたように、ゲンミツな意味では正確な用語の使い方ではない。

しかし、便利なので、本書でも、以下、使用することがある。

◀ポイント▶ 新株予約権者への対価

以下、吸収合併について整理する。

1．新株予約権者への対価

必ず、これを定める（無対価がありえない）。

2．対価の内容

金銭または存続株式会社の新株予約権である。

確認事項 吸収合併による変更の登記の添付書面

吸収合併消滅株式会社が、株券発行会社である場合には、合併による変更の登記の申請書には以下の書面のいずれかを添付することを要する。（商業登記法80条９号）

・株券提出公告をしたことを証する書面

・株式の全部について株券を発行していないことを証する書面

〈吸収合併〉

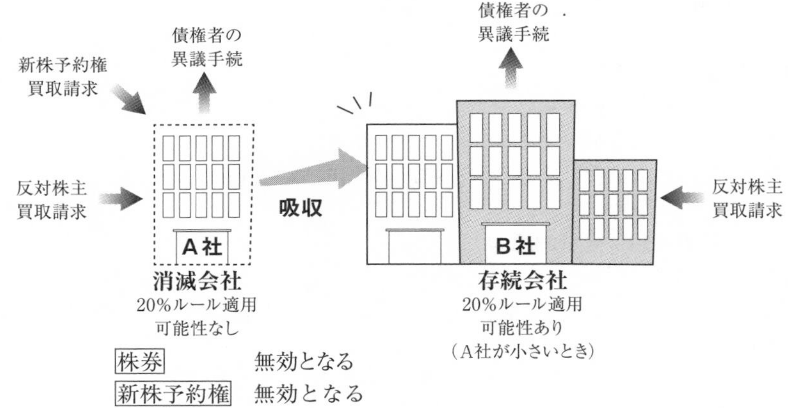

発展　A社における新株予約権の買取請求

A社での新株予約権の発行時に、将来、A社が吸収合併をされた場合に、存続株式会社の新株予約権を交付するという旨とその条件を定めることができる。（会社法236条1項8号イ）

さて、この場合、後日B社と現実に合併をするとき、合併契約において、A社の新株予約権者に、B社の新株予約権を交付するという合意をし、かつ、その条件が、上記の発行時の条件に合致する場合には、A社の新株予約権者は、新株予約権の買取請求をすることができない。（会社法787条1項1号）

A社での、新株予約権発行時からの、予定どおりの事態が生じたにすぎないからだ。

つまり、A社で、買取請求をすることができる新株予約権者は、以下のケースの新株予約権者である。

1．A社における新株予約権の発行時に、将来、A社が吸収合併されたときは、存続株式会社の新株予約権を交付するいう旨とその条件を定めなかったとき。

2．A社における新株予約権の発行時に、将来、A社が吸収合併をされた場合、存続株式会社の新株予約権を交付するという旨とその条件を定めたが、B社が現実に交付する新株予約権の条件が、発行時の条件に合致しないとき、または対価が金銭であるとき。

【制度趣旨】買取請求の意味するところ

新株予約権者への対価が金銭であるとは、存続株式会社がこれを買取ることを意味する。

その場合でも、新株予約権者は買取請求権を有する。

みなさんは、その意味が分かるかな？

これは、新株予約権者が、存続株式会社の提示した買取価格に不足があるときに、その公正価格を裁判所に定めてもらう機会を設けることが目的なのである。

同様のことは、反対株主の株式買取請求の場合にも生じる。

たとえば、合併対価が金銭であっても、反対株主は株式買取請求権を行使することができる。

参考問題

1．吸収合併をする場合において、吸収合併消滅会社が新株予約権を発行しているときは、当該新株予約権に係るすべての新株予約権者が新株予約権の買取を請求することができる。（商法H19-35-ア）

2．吸収合併消滅株式会社が株券を発行している株券発行会社であるときは、合併による変更の登記の申請書には、吸収合併消滅株式会社において株券提供の公告をしたことを証する書面を添付しなければならない。（商業登記法H17-34-オ）

3．A株式会社を吸収合併存続会社とし、B株式会社を吸収合併消滅会社として吸収合併をする場合において、株券発行会社であるB株式会社に対しその発行済株式の全部につき株券不所持の申出がされているときは、吸収合併による変更の登記の申請書には、株券提供公告をしたことを証する書面に代えて、当該株式の全部について株券を発行していないことを証する書面を添付することができる。（商業登記法H20-32-イ）

4．A社を吸収合併存続株式会社とし、B社を吸収合併消滅株式会社とする吸収合併に際して、B社が現に株券を発行している株券発行会社である場合において、B社がA社の完全子会社であるときは、A社の吸収合併による変更の登記の申請書には、B社が株券の提出に関する公告をしたことを証する書面を添付することを要しない。（商業登記法H30-33-エ改）

5．吸収合併消滅株式会社の新株予約権の新株予約権者に金銭を交付することとされた場合、当該新株予約権者は、当該吸収合併消滅株式会社に対し、その新株予約権を公正な価格で買い取ることを請求することができる。（商法H22-33-ウ）

答え　1．×　会社法787条1項1号。　2．○　商業登記法80条9号。
3．○　2に同じ。
4．×　B社が、現に株券を発行しているのだから、株券提出公告を要する。一人株主のAが、株券を紛失しており他に株券の所持人がいる可能性もあるためである。

5．○　金銭交付の場合だから、必ず、新株予約権買取請求ができる。（会社法787条１項１号）

---

⑥ 合併契約書の備置き等

消滅会社・存続会社のいずれも、合併契約の内容等を記載した書面等を本店に備置きしなければなりません。（会社法782条、794条）

その起点は、以下のうち最も早い日です。

1．株主総会日の２週間前（総会決議を要する場合）
2．反対株主への通知または公告の日
3．新株予約権者への通知または公告の日（消滅会社のみ）
4．債権者への催告または公告の日

備置期間は、存続株式会社においては、合併の効力発生日後６か月の経過時までです。なお、消滅株式会社においては、備置期間は、合併の効力発生日までです。

合併の効力発生日後６か月という期間は、合併無効の訴えの提起期間に対応します。

株主および会社債権者は、合併契約の内容等を記載した書面等を、会社の営業時間中いつでも閲覧等の請求をすることができます。

参考　**吸収合併等に関する書面等**

吸収合併の存続会社は、合併の効力発生日後遅滞なく、吸収合併により存続会社が承継した権利義務その他の事項を記載（記録）した書面等を作成し、これを合併の効力発生日後６か月の経過時まで備置きしなければならない。（会社法801条）

上記本文中の書類が、合併前の作成書類であるのに対して、こちらは、合併後に作成する関係書類であり、ともに株主等の閲覧に供される。

同様の規定は、株式交換、株式移転、株式交付、吸収分割、新設分割、新設合併にも存在する（会社法791条、801条、811条、815条、816条の10）。これらは、いずれも、各々の会社の組織再編の無効の訴えを提起しようという者のために、開示される書類である。

コラム　持分会社が合併をする場合の手続

株式会社と簡単に比較をしておこう。(会社法793条、802条)
以下は、持分会社が、消滅会社・存続会社のどちらの場合にも該当する。

1. 決議要件　総社員の同意（ただし、存続会社においては新しい社員が加入する場合のみ→合併対価が金銭等であれば存続会社の合併は通常の業務の執行になるというコト)。
2. 債権者の異議手続　有り。
3. 合併契約の内容についての書面を備置きするという規定はない。

参考　**会社法322条１項の種類株主総会**

合併がある種類の株主に損害を及ぼすおそれがあるときは、原則として会社法322条１項の種類株主総会を要する。

→吸収分割、新設分割、株式交換、株式移転、株式交付をする場合も同様である。

参考問題

1. 吸収合併の場合も、新設合併の場合も、合併契約においてあらかじめ定められた効力発生日の到来により、その効力が生ずる。(商法H18-29-ア)
2. 吸収合併の場合も、新設合併の場合も、存続会社又は消滅会社の取締役は、合併契約に別段の定めがない限り、合併の効力が生じた日にその地位を失う。(商法H18-29-イ)

答え　1. ×　吸収合併については正しいが、新設合併は登記により効力が生じる。

2. ×　消滅会社の取締役が合併の効力発生により地位を失うことは当然だが、存続会社の取締役の地位には変動がない。たとえば、一部上場企業が町工場を吸収合併した場合に、いちいち、上場企業の役員が退任するわけがないであろう。

参考問題　種類株式発行会社ではないA株式会社とB合同会社との間の吸収合併に関する次のアからオまでの記述のうち、吸収合併存続会社がA株式会社である場合とB合同会社である場合のいずれにも該当するものの組合せは、後記１から５までのうちどれか。

なお、合併対価は、吸収合併存続会社がA株式会社である場合には、その株式とされ、吸収合併存続会社がB合同会社である場合には、その持分とされたものとする。(商法H23-33)

ア　A株式会社は、その総株主の同意を得なければならない。

イ　Ａ株式会社は、吸収合併契約に関する書面等をその本店に備え置かなければならない。

ウ　Ａ株式会社は、Ａ株式会社の株主に対し、吸収合併をする旨並びにＢ合同会社の商号及び住所を通知し、又は公告しなければならない。

エ　Ａ株式会社は、新株予約権を発行しているときは、Ａ株式会社の新株予約権者に対し、吸収合併をする旨並びにＢ合同会社の商号及び住所を通知し、又は公告しなければならない。

オ　Ａ株式会社は、吸収合併をする旨並びにＢ合同会社の商号及び住所等を官報に公告しなければならない。

1　アウ　　**2**　アエ　　**3**　イエ　　**4**　イオ　　**5**　ウオ

答え　**4**

ア　吸収合併存続会社がＢ合同会社であるときだけ、該当する。

吸収合併存続会社がＢ合同会社であるときは、Ａ株式会社の株主に合併対価としてＢ合同会社の持分を交付することになるから、Ａ株式会社は、その総株主の同意を得なければならない。（会社法783条２項）

イ　いずれにも、該当する。

書面等備置義務は、吸収合併消滅株式会社と吸収合併存続株式会社のいずれにも存在する。（会社法782条１項、794条１項）

ウ　吸収合併存続会社がＢ合同会社であるときは、該当しない。

本問は、反対株主への通知または公告の要否を問うている。吸収合併存続会社がＢ合同会社であるときは、Ａ株式会社は総株主の同意がなければ合併することができないから、反対株主への通知または公告は要しない。（会社法785条３項ただし書・１項１号、783条２項）

エ　吸収合併存続会社がＢ合同会社であるときだけ、該当する。

Ａ株式会社の新株予約権は、吸収合併存続会社がＢ合同会社であるときだけ消滅する。したがって、新株予約権者への買取請求権行使のための通知または公告は吸収合併存続会社がＢ合同会社であるときだけすることを要する。（会社法787条３項１号・４項）

オ　いずれにも、該当する。

Ａ株式会社が、吸収合併消滅会社でも、吸収合併存続会社でも債権者の異議手続は必須である。（会社法789条２項・１項１号、799条２項・１項１号）

⑦ 吸収合併の登記

Ⅰ 吸収合併に関する登記の基本

1．報告的登記である。
→登記期間は、効力の発生した時から2週間以内。（会社法921条）
2．吸収合併存続会社の変更登記および吸収合併消滅会社の解散登記を申請する。（会社法921条）
→同時に申請をしなければならない。（商業登記法82条3項）
3．吸収合併消滅会社の解散登記の申請人は、吸収合併存続会社の代表者である。（商業登記法82条1項）

さて、以上は、すべて重要事項ですが、最初に読んでもピンとこないでしょう。

そこで、実例を示します。

まず、吸収合併の場合、吸収合併存続会社と吸収合併消滅会社の本店の所在場所は、同一の登記所の管轄区域内にあることもあります。

しかし、別の登記所の管轄区域内にあることだってあります。

そして、この後者、すなわち、吸収合併存続会社と吸収合併消滅会社の本店の所在場所が別の登記所の管轄区域内にある場合が試験の主力となります。

そこで、以後、後者のケースをベースに記述を進めます。

登記簿の記録例（H18.4.26民商第1110号依命通知改）

吸収合併の場合

（1） 存続会社（本店の所在地でする場合）

<table>
<tr><td rowspan="2">発行済株式の総数
並びに種類及び数</td><td colspan="2">発行済株式の総数
150万株</td></tr>
<tr><td>発行済株式の総数
250万株</td><td>令和6年9月28日変更
令和6年10月1日登記</td></tr>
<tr><td rowspan="2">資本金の額</td><td colspan="2">金7億5000万円</td></tr>
<tr><td>金12億5000万円</td><td>令和6年9月28日変更
令和6年10月1日登記</td></tr>
<tr><td>吸収合併</td><td colspan="2">令和6年9月28日東京都中野区野方一丁目34番1号
新田商事株式会社を合併
令和6年10月1日登記</td></tr>
</table>

［注］吸収合併の年月日及び発行済株式総数等の変更年月日は、合併契約にお

いて定められた効力発生日を記録する。

（2） 消滅会社（本店の所在地でする場合）

登記記録に関する事項	令和６年９月28日東京都文京区西片一丁目36番１号 岡村物産株式会社に合併し解散 令和６年10月８日登記 令和６年10月８日閉鎖

［注］解散の年月日は、合併契約において定められた効力発生日を記録する。

上記の合併は、資本金の額の増加を伴う合併です。

無増資・無対価の合併であれば、吸収合併存続会社の、発行済株式の総数・資本金の額は変動しません。

この場合には、「令和６年９月28日東京都中野区野方一丁目34番１号新田商事株式会社を合併」のみが、吸収合併存続会社の登記事項となります。

→合併の年月日を登記することに注目。理由は、報告的登記だからである。

参考問題 株式会社Ａを存続会社とし、株式会社Ｂ及び株式会社Ｃを消滅会社とする吸収合併の場合に、合併契約書が１通で作成されたときは、吸収合併による変更の登記の申請書には、登記すべき事項として株式会社Ｂ及び株式会社Ｃを合併した旨を一括して記載しなければならない。（商業登記法R3-31-エ）

答 え × 数社同時合併のケースでも、登記記録への合併事項の記載は各消滅会社ごとに別々に行う。

さて、さきにも述べたとおり、組織再編に絡む資本金の額の変動は、そのことだけで一冊の本になってしまうし、司法書士試験と関係がありません。

そこで、上記の無増資合併について述べます。

なお、管轄登記所は、以下のとおり（令和６年12月現在）。

1．吸収合併存続会社（岡村物産株式会社）の管轄は、東京法務局（本局）

2．吸収合併消滅会社（新田商事株式会社）の管轄は、東京法務局中野出張所

まず、吸収合併の登記は、非常に登記事項が少ない。

この点を認識願いたい。

受験者が、組織再編の登記をなんとなく面倒に考える理由は「添付書面の多さ」にしかないのです。

→その添付書面はすでに、本書ではあらかた説明済み。

登記事項は少ない。だから、申請書の書き方も簡単です。

申請すべき登記は、吸収合併存続会社の変更登記と、吸収合併消滅会社の解散登記です。

しかも、この両者は、同時に申請すべしと商業登記法82条３項に書いてあります。

では、管轄の違う登記を、どうやって「同時」に申請するのでしょうか。

携帯電話で連絡をとり、本局と中野出張所で、「せーの」という感じで申請するのでしょうか？

この秘密は、商業登記法に書いてあります。

以下は、合併による解散登記に関する規定です。

商業登記法82条

２項　本店の所在地における前項の登記の申請は、当該登記所の管轄区域内に吸収合併存続会社又は新設合併設立会社の本店がないときは、その本店の所在地を管轄する登記所を経由してしなければならない。

上記を、「経由申請」といいます。

つまり、管轄違いの場合には、携帯電話で連絡をする必要はなく、吸収合併による変更登記と解散登記の申請書は、１つの登記所にその双方を持っていけばよいのです。

では、どちらの登記所に行くかです。

以下の定理を覚えてください。

管轄定理　タマの入ってくるほうでやれ

タマとは、組織再編により承継される権利義務、財産等のことです。

吸収合併の場合、吸収合併消滅会社（中野出張所管轄）の権利義務（タマ）が、吸収合併存続会社（本局管轄）に入ります。

だから、司法書士が向かうべき登記所は、タマの入ってくるほうである「本局」

です。

→本局は九段下にある。靖国神社とも近い。前記の法務省の記録例は、合併をしたら靖国神社に参拝せよとの神のお告げである。

参考 **組織変更、持分会社の種類の変更の場合**

この場合、設立の登記と解散の登記を同時申請する意味合いは、登記簿の差替えだから、「経由申請」は、ありえない。

さて、重要問題は、もう１つあります。

吸収合併消滅会社（新田商事株式会社　中野管轄）の登記は、誰が申請するのかです。

普通、登記の申請は、「自分のことは自分でやる」のが大原則です。

だから、新田商事株式会社の解散登記は新田商事株式会社の代表者がやるのが当たり前の原則です。

しかし、よく考えてみてください。

合併による解散の場合、清算手続が開始しないから、新田商事株式会社には清算人がいません。

「あらまあ、どうしましょう」というわけです。

そこで、会社法は、ここに重大な例外を置きました。

これは、合併の場合に特有の条文です。

商業登記法82条

１項　合併による解散の登記の申請については、吸収合併後存続する会社（以下「吸収合併存続会社」という。）又は新設合併により設立する会社（以下「新設合併設立会社」という。）を代表すべき者が吸収合併消滅会社又は新設合併消滅会社を代表する。

上記は、新設合併のことも述べているが、要するに、新田商事株式会社（消滅会社）の解散登記は岡村物産株式会社（存続会社の代表者）がやれといっているのです。

では、以上をもとに、合併登記の申請書を書いてみましょう。

無増資・無対価の合併で、簡易・略式組織再編をしない、また、吸収合併消滅会社が株券も不発行で新株予約権の発行もしていないという最も単純な申請書のパターンです。

4-1

株式会社合併による変更登記申請書

会社法人等番号　0000-00-000000
フリガナ　オカムラブッサン
商　号　岡村物産株式会社
本　店　東京都文京区西片一丁目36番1号
登記の事由　吸収合併による変更
登記すべき事項　令和6年9月28日東京都中野区野方一丁目34番1号新田商事株式会社を合併
登録免許税　金30000円（ツ）
添付書類　吸収合併契約書　1通
株主総会議事録　2通
株主リスト　2通
公告及び催告をしたことを証する書面　何通
異議を述べた債権者はいない
消滅会社の登記事項証明書　1通
委任状　1通
年月日
東京都文京区西片一丁目36番1号
申請人　岡村物産株式会社
東京都何区何町何番地
代表取締役　岡村一郎
東京都何区何町何番地
上記代理人　山本太郎　㊞
東京法務局御中

以上が、合併による変更登記の申請書です。
注意点を以下に述べます。

1．資本金の額に変化がなければ、登録免許税額は金3万円（ツ）である。たとえば、合併に伴い、岡村物産株式会社が商号、目的変更をした場合でも、税金は3万円ですむ。
2．「株主総会議事録　2通」とあるのは、存続会社と、消滅会社の双方における合併承認の議事録の意味である。

参考問題　A社を吸収合併存続株式会社とし、B社を吸収合併消滅株式会社とする吸収合併に際してA社の資本金の額が増加せず、かつ、その効力の発生と同時にA社の商号を変更する場合において、A社の吸収合併による変更の登記と商号の変

更の登記を一の申請書で申請するときは、登録免許税の額は３万円である。（商業登記法H30-33-イ改）

答え　○

確認事項　**きわめて異例**

合併の場合、存続会社（岡村物産）の変更登記の申請書に、他の会社（消滅会社　新田商事）の議事録を添付する。

ある会社の登記の申請書に、他の会社の議事録を要することは、原則として無い。

だから、これは、きわめて例外的な事例である。

その根拠は、法律にある。（商業登記法80条６号）

参考　**株主リストの作成者**

存続会社（岡村物産）の株主リスト、消滅会社（新田商事）の株主リストの双方を存続会社（岡村物産）の代表取締役（または代表執行役）が作成する。

また、新設合併の場合には、新設合併設立会社の代表取締役（または代表執行役）が、合併消滅会社の株主リストを作成する。

→いずれも消滅株式会社の代表取締役（または代表執行役）は作成者とならない。

３．「公告及び催告」も存続会社と、消滅会社の双方のものを添付する。

→合併公告は、両社の連名ですることが多い。その場合には、公告は、その官報公告一本でいい。

→債権者への催告は双方で個別に行う。

４．「消滅会社の登記事項証明書」

これが、本書でまだ説明をしていない添付書面である。

東京法務局では、中野出張所の登記簿の内容が当然にはわからないことを前提に、吸収合併消滅会社である新田商事株式会社の登記事項証明書を添付せよといっているのである。

→もちろん、この書面は、存続会社と消滅会社の管轄が同一であれば不要である。

→添付の根拠条文は商業登記法80条５号

→作成後３か月以内のものに限る。（商登規36条の２）

→なお、申請書に消滅会社の会社法人等番号を記載することにより、その添付を省略することができる。

商業登記法80条
吸収合併による変更の登記の申請書には、次の書面を添付しなければならない。
1～4号　省略
5号　吸収合併消滅会社の登記事項証明書。ただし、当該登記所の管轄区域内に吸収合併消滅会社の本店がある場合を除く。
6号～10号　省略

商業登記法19条の3（添付書面の特例）
この法律の規定により登記の申請書に添付しなければならないとされている登記事項証明書は、申請書に会社法人等番号を記載した場合その他の法務省令で定める場合には、添付することを要しない。

商業登記規則36条の2（登記事項証明書等の有効期間）
申請書に添付すべき登記事項証明書は、その作成後3月以内のものに限る。

コラム　合併に伴う資本金の額の変動等

ややこしいハナシになるが、以下、結論だけ書く。

1．資本金の額の変動

合併の対価が存続株式会社の株式である場合のみ、資本金の額が増加する可能性がある。

→無対価、あるいは対価が金銭等のみの場合、資本金の額は増えない。単なる損益取引であり、資本取引ではないからである。

驚いたことに、消滅会社の株主に交付する対価がすべて存続会社の自己株式であっても資本金の額が増加する可能性がある（これは、募集株式の発行では考えられない事態である。その理由は、合併の場合、債権者の異議手続が必須であるため、このあたりの自由度が高いことにある）。

資本金の額の計算の手順を示すと以下のとおり。

①　吸収型組織再編対象財産を計算する。

②　株主資本等変動額を計算する（対価に使った自己株式を貸借対照表から消す仕組み。合併対価として自己株式を交付しなければ①＝②となる）。

③　上記の金額を合併契約に従い資本金の額に組み入れる。

→自由に決められる。つまり、②の額を全部資本金の増加額としてもいいし、1円も資本金の額に組み入れなくてもいい。

上記③が重要である。募集株式の発行の場合のように、半分以上は資本金の額という規制がない。

なお、受験者としては、こういう複雑なハナシを試験委員がみなさんに出題するわけもなく、基本的には「金何円を資本金の額の増加額とする」と、問題用紙のどこかに書いていない限りは、増資を伴う合併の問題は出題できないであろうことを知って安心せよ。

2．発行済株式の総数の変動

合併の対価として、存続株式会社が株式を発行した場合に、その数が増える。

なお、前記にも述べたが、発行済株式の総数が増えても資本金の額が増加しないこともあるし、逆に、資本金の額が増えても発行済株式の数が増加しないこともある。

要するに、両者の関係に厳密な相関性はない。

発展　資本金の額が増加する場合の登録免許税の考え方

きわめて複雑である。（登録免許税法施行規則12条２項）

出題の可能性は、合併対価のすべてが存続株式会社が合併に際して発行する（自己株式の処分を含まない）株式である場合のみである。

この場合、次の考え方をしよう。

１．新規資本増加分について税率７/1000

２．それ以外について税率1.5/1000

上記の合計が３万円に満たなければ３万円

なお、上記を、本書では、「新規資本増加７/1000の法則」、「勘弁してやろうは1.5/1000の法則」と呼ぶ。

以下、吸収合併存続会社をＡ社、吸収合併消滅会社をＢ社とする。

ケース１
合併前のＡ社の資本金の額　金5000万円
合併前のＢ社の資本金の額　金2000万円
合併後のＡ社の資本金の額が8000万円（3000万円増加）である場合

以下の計算をする。

1000万円×７/1000＝７万円

2000万円×1.5/1000＝３万円

合計10万円を納付。

→合併により、Ｂ社の資本金の額である金2000万円が消える。この消えた部分については、過去にＢ社が７/1000なにがしの納税をしているはずだから、

今回は1.5/1000で勘弁してやろう、だが、実質増資分の1000万円については本来の税額である7/1000を徴収するぞ、というのが国家の発想である。

> **ケース2**
> **合併前のＡ社の資本金の額　金5000万円**
> **合併前のＢ社の資本金の額　金2000万円**
> **合併後のＡ社の資本金の額が6000万円（1000万円増加）である場合**

以下の計算をする。
1000万円×1.5/1000＝1.5万円
上記の額が３万円に満たないので合計３万円を納付。
→消えゆくＢ社の資本金の額である金2000万円の枠内の資本金の額の増加だから税率は「勘弁してやろう」の1.5/1000である。

確認事項　**資本金の額が増加する場合の添付書面**
以下の書面を要する。
１．資本金の額が会社法445条５項の規定に従って計上されたことを証する書面
→面倒な資本金の額の計算
２．登録免許税法施行規則12条５項の規定に関する証明書
→面倒な登録免許税の額の計算

4-2

株式会社合併による解散登記申請書

会社法人等番号	0000-00-000000
フリガナ 商　号	ニッタショウジ 新田商事株式会社
本　店	東京都中野区野方一丁目34番１号
登記の事由	吸収合併による解散
登記すべき事項	令和６年９月28日東京都文京区西片一丁目36番１号岡村物産株式会社に合併し解散
登録免許税	金30000円（レ）
添付書類	
年月日	

東京都中野区野方一丁目34番１号
申請人　新田商事株式会社
東京都文京区西片一丁目36番１号
存続会社　岡村物産株式会社

東京都何区何町何番地
代表取締役　岡村一郎
東京都何区何町何番地
上記代理人　山本太郎　㊞
東京法務局中野出張所御中

ポイントは２つあります。

1．添付書面はナシ（必要書類は、全部、存続会社の変更登記に添付した）。
2．消滅株式会社を代表するのは、吸収合併存続会社の代表取締役である。

コラム　新設合併のケース

吸収合併に準じて考えればよい。

Ａ社（甲登記所）とＢ社（乙登記所）が合併し、ＡＢ社（丙登記所）を設立するケース

1．Ａ社とＢ社で合併契約
2．両社で上記の承認決議
3．登記申請は、丙登記所でやる（タマが入ってくるところ）。以下３件を同時申請。
   ①　ＡＢ社の設立登記
      ・別紙における登記記録に関する事項の書き方
        「―住所―Ａ社及び―住所―Ｂ社の合併により設立」
        →登記が効力発生の要件だから年月日を書かない。
        →登記の事由は「年月日新設合併の手続終了」である。
      ・登録免許税額は、設立する会社の資本金の額が課税標準
        →合併対価が、設立会社の株式のみであれば、「新規資本増加７/1000の法則」、「勘弁してやろうは1.5/1000の法則」で計算すればいい。
        たとえば、Ａ社の資本金の額1000万円、Ｂ社の資本金の額1000万円、ＡＢ社の資本金の額金3000万円であれば、「新規資本増加７/1000の法則」で1000万円×７/1000（７万円）、「勘弁してやろうは1.5/1000の法則」で、2000万円×1.5/1000（３万円）、合計10万円である。
        ただし、これによって計算した額が３万円に満たなければ３万円となる。

・添付書類に、Ａ社とＢ社の双方の登記事項証明書（両社とも、設立登記の申請書への会社法人等番号の記載に代えることができる）を添付
・商業登記規則61条４項カッコ書に注意（設立時取締役等の就任承諾書の印鑑にかかる印鑑証明書が不要）

② Ａ社の解散登記
・添付書類ナシ
・申請人はＡＢ社の代表者

③ Ｂ社の解散登記
・添付書類ナシ
・申請人はＡＢ社の代表者

参考問題 株式会社を設立する新設合併は、新設合併設立株式会社の設立の登記をすることによって、その効力を生ずる。（商法R5-34-エ）

答 え ○ 設立型組織再編（新設合併、株式移転、新設分割）は、すべてその設立登記をすることによって効力が生じる。

次に、登記手続のその後について述べます。
Ａ社（甲登記所管轄）がＢ社（乙登記所管轄）を吸収合併する事例です。

1. 申請当初

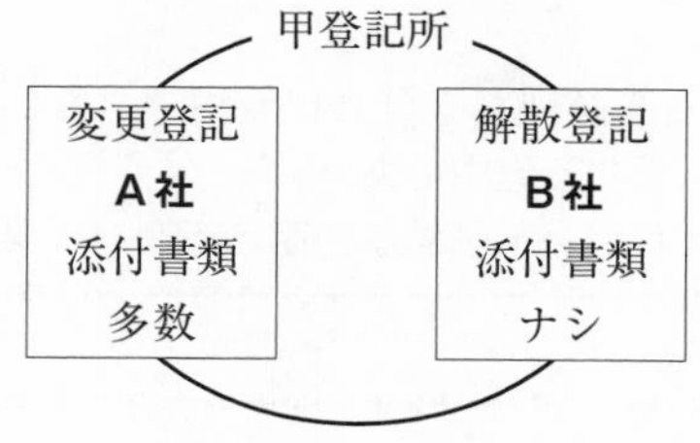

・甲登記所で申請書の双方を審査する。
・一方に却下事由があれば、その双方を却下する。（商業登記法83条１項）
・却下事由がなければ、合併の登記を実行する。

2．合併の登記をした後

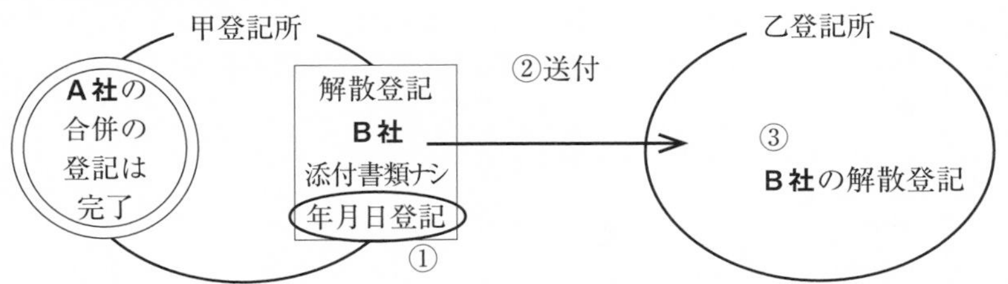

・甲登記所で「登記の日」をＢ社の解散登記の申請書に記入。（商業登記法83条２項）
・解散登記の申請書を乙登記所に送付する。
・乙登記所で、解散の登記を実行する。
・Ｂ社の登記簿を閉鎖する。（商登規80条１項３号・２項）
→乙登記所での審査は行わない（甲登記所で審査済み）。乙登記所の仕事は、解散登記の記入と登記簿閉鎖のみである。楽チンである。

コラム　独占禁止法第15条第2項

一定の大規模な企業は合併をするために、独占禁止法第15条第２項の届出を要する。

この場合、登記の事由を以下のように書く。

登記の事由　吸収合併による変更
私的独占の禁止及び公正取引の確保に関する法律第15条第２項の規定による届出は年月日受理された

→受理の日から30日を経過しなければ合併できない（その期間の起点を示すのが、記載を要する理由である）。
→届出の受理がされたことを証する書面の添付は不要である。

参考問題

1．会社が吸収合併をしたときは、本店の所在地においては、吸収合併の効力が生じた日から２週間以内に吸収合併による変更の登記を申請しなければならない。（商業登記法S61-33-5）
2．吸収合併が行われた場合の吸収合併存続会社の本店の所在地における合併による変更の登記の申請と吸収合併消滅会社の本店の所在地における合併による解散の登記の申請は同時にしなければならない。（商業登記法H6-35-ウ）

3．吸収合併による資本金の額の増加の登記の登録免許税の課税標準は、増加した資本金の額である。（商業登記法S63-40-3）
4．新設合併による設立の登記を申請する場合において、株式会社が知れている債権者との間でその債権の存否について係争中であるときは、訴訟が係属中である旨の証明書を添付すれば、当該債権者に対して催告をしたことを証する書面の添付を要しない。（商業登記法H15-29-ア）
5．吸収合併による変更の登記をする場合において、吸収合併存続株式会社の知れている債権者の有する債権が数額の不明な非金銭債権であるときは、非金銭債権である旨の証明書を添付すれば、当該債権者に対して催告をしたことを証する書面の添付を要しない。（商業登記法H15-29-ウ）
6．吸収合併消滅株式会社が、現実に株券を発行する株券発行会社である場合であっても、吸収合併による変更の登記の申請書に株券提供公告をしたことを証する書面の添付をすることは要しない。（商業登記法H2-33-5改）
7．新設合併による取締役会設置会社の設立の登記の申請書には、代表取締役が就任を承諾したことを証する書面の印鑑につき市区町村長の作成した証明書を添付しなければならない。（商業登記法S63-32-4）
8．吸収合併存続会社の合併に関する登記は吸収合併存続会社の代表者が、吸収合併消滅会社の合併に関する登記は吸収合併消滅会社の代表者が、それぞれ申請しなければならない。（商業登記法H17-34-ア）
9．吸収合併存続会社の本店の所在地を管轄する登記所と吸収合併消滅会社の本店の所在地を管轄する登記所とが異なる場合には、吸収合併存続会社の吸収合併による変更の登記は、吸収合併消滅会社について登記をした旨が吸収合併存続会社の本店の所在地を管轄する登記所に到達した後にされる。（商業登記法H17-34-イ）
10．吸収合併消滅株式会社が新株予約権を発行している場合において、吸収合併存続会社が吸収合併に際して当該新株予約権の新株予約権者に対して当該新株予約権に代わる当該吸収合併存続株式会社の新株予約権を交付することとしたときは、吸収合併による変更の登記と同時に、新株予約権に関する事項の変更の登記も申請しなければならない。（商業登記法H2-37-ウ）
11．本店の所在地に申請する合併による解散の登記の申請書には、代理人により申請する場合でも、何ら書面を添付することを要しない。（商業登記法H2-37-オ）
12．公正取引委員会に合併に関する計画を届け出ることを要する場合には、吸収合併による変更の登記の申請書には、その届出をした年月日を記載しなければならない。（商業登記法H17-34-ウ）
13．次のアからオまでの書面のうち、吸収合併消滅会社である合資会社の社員が吸収合併に際して吸収合併存続会社である合名会社の社員となる場合の合名会社の合併による変更の登記の申請書に添付しなければならない書面の組合せとして正しいものは、後記１から５までのうちどれか。（商業登記法H11-33）
ア　債権者に対し合併に異議があれば一定の期間内にこれを述べるべき旨の公告

をしたことを証する書面
イ　吸収合併存続会社の総社員の同意書
ウ　吸収合併契約書
エ　定款
オ　合併により入社した社員が既に履行した出資の価額を証する書面
1　アイ　**2**　アイウ　**3**　アウオ　**4**　イエ　**5**　ウエオ

答え　1．○　2．○　商業登記法82条３項。　3．○
4．×　合併に異議を述べたい者の典型例が、この設問の債権者である（会社は合併でこの者への責任についてお茶を濁そうとしている可能性がある）。よって、この者への催告は、会社法の原則どおり、必要であるといえる。
5．×　非金銭債権の債務不履行による損害賠償は、いずれ金銭債権の問題になる（金銭賠償の原則　民法417条、722条）から区別の理由がない。
6．×　商業登記法80条９号。　7．×　商登規61条４項カッコ書。
8．×　商業登記法82条１項。　9．×　話が逆である。
10．○　存続会社における「第○回新株予約権」の発行の登記をすべきである。
11．○　商業登記法82条４項。　12．○
13．**2**　商業登記法108条１項１号・２号、80条７号・８号、108条１項３号。

---

3 株式交換

株式交換とは、株式会社がその発行済株式の全部を他の株式会社または合同会社に承継させることをいいます。（会社法２条31号）

完全親子会社の関係を作り出すテクニックです。
完全親会社は完全子会社の100％株主です。
つまり、完全子会社には、完全親会社しか株主が存在しません。
完全子会社の株主総会は、完全親会社の派遣する代理人１人のみというようなことになります。
まず、基本形として、旧商法下のオーソドックスな形から解説しましょう。

株式交換を大手企業で初めて行ったのはソニーです。
ソニー（Ｓ）は、その子会社の、ソニー・ミュージックエンタテインメント（Ｍ）と株式交換をしました。

Ｓが、Ｍの株式の70％を保有していたとしましょう。

Ｓが、Ｍを完全子会社としようとする場合、まともにやれば、巨額の買収資金が必要です。

当時、Ｍは東証二部に上場していました。

一般投資家から、その株を買い上げねばなりません。

おそらく、そのウワサだけで、株価はうなぎ登りに高騰してしまうでしょう。

が、株式交換という手を使えば、Ｓは、一銭も使わずに、Ｍの残る30％の株式を取得できます。

どうするのかといえば、Ｓの新しい株式を発行するのです。

そして、Ｍの投資家から、そのＭ社株を巻き上げ、その代わりに新規に発行したＳ社株を与えればよいのです。

これが、株式交換のテクニックです。

株式交換の決議要件は、原則として株主総会の特別決議です。

だから、Ｍの株主総会は、株式の70％を保有するＳの賛成のみでも可決できます。

あとは、Ｓの株主総会で特別決議を可決させればよいだけです。

このように、簡単に、完全親子会社の関係を作り出すのが、株式交換のそもそもの目的です。

〈株式交換〉

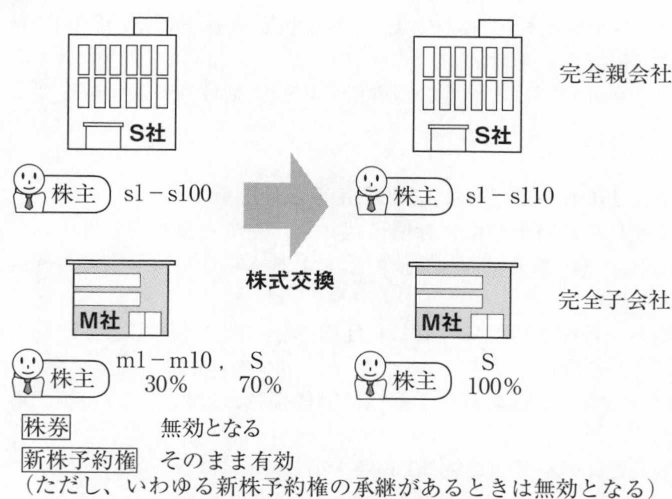

確認事項　**株式交換による変更の登記の添付書面**

株式交換契約を承認した機関の議事録の添付を要する。

株主総会議事録、種類株主総会議事録、取締役の過半数の一致を証する書面、取締役会議事録、総株主の同意書等。

合併と株式交換は、株式交換の場合には、手続後に会社が２社のままであるが、合併は１社である点が異なります。

さらに、債権者の異議手続についての規定が異なります。

まず、古典的な、Ｓ社とＭ社のケースにおいては、債権者の異議手続は不要です。

Ｓ社は、新しい株式を発行しただけです。

募集株式の発行手続について、債権者の同意を要するわけがありません。

Ｍ社は、株主が代わっただけです。

Ｍ社の一般投資家の株式をＳ社が取得したというだけの話です。

株式の取引に、会社債権者が口出しをする余地はありません。

これが、もともとのスジです。

が、会社法においては、株式交換においても、対価が柔軟化されます。

三角合併ならぬ、三角株式交換も可能です。

株式交換の対価はＳ社の株式の他、Ｓ社の社債、新株予約権、新株予約権付社債、金銭、現物、何でもアリです。

そのため、会社法では、次の２つの場合に、債権者の異議手続を要すると規定します。

１．完全子会社において（会社法789条１項３号）

完全子会社の**新株予約権付社債**に代わり、完全親会社が新株予約権付社債を交付するとき（新株予約権付社債の承継がある場合）に債権者の異議手続を要します。

この場合、新株予約権に付着した**社債**部分に問題が生じます。別会社の債権者になってしまうからです。

そこで、完全子会社の新株予約権付社債権者に対してのみ、債権者の異議手続を要します。

２．完全親会社において（会社法799条１項３号）

・株式交換の対価が、完全親会社の株式（その他法務省令で定めるもの→端数を調整するための金銭等）以外の場合に、完全親会社の債権者（全員）に対し、債権者の異議手続を要します。

要するに、S社のケースのように、株式交換に際して、M社の株主に株式を発行するだけであれば、会社財産が減少することはありませんが、その他、現実に財産を給付する場合には、完全親会社の資産内容が悪化する可能性が生じます。そのために、債権者の異議を述べる機会を要します。

・完全子会社の新株予約権付社債に代わり、完全親会社が新株予約権付社債を交付するとき（新株予約権付社債の承継がある場合）に債権者（全員）の異議手続を要します。
完全親会社の債権者が増えるわけですから、既存の債権者を害するおそれが生じます。

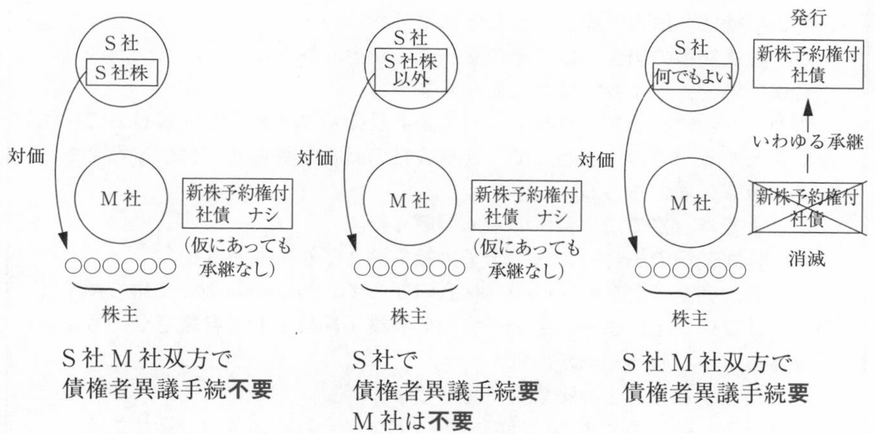

定理 S社での債権者異議手続
・必ず、債権者全員に対してする。
M社での債権者異議手続
・必ず、新株予約権付社債権者に対してだけする。

参考 **端数を調整するための金銭等**

原則として、完全親会社の株式を、株式交換の対価とするが、株式交換比率が、わかりやすい整数比にならないため、その微調整を目的として完全子会社の株主に対して、一部、金銭等を交付することがある。

その金銭等の額が、株式交換の対価の全体に対する割合の20分の１未満であれば、株式交換完全親会社の債権者は、異議を述べることができない。（会社法施行規則198条）

要するに、交付する金銭の額が少ないから、債権者の異議手続はいらないという理屈である。

確認事項　**債権者の異議手続関係書面**

債権者の異議手続を要する場合に限り、また、要する範囲で、株式交換による変更の登記の添付書面になる。

→２つの「ザル」は健在。

コラム　**完全親会社による新株予約権の交付**

合併の場合にも、新株予約権の承継の問題は生じた。

その手続は、株式交換の場合もほぼ同様だ。

が、株式交換の場合には、その意味合いが少し異なる。

合併の場合、消滅会社は消えてなくなる。

だから、合併契約をする際には、消滅会社の新株予約権者に対しての対価を必要とする。その対価として、存続会社の新株予約権を交付する場合もあれば、金銭の場合もある。

ここまでは、すでに、合併の項で記載した。

が、株式交換の場合には、完全子会社は消えてなくならない。

だから、完全子会社の新株予約権者に対して、当然に対価の交付を要するわけではない。そのまま、完全子会社の新株予約権として**存続させてもよい**のであるし、むしろそれが原則だ。

が、そうすると、少々不都合が生じうる。

なぜなら、新株予約権の行使の結果、完全子会社に新株主が誕生する。とすれば、完全親会社は100%株主の地位が失われる。

つまり、せっかく、株式交換により完全親子関係を形成したのに、これが崩壊してしまうのだ。

そこで、会社法は、完全親会社が、株式交換により完全子会社となる会社の新株予約権を消滅させ、その代わり、完全親会社の新株予約権を交付するという方法をとることができる（金銭の交付というパターンは存在しない）と規定している。（会社法768条１項４号）

ポイント　**対価の相違**

以下、いずれも株式会社だけを当事会社とする場合の話しである。

１．吸収合併における新株予約権者への対価

金銭または存続会社の新株予約権

2．株式交換における新株予約権者への対価

必ず、株式交換完全親会社の新株予約権（金銭の交付ができない）

上記の理由は、合併の場合、消滅会社の新株予約権は、必ず、消える。

この場合に新株予約権の承継を強制はできない。

しかし、株式交換では、株式交換完全子会社の新株予約権を存続させることもできる。だから、その承継という仕組みはあってもよいが、カネを払ってその株式交換完全子会社の新株予約権を消す仕組みは不要なのである。

以上の理は、株式交換の他、吸収分割会社の新株予約権者への対価にも当てはまる。

すなわち、この場合も、対価は、新株予約権に限る。

◖ポイント◗ 新株予約権者への対価

吸収合併の場合

1．新株予約権者への対価

必ず、これを定める（無対価がありえない）。

2．対価の内容

金銭または存続株式会社の新株予約権である。

株式交換の場合（株式移転、会社分割も同様）

1．新株予約権者への対価

無対価が原則（例外として、対価を定めることができる）。

2．対価の内容

株式交換完全親株式会社の新株予約権（金銭は不可）。

→相違の理由は、合併は手続後に1社となるが、株式交換では2社が残ることにある。

→このため、株式交換では、株式交換完全子会社の新株予約権は「放っておく」ことが原則だし、株式交換完全親株式会社がこれを買取ることもできない。

確認事項 新株予約権証券提出公告をしたことを証する書面または新株予約権証券を発行していないことを証する書面

株式交換完全子会社が新株予約権を発行しており、新株予約権が承継されるケース、つまり、株式交換完全親会社が株式交換に際して株式交換完全子会社の新株予約権者に対して、株式交換完全親会社の新株予約権を交付する場合に限り、添付書面となる。

① 株式交換の手続等

株式会社は株式交換をすることができます。(会社法767条)

この場合には、その株式会社の発行済株式の全部を取得する会社（株式会社または合同会社に限る）との間で、株式交換契約を締結しなければなりません。

コラム　株式交換可能なパターン

会社法767条は、「会社」が株式交換をすることができるとはいっていない。

これは、当然のことである。

持分会社には、株式がないから交換のやりようがない。

株式交換においては以下のパターンのみが存在する。

1．完全子会社 — 株式会社　完全親会社 — 株式会社
2．完全子会社 — 株式会社　完全親会社 — 合同会社

株式交換契約においては、以下のように、合併契約に類似の事項を定めます。(会社法768条)

この場合にも、M社の株主は、S社の株を何株取得できるかというような、比率の問題が重要になります。

1．株式交換をする会社の商号住所
2．株式交換完全親会社の商号住所
3．株式交換完全子会社の株主に、株式交換完全親会社が対価を**交付するときは**、次の事項（無対価の場合には定めなくともよい）
   ①　株式の場合　種類・数と資本金（資本準備金）に関する事項
   ②　社債の場合　種類・金額
   ③　新株予約権の場合　内容・数
   ④　新株予約権付社債の場合　社債部分の種類・金額、新株予約権部分の内容・数
   ⑤　株式交換完全親会社の株式等以外の財産であれば、その内容および数、金額等
4．3の場合には、株式交換完全子会社の株主に対する金銭等の割当てに関する事項
5．株式交換完全子会社の新株予約権者に対して、株式交換完全親会社の新株予約権を**交付する場合には**、以下の事項（交付しないことが原則である）
   ①　交付を受けることとなる株式交換完全子会社の新株予約権の内容
   ②　交付する新株予約権の内容・数
   (株式交換完全子会社の新株予約権が社債付きであれば、社債部分につい

ての取り決めも必要となる。)
6．5の場合には、新株予約権者に対する新株予約権の割当てに関する事項
7．株式交換がその効力を生ずる日

確認事項　株式交換契約書

株式交換による変更登記について、必ず、添付書面になる。(商業登記法89条1号)

株式交換完全子会社の手続は、吸収合併における消滅会社の手続と同様です(会社法782条以下に、同一の条文で規定がある)。
これは、どちらも、他の会社の傘下に入るという意味で手続が同じだからです。
また、株式交換完全親会社の手続は、吸収合併における存続会社の手続と同様です。(会社法794条以下)

では、再確認をしましょう。

1．反対株主の買取請求

完全親会社と完全子会社双方にそれぞれ合併のときと同様の規定がある。(会社法785条、797条)

参考問題　株式交換をする場合において、株式交換完全親会社の反対株主は、株式交換完全親会社に対し、自己の有する株式を公正な価格で買い取ることを請求することはできない。(商法R4-34-5)

答え　×

2．決議要件等

原則として、双方の株式会社において、株主総会の特別決議による株式交換契約の承認を要する。(会社法783条、795条、309条2項12号)
→公開会社(種類株式発行会社を除く)である完全子会社の株主が、譲渡制限株式を対価として受ける場合には完全子会社の株主総会では特殊決議を要する等の例外は存在する。(会社法309条3項2号)

株主総会の承認決議は、株式交換の効力発生日の前日までに受けなければなり

ません。(会社法783条１項)
　また、株式交換により、株式交換完全子会社（種類株式発行会社を除く）の株主が、持分会社の持分を取得することとなる場合、その全員の同意を要します。(会社法783条２項・４項)

　次の場合には、原則として、株主総会決議を要しません。
①　完全子会社において（会社法784条）
・完全親会社が、完全子会社の特別支配会社である場合。
→90％ルールの適用（略式組織再編)。
②　完全親会社において（会社法796条）
・完全子会社が、完全親会社の特別支配会社である場合。
→90％ルールの適用（略式組織再編)。
・完全子会社の株主に対する株式交換対価の総額が、完全親会社の純資産額の５分の１を超えない（定款でこれを下回る割合を定めることができる）とき（簡易組織再編)。
→20％ルールの適用。
(ただし、株式交換差損が生じる場合には、簡易組織再編は不可。会社法796条２項ただし書)

＊完全子会社において20％ルールの適用はありえない。会社の発行済株式の100％を完全親会社に取得させるからだ。
＊一定の割合（吸収合併の項にて既述）の少数株主が反対の意思表示をした場合には、簡易組織再編をすることができない。(会社法796条３項)
＊株式交換完全子会社が株券発行会社である場合、現実に株券を発行していれば、株券提出公告を要する。(会社法219条１項７号)
株式交換により株式交換完全子会社の株券は無効となるから、この点を公告により株券所持者に知らしめる必要があるのである。

３．株式交換をやめることの請求

　完全親会社と完全子会社にそれぞれ合併のときと同様の規定がある。(会社法784条の２、796条の２)

発展　株主総会決議を要する場合

以下の場合にも、株主総会決議の省略ができない。

(1)　株式交換完全子会社の略式組織再編（会社法784条１項ただし書）

①　株式交換対価の全部または一部が譲渡制限株式

（かつ）

②　株式交換完全子会社が公開会社で種類株式発行会社でない（すべての株式を公開しているという意味）

〈理由〉株式交換完全子会社の株式に譲渡制限が付着する結果となるため。

(2)　株式交換完全親会社の略式・簡易組織再編（会社法796条１項ただし書、796条２項ただし書）

①　株式交換対価の全部または一部が株式交換完全親会社の譲渡制限株式

（かつ）

②　株式交換完全親会社が公開会社ではない

〈理由〉株式交換完全親会社において、非公開株式の新株発行となるから。

確認事項　**簡易株式交換、略式株式交換に関する添付書面**

基本的に、合併のケースに同じ。（商業登記法89条２号、６号カッコ書）

確認事項　**株券提出公告**

株式交換完全子会社が、株券発行会社であれば、株券提出公告をしたことを証する書面または株式の全部について株券を発行していないことを証する書面の添付を要する。（商業登記法89条８号）

4．株式交換契約の内容等を記載した書面等の備置き

完全子会社・完全親会社のいずれも、株式交換契約の内容等を記載した書面等を本店に備置きしなければならない。

その起点は、以下のうち最も早い日です。（会社法782条、794条）

①　株主総会日の２週間前（総会決議を要する場合）

②　反対株主への通知または公告の日

③　新株予約権者への通知または公告の日（完全子会社において行う。→完全親会社が完全子会社の新株予約権を承継する場合に通知または公告が必要となるケースがある）

④　債権者への催告または公告の日（債権者の異議手続を要するケースのみのハナシ）

備置期間は、完全子会社・完全親会社の双方において株式交換の効力発生後６か月の経過時まで。

この期間は、株式交換無効の訴えの提起期間に対応する。

閲覧等の請求をすることができる者（会社の営業時間内いつでも可）は以下のとおり。

① 完全子会社　株主・新株予約権者
（子会社においては、新株予約権付社債の権利者以外、債権者の異議手続を要する債権者は存在しないので、債権者の記載がない。会社法782条３項カッコ書）

② 完全親会社　株主・債権者
（債権者の異議手続を要しないケース（Ｓ社のような古典的な株式交換）と新株予約権付社債の承継がないケースでは、債権者は閲覧等の請求ができない。利害関係がないからである。会社法794条３項カッコ書）

５．新株予約権の買取請求

完全子会社において可能なケースがある。（会社法787条１項３号）

コラム　合同会社が完全親会社となる場合

株式交換の決議要件は総社員の同意である（ただし、新しい社員が加入するケースのみ→取得する株式の対価が金銭等であれば株式交換の決定は通常の業務の執行になるというコト）。

債権者の異議手続は、株式会社が完全親会社になるときに準じる（場合によっては必要）。

また、株式交換契約の内容等を記載した書面等を備置きするという規定は存在しない。

参考問題

1．株式交換においては、株式交換契約において定めるところにより、株式交換完全親会社となる会社以外の者が有する株式交換完全子会社となる会社の株式のうち、その一部のみを株式交換完全親会社となる会社に取得させることもできる。（商法H18-29-エ）

2．株式交換における株式交換完全子会社の発行済株式総数は、株式交換によっては変動しない。（商法H19-29-オ）

3．株式交換をする場合において、株式交換完全子会社の株主に対して交付される財産が金銭のみであるときは、株式交換完全子会社の債権者も、株式交換完全親会社の債権者も、当該株式交換について異議を述べることができない。（商法H19-35-エ）

4．株式交換完全親会社が株式交換完全子会社の新株予約権付社債を承継する場合における株式交換完全親会社がする株式交換による変更の登記の申請書には、株式交換完全親会社において債権者異議手続をしたことを証する書面を添付することを要しない。（商業登記法H24-32-イ）

5．株式交換をする場合において、株式交換完全子会社が現に株券を発行している株券発行会社であるときは、株式交換完全親会社がする株式交換による変更の登記の申請書には、株式交換完全子会社が株券の提出に関する公告をしたことを証する書面を添付しなければならない。（商業登記法R2-33-ウ）

6．株式交換完全子会社の株主が株式交換完全親会社である合同会社の社員となる場合における株式交換完全親会社がする株式交換による変更の登記の申請書には、別段の定めのある定款が添付されない限り、株式交換契約について株式交換完全親会社の総社員の同意があったことを証する書面を添付しなければならない。（商業登記法H24-32-ウ）

答え　1．×　会社法2条31号。

2．○　そのとおり。株主が変わるだけである。

3．×　会社法789条1項3号、799条1項3号。

4．×　新株予約権付社債が承継されるケースだから、株式交換完全親株式会社において債権者の異議手続を要する（会社法799条1項3号）。なお、ついでにいうと、本問では、株式交換完全子会社でも新株予約権付社債権者に対する債権者の異議手続を要する。

5．○　提出した株券が、株式交換対価の引換証の意味合いとなる。

6．○　株式交換により新しい社員が加入するパターンだから、定款に別段の定めがなければ、合同会社の総社員の同意書を要することとなる。

---

② 株式交換の登記

基本から話します。

株式交換においては、**登記事項は発生しないことが通例**であるといってもよいです。

→要するに、「株式交換をした」ということは、登記事項ではない。

株式交換完全子会社においては、何が起こるのでしょうか。

株主が変わるだけです。

要するに、株主が株式交換完全親会社の1社になるだけです。

だから、登記事項は発生しません。

参考問題　株式交換完全親会社がする株式交換による変更の登記においては、株式交換をした旨並びに株式交換完全子会社の商号及び本店も登記しなければならない。(商業登記法H24-32-エ)

答え　×

次に、株式交換完全親会社においては、何が起こるでしょうか。
株式交換の対価が、問題となります。

1．無対価の場合
　登記事項は発生しません。要するに、株式交換完全子会社の株式を無償でもらったというだけの話です。
2．対価が、金銭等の、株式交換完全親会社の株式等以外のものである場合
　登記事項は発生しません。
　これは、要するに、株式交換完全子会社の株式を買った（有償取得）というだけの話です。
3．対価が、株式交換完全親会社の株式または新株予約権である場合
　株式または新株予約権を発行したときに登記事項が生じることになります。
　・発行済株式の総数　○株　（・資本金の額　金○円）
　・「第○回新株予約権」の発行
　以上の登記事項です。

なお、株式交換による変更登記は、もちろん、報告的登記です。

コラム　資本金の額の増加

株式交換対価が、株式交換完全親会社の株式であれば、株式交換完全親会社の資本金の額が増加する可能性が生じる。
この場合は、要するに、株式交換完全子会社（B社）の株主がB社の株式を現物出資して、その対価として株式交換完全親会社（A社）の株式を発行したと考える。
どちらかといえば、募集株式の発行に近い考え方をする。
なお、株式交換をする場合に、資本金の額が増加したときの登録免許税の考え方は簡単明瞭である。

「新規資本増加7/1000の法則」を適用

株式交換の場合、手続後もB社が健在であるからである。

手続前
A社の資本金の額　金3000万円
B社の資本金の額　金1000万円
手続後
A社の資本金の額　金4000万円
B社の資本金の額　金1000万円

この場合に、国家が、A社の資本金の増加額である、金1000万円×7/1000＝7万円の税金を頂戴するのは当然ということになろう。
（なお、この額が3万円に満たなければ3万円となる。別表24(1)ニ）

では、以下に、A社を完全親会社、B社を完全子会社とする株式交換の登記の申請書の記載例を挙げます。
例によって、最も単純な申請書を想定し、B社は、株券発行会社ではなく、新株予約権も発行していないものとします。

ただし、無対価の株式交換では、登記事項が発生しないので、株式交換に際し、A社が資本金の額を1000万円増加し金4000万円に、また、株式交換の対価はA社が株式交換に際して発行する株式100株のみとし、発行済株式の総数が400株になるものとします。
→簡易、略式組織再編については考慮しない。

なお、もちろん、B社には登記事項は発生しません。
以下は、あくまでも、A社の変更登記です。

登記の事由	株式交換による変更
登記すべき事項	年月日次のとおり変更 発行済株式の総数　400株 資本金の額　金4000万円
課税標準金額	金1000万円
登録免許税	金7万円
添付書類	株式交換契約書　　1通

株主総会議事録　　２通
株主リスト　　　　２通
登記事項証明書　　１通
資本金の額が会社法第445条第５項の規定に従って計上されたことを証する書面　１通
委任状　　　　　　１通

以下に注意点を述べます。
1．登録免許税の規定は、資本金の額の増加に関する（ニ）である。
→募集株式の発行のケースと同じ区分
2．「株主総会議事録　２通」とあるのは、完全親会社と、完全子会社の双方における株式交換契約の承認に係る議事録の意味である。
3．債権者の異議手続は不要である。
→新株予約権付社債の承継がない。
→株式交換対価に金銭等が含まれない。
4．登記事項証明書は、A社とB社の管轄が異なる場合に添付する。もちろん、作成後３か月以内のものである（B社の会社法人等番号の記載をもってその添付に代えることができる）。

参考　**株主リストの作成者**
株式交換完全親会社の株主リストはその代表取締役（または代表執行役）が、株式交換完全子会社の株主リストはその代表取締役（または代表執行役）がそれぞれ作成する。
→合併の場合と異なり手続後に２社が存続する。このため、自分の会社の株主リストは自前で作成するのである。

◀ポイント▶　募集株式の発行との一致
前記の株式交換の登記の申請書から次の事項を確認しよう。
1．登記すべき事項の書き方が、募集株式の発行と一致する。
→このため、登記記録上、株式交換と募集株式の発行を区別することはできない。
2．課税価額と登録免許税が、募集株式の発行と一致する。
→課税関係においても、募集株式の発行と同視すればよい。
株式交換により、株式交換完全親株式会社がその株式を発行することは、株式交換完全子会社の株主がその有する株式の全部を現物出資したことによる第三者割当ての手続と同視することができるからである。

以上、株式交換による変更登記は、Ｂ社の株式を現物出資して、Ａ社の株式を発行したことによる変更の登記という実質です。

登記期間の定めも特別なものはなく、変更登記の登記期間の一般則である、会社法915条１項を根拠に、変更が生じた時から２週間と考えればよいです。

コラム　新株予約権の承継

株式交換完全親会社（Ａ社　甲登記所管轄）が、株式交換に際して株式交換完全子会社（Ｂ社　乙登記所管轄）の新株予約権者に株式交換完全親会社の新株予約権を交付する場合には、次の２つの登記（いずれも株式交換による変更の登記）が、同時申請となる。

１．Ａ社の変更登記　第○回新株予約権の発行

２．Ｂ社の変更登記　株式交換契約新株予約権消滅

では、どちらの登記所に行けばよいか？

→甲登記所である（管轄定理　タマの入ってくるほうでやれ）。

Ｂ社の変更登記の登記の申請人は誰か。

→もちろんＢ社の代表者である（Ｂ社は健在）。Ｂ社の株式交換契約新株予約権消滅の変更の登記の申請書に添付すべき書面はあるか。

→以下の１点である。

①　委任状

要するに、主だった添付書面（株式交換契約書、株主総会議事録等）は、Ａ社の変更登記に添付はしたが、しかし、Ａ社の変更登記の申請書には、Ｂ社の代表者の委任状は添付されていないから、これを添付するのである。

なお、２枚の申請書が甲登記所に提出された後の手続の流れは、合併の項で詳述した内容と全く異ならない。（商業登記法92条１項・２項）

→ただし、もちろんのことながら、Ｂ社の登記簿が閉鎖されることはない。

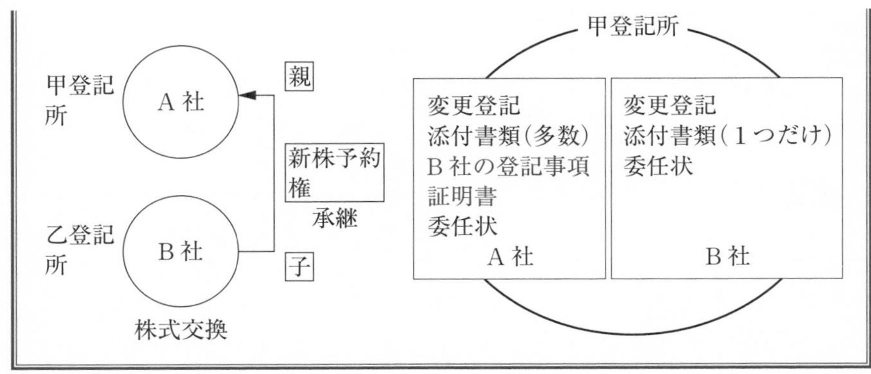

【要点整理】 新株予約権の承継

以下の違いを理解しよう。

1．新株予約権の承継があるとき
同時申請となる（管轄相違なら、経由申請）。

2．新株予約権付社債の承継があるとき
上記に加えて、株式交換の当事会社の双方で債権者異議手続を要する。

参考問題 1．株式交換完全子会社がする株式交換による新株予約権の変更の登記の申請書には、株式交換完全親会社の本店の所在地を管轄する登記所の管轄区域内に株式交換完全子会社の本店がないときは、登記所において作成した株式交換完全子会社の代表取締役又は代表執行役の印鑑の証明書を添付しなければならない。（商業登記法H24-32-オ）

2．株式交換に際して株式交換完全親会社が株式交換完全子会社の新株予約権の新株予約権者に対して当該新株予約権に代わる当該株式交換完全親会社の新株予約権を交付する場合は、株式交換完全子会社がする株式交換による新株予約権の変更の登記の申請書には、株式交換契約書を添付しなければならない。（商業登記法R4-32-ウ）

答 え 1．× 添付書類は委任状のみでよい。

2．× 前問に同じ。添付書類は委任状のみでよい。株式交換契約書は、株式交換完全親会社の変更登記の添付書類である。

---

4 株式移転

株式移転はやさしいです。したがって、試験には出題されにくいといえます(どうせ出すのなら他を出す)。

株式移転とは、株式会社が、その発行済株式の全部を新たに設立する株式会社に取得させることです。(会社法2条32号)

確認事項 **株式移転は次のパターンしかない**

完全子会社 — 株式会社　完全親会社 — 株式会社

参考問題 合同会社は、株式移転設立完全親会社になることはできない。(商法H31-33-オ)

答え ○

株式移転は、完全親会社を設立する手続です。

つまり、株式移転による完全親会社の成立までは、子会社側の手続しか存在しません。

株式移転計画は存在しても、契約は存在しません。

登場人物が1人だけだから、やさしいのです。

コラム **新設合併の場合**

新設合併の場合も、消滅する会社の側の手続しかないという点は株式移転と同様である。

たとえば、新設会社に債権者の異議手続が必要か？　などということは、考える必要すらない。

手続終了まで、新設合併による設立新会社は存在しないから、債権者がいるわけがない。

ただし、合併は、何でもアリだから、株式会社同士が合併して持分会社を設立してもかまわない。

では、株式移転について、一例を出しましょう。

大手では、みずほホールディングスが有名です。

この場合には、富士銀行・第一勧業銀行・日本興業銀行の３社で共同して株式移転を行い、みずほホールディングス（M）を立ち上げました。

そういう形態も可能ですが、話が複雑になるので、第一勧業銀行（D）についてだけお話しましょう。

Mを設立してDをその完全子会社にする方法が株式移転です。

まず、Dにおいて、株主総会を開催します。

そして、特別決議により株式移転計画を承認します。

＊場合によっては特殊決議→株式移転をする株式会社が公開会社（種類株式発行会社を除く）で、当該株式会社の株主に対価として交付する金銭等の全部または一部が譲渡制限株式等である場合には、株式移転の結果として株主の持ち株に譲渡制限が付着するから株主総会の特殊決議を要することになる。(会社法309条３項３号)

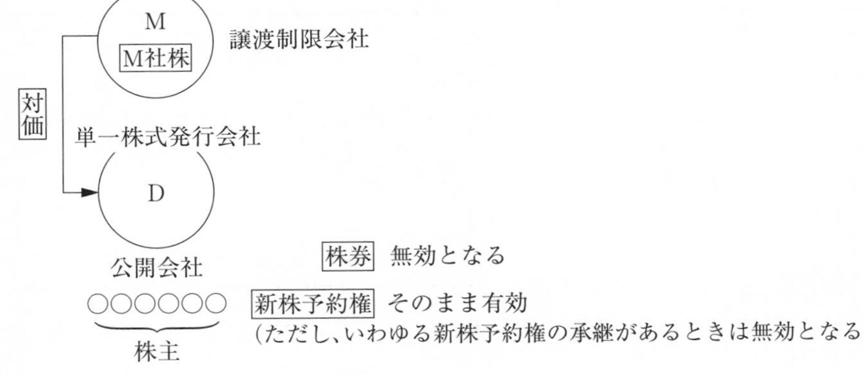

D社で株主総会（特殊決議Ⅰ）を要する。

参考　種類株式発行会社の場合の考え方

会社法309条３項３号は、株式移転をする株式会社（種類株式発行会社を除く）が公開会社であり、かつ、当該株式会社の株主に対して交付する金銭等の全部または一部が譲渡制限株式等である場合に、株主総会の特殊決議を要すると規定している。

では、種類株式発行会社である場合はどうなるのか。

たとえば、株式移転をする株式会社にA種類株主が存在し、このA種類株式が公開株であるにもかかわらず、A種類株主が株式移転により取得する対価の全部または一部が譲渡制限株式等であるときにはいかなる手続が必要となるのであろうか。会社法は「分析的」である。種類株式の株主の保護は、個別にすればよい。

この点は、以下のような規定となっている。

1．株式移転につき株主総会の特別決議を要する。(会社法309条2項12号)

2．しかし、A種類株主総会の承認決議（特殊決議）を要する。(会社法804条3項、324条3項2号)

以上のように、A種類株主総会の承認決議を要するとすることでA種類株主の保護を図るのが会社法の考え方である。

→ただし、A種類株主総会において議決権を行使することができる株主が存在しない場合には、A種類株主総会は不要である。

確認事項　**株式移転による設立の登記の添付書面**

株主総会議事録のほか、場合によっては種類株主総会議事録である。

→株式移転設立完全親会社は持分会社の持分の交付ができない（会社の設立の時に他の会社の持分を保有していることはありえない）から、総株主の同意書はありえない。

→株式移転に、簡易・略式組織再編はナイから取締役の過半数の一致などもありえない。

さて、以上のように株式移転計画を株主総会において承認します。

そして、株式移転の効力が発生すれば、Dの株主は、自動的にMの株主になります。

Dの株式は、すべてMが取得します。

その後Dは、「みずほ銀行」と商号変更しました。

みずほ銀行の株主は、M1人です。

元第一勧業銀行の株主は、株式移転の効力発生をもって、みずほホールディングスの株主に変身しました。

確認事項　**株式移転による設立登記の添付書面**

以下の書類の添付を要する。

→株式会社を「設立」するために何が必要であるかを考えればよい。

1．株式移転計画書

2．定款

3．役員等の選任、選定とその就任承諾、株主名簿管理人を置いた場合の契約書等（商業登記法90条3号、47条2項6号から8号、10号から12号の書面）

〈株式移転〉

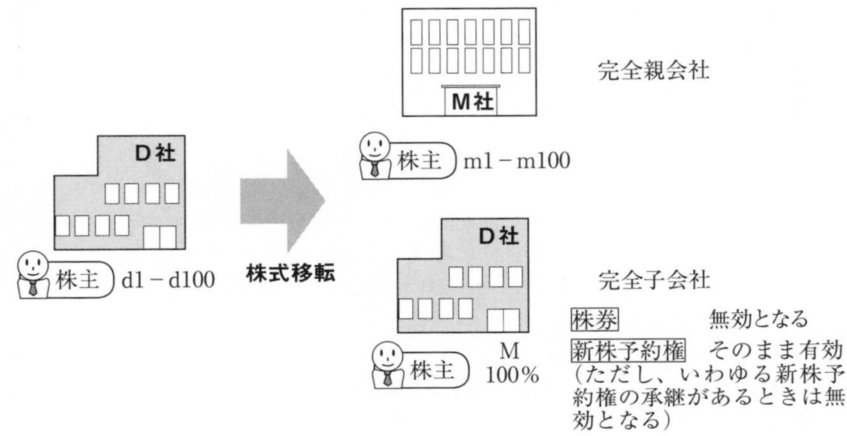

債権者の異議手続は、本来、必要ありません。

なぜなら、Dにおいては、株主が代わっただけ、Mは会社を設立しただけだからです。どちらも、債権者が口出しをする問題ではありません。

以上がスジです。

ただし、会社法では、株式移転に伴い、新株予約権付社債を株式移転による設立会社が承継すること（株式移転設立完全親会社の新株予約権付社債を株式移転完全子会社の新株予約権付社債権者に交付すること）を認めました。そのため、この「社債」の部分についてのみ、債権者の異議手続を要します。完全子会社の債権者が、別の会社の債権者になってしまうからです。（会社法810条１項３号）

確認事項　債権者の異議手続関係書面

債権者の異議手続を要する場合のみ添付である。

参考問題　株式移転に際して株式移転設立完全親会社が株式移転完全子会社の新株予約権の新株予約権者に対して当該新株予約権に代わる当該株式移転設立完全親会社の新株予約権を交付する場合において、当該株式移転完全子会社の新株予約権が新株予約権付社債に付された新株予約権であるときは、株式移転による設立の登記の申請書には、株式移転完全子会社が当該新株予約権付社債の社債権者に対して債権者保護手続を行ったことを証する書面を添付しなければならない。（商業登記法R4-32-ア）

答え　○

コラム　**株式移転と新株予約権**

株式交換の場合と、同じ構造である。

もともと、2つの会社が残るのだから、完全子会社の新株予約権は、別にそのまま放置してもよい。が、そうすると、将来、完全親子関係が崩壊する可能性がある。

そこで、完全親会社の成立の日に、完全子会社の新株予約権が消滅し、その代わりに、完全親会社の新株予約権を交付するという方法をとることができるのである。(会社法773条1項9号、774条4項)

① 株式移転計画についての注意点

株式移転計画には、株式移転がその効力を生ずる日が、その記載事項となっていません。

これは、株式移転設立完全親会社の設立登記の日が、効力発生日となるからです。

「株式会社は、その本店所在地において登記をすることによって成立する」という会社法49条の規定は、株式移転設立完全親会社に適用されます。(会社法814条)

そして、株式移転の効力は、株式移転設立完全親会社の成立の日に生じます。(会社法774条)

このことは、新設合併、新設分割の場合も同様です。

会社の成立につき、登記が効力発生要件だという原理は、組織再編においても維持されています。

次に、株式移転の場合にも、対価の柔軟化の規定は存在します。

たとえば、株式移転設立完全親会社の社債、新株予約権、新株予約権付社債を、完全子会社の株主に交付することもできます。

ただし、他の会社の株式・持分等の財産を交付することは不可能です。

株式移転の効力発生時に、株式移転設立完全親会社がこれらの資産を所有することがありえないからです。

参考問題　２以上の株式会社が新設合併をする場合において、新設合併設立会社が株式会社であるときは、新設合併契約において、新設合併消滅株式会社の株主に対して、新設合併設立会社の株式に加え、金銭を交付することを定めることができる。（商法H31-34-ア）

答え　×　これから設立しようという会社が、その設立前に現金を持っているわけがない。

発展　**株式移転計画の中身**

株式移転では、完全親会社を立ち上げるので、その詳細な内容を決める必要が生じる。（会社法773条）

たとえば株式会社の、目的、商号、本店所在地、発行可能株式総数から、設立時取締役の氏名や、会社の機関設計等、会社設立セットの一式である。

そして、株式移転完全子会社の株主への対価は柔軟化されるが、しかし、設立する株式移転完全親会社の株主が存在しないという事態はありえないので、必ず、完全子会社の株主に対して少なくとも１株は、対価としての完全親会社の株式を発行しなければならない。

この点が、たとえば吸収合併存続会社が、消滅会社の株主に対して交付する対価は、そのすべてが存続会社の株式以外の財産であってもよかったことと異なる。同様のことは、おなじく組織再編に伴い新会社を立ち上げる形となる、新設分割、新設合併にもあてはまる。

【急所】設立型組織再編の対価

以下の記述は、新設合併、新設分割にも当てはまる。

設立型組織再編一般についての記述である。

対価の柔軟化は、**制限的**である。

1．必ず、最低でも１株は、設立会社の株式であることを要する。

理由　株主のいない株式会社の設立は不可。

2．対価として、金銭等や、他の会社の株式や持分を交付できない。

理由　これから設立する会社が、カネなどの財産をもっているわけがない。

結局、対価とすることができるのは、設立会社の株式の他、設立会社の社債、新株予約権、新株予約権付社債に限られる。

参考 **定款の認証**

設立型の組織再編（株式移転、新設合併、新設分割）および組織変更においては、新たに設立する会社または組織変更後の会社の定款を作成することになる。

が、仮に設立等をする会社が株式会社であっても、この定款について、公証人の認証を要するという規定は存在しない。

公証人さんのドル箱の機会は、株式会社のホントの設立の時だけである。

参考問題 公証人の認証を受けた定款を株式会社の成立後に変更する場合には、公証人の認証を受ける必要がない。（商法H28-27-オ）

答え ○ むろん、会社の設立後に認証を要するわけがない。

② 株式移転に関するその他の問題

略式組織再編・簡易組織再編の手を使えるケースがありません。

略式組織再編について

株式移転で完全子会社となる会社が１人でやる手続だから、特別支配関係がありえません。

簡易組織再編について

株式移転で完全子会社となる会社の発行済株式の総数（100％）を設立する完全親会社に移転するから、20％ルールの適用がありえません。

反対株主の株式買取請求権は存在します。（会社法806条）

株式移転では、すべての反対株主に株式の買取請求権が生じます。この点に例外がありません。

→なお、他の設立型の組織再編でも、一般的には反対株主に株式の買取請求権が生じるが、その例外として、新設合併では合併に総株主の同意を要するケース（持分会社を設立するとき）、新設分割では簡易分割のケースにおいては株式買取請求権が生じない。

また、新株予約権の買取請求も可能なケースがあります。（会社法808条１項３号）

さらに、株式移転の内容等を記載（または記録）した書面等の備置きも必要となります。（会社法803条）

備置期間は以下のとおりです。（会社法803条）

その起点は、以下のうち最も早い日です。

1．株主総会の日の２週間前
2．反対株主への通知または公告の日
3．新株予約権者への通知または公告の日（いわゆる新株予約権の承継が生じる時）
4．債権者への催告または公告の日（債権者保護手続を要するケースのみ）

備置期間は、株式移転設立完全親会社の成立後６か月の経過時までです。
この期間は、株式移転無効の訴えの提起期間に対応します。

なお、株式移転の内容等を記載した書面の閲覧等ができる（会社の営業時間中、いつでもできる）のは、株主および新株予約権者です。（会社法803条３項）
株式移転においては、新株予約権付社債の権利者以外には、債権者の異議手続を要する債権者は存在しないので、債権者の記載はありません。

発展　株式移転完全親会社の備置義務

株式移転完全親会社においても、一定の事項を記載した書面の作成と備置きが義務づけられている。（会社法815条１項・３項）
備置期間は、会社成立の日から６か月間。

参考　**株券提出公告**

株式移転をする会社が株券発行会社である場合、現実に株券を発行していれば、株券提出公告を要する。（会社法219条１項８号）
株式移転により株式移転完全子会社の株券は無効となるから、この点を公告により株券所持者に知らしめる必要があるのである。

確認事項　株券提出公告をしたことを証する書面または株券を発行していないことを証する書面

株式移転完全子会社が株券発行会社である場合に添付書面となる。（商業登記法90条８号）

確認事項　新株予約権証券提出公告をしたことを証する書面または新株予約権証券を発行していないことを証する書面

株式移転完全子会社が新株予約権を発行しており、新株予約権が承継されるケース、つまり、株式移転設立完全親会社が株式移転に際して株式移転完全子会社の新株予約権者に対して、株式移転設立完全親会社の新株予約権を交付する場合に限り、添付書面となる。（商業登記法90条9号）

参考問題

1．株式移転は会社の設立の一態様であるが、株式移転設立完全親会社の定款については、公証人の認証を得る必要はない。（商法H19-35-オ）
2．株式会社は、発起人がいなければ、設立することができない。（商法H24-27-ア）

答え　1．○
2．×　株式移転、新設合併、新設分割など設立型の組織再編においては、発起人は存在しない。たとえば、株式移転の場合は株式移転完全子会社が発起人的立場で株式会社の設立事務を行うことになる。

③ 株式移転をやめることの請求

株式移転が法令または定款に違反する場合に、株主が不利益を受けるおそれがあるときは、株式移転完全子会社の株主は株式移転をやめることを請求できます。（会社法805条の2）

→新設合併のときも同様である。

→新設分割の場合にも一般的には株主が新設分割をやめることを請求できるが、その例外として、簡易分割のときはその請求ができない（タマが小さいので株主に発言権がない）。

④ 株式移転の登記

株式移転の場合には、必ず、登記事項が発生します。
もちろん、株式移転により設立する会社の設立登記をする必要があるのです。

なお、通常のケースでは、株式移転完全子会社には、登記事項は発生しません。
株式移転完全子会社では、株主が変わっただけだからです。

次に、株式移転は、設立登記だから、登記が効力発生要件となります。
したがって、登記すべき事項に「日付」を書きません。

登記期間は、株式移転の手続終了の日から２週間以内です。
→詳細は、会社法925条各号

では、以下において、Ｂ社を完全子会社とし、Ａ社を設立する株式移転の登記の申請書（Ａ社の設立登記）を紹介しましょう。
Ｂ社は、株券を発行せず、新株予約権も発行していません。
また、Ａ社は取締役会を設置しない会社であり、設立時の役員は、取締役甲、乙、丙のみであるとします（各自代表であり、役員は定款において選任されている→印鑑証明書の数はどうなりますか？）。
設立時の資本金の額は金100万円です。

登記の事由	年月日株式移転の手続終了	
登記すべき事項	別紙のとおり	
課税標準金額	金100万円	
登録免許税	金15万円（イ）	
添付書類	株式移転計画書	１通
	定款	１通
	株主総会議事録	１通
	株主リスト	１通
	就任承諾書	３通
	資本金の額が会社法第445条第５項の規定に従って計上されたことを証する書面	１通
	登記事項証明書	１通
	印鑑証明書	３通
	委任状　１通	

以上です。

1．登録免許税に「勘弁」はありません。Ｂ社が健在だからです。普通に、最低15万円がかかります。
2．２階建ての各自代表の会社だから代表取締役の就任承諾書はいりません。
→上記の申請書中の就任承諾書は、取締役の就任承諾書の意味である。
3．登記事項証明書は、Ｂ社のもの。Ｂ社の本店が申請する設立会社（Ａ社）の登記所の管轄と異なる場合に添付を要します（Ｂ社の会社法人等番号の記載に代えることができる）。
→作成後３か月以内。
4．印鑑証明書は取締役甲乙丙のそれぞれの就任承諾書の印鑑について要します。
→商業登記規則61条４項が根拠条文である。
5．別紙の内容ですが、「登記記録に関する事項」の欄には、単に「設立」と書きます。よって、登記簿からは、株式移転による設立会社であることはわからない仕組みになっています。

→要するに、株式移転は、B社の株式の全部を現物出資して、新会社を立ち上げたという実質であり、ことさらに株式移転による設立ということを公示する必要がないのである。

6．株主リストの作成者

株式移転完全子会社の株主リストは、その代表取締役（または代表執行役）が作成します。

→自分の会社の株主リストは自前で作成する。

発展　「登記記録に関する事項」の欄の書き方

1．新設合併の場合　—住所—株A及び—住所—株Bを合併し設立

2．新設分割の場合　—住所—株Aから分割により設立

3．株式移転の場合　設立

→いずれも、登記が効力発生要件だから、日付を書かないことが共通点

→前二者は、それぞれ株Aなり株Bなりの権利義務を承継している。だから、そのことを公示するために上記の書き方になる。

しかし、株式移転の場合には、株式移転設立会社は、新株予約権の承継の問題を除けば「ゼロからスタート」するのであり、したがって誰が株式移転をしたのかを公示する必要がないのである。

ポイント　設立との一致

株式移転による設立ということは登記されない。

このため、登記記録上、発起人による設立と株式移転による設立を見分けることはできない。

また、登録免許税の計算も両者で相違しない。

株式移転による設立は、株式移転完全子会社の株主全員がその有する株式の全部を現物出資して株式会社を設立した場合と同視することができるからである。

コラム　新株予約権の承継

株式移転設立完全親会社（A社　甲登記所管轄）が、株式移転に際して株式移転完全子会社（B社　乙登記所管轄）の新株予約権者に株式移転設立完全親会社の新株予約権を交付する場合には、次の２つの登記（A社の設立登記およびB社の変更登記）が、同時申請となる。

1．A社の設立登記
2．B社の変更登記　株式移転計画新株予約権消滅
では、どちらの登記所に行けばよいか？
→甲登記所である（管轄定理　タマの入ってくるほうでやれ）。
B社の変更登記の申請人は誰か。
→もちろんB社の代表者である（B社は健在）。
B社の株式移転計画新株予約権消滅の変更の登記の申請書に添付すべき書面はあるか。
→以下の1点である。
①　委任状
なお、2枚の申請書が甲登記所に提出された後の手続の流れは、合併の項で詳述した内容と全く異ならない。（商業登記法92条1項・2項）
→ただし、もちろんのことながら、B社の登記簿が閉鎖されることはない。

参考問題

1．株式移転による設立の登記の申請書には、当該申請をする株式会社の定款を添付しなければならない。（商業登記法29-29-ウ改）
2．株式会社A社が株式移転により株式会社B社を設立するときは、A社の代表取締役は、B社の株式移転による設立の登記を申請することができる。（商業登記法H14-31-オ）
3．株式移転による設立の登記の申請書には、登記すべき事項として、株式会社の設立の登記における登記すべき事項のほか、株式移転をした旨並びに株式移転完全子会社の商号及び本店をも記載しなければならない。（商業登記法R2-33-イ）
4．株式移転完全子会社が種類株式発行会社である場合において、株式移転により株式移転完全子会社の株主に対して交付する株式移転完全親株式会社の株式の一部が譲渡制限株式であるときは、当該株式移転の登記の申請書には、当該譲渡制限株式の割当てを受けるすべての種類の株式に係る当該各種類の株式の種類株主を構成員とする各種類株主総会の議事録を添付しなければならない。（商業登記法H20-32-オ）
5．株式移転設立完全親会社が株式移転に際して株式移転完全子会社の新株予約権の新株予約権者に対して当該新株予約権に代わる当該株式移転設立完全親会社の新株予約権を交付する場合における株式移転による設立の登記の申請書の添付書面に関する次のアからオまでの記述のうち、正しいものの組合せは、後記1から5までのうちどれか。（商業登記法H18-32）
ア　株式移転設立完全親会社の本店の所在地を管轄する登記所の管轄区域内に株式移転完全子会社の本店がないときは、株式移転完全子会社の登記事項証明書

及び代表取締役又は代表執行役の印鑑証明書を添付しなければならない。

イ　株式移転完全子会社の新株予約権が新株予約権付社債に付されたものでない場合には、株式移転完全子会社において債権者保護手続を行ったことを証する書面を添付する必要はない。

ウ　株式移転完全子会社が会社法上の公開会社（種類株式発行会社を除く。）であり、かつ、当該会社の株主に対して譲渡制限株式を交付する場合には、株式移転完全子会社の総株主の同意があったことを証する書面を添付しなければならない。

エ　株式移転完全子会社の新株予約権の新株予約権者に対して交付する新株予約権が譲渡制限株式を目的としている場合には、すべての新株予約権者の同意があったことを証する書面を添付しなければならない。

オ　株式移転完全子会社の株主に対し株式買取請求権の行使の機会を与えるための公告をした場合でも、当該公告をしたことを証する書面を添付する必要はない。

1　アイ　　**2**　アウ　　**3**　イオ　　**4**　ウエ　　**5**　エオ

答え　1．○　　2．×

3．×　株式会社の設立の登記における登記すべき事項の他、単に「設立」と記載する。

4．×　株式移転完全子会社の譲渡制限種類株式の株主による種類株主総会の承認は要しない。

5．**3**

ア　×　株式移転完全子会社の代表取締役又は代表執行役の印鑑証明書は、不要である。

イ　○　新株予約権付社債の承継がない限り、株式移転と債権者の異議手続は無縁のことである。

ウ　×　特殊決議Ⅰである。（会社法804条1項、309条3項3号）

エ　×　このパターンの新株予約権者の保護は、新株予約権買取請求の問題とするのが会社法の基本スタンス。（会社法808条1項3号、みなさんご存知の118条1項1号と同趣旨）

オ　○　合併のときに記したが、反対株主への通知または公告が添付書面になることはない。

5 株式交付

株式交換は、完全親子会社の関係を構築する制度でありましたが、株式交付は完全とは言えないものの親子会社の関係を作りだすことをその目的とします。

（1）株式交付の仕組み

以下、株式交付親会社を㈱A、株式交付子会社を㈱Bとします。

→株式交換では合同会社を完全親会社とすることができたが、株式交付では、親会社・子会社の双方が株式会社しかありえない。（会社法2条32の2号）

確認事項　**株式交付は次のパターンしかない**

株式交付親会社　株式会社　　株式交付子会社　株式会社

参考問題

1．株式会社は、その議決権の過半数を有する他の株式会社を株式交付子会社として株式交付をすることにより、株式交付による変更の登記を申請することができない。（商業登記法R5-33-ア）

2．株式交付による変更の登記の申請書に、合同会社を株式交付親会社とし、株式会社を株式交付子会社とする株式交付計画書を添付して、株式交付による変更の登記を申請することができる。（商業登記法R5-33-イ）

答え

1．○　すでに子会社である株式会社を株式交付子会社とすることはできない。

2．×

まずは、基本から。

株式交付は、株式交付親会社である㈱Aが、㈱Bの株主からその有する株式を譲り受け、これに対する対価として㈱Aの株式を交付する仕組みです。

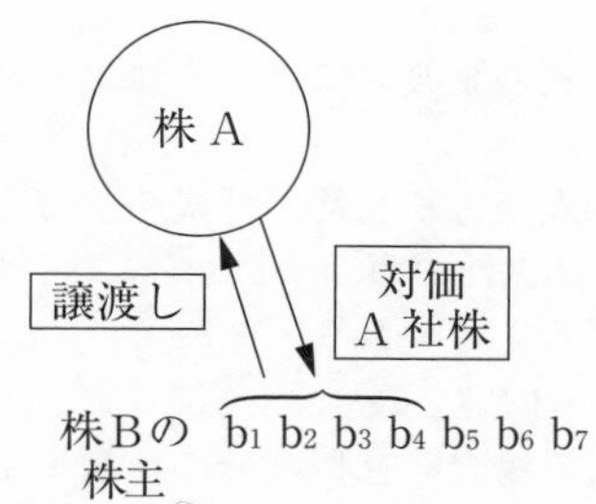

譲受けの契約をするのは、㈱Aと㈱Bの株主であって、㈱Bそのものには役割がありません。

すなわち、㈱Bにおける手続というのは存在せず、株式交付は、㈱Aが、株式交付計画を作成することによりスタートします。

つまり、学習を要するのは、株式交付親会社の手続のみですからハナシはカンタンです。

㈱Bの株主は、その有する株式を㈱Aに譲り渡すも、そのまま保持するも自由です。

ここにおいては、契約自由の原則が当てはまります。

では、以下、その株式交付計画の内容を抜粋しましょう（詳細は会社法774条の3）。

1　株式交付子会社の商号及び住所

2　株式交付親会社が株式交付に際して譲り受ける株式交付子会社の株式の数の下限

→この下限は、その譲受けにより、㈱Aが㈱Bの親会社となるに足りる数であることを要する。また、譲受けの数がこの下限に満たないときは、株式交付の効力が生じない仕組みとなっている。

3　株式交付親会社が株式交付に際して株式交付子会社の株式の譲渡人に対して当該株式の対価として交付する株式交付親会社の株式の数又はその数の算定方法と株式交付親会社の資本金及び準備金の額に関する事項

→株式交付では、㈱Aは、**必ず**、㈱Bの株主に**㈱Aの株式を交付する**。この点、無対価での手続が可能な株式交換と相違する。

→なお、株式会社交付子会社が種類株式発行会社であるときには、ある種類の株主への対価を㈱Aの株式以外のものとすることができる。（会社法774

条の３第３項１号）

4　株式交付子会社の株式の譲渡人に対する株式交付親会社の株式の割当てに関する事項

5　株式交付親会社が株式交付子会社の株式の譲渡人にその株式の対価として金銭等を交付するときは、次の事項

①　社債の場合　種類・金額

②　新株予約権の場合　内容・数

③　新株予約権付社債の場合　社債部分の種類・金額、新株予約権部分の内容・数

④　株式交付親会社の株式等以外の財産であれば、その内容及び数、金額等

6　５の定めのあるときは、株式交付子会社の株式の譲渡人に対する金銭等の割当てに関する事項

7　株式交付親会社が株式交付に際して株式交付子会社の株式と併せて株式交付子会社の新株予約権又は新株予約権付社債（新株予約権等）を**譲り受けるときは**、当該新株予約権等の内容及び数又はその算定方法（以下省略）

8　７の場合に、株式交付親会社が、新株予約権等の譲渡人に対価を交付するときは、次に掲げる事項

①　株式の場合　種類・数と資本金（資本準備金）に関する事項

②　社債の場合　種類・金額

③　新株予約権の場合　内容・数

④　新株予約権付社債の場合　社債部分の種類・金額、新株予約権部分の内容・数

⑤　株式交付親会社の株式等以外の財産であれば、その内容及び数、金額等

9　８の定めのあるときは、株式交付子会社の株式の新株予約権に対する金銭等の割当てに関する事項

10　株式交付子会社の株式及び新株予約権等の譲渡しの申込みの期日

11　株式交付がその効力を生ずる日（効力発生日）

確認事項　**株式交付計画書**

株式交付による変更登記について、必ず、添付書面になる。

３について

株式交付計画では、その名のとおり、株式交付親会社は、必ず、株式を交付します。

しかし、株式交付子会社が種類株式発行会社であるときは、ある種類の株式の譲渡人に、株式交付親会社の株式の交付をしないこととすることができます（会

社法774条の3第3項第1号)。

7について

株式交付は親子会社の関係を作ることが目的です。

しかし、株式交付子会社の新株予約権を放置すると、その行使による新たな株主の出現によって、後に、株式交付親会社が、その親会社としての地位を失う恐れが出現します。

このため、株式交付計画において、株式交付子会社の株主から株式の譲渡を受けることに加えて、その新株予約権者から、新株予約権を譲り受けるという条項を設けることができます。

→なお、株式交付のスキームにおいて、新株予約権の譲受けのみを行うことはできない。

発展　株式交付子会社の新株予約権者への対価

株式交換においては、いわゆる新株予約権の承継が起こる場合の対価は、次のとおりである。

1．株式交換完全親株式会社は、必ず、対価を交付する。

2．対価は、株式交換完全親株式会社の新株予約権に限られる。

しかし、株式交付の場合は、この点の考え方がひじょうに柔軟になっている。

すなわち、株式交付親会社が、株式交付子会社の新株予約権者に対して交付する対価については次の取扱いとなっている。

1．株式交付親会社が対価を交付しない場合がある(無対価の可能性)。

2．対価は、何でもアリである。株式交付親会社の株式、社債、新株予約権、その他の財産(金銭等)

この相違の理由は、株式交換においては、その手続が、完全親子会社となるべき当事会社の契約のよるところ、株式交付においては、その手続が、株式交付親会社と株式交付子会社の新株予約権者の個別の契約によることにある(新株予約権者の側にイヤなら断る自由があるということ)。

株式交付の手続は、株式交換完全親株式会社のそれに類似します。

また、株式交付子会社の株主からその有する株式を、株式交付親会社が個別に譲り受ける手続となるため、第三者割り当てによる募集株式の発行の手続にも似ているところがあります。

以下、そうした観点から学習をしてみましょう。

まず、株式交付親会社は、効力発生日の前日までに、株主総会の特別決議によ

って、株式交付計画の承認を受けなければなりません。(会社法816条の３第１項、309条２項12号)

→株式交換に同じ。ただし、株式交付では、対価を受ける側（株式交付子会社）の手続が存在しないため、株主総会の決議において特殊決議を要することはない。

その例外としては、簡易株式交付（20%ルール）のみが存在します。

すなわち、株式交付親会社が、株式交付子会社の株式及び新株予約権の譲渡人に交付する株式や金銭等の額の合計が、株式交付親会社の純資産額の20%までであれば、株主総会の決議を要することなく株式交付をすることができます。

ただし､株式交付差損が生じる場合は､簡易株式交付をすることができません(差損とは、交付する金銭等の価額が、譲り受ける株式や新株予約権の価額を上回ることをいう)。(会社法816条の４第１項ただし書、816条の３第２項)

さらに、一定の株式を有する株主（原則として、1/6Ａ+1）が反対の通知をしたときも簡易株式交付をすることができません。(会社法816条の４第２項)

→Ａとは、株式交付の承認に係る株主総会の決議において、議決権を行使できる株主の議決権の数を意味する。

また、株式交付親会社が公開会社でないときも、簡易株式交付をすることができません。(会社法816条の４第１項ただし書)

株式交付は、第三者割当てによる募集株式の発行等と同一の性質を有する行為だからです。

→以上、簡易株式交付は、簡易株式交換と同じ思想のもとで構築された制度とみてよい。

確認事項　株式交付による変更の登記の添付書面

株式交付計画を承認した機関の議事録の添付を要する。

株主総会議事録、種類株主総会議事録、取締役の過半数の一致を証する書面、取締役会議事録等

しかし、株式交換の場合と相違して、略式株式交付（90%ルール）は存在しません。

なぜなら、株式交付は、株式交付親会社が単独で進める行為であり、株式交付子会社との契約が存在しないからです。

次に、株式交付親会社が種類株式発行会社であるときに配慮すべき点が、株式交換の場合と同様です。

以下、簡略に箇条書きします。いずれも、株式交付親会社で必要となる種類株主総会についての記述です。

→再々になるが、株式交付子会社での手続はナイ。

→株式交付子会社の株主（新株予約権者も）は、株式交付親会社の計画について断る自由があるから、何らの手続保証を要しないのである。

① ある種類の株主に損害を及ぼすおそれがある場合、原則として、その種類株主による種類株主総会の承認決議を要する。（会社法322条１項14号）

② 株式交付の対価（株式交付子会社の株主または新株予約権者への対価）が株式交付親会社の譲渡制限種類株式である場合、原則として、その種類株主による種類株主総会の承認決議を要する（種類株主の閉鎖性への配慮）。（会社法816条の３第３項）

さて、続いて、株式交換との類似性についての記述をすすめましょう。

株式交付と株式交換は、その手続の結果として、単なる親子会社の関係が生じるのか、それとも完全親子関係が生じるかという相違があります。

しかし、株式会社が、対価を交付して子会社となるべき株式会社の株式を取得するということにおいて相違がありません。

このため、株式交付親会社の既存の株主の保護に関して、会社法は、株式交換のそれと同じ思想により、同様の仕組みを置いています。

以下、列挙していきましょう。

① 反対株主の株式買取請求（会社法816条の６）

株式交付親会社の反対株主は、公正な価額での株式の買取りを請求することができる。

→ただし、簡易株式交付において、株主総会の決議によらずに株式交付をすることができるときは、反対株主が株式買取請求をすることができない。

② 株式交付をやめることの請求（会社法816条の５）

法令又は定款違反を理由として、不利益を受けるおそれのある株主が、株式交付をやめることを請求することができる。

③ 株式交付親会社の書類等備置義務（会社法816条の２）

株式交付親会社は、株式交付計画備置開始日から株式交付の効力発生日後６か月を経過する日まで、株式交付の内容その他を記載した書面（または電磁的記録）を本店に備え置かなければならない。

→「効力発生日後６か月」は、株式交付無効の訴えの提訴期間に対応している。

→株式交付計画備置開始日の定義は、会社法816条の２第２項各号にある。

コラム　株式交換との相違

株式交換完全子会社では、株券提出公告・新株予約権証券提出公告・債権者異議手続を要する場合があった。

しかし、株式交付子会社に、その場合はナイ。

参考問題　株式交付親会社が株式交付子会社の株式と併せて株式交付子会社の新株予約権を譲り受ける場合において、株式交付子会社が新株予約権証券を発行しているときは、株式交付による変更の登記の申請書には、株式交付子会社が新株予約権証券の提出に関する公告をしたことを証する書面を添付しなければならない。（商業登記法R5-33-オ）

答え　×　株式交付子会社での手続は存在しない。

次に、債権者異議手続について考察しましょう。

株式交付には、株式交付子会社の手続なるものが存在しません（ただし、譲渡人が、株式交付親会社にその有する譲渡制限株式を取得させることについて、株式交付子会社でその承認手続を要する程度のことはありえます）。

したがって、株式交付子会社において債権者異議手続を要する可能性はゼロです。

この点は、株式交換の場合と相違します。

しかし、株式交付親会社が債権者に対してとるべき手続は、株式交換完全親会社の場合と同様の思想に基づいて定められています。（会社法816条の８）

すなわち、株式交付子会社の株主や新株予約権の譲渡人に対して交付する対価が、株式交付親会社の株式のみであるときには、債権者異議手続を要しません。

この場合は、株式交付を、債権者との関係で、募集株式の発行等の手続に全く同視できるからです。

しかし、その対価が、株式交付親会社の株式の他、金銭等を含むときは、株式交付親会社の財産の流出が生じますので、債権者の異議手続を要します。

→ただし、その金銭等が、株式交付親会社の株式に準ずるもの（端数調整金にあたるものなど）のみであれば、金銭等の交付があっても債権者の異議手続を要しない。
→債権者異議手続の方法は、大筋において株式交換の場合と同様とみてよい。

また、株式交付計画において定めた効力発生日までに債権者異議手続を完了しなければ、株式交付の効力が生じません。

参考問題　株式交付親会社が、株式交付計画に基づき、株式交付子会社の株式の譲渡人に対し、株式交付親会社の株式のみを交付した場合は、株式交付による変更の登記の申請書には、債権者保護手続を行ったことを証する書面を添付しなければならない。（商業登記法R5-33-エ）

答え　×　株式交付対価が株式交付親会社の株式のみだから、債権者の異議手続を要しない。

コラム　株式交付の効力が生じない場合

先に述べた、債権者異議手続が終了しなかった場合の他、次の状況が生じたときは、株式交付は、その効力を生じない。（会社法774条の11第５項）

1．株式交付を中止したとき
2．効力発生日において、株式交付親会社が給付を受けた株式交付子会社の株式の数が、株式交付計画上の下限に満たないとき
→たとえば、その給付をする株主が予想外に少なくて、株式交付の目的を達することができなかったということ。
3．効力発生日において、株式交付親会社の株主となる者がいないとき
→その取得対価を、株式交付親会社の株式とする者（株式交付子会社の株主・新株予約権者）がいなかったということ。

以上、株式交付の効力が生じなかった場合、すでに給付を受けた株式交付子会社の株式や新株予約権があるときは、株式交付親会社は、遅滞なく、通知のうえ、譲渡人にこれを返還しなければならない。（会社法774条の11第６項）

次に、株式交付親会社の手続と株式交換完全親株式会社の手続の相違点を解説します。

株式交換では、株式交換完全親株式会社は、株式交換完全子会社との契約によって、その株式を取得しました。

また、株式交換契約において、株式交換完全子会社の新株予約権を消滅させた上で、新株予約権を発行する旨を定めることもできました（俗にいう新株予約権の承継）。

いずれも、株式交換完全子会社の株主や新株予約権者との個別の合意なき取得です。

しかし、株式交付では、株式交付親会社は、株式交付子会社の株主や新株予約権の譲渡人との個別の合意によって、その有する株式や新株予約権を取得します。

この点が、株式交換の場合と決定的に相違します。

では、以下、株式交付親会社が、株式交付子会社の株主からその株式を譲り受ける方法を具体的に解説します。

基本ラインは、第三者割当てによる募集株式の発行等の手続を、出資の払込みや給付なしに行うというイメージでよいでしょう。

手続は、およそのところ次の手順で進行します。

1．株式交付親会社における株式交付計画の承認

ここにおいて、株式交付子会社の株主が有する株式への「対価」や「割当事項」が決定されます。

→募集株式の発行等における募集事項にあたるものを決定しているとみてよい。

ただし、出資の払込みや給付を要しない手続となるため、「払込期日（または払込期間）」は定めません。

それに代わり、株式交付の「効力発生日」を定め、そのほか、株式の譲渡しの「申込期日」を定めます。

2．株式交付親会社による通知

株式交付子会社の株主（株式の譲渡しの申込みをしようとする者）にパンフレットを配るイメージです。

株式交付計画の内容等を通知します。

→募集株式の発行等における「募集事項の通知」に当たる手続。

3．譲渡しの申込み

株式交付子会社の株主が、書面にて、株式交付子会社の株式の「譲渡しの申込み」

をします。

→募集株式の発行等における「引受けの申込み」に当たる手続。

4．割当て

株式交付親会社は、申込者の中から株式を譲り受ける者を定め、その者に割り当てる譲り受ける株式の数を定めます。

→募集株式の「割当て」に当たる手続。

→株式交付計画において定めた譲り受ける株式の数の下限を下回らない範囲で、申込みのあった数を減じて割り当てることができる（募集株式の発行等における割当て自由の原則にあたる）。

→申込みがあった数が、株式交付計画において定めた譲受け数の下限に満たないときは、株式交付をすることができない。株式交付が、株式交付親会社による株式交付子会社の一定の支配を目的とするところ、その目的の達成の不能が明らかだからである。

株式交付親会社は、こうして定めた数を、効力発生日の前日までに申込者に通知しなければなりません。

ただし、上記の２～４の規定は、株式交付子会社の株式を譲り渡そうとする者が、株式交付親会社が株式交付に際して譲り受ける株式交付子会社の株式の総数の譲渡しを行う契約（総数譲渡契約）を行ったときには適用されません。

これは、募集株式の発行等における総数引受契約にあたる方式です。

→株式交付子会社の株主に交付する株式が、株式交付親会社の譲渡制限株式となる場合でも、上記の「割当て」や「総数譲渡契約の承認」を株主総会（取締役会設置会社にあっては取締役会）の決議により行うべしとの規定は存在しない。

確認事項　譲渡しの申込みを証する書面

株式交付による変更の登記の添付書面として、「譲渡しの申込みを証する書面」または「総数譲渡契約書」を要する。

なお、以上の、譲渡しの申込み、割当て、総数譲渡契約に係る意思表示には、民法93条１項ただし書、民法94条１項の適用がありません（心裡留保、通謀虚偽表示の意思表示が常に有効となる。会社法774条の８第１項）。

また、株式交付における株式交付子会社の株式の譲渡人は、株式交付親会社の株式の株主となった日から１年を経過した後、またはその株式について権利を行使した後は、錯誤、詐欺又は強迫を理由として株式交付子会社の株式の譲渡しの取消しをすることができません。（会社法774条の８第２項）
→以上、募集株式の発行に係る会社法211条と同趣旨の規定である。

なお、以上の「通知→譲渡の申込み」あるいは「総数譲渡契約」の仕組みは、株式交付子会社の新株予約権者による新株予約権の譲渡しの方法にも準用されています。（会社法774条の９）

５．効力の発生

株式交付の効力は、株式交付計画において定めた「効力発生日」に生じます。

すなわち、この日に、株式交付親会社は、株式交付子会社の株式を譲渡人から譲り受け、その譲渡人は株式交付親会社の株主となります。

→効力発生日の変更の手続が存在する（株式交換に同じ）。債権者異議手続が長引いたときを念頭に置いた制度とみてよい。

コラム　株式交付の効力発生日の変更

株式交付においては、変更後の効力発生日は、株式交付計画において定めた当初の効力発生日から３か月以内の日でなければならない。（会社法816条の９第２項）

これは､株式交換の効力発生日の変更のケースには存在しない規制である。

株式交付においては、株式交付子会社の手続が存在せず、したがって、株式交付子会社の株主は、株式交付親会社の手続の進捗状況のいかんに翻弄されかねない地位にある。このため、会社法は、効力発生日の変更に期限を設けたものと考えられる。

（２）株式交付の登記

株式交付の登記は、株式交付親会社において、発行済株式総数や資本金の額に変更が生じたときに行います。

株式交付子会社において登記事項が発生することはありません。

株式交付子会社では、株主（場合により新株予約権者も）の構成に変更が生じますが、そのことは登記事項ではないからです。

また、「株式交付をした」ということは登記事項ではありません。

以下、株式交付に際して、株式交付親会社が資本金の額を1000万円増加し金4000万円に、また、株式交付の対価として株式交付親会社が株式100株発行して、発行済株式総数が400株となったものとして、申請書の記載例を挙げます。

→簡易株式交付については考慮せず、また、総数譲渡契約を行わないものとする。

→また、株式交付子会社は新株予約権を発行していないものとする。

登記の事由	株式交付による変更	
登記すべき事項	年月日次のとおり変更	
	発行済株式の総数	400株
	資本金の額	金4000万円
課税標準金額	金1000万円	
登録免許税	金7万円	
添付書類	株式交付計画書	１通
	株主総会議事録	１通
	株主リスト	１通
	株式の譲渡しの申込みを証する書面　何通	
	資本金の額が会社法第445条第５項の規定に従って計上されたことを証する書面　１通	
	委任状	１通

以下に注意点を述べます。

①　登録免許税の規定は、資本金の額の増加に関する（ニ）である。
→募集株式の発行と同じ区分。

②　株主総会議事録は、株式交付計画書の承認決議に係るもの。

③　債権者の異議手続は不要である。
→本事例は株式交付対価が、株式交付親会社の株式のみであるため。

④　株式交付子会社の本店所在地の管轄登記所が、株式交付親会社の管轄登記所と相違しても、株式交付子会社の登記事項証明書の添付を要しない。
→株式交付は、株式交付子会社との契約に係る手続ではないため。

⑤　簡易株式交付をするときは、次の書面の添付を要する。
「会社法第816条の４第１項本文に該当することを証する書面（同条２項の規定により株式交付に反対する旨を通知した株主がある場合にあっては、同項の規定により株主総会の決議による承認を受けなければならない場合に該当しないことを証する書面を含む)」

以上です。
登記すべき事項が、募集株式の発行による変更登記のそれと同じ書き方です。
→このため、登記記録上、株式交付と募集株式の発行を区別することはできない。

また、課税標準と登録免許税の考え方が、募集株式の発行と一致します。
→課税関係においても、募集株式の発行と同視すればよい。

株式交付により、株式交付親会社が株式を発行することは、株式交付子会社の株主がその有する株式を現物出資したことによる募集株式の発行の手続と同視することができるためです。

参考問題

1．株式交付による株式交付親会社の変更の登記の申請書には、株式交付計画書を添付しなければならない。(商業登記法R4-32-イ)
2．株式交付により資本金の額が1000万円増加し、かつ、発行済株式の総数が１万株増加した場合において、株式交付による変更の登記を申請するときの登録免許税の額は、７万円である。(商業登記法R5-33-ウ)

答え　１．○　２．○

6 吸収分割

吸収分割とは、株式会社または合同会社がその事業に関して有する権利義務の全部または一部を分割後他の会社に承継させることをいいます。(会社法２条29号)
吸収分割の承継会社には制限がありません。

確認事項　吸収分割のパターン

1．分割会社―株式会社　承継会社―株式会社・持分会社(合名・合資・合同会社)
2．分割会社―合同会社　承継会社―株式会社・持分会社(合名・合資・合同会社)

たとえば、それぞれ、デパート部門と電鉄部門を持つ会社（Ａ社とＢ社）が企業統合をし、巨大デパート会社、巨大電鉄会社を作ることを考えましょう。
この場合、まず、株式移転を行い、両社の完全親会社を設立します。
これが、ＡアンドＢホールディングスです。

その後に、ＡがＢに対してデパート部門を分割します。
そうすると、Ｂ社は巨大デパート会社となります。
同時に、ＢがＡに対して電鉄部門を分割します。
そうすると、Ａ社は巨大電鉄会社となります。

これが、吸収分割の一例です。
吸収分割の制度は、中小企業の、のれん分けに使うこともあります。
いずれにしても、会社分割は、会社の事業を他の会社に包括承継させることであり、この点について合併と共通します。

① 吸収分割承継会社

そのため、吸収分割の承継会社には、吸収合併の存続会社と同じ規定が適用となります。
要するに、他会社の権利義務の一切を承継するのですから、その点で、全く同一の地位にあります。
その他の会社が、消滅すれば合併、存続すれば、会社分割です。
が、それは、他の会社の事情であり、権利義務を承継する側には特段の違いはないわけです。
もちろん、会社分割の場合には、分割契約書において、分割後に、どの権利義務はＡ社に属し、どの権利義務はＢ社に属するかという取り決めは、両者間で必要となります。
１つの物を２つに割るからです。
が、相違はその程度といっていいでしょう。

したがって、吸収分割の承継会社の手続は、吸収合併の存続会社のそれと同じである、ということで学習を終了してもかまいません。

確認事項　吸収分割による変更登記の申請書

吸収分割承継会社側の添付書面の考え方も、吸収合併存続会社のそれと逐一同じであるといっていい。
したがって、吸収分割の登記について、この節で学習すべきは、吸収分割会社のほうの添付書面である。
本書では、以下、この点を中心に記載する。

コラム　吸収合併存続会社と吸収分割承継会社の手続の共通点

以下の点が全く同じだ。

1．吸収合併契約等に関する書面等の備置きの手続。その期間。（吸収合併契約等備置開始日から効力発生日の６か月後まで。会社法794条１項）
2．上記の閲覧請求ができる者。（株主、会社債権者。会社法794条３項）
3．決議要件　原則として株主総会の特別決議。例外として20％ルール、90％ルールの適用あり。（合併差損や分割差損等が生じれば、簡易組織再編（20％ルールのコト）はできない。会社法796条１項・２項）
4．反対株主の買取請求権　原則として有り。（会社法797条）
5．債権者の異議手続　有り。すべての会社債権者に対して手続を要する。（債務を包括承継するのだから当たり前。吸収した事業により会社が傾くことも考えられる。会社法799条）
6．原則として、合併契約等で定めた効力を生ずる日に、その効力が発生する。（会社法759条１項、750条１項）
7．原則として、株主は、吸収合併等をやめることの請求をすることができる。（会社法796条の２）

コラム　持分会社を承継会社とする会社分割

持分会社側の手続は以下のとおり。

会社分割の決議要件は総社員の同意である。（ただし、新しい社員が加入する場合のみ。会社法802条）

債権者の異議手続は、株式会社が会社分割をするときに準じる（必要）。

また、吸収分割契約の内容等を記載した書面等を備置きするという規定は存在しない。

参考問題　株主総会における吸収分割契約の承認決議を要する吸収分割をする場合において、吸収分割承継会社の株主総会における吸収分割契約の承認決議がされた日が、吸収分割契約で定めた効力発生日と同日であるときは、吸収分割承継会社は、吸収分割による変更の登記を申請することができない。（商業登記法R2-33-ア）

答　え　○　吸収合併の場合と同様に、株主総会での承認を効力発生日の前日までに行うことを要する。（会社法795条１項）

② 吸収分割会社

吸収分割会社は、事業を承継させる側の会社です。

手続の概要を見てみましょう。

基本ラインは、吸収合併消滅会社、株式交換完全子会社と同様ですが、ズバリ一致とはいえない点があります。

以下の記述では、その相違点を取り上げます。

以下、吸収分割承継会社が、株式会社である場合について記載します。

【学習の急所】 対価の受け手

次の相違が、会社分割を学習する際の急所である。

1．吸収合併、株式交換　対価の受け手は、株主（消滅会社または株式交換完全子会社の株主）。

2．吸収分割　対価の受け手は、**吸収分割会社**

このことが、今後の学習で、双方の手続の相違となって現れる。そこが、試験の急所である。

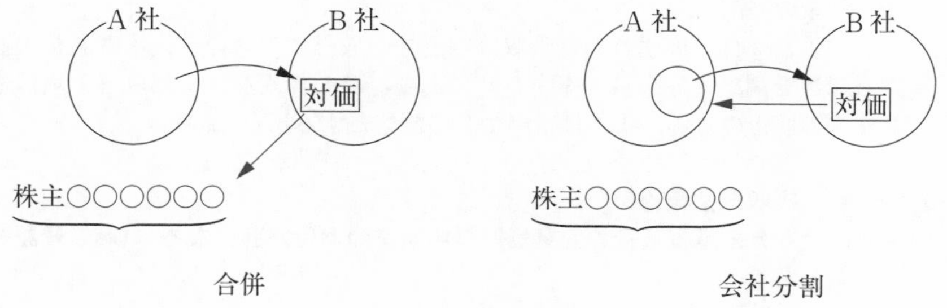

吸収分割契約において定める事項は下記のとおりです。（会社法758条）

1．吸収分割をする会社の商号住所

2．吸収分割承継会社の商号住所

3．吸収分割承継会社が吸収分割会社から承継する資産、債務、雇用契約その他の権利義務

4．吸収分割会社または吸収分割承継会社の株式を、吸収分割承継会社に承継させるときはこれに関する事項

5．**吸収分割会社に対して**、吸収分割承継会社が対価を交付するときは、次の事項（無対価の場合には定めなくともよい。）

① 株式の場合　種類・数と資本金（資本準備金）に関する事項

② 社債の場合　種類・金額
③ 新株予約権の場合　内容・数
④ 新株予約権付社債の場合　社債部分の種類・金額、新株予約権部分の内容・数
⑤ 吸収分割承継会社の株式等以外の財産であれば、その内容および数、金額等

6．吸収分割会社の新株予約権者に対して、吸収分割承継会社の新株予約権を交付する場合には、以下の事項
① 交付を受けることとなる吸収分割会社の新株予約権の内容
② 交付する新株予約権の内容・数
（吸収分割会社の新株予約権が社債付きであれば、社債部分についての取り決めも必要となる。）

7．6の場合には、新株予約権者に対する新株予約権の割当てに関する事項

8．吸収分割がその効力を生ずる日

9．吸収分割株式会社が効力発生日に**次に掲げる行為をするときは**、その旨
① 全部取得条項付種類株式の取得
② 剰余金の配当
上記①、②は、いずれも、吸収分割会社が取得する対価が、承継会社の株式（端数を調整する金銭等を含む）であり、その株式を、全部取得条項付種類株式の取得の対価、または、剰余金の配当とする場合に限る。

確認事項　**吸収分割契約書**

必ず、吸収分割承継会社の変更登記の申請書の添付書面になる。（商業登記法85条1号）

参考　**端数を調整する金銭等**

分割比率を調整するために交付する金銭等のことである。基本的な考え方は、株式交換の項で述べた端数調整金と同じである。（P345参照。会社法施行規則178条）

少し解説をしましょう。
3および4の条項は、合併契約書にはない条項です。
会社分割は、吸収分割会社の権利義務を2つに割ります。そこで、その割り方の基準を定めています。

次に、5です。吸収分割においては、分割の対価を取得するのは、吸収分割会

社です。吸収分割会社の株主ではありません。

この点も、合併との違いです。

さらに、クセ者が9です。この部分は、会社分割を理解する上での急所です。

9の条項の意味は次のとおりです。

1．吸収分割会社が、対価として吸収分割承継会社の株式を取得する。

2．同時に、吸収分割会社が配当等（配当または自己株式（全部取得条項付種類株式）の取得）を行う。その配当等として、取得したばかりの吸収分割承継会社の株式を、株主に交付する。

3．その結果、吸収分割会社の株主は、吸収分割承継会社の株主を兼ねることとなる。

この場合、配当についての財源規制がありません。（会社法792条）

つまり、吸収分割会社は、取得した承継会社の株式をそのまま株主に手渡すこともできるのです。

これが、従来、人的分割といわれた方法です。

税法上では、分割型会社分割といいます。

本書では、便宜、**財産流出型**と呼びましょう。

吸収分割会社が、分割の対価として取得した資産を、そのまま配当してしまうからです。

これに対し、9の条項の定めがない場合を**通常型**としましょう（こちらは、分社型会社分割という）。

この場合には、分割の対価は、そのまま吸収分割会社が保有します。

さて、会社分割においては、分割会社の会社債権者も2つのグループに分かれます。

A社がB社に分割するケースで説明します。

下記の宛て先というのは、債権者の請求書の宛て先のことです。

1．宛て先従来型　分割後もA社の債権者となるグループ

2．宛て先変更型　分割後はB社の債権者となるグループ

さて、以上の区分けにより、分割会社における債権者の異議手続の要否が決まります。（会社法789条1項2号）

1．宛て先従来型の債権者に対する異議手続の要否

① 財産流出型　債権者の異議手続を要する。

A社の財産を、財源規制もなく株主に配当するのだから、A社の債権者は口を出したいに違いありません。

② 通常型　債権者の異議手続は不要

A社はB社からの分割対価をそのまま保有しています（A社は金銭等を受け取る立場）。

2．宛て先変更型の債権者に対する異議手続の要否

請求書の宛て先を勝手にA社からB社に変更されるのは困る。当然、債権者の異議手続を要します。

ただし、例外があります。

通常型の分割を行うケースであり、かつB社のほか、A社にも請求書を書けるケース（A社が保証人としてB社と連帯して債務を履行する場合を含む）であれば、債権者の異議手続は不要です。

（財産流出のないA社に、従来どおりの請求を出せるのであれば、債権者に不満は生じない。）

→官報＋個別の催告の方式で債権者の異議手続をする場合であっても、債権者の異議手続をすることを要しない債権者に対しては、催告の必要はありません。（会社法789条２項）

コラム　各別の催告を要するケース

債権者の異議手続は、一般に、各別の催告をせずに、官報＋時事に関する日刊紙（または電子公告）という公告併用型の手続を採用することができる。

が、ここに、例外がある。

吸収分割をする場合、不法行為によって生じた吸収分割株式会社の債務の債権者に対しての各別の催告はこれを省略することができないのである。（会社法789条３項カッコ書）

これは、損害賠償債務を免れるために会社分割の制度が悪用されないための制度だ（公告を２本立てしても、普通は債権者が見落とすことのほうが多かろう。官報なんか見るのは特殊な人だけだし、新聞の隅っこの小さな記事をいちいち確認する人はいない）。

つまり、こういうことだ。A社が巨額の損害賠償債務を負ったとする。

A社はこれを払いたくない。

そこで、一計を案じる。

そうだ。A社にはカスだけを残して、A社の事業をまるごとB社に分割してしまおう。そうすれば、債権者の追及をかわすことができる。

A社には金がないから払えませんといっておけばよい。どうせ、株主有限責任だし……。

という目論見である。

このような、会社分割制度の悪用を容易に許さないための特則である。

なお新設分割の場合にも、同様の規定がある。(会社法810条3項カッコ書)

参考問題 消滅会社が債権者保護手続に係る公告を官報及び定款の定めに従って電子公告の方法によりした場合には、不法行為によって生じた消滅会社の債務の債権者がいるときであっても、吸収合併による変更の登記の申請書には、当該債権者に対して各別の催告をしたことを証する書面を添付することを要しない。(商業登記法R3-31-ウ)

答 え ○ 二重公告によっても不法行為債権者への各別の催告を要するのは、分割会社に特有の話。合併にはそうした規定は存在しない。

〈吸収分割と債権者の異議手続〉

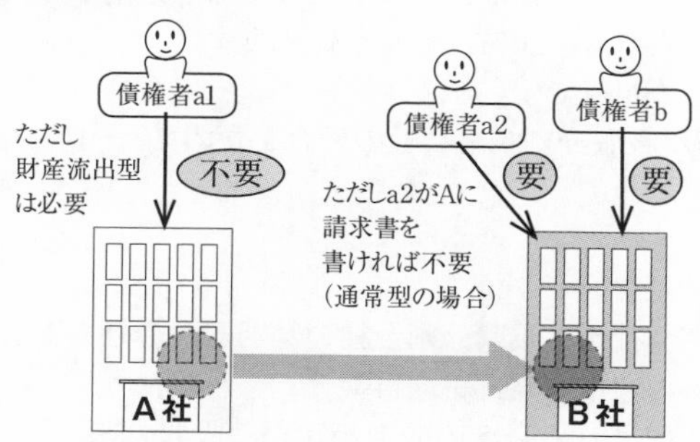

Aの債権者はAの債権者(a1)とBの債権者(a2)に分離する
Bの債権者はb(一種類)

確認事項 **吸収分割会社の債権者の異議手続**

1. **やらなくてもいい場合がある。**
2. **「ザル」のうち1つが使えないケースがある(不法行為によって生じた債務の債権者への各別の催告は必須の手続となる)。**

発展　債権者の異議手続（各別の催告を要するケース）

各別の催告を省略することができないケースとして、以下の場合も存在する。

1．合名・合資会社が組織変更をする場合（会社法781条２項）

2．合名・合資会社が吸収合併され存続会社が、株式・合同会社の場合（会社法793条２項）、合名・合資会社において各別の催告を要する。

3．合名・合資会社が新設合併をし設立会社が、株式・合同会社の場合（会社法813条２項）

4．合同会社が、社員の退社に伴い持分の払戻しをするときに、払戻し額が純資産額を超える場合（会社法635条１項）

１から３については、持分会社の無限責任社員が存在しなくなる手続であるため、４については、合同会社の清算手続と同視されるため、手続が厳格化している（一般論として清算手続においては、知れている債権者への催告は省略できない）。

次に吸収分割の方法につき解説しましょう。

株式会社が吸収分割をする場合には、効力発生日の前日までに、株主総会の特別決議を要することが通常です。（会社法783条１項）

が、会社分割では、分割会社は、その事業の一部を分割することができます。

そこで、分割会社側でも、20％ルールが使えます。

この点が、合併との相違です。

説明の便宜のため、吸収分割承継会社の場合を含めて、一括して掲載します。（会社法784条、796条）

①　吸収分割会社において

・吸収分割承継会社が、吸収分割会社の特別支配会社である場合。
　→90％ルールの適用（略式組織再編）

・分割により承継される資産の帳簿価額が、吸収分割会社の総資産額の５分の１を超えない（定款でこれを下回る割合を定めることができる）とき（簡易組織再編）。
　→20％ルールの適用

②　吸収分割承継会社において

・吸収分割会社が、吸収分割承継会社の特別支配会社である場合。
　→90％ルールの適用（略式組織再編）

・吸収分割会社に対する分割対価の総額が、吸収分割承継会社の純資産額の５分の１を超えない（定款でこれを下回る割合を定めることができる）とき（簡易組織再編）。
→20％ルールの適用
（ただし、吸収分割差損が生じる場合には、簡易組織再編は不可）

＊一定の割合（吸収合併の項において既述）の少数株主が反対の意思表示をした場合には、簡易組織再編をすることができない。（会社法796条３項　**吸収分割承継会社についてのみ**、この規制が存在する。）

コラム　吸収分割会社の簡易組織再編につき少数株主の差止めが認められない理由

会社法は、会社分割の場合に、分割会社において20％ルールを適用する型を、会社の事業の重要でない一部の譲渡と同様と見立てている。

事業譲渡において学習したが、会社の重要でない事業の一部譲渡については、株主総会の決議事項ではない。（会社法467条１項２号）

もともと、株主総会が口出しをすべき事項ではないから、少数株主による差止めができないのである。

なお、このケース（分割会社において20％ルールを適用する型）では、反対株主の株式買取請求も認められない。（会社法785条１項２号）

《ポイント》　簡易組織再編に関する事項の整理

１．少数株主（原則　1/6A＋１議決権）の反対による簡易組織再編の差し止め

できるケース
吸収合併存続会社、株式交換完全親会社、吸収分割承継会社
できないケース
吸収分割会社　新設分割会社
→なお、吸収合併消滅会社、株式交換完全子会社は、そもそも簡易組織再編ができない。

２．反対株主の株式買取請求

できるケース
ない。
できないケース
吸収合併存続会社、株式交換完全親会社、吸収分割承継会社、吸収分割会社、

新設分割会社

3．合併等をやめることの請求

できるケース
　ない。
できないケース
　吸収合併存続会社、株式交換完全親会社、吸収分割承継会社、吸収分割会社、
　新設分割会社

　なお、合併存続会社等において少数株主（原則　1/6A＋1議決権）が反対をして、株主総会の決議を要することとなったときや合併差損が生ずる場合などは、簡易組織再編をする場合には当たらないので、株主はその有する株式の買取りを請求することができ、また、吸収合併等をやめることを請求することもできる。

確認事項　吸収分割会社の略式組織再編、簡易組織再編の添付書面（商業登記法85条6号）
　会社法784条1項本文または会社法784条2項の場合に該当することを証する書面プラス取締役の過半数の一致があったことを証する書面または取締役会議事録→なお、簡易組織再編について、反対株主の議決権を証明する必要は常にない。

〈吸収分割における簡易組織再編〉

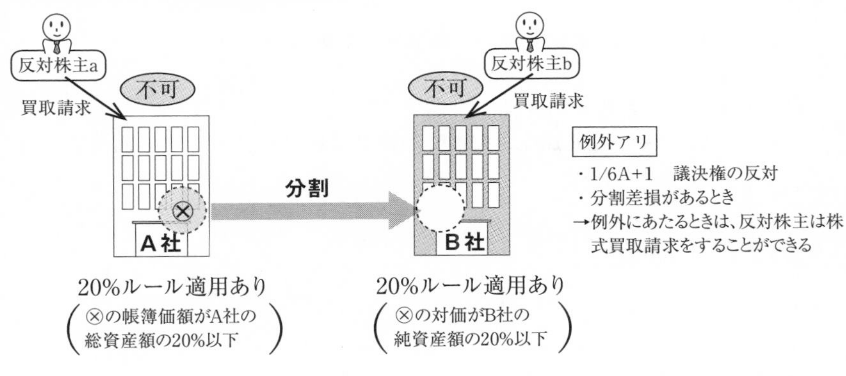

発展　株主総会の決議を要する場合

以下の場合にも、株主総会決議の省略ができない。（会社法796条1項ただし書、796条2項ただし書）

吸収分割承継会社の略式・簡易組織再編

①　分割対価の全部または一部が吸収分割承継株式会社の譲渡制限株式

（かつ）

②　吸収分割承継会社が公開会社でない

〈理由〉吸収分割承継会社において、非公開株式の新株発行となるから。

→譲渡制限株式の株主の「閉鎖性への配慮」を要するのである。

参考　吸収分割会社の略式・簡易組織再編

会社分割の場合、吸収分割会社の側には、分割対価が譲渡制限株式である場合に、略式・簡易組織再編を不可能とする規定は存在しない（会社法784条1項ただし書）。会社分割では、対価を取得するのは、吸収分割会社であり、吸収分割会社の株主ではない。

つまり、株主に迷惑がかからないわけだ。

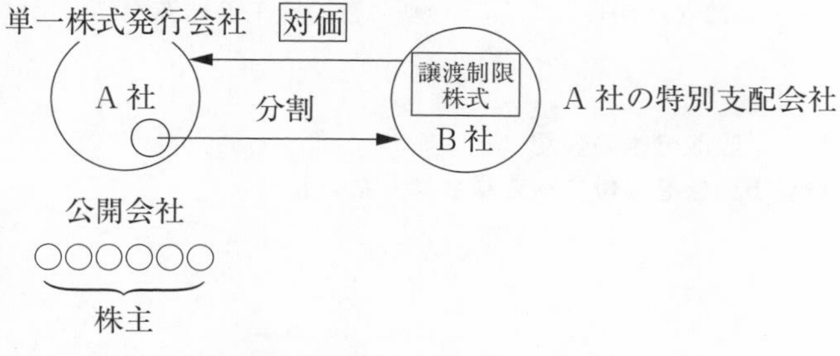

・A社で略式分割できる

・A社の株主に迷惑がかからない

（A社の株主の株式が譲渡制限株式に変身することがない）

確認事項　吸収分割会社における吸収分割契約の承認

1．吸収分割会社が、公開会社（種類株式発行会社でない）で、分割対価が譲渡制限株式であっても、分割承認の決議は株主総会の特殊決議Ⅰであることを要しない。

2．分割対価が持分会社の持分であっても、吸収分割会社（種類株式発行会社でない）で総株主の同意は不要。

→上記、いずれの事態も、簡易、略式分割を妨げない。

→その理由は、分割対価の受け手は、吸収分割会社であって、吸収分割会社

の株主ではないからである。

参考 **吸収分割会社の手続**

吸収合併により消滅する株式会社、株式交換をする会社の場合と異なり、公開会社である吸収分割会社が、分割に際して譲渡制限株式の交付を受ける際にも、株主総会の特殊決議Ｉをすることは要しない（会社法309条３項２号には、吸収分割会社が出てこない）。

これは、会社分割においては、分割の対価を受けるのは、吸収分割会社そのものであり、吸収分割会社の株主ではないためだ。つまり、吸収分割会社の株主の株式は、会社分割後も従来どおり公開されているのである。だから、ことさらに厳格な手続をする必要はない。

参考 **株券提出公告**

会社分割をする会社が、株券発行会社である場合でも、株券提出公告を要するという規定はない。

会社分割の場合、分割の対価を受けるのは、分割会社であり分割会社の株主ではないからである（分割会社の株主の株券の効力には何らの変化もない）。

確認事項 **吸収分割の登記**

株券提出公告を添付すべき場合は「ない」。

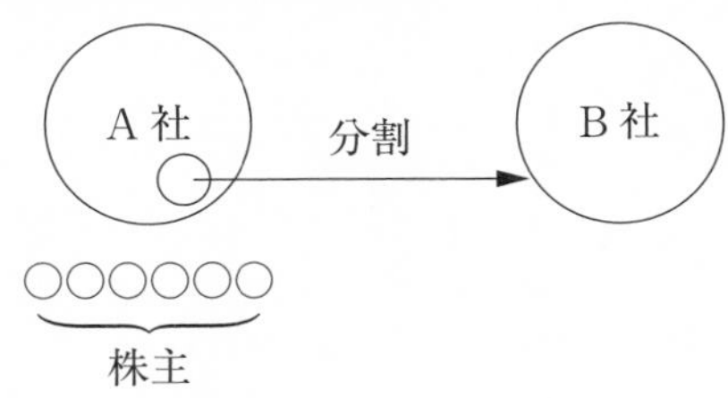

株券　そのまま有効

新株予約権　そのまま有効

（ただし、いわゆる新株予約権の承継があるときは無効となる）

コラム　吸収合併消滅会社と吸収分割会社の手続の共通点

以下の点が同じだ。

1．反対株主の株式買取請求権　有り。（会社法785条。ただし、吸収分割会社においては20％ルール不適用の場合に限る。また、合併につき株主全員の同意を要するケースでは、買取請求の仕組みは存在しない）

2．新株予約権買取請求　場合により可能。（会社法787条）

3．原則として、合併契約等で定めた効力を生ずる日に、その効力が発生する。

コラム　合同会社の吸収分割

合同会社が吸収分割をする場合の決議要件は総社員の同意である。（ただし、事業の全部を他の会社に承継させる場合に限る。会社法793条）

債権者の異議手続は、株式会社が吸収分割をするときに準じる（場合によっては不要。また、債権者の異議手続を要するときは、知れている不法行為債権者への個別の催告を省略することはできない）。

また、吸収分割契約の内容等を記載した書面等を備置きするという規定は存在しない。

確認事項　**新株予約権証券提出公告をしたことを証する書面または新株予約権証券を発行していないことを証する書面**

吸収分割会社が新株予約権を発行しており、新株予約権が承継されるケース、つまり、吸収分割承継会社が吸収分割に際して吸収分割会社の新株予約権者に対して、吸収分割承継会社の新株予約権を交付する場合に限り、添付書面となる。

参考問題

1．合名会社は会社分割をすることができる。

2．吸収分割会社は、原則として、分割の効力発生日の前日までに、分割契約の承認決議を受けなければならない。

3．株式会社が吸収分割を行う場合において、吸収分割株式会社が吸収分割の効力が生ずる日に分割の対価として交付を受けた吸収分割承継株式会社の株式を配当財産として剰余金の配当を行うときは、吸収分割株式会社は、吸収分割による変更の登記を申請すると同時に資本金の額の減少による変更の登記を申請しなければならない。（商業登記法H31-32-ウ）

4．吸収分割承継会社の債権者は分割について異議を述べることができる。

5．吸収分割会社の債権者は分割について異議を述べることができない場合がある。

6．吸収分割をする場合において、吸収分割後吸収分割会社に対して債務の履行を請求することができる吸収分割会社の債権者は、吸収分割会社に対し、吸収分割について異議を述べることができる。（商法R4-34-3）

7．吸収分割をする場合、吸収分割承継会社においては常に債権者の異議手続をとる必要があるが、吸収分割会社においては債権者の異議手続をとる必要がない場合がある。（商法H18-29-オ改）

8．吸収分割承継株式会社の新株予約権の新株予約権者は、当該吸収分割承継株式会社に対し、その新株予約権を公正な価格で買い取ることを請求することができる。（商法H22-33-エ）

9．事業の譲渡及び譲受けと吸収分割との異同に関する次のアからオまでの記述のうち、誤っているものの組合せは、後記１から５までのうちどれか。（商法H21-33改）

なお、事業の譲渡又は譲受けの相手方及び吸収分割承継株式会社は、当該事業の譲渡若しくは譲受けをする株式会社又は吸収分割株式会社の特別支配会社でないものとする。

ア　事業の譲渡をする株式会社は、当該事業を構成する債務を事業の譲受けをする株式会社に移転させるためには、個別にその債権者の同意を得なければならないが、吸収分割株式会社は、債権者の異議手続を執れば足り、個別にその債権者の同意を得ることなく、吸収分割契約の定めに従って債務を吸収分割承継株式会社に移転させることができる。

イ　他の株式会社の事業の重要な一部を譲り受けた株式会社の株主は、当該事業の譲受けに反対であったとしても、株式買取請求権を有しないが、他の株式会社の事業の重要な一部を吸収分割により承継した吸収分割承継株式会社の株主は、株主総会（種類株主総会を含む）において当該吸収分割に反対することにより、株式買取請求権を有することになる。

ウ　子会社は、他の株式会社の事業の一部を譲り受ける場合には、当該他の株式会社の有する親会社の株式を譲り受けて取得することはできないが、他の株式会社の事業の一部を吸収分割により承継する場合には、当該他の株式会社から親会社の株式を承継して取得することができる。

エ　定款に別段の定めがあるときを除き、株式会社が事業の重要な一部の譲渡により譲り渡す資産の帳簿価額がその総資産額として法務省令で定める方法により算出される額の５分の１を超えない場合には、当該株式会社は、事業の重要な一部の譲渡に反対する株主の株式買取請求に応じる必要はないが、吸収分割により吸収分割承継株式会社に承継させる資産の帳簿価額の合計額がその総資産額として法務省令で定める方法により算出される額の５分の１を超えない場合でも、当該吸収分割株式会社は、吸収分割に反対する株主の株式買取請求に応じなければならない。

オ　株式会社の事業の全部の譲渡の無効及び吸収分割の無効は、いずれも、訴えをもってのみ主張することができる。

1 アイ　**2** アウ　**3** イオ　**4** ウエ　**5** エオ

答え　1．× 会社法757条。　2．○ 会社法783条１項。
3．× そういうルールはない。財産流出型だからといって、つねに資本金の額を減少しなければならないわけではない。
4．○ 会社法799条１項２号。　5．○ 会社法789条１項２号。
6．× その吸収分割が「通常型」であれば、異議を述べることができない。
7．○ 会社法789条１項２号、799条１項２号。
8．× 吸収分割承継株式会社の新株予約権は吸収分割の手続により消滅しないから、新株予約権買取請求の制度があるわけがない。
9．**5** 事業譲渡と吸収分割の異同を問う総合問題。良問である。
ア ○ そのとおり。事業の譲渡の法的性質は、一般私法上の「売買」である。会社の事業を売ったということである。だから、債権譲渡の手続は個別にやる。これに対して、個別の手続を要せず、その代わりに会社法が規定する債権者の異議手続をするのが会社分割である。こちらの法的性質は、包括承継である。
イ ○ 事業譲渡の場合、事業の一部の譲受けは、取締役（取締役会設置会社にあっては、取締役会）の決議事項だから、反対株主には買取請求権がない（会社法469条１項、468条１項カッコ書、467条１項３号）。これに対して、簡易分割でないときは、吸収分割承継会社の反対株主（略式分割のときの特別支配会社を除く）が買取請求権を行使することができる。（会社法797条１項）
ウ ○ 細かい論点だが、会社法135条２項１号・３号を参照のこと。組織再編がらみの親会社株式の取得は、やむを得ないものとして認められているが、事業譲渡は個別財産の売買でしかないから、一部の事業の譲受けのケースでは、親会社の株式は譲受けの対象から除外すべきとされているのである。なお、自己株式の処分についても同様の規定がある。（会社法155条10号、12号）
エ × 後半が誤りである。（会社法785条１項２号、784条２項）
オ × 事業譲渡について誤りである。事業譲渡は単なる事業の売買であり、売買の無効は訴訟外でも主張することができる。吸収分割については正しい。（会社法828条１項９号）

③ 詐害的吸収分割

会社法には、詐害的な会社分割に係る債権者保護の規定があります。（会社法759条４項、761条４項）

民法の詐害行為取消請求に類似の制度ですが、決定的な相違は、以下の仕組みは債権者が**裁判上の手続によらずに**利用することができることです。

たとえば、甲社がその債権者（X）を害することを知って、その事業（優良事業です）を会社分割により乙社に承継させたとしましょう。

甲社は、Xへの支払いができなくなることを知りつつ、その優良資産を分割してしまったわけです。

この場合、甲社の残存債権者のXは、乙社に対してその債務の履行を請求できます。

→会社分割により乙社が承継した財産の価額が履行請求の限度となる。

→ただし、会社分割の効力が生じたときに乙社が**善意**であったときは、Xは乙社に履行の請求をすることができない。つまり、債務者（分割会社）、受益者（分割承継会社）の双方の悪意を要する点は、民法の詐害行為取消請求に相違しない。

なお、財産流出型の吸収分割においては、上記の規定の適用がありません。

この場合には、甲社は債権者の異議手続をしなければならず、甲社の債権者の保護はその仕組みの中で図られているためです。

また、会社法のこの仕組みは、民法の詐害行為取消請求を排除する趣旨ではありません。債権者は、この仕組みによらず、民法の詐害行為取消請求を選択して乙社（吸収分割承継会社）の責任を問うこともできます。

参考

新設分割の場合

新設分割の場合にも、同様に、詐害的な会社分割に係る債権者保護の規定が新設されています。（会社法764条４項・５項、766条４項・５項）

その仕組みは、前記の吸収分割のときと同様ですが、コトの性質上、乙社（新設分割設立会社）の善意・悪意は問題とならないことが唯一の相違点です。

→新設分割では、その手続の進行中、丙社が存在しない（まだ設立前）からである。

参考問題

吸収分割に関する次のアからオまでの記述のうち、正しいものの組合せは、後記１から５までのうち、どれか。（商法R2-34）

ア　株式会社は、合資会社を吸収分割承継会社とする吸収分割をすることができる。

イ　吸収分割契約において、吸収分割株式会社の全ての新株予約権者に対し、新株予約権の内容において定める条件に合致する吸収分割承継会社の新株予約権が交付されることとされている場合には、吸収分割株式会社の新株予約権者に対する通知又はこれに代わる公告をすることを要しない。

ウ　株式会社が吸収分割をする場合において、吸収分割株式会社が吸収分割の効力の発生の日に吸収分割承継株式会社の株式のみを配当財産とする剰余金の配当をするときは、当該株式の帳簿価額の総額は、当該吸収分割の効力の発生の日における吸収分割株式会社の分配可能額を超えてはならない。

エ　吸収分割株式会社の不法行為によって生じた債務の債権者であって吸収分割契約において吸収分割後に吸収分割株式会社に対して債務の履行を請求することができないものとされているものに対して各別の催告がされなかったときは、当該債権者は、その者が吸収分割株式会社に知れていないものであっても、吸収分割株式会社に対し、吸収分割株式会社が吸収分割の効力の発生の日に有していた財産の価額を限度として、債務の履行を請求することができる。

オ　吸収分割株式会社が吸収分割承継株式会社に承継されない債務の債権者（以下「残存債権者」という。）を害することを知って吸収分割をした場合には、残存債権者は、吸収分割承継株式会社が吸収分割の効力が生じた時において残存債権者を害することを知らなかったとしても、当該吸収分割承継株式会社に対し、当該債務の履行を請求することができる。

1　アイ　**2**　アエ　**3**　イウ　**4**　ウオ　**5**　エオ

答え　**2**

ア　○　会社法2条29号

イ　×　設問のケースは、新株予約権者に、新株予約権の買取請求権は生じない。しかし、新株予約権の承継があること自体を通知（または公告）しなければならない。（会社法787条3項2号イ、4項）

ウ　×　財産流出型における分割会社の配当には財源規制がない（理由　分割会社において債権者異議手続を行うため）。

エ　○　吸収分割会社に、知れていない債権者への催告義務は生じない。しかし、催告落ちの責任は生じる仕組みになっている（会社法759条2項、3項）。債権者保護の可否を分割会社の主観にかからしめることが不合理であるためといわれている。

オ　×　詐害的会社分割は、吸収分割会社・吸収分割承継会社の双方が悪意であるときに成立する。（会社法759条4項）

---

④ 吸収分割の登記

吸収分割は報告的登記です。

効力発生日から、本店所在地で2週間以内に変更の登記をしなければなりません。

会社法923条（吸収分割の登記）
会社が吸収分割をしたときは、その効力が生じた日から２週間以内に、その本店の所在地において、吸収分割をする会社及び当該会社がその事業に関して有する権利義務の全部又は一部を当該会社から承継する会社についての変更の登記をしなければならない。

上記のように、吸収分割をしたときには、必ず、分割当事会社の双方において、登記の申請をしなければなりません。
→合併の場合と同様に「分割をした」ということ自体が登記事項になる。

1．吸収分割会社の変更登記
2．吸収分割承継会社の変更登記

登記をすべきは、以上の２つです。
では、Ｂ社（乙登記所管轄）を分割し、その権利義務をＡ社（甲登記所管轄）が承継する登記の申請の方法を考えてみましょう。

上記の２つの登記は、同時に申請しなければなりません。（商業登記法87条２項）

では、どちらの登記所に行けばよいのでしょうか？
→甲登記所である（管轄定理　タマの入ってくるほうでやれ）。→商業登記法87条１項
→添付書類は、Ａ社の変更登記のほうに、そのほとんどを添付することになる。

次に、Ｂ社の変更登記の申請人は誰でしょうか。
→もちろんＢ社の代表者である（Ｂ社は健在）。

Ｂ社の変更登記の申請書に添付すべき書面はあるのでしょうか。
→以下の１点である。（商業登記法87条３項）
①　委任状
なお、２枚の申請書が甲登記所に提出された後の手続の流れは、合併の項で詳述した内容と全く異なりません。（商業登記法88条１項・２項）
→ただし、もちろんのことながら、Ｂ社の登記簿が閉鎖されることはない。

商業登記法87条

1項　吸収分割会社又は新設分割会社がする吸収分割又は新設分割による変更の登記の申請は、当該登記所の管轄区域内に吸収分割承継会社又は新設分割設立会社の本店がないときは、その本店の所在地を管轄する登記所を経由してしなければならない。

2項　前項の登記の申請と第85条又は前条の登記の申請とは、同時にしなければならない。

→85条の登記とは、吸収分割承継会社の変更登記、前条の登記とは、新設分割による設立登記

3項　第1項の登記の申請書には、第18条の書面を除き、他の書面の添付を要しない。

→18条の書面とは、委任状のこと

登記簿の記録例（H18.4.26民商第1110号依命通知改　一部省略あり）

吸収分割の場合

（1）　承継会社（会社法第758条）（本店所在地でする場合）

発行済株式の総数並びに種類及び数	発行済株式の総数 1000株	
	発行済株式の総数 2000株	令和6年9月28日変更 令和6年10月8日登記
資本金の額	金5000万円	
	金1億円	令和6年9月28日変更 令和6年10月8日登記
会社分割	令和6年9月28日東京都台東区上野二丁目1番1号台東商事株式会社から分割 令和6年10月8日登記	

［注］吸収分割の年月日は、分割契約において定められた効力発生日を記載する。

（2）　分割会社（会社法第758条）（本店の所在地においてする場合）

会社分割	令和6年9月28日東京都千代田区大手町一丁目1番1号千代田商事株式会社に分割 令和6年10月15日登記

［注］1　吸収分割の年月日は、分割契約において定められた効力発生日を記載

する。

2　(略)

では、上記の申請に係る申請書を作成しましょう。
簡易、略式組織再編は考慮外とします。

台東区は、東京法務局台東出張所管轄
千代田区は、東京法務局(本局)管轄(いずれも令和5年12月現在)

5-1　吸収分割承継会社の変更登記

登記の事由	吸収分割による変更
登記すべき事項	令和6年9月28日東京都台東区上野二丁目1番1号台東商事株式会社から分割 同日次のとおり変更 発行済株式の総数　2000株 資本金の額　金1億円
課税標準金額	金5000万円
登録免許税	金35万円(チ)
添付書類	分割契約書　1通 株主総会議事録　2通 株主リスト　2通 公告及び催告をしたことを証する書面　何通 異議を述べた債権者はいない 登記事項証明書　1通 資本金の額が会社法第445条第5項の規定に従って計上されたことを証する書面　1通 委任状　1通

以上です。

1. 公告および催告は吸収分割承継会社においては必須の手続です。
   吸収分割会社では、これを行う必要がない場合もあります。
2. 登記事項証明書は台東商事株式会社のもの。
   →作成後3か月以内
   →申請書への台東商事株式会社の会社法人等番号の記載をもって登記事項証明書に代えることもできる。
3. 登録免許税は、「新規資本増加7/1000の法則」により金35万円(計算した額が金3万円に満たなければ3万円)。

→B社が健在。

なお、吸収分割の登記の登録免許税の区分は別表24(1)チです。税率は、7/1000です。

4．登記の記録例に、新株予約権の承継の跡がないから、新株予約権証券提出公告等の書面は不要。また、株券提出公告は、会社分割の手続ではそもそもこれを行う余地がありません。

5．株主リストの作成者

吸収分割会社の株主リストはその代表取締役（または代表執行役）が、吸収分割承継会社の株主リストはその代表取締役（または代表執行役）がそれぞれ作成します。

→合併の場合と異なり手続後に2社が存続する。このため、自分の会社の株主リストは自前で作成するのである。

5-2 吸収分割会社の変更登記

登記の事由	吸収分割による変更
登記すべき事項	令和6年9月28日東京都千代田区大手町一丁目1番1号千代田商事株式会社に分割
登録免許税	金3万円（ツ）
添付書類	委任状　　　1通

参考問題

1．吸収分割により吸収分割承継会社が承継した債務の全部につき、吸収分割会社が吸収分割承継会社との間で併存的債務引受契約を締結した場合には、吸収分割承継会社についてする吸収分割による変更の登記の申請書には、吸収分割会社においてその知れている債権者に対して各別の催告をしたことを証する書面を添付する必要はない。（商業登記法H19-34-ウ改）

2．吸収分割承継会社が吸収分割による変更の登記を申請する場合においては、吸収分割株式会社が、債権者に対する異議申述の公告を、官報のほか、その公告方法として定款で定めた時事に関する事項を掲載する日刊新聞紙に掲載したことを証する書面を添付すれば、催告をしたことを証する書面の添付を要しない。（商業登記法H15-29-エ）

答え　1．○　分割後も債権者が吸収分割会社に請求書を書くことができるので、債権者の異議手続を要しない。なお、本問は「○」ということで出題されたのだが、本問の吸収分割が、仮に財産流出型であったとすれば、債権者異議手続関係書類を添付しなければならないこととなる。この点の記載がないのは出題の不備であり、そこまで考えれば本問は「×」とすべきであろう。

2．× 不法行為によって生じた吸収分割株式会社の債務の債権者が存在すれば、その者に対しては、各別の催告を省略できない。したがって、本肢は正しいとは言い切れない。

7 新設分割

新設分割は、１または２以上の株式会社または合同会社がその事業に関して有する権利義務の全部または一部を分割により設立する会社に承継させることをいいます。（会社法２条30条）

確認事項 **新設分割のパターン**

分割会社 — 株式会社　設立会社 — 株式会社・持分会社（合名・合資・合同会社）
分割会社 — 合同会社　設立会社 — 株式会社・持分会社（合名・合資・合同会社）

新設分割の手続は、吸収分割の場合の、分割会社の手続とほぼ同様です。
いずれも、事業の全部または一部を承継させます。

【学習の急所】対価の受け手

新設分割でも、対価の受け手は、新設分割会社であって、新設分割会社の株主ではない。

以下では、株式会社１社が会社分割をし、株式会社を設立するというオーソドックスなケースについて記述します。

新設分割計画の内容は下記のとおりです。（会社法763条）

1．新設分割設立会社の会社の目的、商号、本店所在地、発行可能株式総数
2．その他定款で定める事項
3．設立時の取締役の氏名
4．会計参与、監査役、監査役会、会計監査人等に関する事項（これらを設置する場合の話）
5．新設分割設立会社が新設分割をする会社から承継する資産、債務、雇用契約その他の権利義務
6．新設分割会社に交付する新設分割設立会社の**株式の数**（種類）、新設分割設

立会社の資本金および準備金の額（必ず1株以上の交付を要する。）

7．新設分割会社に対して、対価として以下のものを交付する場合には、以下の事項
　①　社債の場合　種類・金額
　②　新株予約権の場合　内容・数
　③　新株予約権付社債の場合　社債部分の種類・金額、新株予約権部分の内容・数
　→この他、2以上の会社が共同して分割する場合、これに関する事項が新設分割計画の内容となる。

8．新設分割会社の新株予約権者に対して、新設分割設立会社の新株予約権を交付する場合には以下の事項
　①　交付を受けることとなる新設分割会社の新株予約権の内容
　②　交付する新株予約権の内容・数
　（新設分割会社の新株予約権が社債付きであれば、社債部分についての取り決めも必要となる。）

9．新株予約権者に対する新株予約権の割当てに関する事項

10. 分割会社が新設分割設立会社の成立の日に**次に掲げる行為をするときは、**その旨
　①　全部取得条項付種類株式の取得
　②　剰余金の配当

　前記①、②は、いずれも、新設分割会社が取得する対価が、新設分割設立会社の株式であり、その株式を、全部取得条項付種類株式取得の対価、または、剰余金の配当とする場合に限る。

→なお、新設分割の財産流出型でも、前記①②の配当等について財源規制がない。（会社法812条）

参考問題　株式会社が新設分割をする場合において、新設分割株式会社が新設分割設立株式会社の成立の日に新設分割設立株式会社の株式のみを配当財産とする剰余金の配当をするときは、当該株式の帳簿価額の総額は、当該成立の日における新設分割株式会社の分配可能額を超えてはならない。（商法H23-32-イ）

答え　×　財産流出型の新設分割をする場合、新設分割会社の配当等には財源規制がない（会社法812条）。この場合、新設分割会社の債権者の異議手続が必須なので、財源規制を課す理由がないのである。

解説をします。
1社がする取り決めなので、契約ではなく新設分割「計画」です。
新会社の設立をするので、定款の記載事項、役員に関する取り決め等をすることは当然です。

6の規定から、新設分割設立会社は、設立時に発行する株式を新設分割会社に交付することがわかります。
吸収分割では、三角分割も可能であり、分割に際し、吸収分割承継会社の株式を交付せず、他の財産を吸収分割会社に交付することも可能でした。
が、新設分割においては、新会社を設立するわけだから、事情が違います。
すなわち、新設分割会社は、原則として、新設分割設立会社の設立時株主になります（財産流出型の場合は例外）。

新設分割においても、対価の柔軟化は、図られています（7の規定）が、新設分割設立会社が発行する、株式・社債・新株予約権等に限られます（会社成立時に新設分割設立会社が他社の株式・持分を持っているわけがない）。

確認事項　新設分割による設立登記の添付書類

以下の書類の添付を要する。
→株式会社を「設立」するために何が必要であるかを考えればよい。
1．新設分割計画書
2．定款（認証不要）
3．役員等の選任、選定とその就任承諾書、株主名簿管理人をおいた場合の契約書等　（商業登記法47条2項6号から8号、10号から12号の書面）

また、新設分割計画において定める事項には、新設分割の効力が生じる日の記載がありません。
新設分割の効力は、新設分割設立会社の成立の日（登記）に発生します。
→会社を設立するケース　株式移転・新設合併の場合も同様。
さらに、吸収分割の項で問題となった10の条項が存在します。
したがって、債権者の異議手続は以下のとおりとなります。（会社法810条1項2号）
1．宛て先従来型の債権者に対する異議手続の要否
①　財産流出型　債権者の異議手続を要する。
②　通常型　債権者の異議手続は不要。

2．宛て先変更型の債権者に対する異議手続の要否

債権者の異議手続を要する。

ただし、例外がある。

通常型の分割を行うケースであり、かつ新設分割設立会社のほか、新設分割会社にも請求書を書けるケース（新設分割会社が保証人として新設会社と連帯して債務を履行する場合を含む）であれば、債権者の異議手続は不要である。

→官報＋個別の催告の方式で債権者の異議手続をする場合であっても、債権者の異議手続をすることを要しない債権者に対しては、催告の必要はない。

→不法行為債権者に対する債権者の異議手続では、知れている債権者への催告を省略することはできない。

確認事項　債権者の異議手続の考え方

吸収分割会社のケースと同じである。

参考問題　Ｃ株式会社が新設分割をしてＤ株式会社を設立する場合において、新設分割によりＤ株式会社に承継させる資産の帳簿価額の合計額がＣ株式会社の総資産額の５分の１を超えないときは、当該新設分割後にＣ株式会社に対して債務の履行(当該債務の保証人としてＤ株式会社と連帯して負担する保証債務の履行を含む。)を請求することができないＣ株式会社の債権者は、Ｃ株式会社に対し、当該新設分割について異議を述べることができない。(商法H25-33-オ)

答え　×　本問の債権者は、宛て先変更型だから異議を述べることができる。簡易分割の可否と債権者異議手続の要否とは無関係である。

次に、決議要件は以下のとおりとなります。

株式会社が新設分割をする場合には、株主総会の特別決議を要します。(会社法804条１項、309条２項12号)

が、以下の場合には、株主総会決議を要しません。(会社法805条)

・分割により承継される資産の帳簿価額が、新設分割会社の総資産額の５分の１を超えない（定款でこれを下回る割合を定めることができる）とき。(簡易組織再編)

→20％ルールの適用

＊簡易新設分割に対する、反対株主の差止め請求は不可。事業の重要でない一部の譲渡と同視されるため。
＊簡易新設分割の場合、反対株主の株式買取請求は認められない。（会社法806条１項２号）
＊簡易新設分割の場合、株主は新設分割をやめることを請求することができない。（会社法805条の２ただし書）
＊略式組織再編は問題にならない（１人でやる手続だから）。
＊新設分割設立会社の手続はない。（まだ会社ができていないから。ただし、設立後の書類備置義務はある。会社法815条を参照）

参考 **新設分割会社の手続**

新設合併をする株式会社、株式移転をする会社の場合と異なり、公開会社である種類株式発行会社ではない新設分割会社が、分割に際して譲渡制限付株式の交付を受ける際にも、株主総会の特殊決議をすることは要しない（会社法309条３項３号には、新設分割会社が出てこない）。

これは、会社分割においては、分割の対価を受けるのは、新設分割会社そのものであり、新設分割会社の株主ではないためだ。つまり、新設分割の株主の株式は、会社分割後も従来どおり公開されているのである。だから、ことさらに厳格な手続をする必要はない。

確認事項 **決議機関の考え方**

吸収分割会社の場合と同じ。

コラム　吸収分割会社と新設分割会社の手続の共通点および相違点

〈同じ点〉

1．分割契約（分割計画）に関する書面等の備置きの手続。その期間。（備置開始日から効力発生日（＝新設分割においては新設分割設立会社成立の日）の６か月後まで。会社法803条１項）
2．上記の閲覧請求ができる者。（株主、会社債権者。会社法803条３項）
3．反対株主の買取請求権　有り（ただし、簡易組織再編の場合はなし）。

〈異なる点〉

1．吸収分割の効力の発生は、原則として、分割契約書上の「分割の効力が生じる日」。（会社法761条）
2．新設分割の効力の発生は、新設分割設立会社成立の日。（会社法764条）

確認事項　**新設分割の登記**

株券提出公告を添付すべき場合は「ない」。

確認事項　**新株予約権証券提出公告をしたことを証する書面または新株予約権証券を発行していないことを証する書面**

新設分割会社が新株予約権を発行しており、新株予約権が承継されるケース、つまり、新設分割設立会社が新設分割に際して新設分割会社の新株予約権者に対して、新設分割設立会社の新株予約権を交付する場合に限り、添付書面となる。

コラム　合同会社の新設分割

合同会社が新設分割をする場合の決議要件は総社員の同意である(ただし、事業の全部を他の会社に承継させる場合に限る。会社法813条1項2号)。

債権者の異議手続は、株式会社が新設分割をするときに準じる（場合によっては不要)。また、新設分割計画の内容等を記載した書面等を備置きするという規定は存在しない。

発展　会社の組織に関する訴えの整理法～珍しいモノに注目せよ

・提訴権者（会社法828条2項）

6号以下に、「株主等であった者」「社員等であった者」というのが登場する。この「あった者」という部分が急所である。

これは、組織再編がらみで出現する提訴権者である。たとえば、7号「吸収合併」においては、提訴権者は、次のように規定されている。

「当該行為の効力が生じた日において吸収合併をする会社（消滅会社のコト）の株主等若しくは社員等であった者又は吸収合併後存続する会社の株主等、社員等、破産管財人若しくは吸収合併について承認をしなかった債権者」

以上から、消滅会社の株主が合併により株主資格を失っても、株主であった者として合併無効の訴えを提起できることがわかる。

会社法では、組織再編がらみの対価が柔軟化されたため、たとえば、合併による消滅会社の株主への対価が金銭等である場合も存在する。

この場合に、消滅会社の元株主にも、合併無効の提訴権を与えようという趣旨である。

→この仕組みは、他の組織再編においても、対価をもらう側に存在する。

発展　会社の組織に関する訴えの整理法～面白いところを探そう

会社法835条1項は、会社の組織に関する訴えは、被告となる会社の本店の

所在地を管轄する地方裁判所の管轄に専属する旨を規定する。

次に、同条２項は、２以上の地方裁判所が管轄権を有するときは、先に訴えの提起があった地方裁判所が管轄すると規定している。

この２項の意味は何か？

会社の本店の所在地が２つあるはずはない。そこで、よく条文を読めば、この２項の規定は組織再編で手続終了後に２社が存在するパターンについて規定されていることがわかる。

１．吸収分割無効の訴え

２．新設分割無効の訴え

３．株式交換無効の訴え

４．株式移転無効の訴え

以上である。

これらの場合、組織再編の当事会社の双方（たとえば吸収分割会社と吸収分割承継会社）で訴えの提起が可能だから、２以上の地方裁判所が管轄権を有することがありえるのである。

参考問題

1．新設分割株式会社の新株予約権の新株予約権者は、その新株予約権の内容として、新設分割をする場合に新設分割設立株式会社の新株予約権を交付する旨及びその条件が定められたにもかかわらず、新設分割計画において新設分割設立株式会社の新株予約権の交付を受けないこととされたときは、当該新設分割株式会社に対し、その新株予約権を公正な価格で買い取ることを請求することができる。（商法H22-33-オ改）

2．吸収合併をする場合において、吸収合併消滅会社の株主に対して交付される財産が金銭のみであるときであっても、当該吸収合併の効力が生じた日において当該吸収合併消滅会社の株主であった者は、当該吸収合併につきその無効の訴えを提起することができる。（商法H19-35-イ）

3．吸収合併の効力が生じた後に吸収合併存続株式会社の株主になった者は、当該吸収合併の効力が生じた日から６か月以内に、訴えをもって当該吸収合併の無効を主張することができる。（商法R5-34-オ）

答え　1．○　新設分割設立株式会社の新株予約権の交付を受けるべきものと定められていたにもかかわらず、これを受けないのだから、買取請求の問題が生じることとなる。会社法808条１項２号。

2．○　会社法828条２項７号。

3．○　存続会社の株主は提訴権を有する。合併の時に株主であったことを要しない。

コラム 平成22年度記述式試験

平成22年度の記述式試験は、次のような出題であった。

事件の概要

1．株式会社ダイイチ（甲登記所管轄）が、株式会社ダイイチ（乙登記所管轄）を新設分割により設立する。
　登記申請日は、平成22年7月1日である。

2．株式会社ダイイチ（新設分割会社）は、同日、株式会社ダイニに商号変更をする。この他、株式会社ダイイチ（新設分割会社。商号変更後の株式会社ダイニ）は、役員の変更も行っている。

以上の事実関係において、大まかにいって、次のことが出題された。
これらの事項に、解答できれば合格である。

1．株式会社ダイイチ（新設分割会社）が簡易分割をするための要件は何か？
2．株式会社ダイイチ（新設分割会社）が債務超過であるときも簡易分割をすることができるか？
3．株式会社ダイイチ（新設分割会社）には不法行為債権者がいる。この場合でも、物的分割であり、かつ、新設分割設立会社に債務が承継されないときは、債権者の異議手続を省略することができるか？
4．株式会社ダイイチ（新設分割会社）について、乙登記所で登記を申請すべき事項は何か？
5．新設分割を予定する7月1日の10日前になってから、手続を人的分割に切り替えることができるか？
6．新設分割設立会社が新設分割会社の商号を引き続き使用することとなるが、これによって必要となり得る登記事項があるか？

では、順に解答を記す。

1．新設分割設立会社に承継される資産の合計額が新設分割会社の総資産の額の5分の1を超えないこと。
2．できる（会社法805条）。債務超過の会社を吸収分割により承継した場合など、入ってくるタマがマイナスのときに簡易分割ができなくなるという規定は存在するが、新設分割のように出すタマがマイナスであるときに簡易分割ができなくなるという規定はない。

3．省略することができる。　不法行為債権者への各別の催告は、債権者の異議手続として行うのである。そもそも、債権者の異議手続を要しないときは、不法行為債権者への債権者の異議手続も要しないこととなる。

4．新設分割の登記のみである。

登記事項は「何市何町何番株式会社ダイイチに分割」

→株式会社ダイイチ（新設分割会社）の商号変更と役員変更の登記は、甲登記所で申請すべきである。

5．できない。　予定する新設分割の日まで、あと10日しかないのであれば、債権者の異議手続が間に合わない。

6．免責の登記をすることが考えられる。

参考問題　次の対話は、新設分割に関する教授と学生との対話である。教授の質問に対する次のアからオまでの学生の解答のうち、正しいものの組合せは、後記1から5までのうち、どれか。（商法H28-33）

教授：　A株式会社（以下「A社」という。）がその事業に関して有する権利義務を新設分割により設立するB株式会社（以下「B社」という。）に承継させる事例を考えてみましょう。まず、B社は、A社に対し、承継する権利義務に代わる対価を交付しないことができますか。

学生：ア　いいえ。B社は、対価として、B社が発行する株式（以下「B社株式」という。）を必ずA社に対して交付しなければなりません。

教授：　それでは、B社は、対価として、譲渡制限株式であるB社株式をA社に対して交付することができますか。

学生：イ　はい。ただし、A社が会社法上の公開会社である場合には、A社の株主保護のため、A社がB社に承継させる資産の合計額がいわゆる簡易分割の要件を満たすときであっても、株主総会の決議によって、新設分割計画の承認を受けなければなりません。

教授：　B社株式をA社の株主に対して交付する場合には、どのような手続がとられますか。

学生：ウ　A社が新設分割計画においてB社株式をA社の株主に割り当てる旨を定めれば、A社の株主が新設分割によりB社の株主となるため、B社株式が新設分割に際してB社からA社の株主に対して交付されます。

教授：　新設分割について異議を述べることができない債権者の保護は、どのように図られますか。

学生：エ　そのような債権者は、B社に対して、民法上の詐害行為取消権の特則として、承継した財産の価額を限度として債務の履行を請求することができる場合があります。その場合には、民法上の詐害行為取消権を行使することはできません。
教授：　最後に、持分会社も、新設分割をすることはできますか。
学生：オ　合名会社及び合資会社は、新設分割をすることはできません。なお、新設分割により合名会社又は合資会社を設立することはできます。
1　アイ　　**2**　アオ　　**3**　イウ　　**4**　ウエ　　**5**　エオ

答え　**2**

ア　○　必ず、1株は交付しなければならない。株主のいない株式会社（B社）を設立することができないためである。
イ　×　株主総会の決議を要しない。対価として、その譲渡制限株式を受けるのは、A社であって、A社の株主ではない。だから、手続を厳格にする必要がない。
ウ　×　いわゆる財産流出型の話し。この場合、B社がA社にB社の株式を交付する。次に、A社がA社の株主にこれを配当する。
エ　×　詐害行為取消権を行使することもできる。
オ　○　当たり前の話だ。会社法2条30号は基本条文である。

---

①　新設分割の登記

基本的な流れは、吸収分割のケースと同じだが、登記が新設分割の効力発生要件となる点が異なります。
設立型の組織再編であるからです。
登記期間は、以下のようになります。

〈本店での登記〉
新設分割の手続終了の日から2週間以内（新設分割により設立する会社が株式会社であるとき）
→詳細は、会社法924条1項各号・2項各号

では、以下、新設分割の登記手続を簡単に述べます。

会社法924条（新設分割の登記）
1項　1又は2以上の株式会社又は合同会社が新設分割をする場合において、新設分割により設立する会社が株式会社であるときは、次の各号に掲げる場合の区分に応じ、当該各号に定める日から2週間以内に、その本店の所在地において、新設分割をする会社については変更の登記をし、新設分割

により設立する会社については設立の登記をしなければならない。

上記のように新設分割をした場合には、設立の登記と変更の登記を申請すべきことになります。

1．新設分割設立会社の設立登記
2．新設分割会社の変更登記

登記をすべきは、以上の２つです。

では、Ｂ社（乙登記所管轄）を分割し、その権利義務を新設分割により設立するＡ社（甲登記所管轄）が承継する新設分割の登記の申請の方法を考えてみましょう。

上記の２つの登記は、同時に申請しなければなりません。（商業登記法87条２項）

では、どちらの登記所に行けばよいのでしょうか？

→甲登記所である（管轄定理。タマの入ってくるほうでやれ）。→商業登記法87条１項

→添付書類は、Ａ社の設立登記のほうに、そのほとんどを添付することになる。

次に、Ｂ社の変更登記の申請人は誰でしょうか。

→もちろんＢ社の代表者である（Ｂ社は健在）。

Ｂ社の変更登記の申請書に添付すべき書面はあるのでしょうか。

→以下の１点である。（商業登記法87条３項）

① 委任状

なお、２枚の申請書が甲登記所に提出された後の手続の流れは、合併の項で詳述した内容と全く異なりません。（商業登記法88条１項・２項）

→ただし、もちろんのことながら、Ｂ社の登記簿が閉鎖されることはない。

では、以下において、Ｂ社を新設分割会社とし、Ａ社を設立する新設分割の登記の申請書（Ａ社の設立登記およびＢ社の変更登記）を、紹介しましょう。

Ｂ社は、新株予約権も発行していません。

また、Ａ社は取締役会を設置しない会社（種類株式発行会社ではない）であり、設立時の役員は、取締役甲のみであるとしましょう。

設立時の資本金の額は金1000万円です。

なお、Ｂ社の債権者は、新設分割の後も、Ｂ社に債務の履行を請求することが

でき、かつ、B社は分割に際して剰余金の配当等はしません。

6-1 A社の設立の登記

登記の事由	年月日新設分割の手続終了	
登記すべき事項	別紙のとおり	
課税標準金額	金1000万円	
登録免許税	金７万円（ト）	
添付書類	分割計画書	１通
	定款	１通
	株主総会議事録	１通
	株主リスト	１通
	就任承諾書	１通
	資本金の額が会社法第445条第５項の規定に従って計上されたことを証する書面	１通
	登記事項証明書	１通
	印鑑証明書	１通
	委任状	１通

以上です。

1．登録免許税に「勘弁」はありません。B社が健在だからです。
　しかし、税率を計算し、この額が３万円に満たない場合は３万円となります（最低15万円とはならない)。区分は（24(1)ト）です。

2．２階建ての各自代表の会社だから代表取締役の就任承諾書はいりません。
→前記の申請書中の就任承諾書は、取締役の就任承諾書の意味である。

3．登記事項証明書は、B社のもの。B社の本店が申請する設立会社の登記所の管轄と異なる場合に添付を要します。
→作成後３か月以内。
→B社の会社法人等番号の記載により登記事項証明書の添付を省略することができる。

4．印鑑証明書は取締役甲の就任承諾書の印鑑について要します。
→商業登記規則61条４項前段が根拠条文である。

5．別紙の内容であるが、「登記記録に関する事項」の欄には、「一住所一株Bから分割により設立」と書きます。

6．なお、前記のケースは、債権者の異議手続は不要です。(会社法810条１項２号参照)

7．株主リストの作成者
　新設分割会社の株主リストをその代表取締役（または代表執行役）が作成

します。
→自分の会社の株主リストは自前で作成する。

6-2　B社の変更登記

登記の事由	新設分割による変更
登記すべき事項	—住所—株式会社Ａに分割
登録免許税	金３万円（ツ）
添付書類	委任状　　　１通

＊登記すべき事項に「日付」の記載をしない。

参考問題

1．株式会社Ａ社が新設分割により株式会社Ｂ社を設立するときは、Ｂ社の設立時代表取締役は、Ｂ社の新設分割による設立の登記の申請及びＡ社の新設分割による変更の登記を申請することができる。（商業登記法H14-31-エ）
2．新設分割による変更の登記の申請は、新設分割設立会社を代表すべき者が新設分割会社を代表してしなければならない。（商業登記法R4-32-オ）
3．新設分割による設立の登記を申請する場合において、新設分割株式会社が、新設分割設立株式会社の成立の日に全部取得条項付種類株式の取得または剰余金の配当をしないときは、分割計画書に新設分割設立株式会社が承継する債務が一切ない記載があれば、知れている債権者に対して催告をしたことを証する書面の添付を要しない。（商業登記法H15-29-イ）
4．Ａ株式会社（甲法務局管轄）及びＢ株式会社（乙法務局管轄）を新設分割会社とし、Ｃ株式会社（丙法務局管轄）を新設分割設立会社として新設分割をする場合において、Ｂ株式会社がその事業に関して有する権利義務の全部をＣ株式会社に承継して解散するときは、丙法務局において、Ｃ株式会社に係る新設分割による設立の登記、Ａ株式会社及びＢ株式会社に係る新設分割による変更の登記並びにＢ株式会社の解散の登記の申請をしなければならない。（商業登記法H20-32-ウ）
5．株式会社がする会社分割の登記に関する次のアからオまでの記述のうち、誤っているものは、後記**1**から**5**までのうちどれか。（商業登記法H21-31改）

1　吸収分割株式会社が新株予約権を発行している場合の吸収分割承継株式会社がする吸収分割による変更の登記の申請書には、当該吸収分割承継株式会社が当該吸収分割に際して吸収分割株式会社の新株予約権の新株予約権者に対して当該新株予約権に代わる当該吸収分割承継株式会社の新株予約権を交付しないときであっても、新株予約権証券提供公告をしたことを証する書面を添付しなければならない。

2　新設分割株式会社がその本店の所在地において新設分割による変更の登記の

申請をする場合において、当該本店の所在地を管轄する登記所の管轄区域内に新設分割設立株式会社の本店がないときは、当該変更の登記の申請書には、代理人の権限を証する書面を除き、他の書面の添付を要しない。

3　吸収分割をする場合において、吸収分割承継株式会社の株主総会で承認を受けた吸収分割契約で定めた効力発生日を変更したときは、当該吸収分割承継株式会社がする吸収分割による変更の登記の申請書には、効力発生日の変更を証する吸収分割承継株式会社の取締役の過半数の一致があったことを証する書面又は取締役会の議事録を添付しなければならない。

4　吸収分割株式会社が債権者の異議手続に係る公告を官報及び定款の定めに従って電子公告の方法によりした場合において、不法行為によって生じた当該吸収分割株式会社の債務の債権者がいるときは、吸収分割承継株式会社がする吸収分割による変更の登記の申請書には、当該債権者に対して各別の催告をしたことを証する書面を添付しなければならない。

5　新設分割設立株式会社が取締役会設置会社（指名委員会等設置会社を除く。）である場合における新設分割による設立の登記の申請書には、当該新設分割設立株式会社の設立時代表取締役の就任承諾書に押印した印鑑につき市区町村長の作成した証明書を添付しなければならない。

6．次の対話は、新設合併、新設分割及び株式移転に関する教授と学生との対話である。教授の質問に対する次のアからオまでの学生の解答のうち、正しいものの組合せは、後記1から5までのうちどれか。（商法H21-34）

教授：　株式会社が組織再編により新たに株式会社を設立する方法として、新設合併、新設分割及び株式移転がありますが、当該組織再編を行う既存の株式会社が消滅してしまうこととなるものは、ありますか。

学生：ア　新設合併により、当該新設合併をする株式会社は消滅することになりますが、新設分割と株式移転は、いずれも、当該新設分割又は株式移転をする株式会社が消滅することはありません

教授：　一の株式会社が新設分割又は株式移転を行う場合に設立する株式会社が交付する対価について説明してください。

学生：イ　株式移転を行う場合においては、株式移転完全子会社の株主に対し、当該株主の株式に代わるものとして株式移転設立完全親会社の株式を交付しなければなりませんが、新設分割を行う場合においては、新設分割株式会社に対し、承継される事業に関する権利義務に代わるものとして新設分割設立株式会社の株式を交付せずに、現金を交付することができます。

教授：　新設合併、新設分割又は株式移転が効力を発生するのは、いつですか。

学生：ウ　新設合併と新設分割については、その登記をした日にその効力が生じますが、株式移転については、株式移転計画に定められた効力発生日にその効力が生じます。

教授：　新設合併又は株式移転を行う場合における新設合併消滅株式会社又は株式移転完全子会社について、債権者の異議手続の取扱いは、異なりますか。

学生：エ　新設合併消滅株式会社は、債権者の異議手続を行わなければなりませんが、株式移転完全子会社は、株式移転計画新株予約権が新株予約権付社債に付された新株予約権である場合における当該新株予約権付社債についての社債権者が異議を述べることができるときを除き、債権者の異議手続を行う必要はありません。

教授：　新設合併、新設分割又は株式移転により設立される株式会社の定款は、どのようにして効力が生ずるのですか。

学生：オ　定款の絶対的記載事項である株式会社の目的、商号等については、新設合併契約、新設分割計画又は株式移転計画で定められ、新設合併消滅株式会社、新設分割株式会社及び株式移転完全子会社は、そこで定められた事項を内容とする定款を作成し、公証人の認証を受けることにより、効力が生じます。

1　アイ　　**2**　アエ　　**3**　イオ　　**4**　ウエ　　**5**　ウオ

答え　1．×　A社の新設分割による変更の登記はA社の代表者が申請する。

2．×　前問の焼き直し。

3．○　財産流出型ではないし、分割後も債権者が新設分割株式会社に請求書を書けるから、債権者の異議手続は不要である。

4．×　B株式会社の解散の登記については、経由申請をすることができるという規定がない。したがって、B株式会社を管轄する乙法務局に解散の登記を申請すべきである。

5．**1**

1　×　新株予約権が承継されないのだから、新株予約権提供公告をする必要がない。

2　○　そのとおり。委任状のみでよい。

3　○　そのとおり。効力発生日は登記事項だから、これを証する取締役の過半数の一致があったことを証する書面または取締役会の議事録の添付を要する。(商業登記法46条１項・２項)

4　○　そのとおり。不法行為債権者への各別の催告は省略することができない(会社法789条３項カッコ書)。なお、会社法789条２項カッコ書について考慮すれば、×とも読める肢である。

5　○　商業登記規則61条４項前段・５項。

6．**2**

ア　○　そのとおり。

イ　×　株式移転において、株式移転完全親会社の社債、新株予約権、新株予約権付社債を対価とすることができる。また、新設分割において対価を現金とすることはできない。

ウ　×　いずれも、登記が効力発生要件である。（会社法814条、49条）
エ　○　そのとおり。（会社法810条１項１号・３号）
オ　×　新設合併、株式移転、新設分割のいずれにおいても定款の認証は不要である。

最後に、組織再編に関し卒業試験を出題します。
以下の問題について、自分で考えて結論が出せれば卒業です。

卒業試験　以下の問題文中の株式会社は種類株式発行会社ではない。
1．株式会社が、持分会社を設立する新設分割を行う場合には、総株主の同意を要する。
2．株式会社が、持分会社を設立する新設合併を行う場合には、総株主の同意を要する。

答え　1．×　会社法804条１項。
2．○　会社法804条２項。
新設分割の場合、新設分割設立会社の対価を受けるのは、新設分割会社である（新設分割会社の株主は会社が何をもらおうと基本的に関係がない。従前どおり新設分割会社の株主という立場のままである）。
が、新設合併の場合、新設合併設立会社の対価を受けるのは、消滅会社の株主である（株主の地位を失い、譲渡の不自由な持分に変身してしまいかねない）。これが、両者の決議要件が異なる理由である。
この問題が解けた人を、組織再編の項の免許皆伝としよう。

第14章 本店および支店の移転等

1 本店の移転

以下、本店移転について述べます。

本店の所在地は定款の記載事項です。

そして、本店の所在地としては、最小の行政区画（市町村および東京の特別区）までを定めなければなりません。

たとえば、以下のような規定です。

定款○条「当会社の本店は、何県何市に置く」

そこで、本店移転をするときに定款変更を伴うことがあります。

1．他の行政区画への本店移転
→必ず、定款変更を要する。

2．同一の行政区画内での本店移転
→定款変更は、通常は不要であるが、定款に本店の所在場所を具体的に決めている場合には、定款変更を要する。たとえば、以下のような規定である。

定款○条「当会社の本店は、何県何市何町何番地に置く」

次に、取締役の過半数の一致または株主総会（取締役会設置会社にあっては取締役会）によって以下の事項を決定します。

1．本店の具体的な所在場所（定款で具体的に決めない場合のハナシ）

2．本店の移転時期

確認事項　**本店移転の添付書面**

取締役の過半数の一致を証する書面または株主総会議事録（取締役会設置会社にあっては取締役会議事録）を添付する。

定款変更を要する場合は、これに加えて、当該定款変更に係る株主総会議事録の添付を要するとされている。

なお、取締役会を設置しない株式会社では、株主総会で、本店移転の決議をすることもできる。この場合、添付書面は、株主総会議事録である。

参考 **本店の移転の決定を個々の取締役に委任することの可否**

本店の移転の決定を個々の取締役に委任することはできない。

→要するに、委任に基づき代表取締役の一存で決めることはできない。

取締役会を設置しない会社においては、会社法348条3項2号の支店の移転に準じるとされ、取締役会設置会社では会社法362条4項4号「重要な組織の変更」に該当するためである。

コラム 本店の移転時期

登記すべき事項に記載する本店移転の年月日は、「現実に移転した日」をいう。

通常は、取締役の過半数の一致（取締役会設置会社にあっては取締役会）において「下記の場所に年月日をもって本店を移転する」と決議し、その日に現実に移転をし登記の申請をする。

しかし、取締役の過半数の一致（取締役会設置会社にあっては取締役会）において「何月何日から何月何日ころ移転する」と移転時期を概括的に定めた場合であっても、現実の移転日がその決議の範囲内であれば登記は受理される。（昭41.2.7民四75）

また、移転の年月日について、現実の移転の後に、取締役の過半数の一致（取締役会設置会社にあっては取締役会）があった場合には、決議の日に移転をしたものとされている。（定款変更を伴わない場合の先例　昭35.12.6民甲3060）

参考問題　取締役会設置会社において、定款変更を伴わない本店移転に当たり、現実の移転をした日の後に、本店移転をする旨の取締役会決議があった場合には、当該取締役会決議の日から2週間以内に本店移転の登記をしなければならない。（商業登記法H25-28-イ）

答え　○　取締役会決議の日が本店を移転した日であり、登記期間はそこから2週間である。（会社法915条1項）

では、以下、もろもろのケースについて解説します。

本店の所在地に関する定款の規定は「当会社の本店を何市に置く」というカタチの通常のパターンであるとして考えましょう。

以下、A市は甲登記所管轄区域内、B市は乙登記所管轄区域内です。

事例 1

㈱甲は、Ａ市１番地からＡ市２番地に本店を移転した。

甲登記所管轄内の移転です。
この場合の申請書は以下のとおりです。

商号	㈱甲
本店	Ａ市１番地（旧本店）
登記の事由	本店移転
登記すべき事項	年月日移転 本店　Ａ市２番地
登録免許税	金30000円（ヲ）
添付書類	取締役の過半数の一致を証する書面（取締役会設置会社にあっては、取締役会議事録）　１通 委任状　１通

＊登録免許税の区分は「ツ」ではない。
＊登記期間は、本店移転の日から２週間以内。（会社法915条１項）

参考　**東京都千代田区から東京都中央区への本店移転**

両区は、いずれも東京法務局管轄内である。

したがって、登記の申請書の書き方は前記のケースと同じでよいが、最小の行政区画はまたいでいるから、添付書類に「株主総会議事録　１通」「株主リスト　１通」を加えていただきたい。

→最小の行政区画と登記所の管轄は、一致するケースもあるが一致しないこともある。

事例 2

㈱甲はＡ市１番地からＢ市１番地へ本店を移転した。

甲登記所管轄内から乙登記所管轄内への本店移転です。
この場合には、どういう手順で本店の移転登記をするのでしょうか。

商業登記法51条２項は、この場合、２通の申請書を「同時に申請せよ」といっています。
では、どちらの登記所に向かえばいいのでしょうか。

もちろん、甲登記所です。

なぜなら、乙登記所には㈱甲の既存の登記簿がないのですから、申請書を提出されても「審査のやりようがない」はずだからです。

> **商業登記法51条（本店移転の登記）**
> 1項　本店を他の登記所の管轄区域内に移転した場合の新所在地における登記の申請は、旧所在地を管轄する登記所を経由してしなければならない。

上記のとおり、乙登記所宛ての申請書は、甲登記所を経由して乙登記所に申請するのです。また、この他、申請人が印鑑を提出する場合、その印鑑の提出も経由申請となります。

つまり、甲登記所宛ての申請書のほかに、乙登記所宛ての申請書を甲登記所に同時申請し、その乙登記所宛ての申請書には、印鑑届書を添えておくのです。

印鑑の提出は、会社の本店所在地を管轄する登記所にするのがルールだからです。

なお、この印鑑届書には、㈱甲の代表者およびその届出印に変更がない限りは、作成後３か月以内の個人の市区町村長作成の印鑑証明書の添付を要しません。

新たな印鑑の提出という実質を欠くからです。

【商業登記の基本思想】同時・経由申請

新本店と旧本店の登記所の管轄が相違する場合、新本店あての申請が、同時・経由申請となる。これは、会社の登記が一瞬でも消えることを避けるための措置（消滅防止措置）である。

仮に、旧本店で本店移転の登記の後、新本店で登記をするという制度設計にすると、その間、その会社の登記簿が消える。

また、会社が、新本店での登記を怠ったら、ずっと消えたままである。

→この消滅防止措置は、外国会社の登記でも使用されることがある。それは、後の学習のお楽しみ。

参考問題

1．株式会社の本店を他の登記所の管轄区域内に移転した旨の本店移転の登記の申請をする場合における新所在地を管轄する登記所にする印鑑の提出は、旧所在地を管轄する登記所を経由してすることを要しない。（商業登記法Ｈ30-28-イ）

2．本店を他の登記所の管轄区域内に移転した場合にすべき印鑑の提出は、新所在地を管轄する登記所に提出する印鑑が旧所在地を管轄する登記所に提出している印鑑と同一であるときは、印鑑証明書を添付しないで印鑑届書のみを提出することによりすることができる。（商業登記法S59-31-エ）

3．株式会社がその本店を他の登記所の管轄区域内に移転したために新本店所在地を管轄する登記所に印鑑を提出する場合において、当該印鑑が旧本店所在地を管轄する登記所に提出している印鑑と同一であるときは、当該株式会社の代表取締役は、新本店所在地を管轄する登記所に提出する印鑑を明らかにした書面に押印した印鑑について市区町村長の作成した証明書を添付することを要しない。（商業登記法H21-32-エ）

答え　1．×　2．○　3．○

では、この場合の登記の実際をお見せしましょう。

まず、甲登記所宛ての申請書は以下のとおりです。

7-1

商号	㈱甲
本店	A市1番地（旧本店）
登記の事由	本店移転
登記すべき事項	年月日B市1番地に本店移転
登録免許税	金30000円（ヲ）
添付書類	株主総会議事録　1通
	株主リスト　1通
	取締役の過半数の一致を証する書面（取締役会設置会社にあっては、取締役会議事録）　1通
	委任状　1通

次に、乙登記所宛ての申請書を挙げます。

7-2

商号	㈱甲
本店	B市1番地（新本店）
登記の事由	本店移転
登記すべき事項	年月日A市1番地から本店移転
登録免許税	金30000円（ヲ）
添付書類	委任状　1通

＊登記期間は、**7-1**、**7-2**ともに本店移転の日から2週間以内。（会社法916条）

乙登記所では、新たに登記記録を作成するのですから、登記事項は膨大になります。

しかし、登記すべき事項には「年月日Ａ市１番地から本店移転」とのみ記載すれば足ります。（平29.7.6民商111）

本店を移転しても会社法人等番号に変化がないので、新本店所在地の登記所の登記官は、旧本店所在地での登記事項を確認することができます。

そこで、それを元に、新本店での登記記録を作成してくれることになっています。カンタンお手軽ですね。

次に、添付書類に「委任状　１通」とあるのにご注意いただきたい。「添付書類ナシ」ではないのです。

これは、本店移転の場合、移転先の乙登記所においても、登記の審査がされるためなのです。

その審査とは「同一商号、同一本店の既存会社の有無」です。

そこで、「この審査をよろしく」の意味で委任状の添付を要することになっています。

その後に作成された新本店の所在地での登記記録には、次の事項が記録されることとなります。

１．設立の登記と同一の事項（会社法916条１号）

２．設立後に登記された「現に効力を有する事項」
　例）職務執行停止の仮処分、支配人、解散、清算人等

３．会社成立の年月日（商業登記法53条）

４．本店を移転した旨およびその年月日（商業登記法53条）
→「登記記録に関する事項」として「年月日Ａ市１番地から本店移転」と書く。

５．取締役、監査等委員である取締役、会計参与、監査役、代表取締役、特別取締役、委員、執行役、代表執行役および会計監査人の就任の年月日（商登規65条２項）

２に、設立後に登記された「現に効力を有する事項」とあるように、新しく登記簿を作成する場合には、過去の履歴は書かないのが普通です。

１に設立の登記と同一の事項とあるのも、過去の年月日は書かない趣旨です。

たとえば、甲登記所の登記記録には、「資本金の額　金１億円　平成20年３月１日変更」と書いてあっても、乙登記所においては、「資本金の額　金１億円」とのみ記録します。

この場合、一般の国民が㈱甲の履歴を調べたいのであれば、甲登記所の閉鎖事項証明書を請求すればよいのであって、そのためにこそ、乙登記所の登記記録には「登記記録に関する事項」として「年月日Ａ市１番地から本店移転」と記載されているのです。

参考問題　閉鎖した登記記録に記録されている事項を証明した書面の交付請求は、することができない。（商業登記法H7-30-オ）

答え　×

しかし、５に役員等の「就任の年月日」が記録されるとあります。

これは、過去の日付を記録するということであり、きわめて例外的な話なのです。

その理由は、いずれ、「乙登記所に㈱甲の役員変更の登記の申請がされる可能性が高い」からです。

以下、参考までに、事例２に該当するケースにおける法務省の登記簿の記載例を挙げます。

登記簿の記録例（H18.4.26民商第1110号依命通知改）

他の登記所の管轄区域内に移転した場合

旧所在地でする場合

本　店	東京都中央区京橋一丁目１番１号
登記記録に関する事項	令和６年10月１日東京都新宿区北新宿一丁目８番23号に本店移転 令和６年10月８日登記 令和６年10月８日閉鎖

［注］移転の登記の年月日は、商業登記法第52条第３項の通知書到達後の現実に登記をした日ではなく、通知書到達の日である。

新所在地でする場合

<table>
<tr><td>会社法人等番号</td><td colspan="2">0000-00-000000</td></tr>
<tr><td>商　号</td><td colspan="2">第一電器株式会社</td></tr>
<tr><td>本　店</td><td colspan="2">東京都新宿区北新宿一丁目８番23号</td></tr>
<tr><td>公告をする方法</td><td colspan="2">官報及び東京都において発行される日本新聞に
掲載してする</td></tr>
<tr><td>会社成立の年月日</td><td colspan="2">令和４年11月１日</td></tr>
<tr><td>目　的</td><td colspan="2">１　家庭電器用品の製造及び販売
２　家具、什器類の製造及び販売
３　光学機械の販売
４　前各号に附帯する一切の事業</td></tr>
<tr><td>発行可能株式総数</td><td colspan="2">40万株</td></tr>
<tr><td>発行済株式の総数
並びに種類及び数</td><td colspan="2">発行済株式の総数
10万株</td></tr>
<tr><td>資本金の額</td><td colspan="2">金5000万円</td></tr>
<tr><td>株式の譲渡制限に
関する規定</td><td colspan="2">当会社の株式は、取締役会の承認がなければ譲渡すること
ができない</td></tr>
<tr><td>株主名簿管理人の
氏名又は名称及び
住所並びに営業所</td><td colspan="2">東京都中央区日本橋通一丁目１番１号
大和信託株式会社本店</td></tr>
<tr><td rowspan="2">役員に関する事項</td><td>取締役　甲野太郎</td><td>令和６年６月30日就任</td></tr>
<tr><td>取締役　乙野次郎</td><td>令和６年６月30日就任</td></tr>
</table>

<table>
<tr><td rowspan="4"></td><td>取締役　丙野五郎</td><td>令和６年６月30日就任</td></tr>
<tr><td>東京都大田区東蒲田二丁目３番１号
代表取締役　甲野太郎</td><td>令和６年６月30日就任</td></tr>
<tr><td>東京都文京区目白台一丁目21番５号
代表取締役　乙野次郎</td><td>令和６年６月30日就任</td></tr>
<tr><td>監査役　丁野六郎</td><td>令和６年６月30日就任</td></tr>
<tr><td>存続期間</td><td colspan="2">会社成立の日から満50年</td></tr>
<tr><td>取締役会設置会社に関する事項</td><td colspan="2">取締役会設置会社</td></tr>
<tr><td>監査役設置会社に関する事項</td><td colspan="2">監査役設置会社</td></tr>
<tr><td>登記記録に関する事項</td><td colspan="2">令和６年10月１日東京都中央区京橋一丁目１番１号から本店移転
令和６年10月５日登記</td></tr>
</table>

コラム　**会社法人等番号**

管轄外に、本店を移転しても、会社法人等番号は従前のそれと相違しない。
会社法人等番号は、税務署がバッチリ課税することを目的としている。
だから、ある会社に一度ついた番号は、以後、変化しない。
いわゆるマイナンバーと同じことである。

次に、いずれも申請人は書面での申請をし、新本店所在地の登記所に印鑑を提出するものとして登記の実行の方式を図解します。

1．申請当初

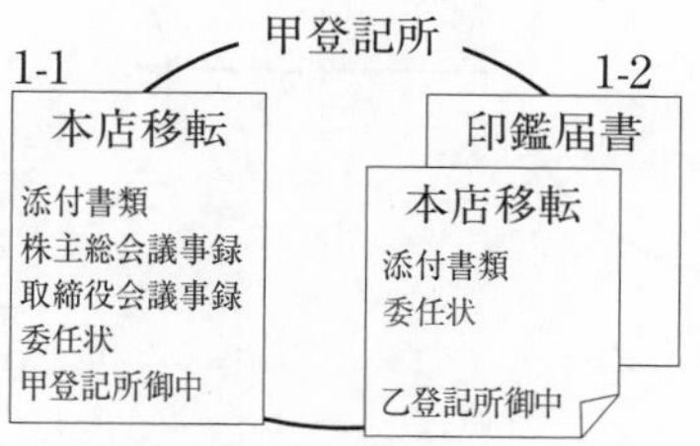

・甲登記所で申請書の双方を審査する。
・一方に却下事由があれば、その双方を却下する。（商業登記法52条1項）
・却下事由がなければ、遅滞なく、乙登記所に乙登記所宛ての申請書と印鑑届書を送付する。

《注》 この段階では甲登記所で、本店移転の登記は保留されている。乙登記所の審査待ち（同一商号、同一本店の既存会社の有無）である。

参考 **甲登記所が、乙登記所に申請書等を送付するまでの登記の取下げ**
取下書**1**通を提出
（甲乙両登記所宛ての申請書をともに取り下げる旨の記載あるもの）

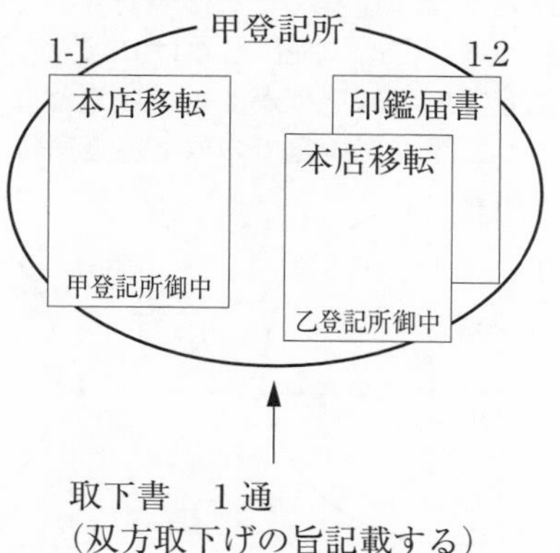

2．乙登記所に申請書、印鑑届書を送付した後

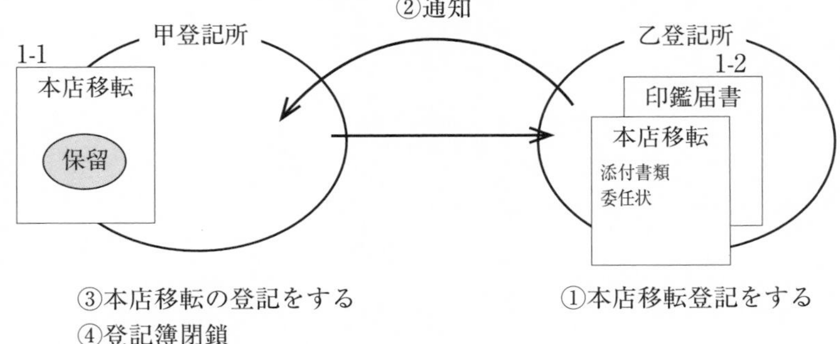

・乙登記所で、本店移転の登記を実行する。
・乙登記所が、上記の旨の通知を甲登記所にする。
・甲登記所で、本店移転の登記を実行する。
・甲登記所の㈱甲の登記簿を閉鎖する。（商登規80条１項１号・２項）

参考　甲登記所が、乙登記所に申請書等を送付してからの登記の取下げ

取下書**２通**を提出（甲登記所宛ておよび乙登記所宛て）
どちらの登記所に提出するか？
→もちろん、乙登記所である。この時点の取下げはかなり緊急事態であり、仮に、乙登記所で、本店移転の登記がされてしまうと、以後、取下げの余地がなくなる。だから一刻も早くこれを止めるためには、新本店所在地の登記所に提出しなければならない。
→無事、乙登記所で取下げが受け付けられれば、その後、乙登記所から甲登記所へ、甲登記所宛ての取下書を送付する段取りである。

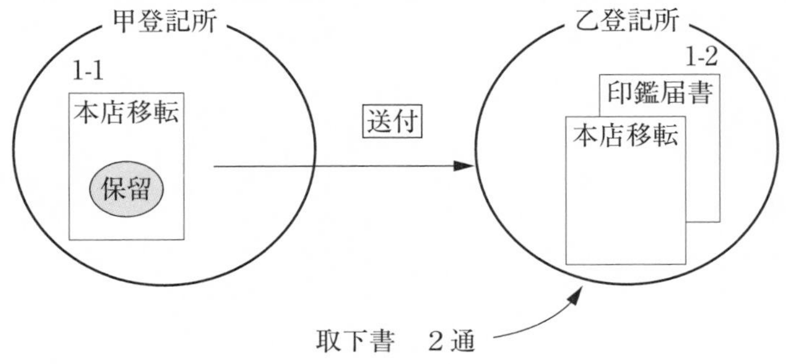

参考問題　会社が本店を他の登記所の管轄内区域に移転した旨の本店移転の登記を申請した場合について、既に新所在地を管轄する登記所に申請書が送付された後に当該登記の申請を取り下げるには、会社は、旧所在地を管轄する登記所に、取下書２通を提出しなければならない。（商業登記法R2-28-オ改）

答　え　×　新所在地を管轄する登記所に２通である。

発展　乙登記所における登記の却下

乙登記所で登記の申請が却下された場合には、次の規定がある。

商業登記法52条５項

「新所在地を管轄する登記所において前条第１項の登記の申請を却下したときは、旧所在地における登記の申請は、却下されたものとみなす。」

上記のように、乙登記所で却下された場合には、甲登記所の申請は、却下されたものとみなされる。

→要するに、却下決定書は乙登記所のみが作成するのであり、甲登記所では作成を要しないというコトである。

コラム　**支店の所在場所への本店の移転**

Ａ市１番地（甲登記所管轄）の会社がその支店の所在場所であるＢ市１番地（乙登記所管轄）に本店を移転した場合、いかなる申請をすべきであろうか。

まず、前提を述べると、本店と支店の所在場所が同一であることは一向にかまわない。

たとえば、Ｂ市１番地の土地の区画の道路側が店舗（ここが支店）、その反対側が本社機能（ここが本店）ということがあってもよい。

したがって、この場合、申請人は、まず、事例２と同様の登記を申請すればよいのである。

これにより、乙登記所の登記官は、新しい本店の登記記録を作成し、そこに「支店、Ｂ市１番地」と記録する。

なお、その会社が、Ｂ市１番地の支店を廃止した上で、そこに本店を移転するつもりであるときは、上記の手続の後、Ｂ市１番地の支店の廃止を申請すればよい。逆に支店の廃止の後に本店を移転してもよい。

① 本店の変更

住居表示の実施や、行政区画の変更による地番変更により、本店の変更の登記を申請しなければならないことがあります。

→役所の都合での変更ではあるが、登記義務は発生する。（ただし、非課税。登録免許税法５条４号・５号）

この場合、その旨の証明書を添付すれば、非課税となるのですが、これはあくまでも非課税証明であり、「変更を証する書面」の添付は、商業登記法において要求されていません。

参考問題

1．他の登記所の管轄区域内への本店移転の登記を代理人によって申請する場合には、旧所在地を管轄する登記所及び新所在地を管轄する登記所に対する申請書のいずれにも、代理人の権限を証する書面を添付しなければならない。（商業登記法H19-28-イ）

2．同一登記所の管轄区域内で本店を移転した場合には、申請書は１通で足りる。（商業登記法H16-28-ア）

3．新所在地を管轄する登記所の登記官が新所在地における登記の申請を却下したときは、その旨の通知を受けた旧所在地を管轄する登記所の登記官は、旧所在地における登記の申請を却下しなければならない。（商業登記法H16-28-イ）

4．本店を他の登記所の管轄区域内に移転した場合には、たとえ、その区域内に支店があるときでも、旧所在地を管轄する登記所あての申請書と新所在地を管轄する登記所あての申請書とを同時に旧所在地を管轄する登記所に提出しなければならない。（商業登記法H16-28-ウ）

5．登記申請期間の起算点である本店移転の日とは、株主総会決議の日である。（商業登記法H16-28-オ）

6．本店を他の登記所の管轄区域内に移転した場合の新所在地における登記と旧所在地における登記は同時に申請することを要しない。（商業登記法H1-35-2）

7．本店を他の登記所の管轄区域内に移転した場合において新所在地における本店移転の登記を代理人によってするときは、申請書に代理権限を証する書面を添付することを要する。（商業登記法S61-40-4）

8．行政区画の変更に伴い地番が変更したことによる本店の変更の登記を申請する場合には、申請書にその変更を証する書面を添付することを要しない。（商業登記法S61-40-5）

9．会社の本店の所在場所において、市町村の合併により、Ａ市がＢ市と名称を変更した場合には、会社は変更の登記の申請をしなければならない。（商業登記法

R4-31-ア改）

10. 株式会社の本店を他の登記所の管轄区域内に移転した場合、新所在地を管轄する登記所にする印鑑の提出は、旧所在地を管轄する登記所を経由してしなければならない。（商業登記法H22-30-オ）

11. 本店を他の登記所の管轄区域内に移転した会社について、新所在地における資本金の額の登記が申請に基づき更正された場合には、旧所在地における資本金の額の登記は、登記官の職権により、更正される。（商業登記法H22-31-エ）

答え　1．○　商業登記法18条、51条3項。　2．○

3．×　却下されたものとみなされる。（商業登記法52条5項）

4．○　5．×　6．×　商業登記法51条2項。

7．○　商業登記法51条3項。　8．○

9．×　名称変更が公知の事実であるため。　10．○

11．×　旧所在地の登記簿は、すでに、閉鎖されているだろう。そんなものをいちいち更正する必要はない。

---

2 支店の設置、移転、廃止

支店の所在地は、定款の記載事項ではありません。

したがって、支店の設置、移転、廃止について、定款の変更を伴うことは、通常は考えられません。

支店の設置、移転、廃止は、取締役の過半数の一致または株主総会（取締役会設置会社にあっては取締役会）において決定します。（会社法348条3項2号、362条4項4号）

コラム　定款で支店の所在地を定めたケース

「当会社の支店を東京都何区に置く」という定款の規定は、東京都何区以外には支店を置かない趣旨であると解釈される。

そのため、東京都何区以外に支店を置く場合、または移転する場合には、定款変更を要すると解される。（昭37.4.19民甲737）

事例３

本店がＡ市１番地にある㈱甲は、Ｂ市１番地に支店を設置した。

本事例は、本店所在地での登記の申請を要します。
登記期間は、支店を設置した日から２週間以内です。（会社法915条１項）

登記の事由	支店設置
登記すべき事項	年月日支店設置 支店　Ｂ市１番地
登録免許税	金60000円（ル）
添付書類	取締役の過半数の一致を証する書面（取締役会設置会社にあっては、取締役会議事録）　１通 委任状　１通

＊登録免許税は、設置する支店１個につき６万円。→２個設置なら12万円。

事例４

本店がＡ市１番地、支店がＢ市１番地にある㈱甲は、Ｂ市１番地の支店をＣ市１番地に移転した。

本事例は、本店所在地を管轄する登記所で登記の申請をします。
登記期間は、支店を移転した日から２週間以内です。（会社法915条１項）

本店所在地（甲登記所）での申請書

登記の事由	支店移転
登記すべき事項	年月日Ｂ市１番地の支店移転 支店　Ｃ市１番地
登録免許税	金30000円（ヲ）
添付書類	取締役の過半数の一致を証する書面（取締役会設置会社にあっては、取締役会議事録）　１通 委任状　１通

＊登録免許税は、移転する支店１個につき３万円である。→２個の支店を移転すれば６万円。

事例5

本店がＡ市１番地、支店がＢ市１番地にある㈱甲は、Ｂ市１番地の支店を廃止した。

本事例は、本店の所在地を管轄する登記所で登記の申請をします。
登記期間は、支店を廃止した日から２週間以内です。（会社法915条１項）

本店所在地（甲登記所）での申請書

登記の事由	支店廃止
登記すべき事項	年月日Ｂ市１番地の支店廃止
登録免許税	金30000円（ツ）
添付書類	取締役の過半数の一致を証する書面（取締役会設置会社にあっては、取締役会議事録）　１通
	委任状　１通

＊登録免許税は、３万円（ツ）である。→２個の支店を廃止しても３万円。ついでに目的変更をやっても３万円。

参考問題

１．合名会社がその成立後に支店を設けたときは、本店の所在地においては、その設置の日から２週間以内に支店の設置の登記をしなければならない。（商業登記法S61-33-3）
２．本店又は支店の移転の登記の登録免許税の課税標準は、本店又は支店の数である。（商業登記法S63-40-4）

答え　１．○　会社法915条１項は、株式会社、合名会社、合資会社、合同会社のすべての支店設置の登記に適用がある。
２．○　本店、支店の移転は同一区分（ヲ）であり、課税標準は、本店又は支店の数である。

第15章

抹消登記、更正登記、その他の問題

商業登記にも、抹消登記、更正登記が存在します。
以下、抹消登記から。

商業登記法134条（抹消の申請）
1項　登記が次の各号のいずれかに該当するときは、当事者は、その登記の抹消を申請することができる。
1　第24条第1号から第3号まで又は第5号に掲げる事由があること。
2　登記された事項につき無効の原因があること。ただし、訴えをもつてのみその無効を主張することができる場合を除く。
2項　第132条第2項の規定は、前項第2号の場合に準用する。

条文は、以上です。基本的には、これだけのことがわかっていれば、試験対策は完了というお手軽な分野です。

1項1号

「第24条第1号から第3号まで又は第5号に掲げる事由」とは具体的に何を意味するのでしょうか？

以下の却下事由です。

1．管轄違いの登記
2．登記すべき事項以外の登記
3．申請に係る登記がすでに登記されているとき（二重の登記）
4．2以上の登記が同時に申請され、その前後が明らかでなく、その双方を却下すべきとき（たとえば、同一商号、同一本店の設立登記2件が、たまたま同時に申請された場合）

→上記以外の却下事由に該当する登記の申請（たとえば、必要な添付書面の添付がないことを登記官が見落として実行された登記）によりなされた登記について抹消の申請をすることはできない。単なる手続違いの登記は、その内容が実体に合致する限りは、有効な登記となるからである。

1項2号

無効原因のある登記を抹消することができます。

しかし、会社法では、手続安定の要請から、無効の主張を訴えをもってのみ請求をすることができるとするケースが多い（みなさんおなじみの会社の組織に関する訴え。例　会社の設立無効の訴え、株式会社における資本金の額の減少無効の訴え、合併無効の訴え）。

この場合には、もちろん、申請による登記の抹消は不可能です。

会社の設立無効の訴え等に勝訴し、それが確定したときに、設立無効の登記が、裁判所の書記官から嘱託でなされるという段取りになります。（会社法937条）

2項

商業登記法132条２項は、「更正の申請書には、錯誤又は遺漏があることを証する書面を添付しなければならない。ただし、氏、名又は住所の更正については、この限りでない。」と規定しています。

これが準用されるから、抹消の申請書には、無効原因があることを証する書面の添付を要することになります。

なお、この書面の添付は商業登記法134条１項１号による抹消登記申請の場合には、必要がありません。たとえば、「登記できない事項」であるかどうかは、登記官において自明であるからです。

コラム　職権抹消

上記の場合、つまり、商業登記法134条１項各号のケース（商業登記法24条１号から３号、５号の却下事由をみすごしてされた登記および無効原因のある登記）は、いずれも、職権抹消の対象ともなる。

しかし、登記官は、登記が商業登記法134条１項各号に該当することを発見したときに、スグに職権抹消をするわけではない。

登記をした者に１か月を超えない一定の期間内に書面で異議を述べないときは抹消すると通知をして、しかる後に抹消の段取りとなる（通知が不可能であれば官報等に公告する）。

申請書の記載例

登記の事由	登記された事項の不存在による抹消
登記すべき事項	年月日登記した監査役何某就任の登記の抹消
登録免許税	金20000円（ナ）
添付書類	監査役何某が就任していないことを証する書面　1通 委任状　1通

＊登記の事由→「登記事項が無効であるため抹消」というパターンもある。

＊登記期間の定めはない。「無効事由に気がついてから2週間」なんてナンセンス。

コラム　登録免許税

以下の区分となる。
登記の抹消（ナ）２万円
登記の更正（ネ）２万円

参考問題

1．吸収合併による変更の登記につき、合併が無効である場合でも、当事者は、その登記の抹消を申請することができない。（商業登記法H8-32-5）

2．取締役の辞任の登記に錯誤がある場合には、辞任の登記の抹消と辞任の登記により抹消する記号が記録された取締役の氏名の回復を同時に申請しなければならない。（商業登記法S59-39-1）

3．取締役の辞任による変更の登記が当該辞任に係る当該取締役の意思表示の不存在により無効であった場合において、当該変更の登記により抹消する記号が記録された取締役の氏名の登記を回復するときは、当該変更の登記の抹消の申請をしなければならない。（商業登記法H22-31-ウ改）

4．次に掲げる登記のうち、申請により抹消することができないものはどれか。（商業登記法S60-39）

1　定足数に足りない取締役が出席した取締役会でされた株式会社の代表取締役の解職の決議に基づく代表取締役の変更の登記

2　同一人が同一営業について２個の商号の登記をした場合における後の商号の登記

3　資本金の額の減少につき異議を述べた債権者に対する弁済若しくは相当の担保の提供又はその債権者のためにする信託会社への相当の財産の信託をすることなくしてされた資本金の額の減少による変更の登記

4　定款の変更につき別段の定めがないにもかかわらず、総社員の同意を得ないで合名会社が合資会社に種類の変更をした場合の合資会社についてされた登記

5　清算を結了せずにされた株式会社の清算結了の登記

答え 1．○ 当事者が抹消登記をするためには、訴訟→判決→裁判所書記官の嘱託というルートしかないケース。

2．× 回復の登記は職権でする。（商登規100条1項本文）

> **商業登記規則100条（登記の抹消）**
> 1項 登記の抹消をする場合には、抹消すべき登記事項を抹消する記号を記録し、その登記により抹消する記号が記録された登記事項があるときは、その登記を回復しなければならない。ただし、登記の抹消をすることによつて登記記録を閉鎖すべきときは、この限りでない。

3．○ 抹消の登記の申請をすると、登記官が職権で取締役の氏名の登記を回復することになる。（商登規100条1項）

4．**3** 以下、それぞれの肢について解答の根拠条文を確認のコト。

1 申請により抹消できる商業登記法134条1項2号本文
2 申請により抹消できる商業登記法134条1項1号、24条3号
3 申請により抹消できない商業登記法134条1項2号ただし書
4 申請により抹消できる商業登記法134条1項2号本文
5 申請により抹消できる商業登記法134条1項2号本文

次に、錯誤による更正の問題に入ります。

> **商業登記法132条（更正）**
> 1項 登記に錯誤又は遺漏があるときは、当事者は、その登記の更正を申請することができる。
> 2項 更正の申請書には、錯誤又は遺漏があることを証する書面を添付しなければならない。ただし、氏、名又は住所の更正については、この限りでない。

条文の内容には、特に難しい点はありません。
ここも、条文どおりを知れば卒業です。
→2項ただし書には注意のこと。錯誤または遺漏があることを証する書面の添付が不要であるケースは、基本的には2項ただし書の場合のみである。
→いま、「基本的には」と書いた理由は、錯誤または遺漏があることを証する書面として過去の申請書の添付書面を「援用」することは可能だからである。
たとえば、会社の設立登記をして、司法書士が、定款に「○○の保証」とあるのを誤って別添CD－Rに「○○の保障」と書き、これに登記官も気づかず登記が「○○の保障」で実行されたとしよう。
このケースは、職権更正はできない（後述）から、司法書士は、自腹を切っ

て（登録免許税金20000円）、登記の更正を申請せねばなるまい。
しかし、錯誤があることを証する書面を準備することは不要である。
錯誤があったことは、設立登記に添付した原始定款の記載から明らかであり、更正の登記の申請書には「錯誤があったことを証する書面は年月日受付第○号の何株式会社設立登記に添付した定款の記載を援用する」とでも書いておけばよい。

コラム　職権更正

登記官は、登記に錯誤または遺漏があったときは、遅滞なく、登記をした者にその旨を通知しなければならない。（商業登記法133条１項本文）
しかし、この条文には「ただし書」がある。
「その錯誤又は遺漏が登記官の過誤によるものであるときは、この限りでない。」である。
→上記は、申請人側（司法書士）にミスはなく、登記官の過誤だけにより登記がされたケースを意味している。つまり、司法書士にミスがあれば、登記官もミスをしたケースであってもただし書には該当しない。
では、このただし書の場合は、どうするのか。
もちろん、職権で更正をするのである。
商業登記法133条は２項で「前項ただし書の場合においては、登記官は、遅滞なく、監督法務局又は地方法務局の長の許可を得て、登記の更正をしなければならない。」と続いている。
つまり、過誤をした、東京法務局何某支局の登記官は、東京法務局長の許可を得て、職権更正すべしということである。

【実務の話し】職権更正の実際

設立登記を申請したら、取締役の名前が間違って登記されていたことがある。
そこで、申請書の写し（司法書士は、たいてい自分がした申請書のコピーを取ってある）を見ると私は間違っていない。
そこで、登記所の係官にこれを指摘すると、その係官はいったん奥へ入った。
その後、また出てきて「はい。じゃ、直しときます」と言った。
これが、職権更正である。
ポイントは、その係官がいったん奥へ入ったこと。
私の申請書を確認したのだ。そして、私には間違いがないから職権更正してくれたのである。

申請書の記載例

登記の事由	錯誤による更正
登記すべき事項	取締役山本太郎の氏名を山本太朗に更正
登録免許税	金20000円（ネ）
添付書類	委任状　1通

＊取締役の氏名の更正だから、「錯誤を証する書面」の添付を要しない。

＊登記期間の定めはない。「錯誤があったことに気がついてから2週間」なんてナンセンス。

参考問題

1．当事者の故意により、会社の役員の氏名が戸籍の記載と異なる通称名で登記された場合には、当事者は、その戸籍に記載された氏名に更正する登記を申請することができない。（商業登記法H8-32-1）

2．募集株式の発行による変更の登記において資本金の額を誤って多く登記した場合には、当該登記後に更に資本金の額の変更の登記がされているときを除き、債権者の異議手続をしたことを証する書面を添付することなく、資本金の額の登記の更正を申請することができる。（商業登記法H22-31-イ）

3．募集株式の発行による変更の登記において資本金の額を誤って少なく登記した場合には、当該登記を是正するには、当該登記後に更に資本金の額の変更の登記がされているときを除き、資本金の額の登記の抹消の申請と併せて、資本金の額の増加による変更の登記を申請しなければならない。（商業登記法H22-31-オ）

4．募集株式の発行による変更の登記において、誤った申請により資本金の額が少なく登記された場合には、当該登記後に更に資本金の額の変更の登記がされている場合を除き、資本金の額について当該登記の更正を申請することができる。（商業登記法R2-31-エ）

5．剰余金の資本組入れによる変更の登記がされた後、資本金に組み入れるべき剰余金が存在しなかったことを理由として当該登記の更正を申請することはできない。（商業登記法R2-31-イ）

6．登記の更正の申請に関する次の記述のうち、正しいものはどれか。（商業登記法H3-34）

1　取締役の氏名の登記に錯誤があることを発見した場合には、発見した日から2週間以内にその登記の更正を申請しなければならない。

2　取締役を3名、監査役を1名選任した株主総会の議事録を添付して、取締役3名のみの登記を申請して登記された場合には、後日、監査役につき遺漏があるとして登記の更正を申請することはできない。

3　登記官の錯誤による支店設置の登記の更正を申請する場合には、その申請書に、錯誤があることを証する書面を添付しなければならない。

4　取締役甲が平成３年６月４日就任した旨の同月６日にされた登記につき、その就任の登記に錯誤があったとして、同月７日就任したとする旨の登記の更正を申請することができる。

5　登記の更正を申請する場合において、その登記により抹消する記号が記録された登記事項があるときは、当該登記事項の回復の登記も同時に申請しなければならない。

7．株式会社の登記の更正又は抹消に関する次の申請書のうち、錯誤を証する書面の添付を要するものはどれか。（商業登記法S62-35）

1　その登記所の管轄に属しない設立の登記の抹消の申請書

2　代表取締役の住所の登記の更正の申請書

3　取締役の選任決議が不存在であるとする取締役の就任の登記の抹消の申請書

4　適法性を欠く目的の登記の抹消の申請書

5　清算人の氏名の登記の更正の申請書

8．登記の更正に関する次の**1**から**4**までの記述のうち、正しいものは、いくつあるか。（商業登記法H14-29改）

1　臨時株主総会で取締役Ａ及び監査役Ｂを選任したにもかかわらず、当該株主総会議事録を添付して取締役Ａの就任登記のみを申請し、当該登記をしたときは、監査役Ｂの就任につき遺漏による登記の更正を申請しなければならない。

2　登記の更正を申請する場合には、その更正すべき登記により抹消する記号が記録された登記事項があるときであっても、当該登記事項の回復を同時に申請する必要はない。

3　本店変更の登記の申請については、変更の事実を証する書面の添付が不要とされているので、当該登記の更正を申請する場合には、当該登記の申請書又はその添付書面により錯誤又は遺漏があることが明らかでないときであっても、錯誤又は遺漏があることを証する書面の添付を要しない。

4　株式会社が株主総会において、資本準備金の額を減少して、減少する資本準備金の額の全部を資本金とする旨の決議をし、資本金の額の変更の登記をした後、資本準備金が存在しなかったことを理由として先の資本準備金の額の減少によってする資本金の額の増加の決議を取り消すことにより資本金の額の登記の更正を申請することはできない。

1　０個　　**2**　１個　　**3**　２個　　**4**　３個　　**5**　４個

9．株式会社の登記の更正に関する次のアからオまでの記述のうち、誤っているものの組合せは、後記１から５までのうちどれか。（商業登記法H24-33）

ア　取締役４名及び監査役２名が選任されたことが記載されている株主総会の議事録を添付して取締役４名の就任による変更の登記のみが申請され、当該変更の登記がされているときは、当該株式会社は、監査役２名の就任につき遺漏による登記の更正を申請することができる。

イ　監査役の平成24年６月11日就任による変更の登記が同月18日付けで申請され、当該変更の登記がされている場合には、実際の就任日が同月19日であったときであっても、当該株式会社は、同日を当該監査役の就任日とする錯誤による更正の登記を申請することができない。

ウ　登記の更正を申請する場合には、その登記により抹消する記号が記録された登記事項があるときであっても、当該株式会社は、その登記の回復を申請することを要しない。

エ　登記官の過誤により登記に遺漏が生じたときは、当該株式会社は、その登記の更正を申請することができない。

オ　登記記録に取締役の氏名が誤って記録されているときは、当該株式会社は、錯誤があることを証する書面を添付することなく、錯誤による登記の更正を申請することができる。

1　アイ　　**2**　アエ　　**3**　イウ　　**4**　ウオ　　**5**　エオ

答え　1．×　商業登記法132条１項は、申請人の故意、過失の区別を問題にしていない。

2．○　そのとおり。資本金の額を減少するときでも、その理由が更正であれば、債権者の異議手続は要しない。（間違ったものを直すだけだから。先例平19.12.3-2586）

3．○　そのとおり（先例平19.12.3-2586）。この場合、資本金の額の増加による変更の登記の登録免許税は、変更後の資本金の額から、変更前の資本金の額を控除した額の1000分の７（これによって計算した額が金３万円に満たないときは金３万円）で足りるものとされている。

4．×　前問の方式（抹消→変更登記のやり直し）をとるべき。

5．○　登記の全部が誤りなので、更正はできない。

6．**2**

1　×

2　○　遺漏とはワンセットの登記事項に「抜け落ちた部分」があることをいう。

たとえば、新株予約権の登記をしたところ、あまりに登記事項が多いので、ついうっかり新株予約権の個数の登記をし忘れたという状況である。

しかし、本肢の、取締役の登記と監査役の登記は「別物」である。

取締役の登記には、遺漏はなく、監査役の登記は単なる登記懈怠である。

本事例では、監査役の就任による「変更」の登記をすべきである。

3　×　従前の支店設置の登記の申請書の添付書類の記載を援用すればいい。

なお、本肢は、職権更正が可能であり、申請人は、職権の発動を促せばよい事案ともいえるが、こうしたケースでも、更正登記を申請することはかまわないとされている。

4　×　取締役の就任年月日の更正は一般論としては可能であるが、本事例ではよろしくない。
　更正の結果「平成３年６月７日就任　平成３年６月６日登記」というありえない登記簿が出現してしまうためである。
　結果として、本事例では取締役の登記を抹消して、もういちど就任による変更の記を申請すべきである。
5　×　回復の登記は職権でなされる。（商登規100条１項）

7．**3**
1　要しない　商業登記法134条１項１号のケースは委任状のほか添付書類は不要。
2　要しない　商業登記法132条２項ただし書に該当する。
3　要する　　商業登記法134条１項２号のケース。取締役会の選任決議が不存在であることを証する書面の添付を要する。
4　要しない　商業登記法134条１項１号のケースである。適法性を欠く目的は商業登記法24条２号の「登記すべき事項以外の登記」である。
5　要しない　商業登記法132条２項ただし書に該当する。

8．**3**
1　×　6.2に同じ
2　○　この場合（更正登記のケース）も、回復の登記は職権でなされる。（商登規99条１項）
3　×　商業登記法132条２項ただし書は、本店の更正には触れていない。したがって、原則どおり「錯誤を証する書面」を添付すべしということになる。
4　○　更正登記ではなく、登記事項の不存在による抹消登記を申請すべきである。

9．**2**
ア　×　取締役の登記と監査役の登記は「別物」であり、遺漏とはいえない。単に監査役の就任による「変更」の登記を申請すべき事例である。
イ　○　更正の結果「平成24年６月19日就任、平成24年６月18日登記」という、ありえない登記簿になってしまうのがよろしくない。
ウ　○　登記の回復は職権でする。（商業登記規則99条１項）
エ　×　職権更正が可能なケースだが、申請ができないわけではない。ついでに言うと、この場合には登録免許税は非課税となる。
オ　○　商業登記法132条２項ただし書。

次に、判決による登記について簡単に触れておきます。
商業登記の世界にも判決による登記は存在します。
が、その範囲は、きわめて限定的です。

　判決による登記は、商業登記の申請人は、当該会社等の代表者であるところ、登記事項に変更があったにもかかわらず、これを当該代表者が行わないため、他の者が判決により登記を申請するというパターンです。

申請事案としては、取締役Aが辞任したにもかかわらず、その辞任の登記を代表者がしないため、取締役Aが判決により、自己の辞任の登記を申請するというケースが知られています。

会社法の知識でおわかりと思いますが、登記すべき事項は、登記の後でなければ、これをもって善意の第三者に対抗することができないから（会社法908条1項）、取締役Aは登記簿に載っている限りは、善意の第三者への責任を免れません。

→当該会社が倒産寸前という事態であれば、うるさい債権者が出現することは避けられないという可能性が高い。

だから、この登記を消したいということが訴訟法における「訴えの利益」として認められるのです。

そして、「○株式会社は、A取締役の辞任による退任登記をせよ」との判決を取り、これが確定すれば、判決書正本を添付して、自らの辞任の登記を申請することができます。

参考問題

1．辞任した取締役が、辞任による変更の登記の申請をしない株式会社を被告として、その登記の申請手続を求める訴訟を提起し、勝訴の確定判決を得たときは、その取締役は、株式会社に代わって登記を申請することができる。（商業登記法H1-32-3）

2．解任された取締役につき、登記原因を辞任として退任の登記がされている場合には、当該取締役は、会社に対し、当該登記の抹消を請求することができる。（商業登記法H18-28-イ）

3．株主総会において解任された取締役について、辞任を原因とする取締役の変更の登記がされている場合には、会社は、当該登記の抹消を申請することができる。（商業登記法R5-31-オ）

答え　1．○

2．×　最判昭25.6.13。退任の事実には相違がないので、登記された事項には無効原因がないと考えられている。

3．×　前問の焼き直し。

参考問題　株式会社の役員等の登記に関する次のアからオまでの記述のうち、第1欄の事由が生じた場合における登記の申請が平成24年4月6日にされ、登記をしたときの登記記録として第2欄の記載が誤っているものの組合せは、後記1から5までのうちどれか。（商業登記法H24-30改）

	第１欄	第２欄	
ア	会計参与であるA税理士法人が定めた計算書類等の備置場所のみを平成24年４月２日に○県○市○町一丁目１番１号から○府○市○町二丁目２番２号へ変更した。	会計参与　A税理士法人（書類等備置場所）○県○市○町一丁目１番１号 会計参与　A税理士法人（書類等備置場所）○府○市○町一丁目２番２号	平成○年○月○日就任 平成○年○月○日登記 平成24年４月２日備置場所の変更 平成24年４月６日登記
イ	会計監査人を１名置くとの定款の定めのある会社において、一時会計監査人の職務を行うべき者として甲川一郎が選任されていたところ、株主総会において会計監査人として乙野太郎が選任され、平成24年４月２日に就任した。	仮会計監査人　甲川一郎	平成○年○月○日就任 平成○年○月○日登記 平成24年４月２日資格喪失 平成24年４月６日登記
		会計監査人　乙野太郎	平成24年４月２日就任 平成24年４月６日登記
ウ	社外取締役甲山花子が平成24年４月２日に子会社の使用人に就任した。	取締役　甲山花子（社外取締役） 取締役　甲山花子	平成○年○月○日就任 平成○年○月○日登記 平成24年４月２日社外性喪失 平成24年４月６日登記
エ	取締役甲谷次郎が平成23年12月１日に辞任したにもかかわらず会社がその辞任の登記の申請をしなかったため、甲谷次郎が当該会社を被告として取締役の辞任の登記の申請手続を求める訴えを○○地方裁判所に提起したところ、当該訴えに係る請求を認容する判決が平成24年４月２日に確定した。	取締役　甲谷次郎	平成○年○月○日就任 平成○年○月○日登記 平成24年４月２日○○地方裁判所の判決確定 平成24年４月６日登記

オ	取締役乙海春子について成年被後見人とする審判が平成24年4月2日に確定した。	取締役　乙海春子	平成○年○月○日就任 平成○年○月○日登記 平成24年4月2日退任 平成24年4月6日登記

1　アウ　　**2**　アオ　　**3**　イウ　　**4**　イエ　　**5**　エオ

答え　4

何やら間違え探しのような出題であるが、急所はエが「×」だということである。

問題文の記載では、エの登記は裁判所書記官が嘱託したように読めるが、この登記は嘱託による登記ではない。主文が「株式会社何々は、平成23年12月1日取締役甲谷次郎辞任の登記手続をせよ」との確定判決に基づき、甲谷次郎が申請したものである。したがって、「平成24年4月2日○○地方裁判所の判決確定」ではなく、「平成23年12月1日辞任」と登記されることになる。

普通に勉強していれば、この他にイの肢の「×」も見抜けるだろう。

本問の仮会計監査人の登記の抹消は、会計監査人乙野太郎の就任登記を申請したときに登記官の職権で抹消されるのである（商業登記規則68条1項）。したがって、「平成24年4月2日資格喪失、平成24年4月6日登記」とは登記されず、この欄は空欄となるはずである。

本節の最後に、嘱託による登記について述べます。

従来、裁判所絡みの登記は必ず嘱託でされますが、例外があります（裁判所が選任した清算人の登記）のでこれに注意という説明をしましたが、ここで、条文を根拠に、正確なところを述べます。

嘱託による登記の根拠条文は、会社法937条です。

この条文の構造を概観すると、要するに「会社の組織に関する訴訟の請求認容判決」、または「役員の解任の訴え等」であり、かつその内容が「登記事項」である場合には、嘱託により登記をすべしといっているに等しい。

以下、構造を記します。

会社の組織に関する訴えとは「会社法第7編雑則、第2章訴訟、第1節会社の組織に関する訴え」です。

このうち、以下の請求認容判決について、嘱託による登記がされます。

1．会社の組織に関する行為の無効の訴え
　会社法828条1項1号から12号（3号を除く→自己株式の処分無効、これは登記事項ではない）

2．新株発行等の不存在確認の訴え
　会社法829条1号・3号（2号を除く→自己株式の処分の不存在確認、これは登記事項ではない）

3．株主総会等の決議の不存在または無効の訴え
　会社法830条

4．株主総会等の決議の取消しの訴え
　会社法831条

5．持分会社の設立の取消しの訴え
　会社法832条

6．会社の解散の訴え
　会社法833条

以上、会社の組織に関する訴えが網羅的に登場します。

次に、役員等の解任の訴えが、これまた網羅的に登場します。

1．株式会社の役員の解任の訴え
　会社法854条

2．持分会社の社員の除名の訴え
　会社法859条

3．持分会社の業務を執行する社員の業務執行権または代表権の消滅の訴え
　会社法860条

その他、会社法937条1項2号にも多くの規定があります。
この中に、仮取締役の登記などが嘱託によりなされると書いてあります。
以上、かなりの分量ですが、急所を一点だけ書いておきます。

◀ポイント▶　清算人の解任の裁判、清算人の選任または代表清算人の選定の裁判を取り消す裁判がされた場合、その登記は嘱託でされる。（会社法937条1項2号ニ、ホ）

参考問題　株式会社の取締役の解任の判決が確定した場合には、会社の代表者は、登記原因を解任として当該取締役の退任の登記を申請しなければならない。（商業登記法H18-29-ア）

答え　×　「裁判所絡みは嘱託の原則」の典型例。（会社法937条1項1号ヌ）

第16章

商法を根拠とする登記等

1 商号の登記

個人商人の商号の登記の問題です。

> **商法11条（商号の選定）**
> ２項　商人は、その商号の登記をすることができる。

上記が、商号の登記の根拠条文です。

見てのとおり、「登記義務」がありません。

個人商人は登記をしてもしなくてもよいのです。

ただし、いったん登記をすると、その後の変更登記の義務は生じます。

> **商法10条（変更の登記及び消滅の登記）**
> この編の規定により登記した事項に変更が生じ、又はその事項が消滅したときは、当事者は、遅滞なく、変更の登記又は消滅の登記をしなければならない。

以上のように、いったん登記をすると、その後の登記義務はあります。しかし、登記期間の定めがありません。

条文は単に「遅滞なく」といっています。

商法10条は、「この編の規定により登記した事項」に関する通則であり、後に述べる「未成年者登記」「後見人登記」「支配人の登記」にも該当します。

つまり、商法を根拠とする登記の世界に「登記期間」の概念はありません。

参考問題

1．商人は、その商号の登記をしなければ、不正の目的をもって自己の商号を使用する者に対し、その使用の差止めの請求をすることができない。（商法H29-35-１）

2．商人は、その商号を登記しなければ、不正の目的をもって自己と誤認されるおそれのある商号を使用する者に対し、営業上の利益の侵害の停止を請求することができない。（商法R5-35-ウ）

答え

1．×　商号の登記をしなくても不正使用の差止めができる。（商法12条２項）

2．×　前問の焼き直し。

では、商号の登記の登記事項を紹介しましょう。

登記簿の記録例（H18.4.26民商第1110号依命通知改）

商号新設の登記

商　号	甲野太郎呉服店
営業所	東京都千代田区霞が関一丁目１番１号
商号使用者の氏名及び住所	東京都千代田区大手町一丁目３番３号 甲野太郎
営業の種類	呉服類の販売
登記記録に関する事項	新設 令和６年10月１日登記

登記事項は、上記の記載例に全部登場しています。

非常に簡単な登記簿です。

つまり、誰が（商号使用者の氏名および住所）どういう名前で（商号）どこで（営業所）何を（営業の種類）しているかというだけのハナシです。

なお、個人商人は、営業の種類が異なれば、それぞれの種類ごとに異なる商号を登記できます。

たとえば、上記記載例の甲野太郎氏は、営業の種類を饅頭屋として、「スマイル饅頭店」なる商号を登記することもできます。

このあたりが、会社の場合、同一の会社が２つの商号を登記できない点との相違となります。

登記の申請書は以下のとおりです。

登記の事由	商号新設
登記すべき事項	別紙のとおり
登録免許税	金30000円（29（1）イ）
添付書面	委任状　１通

＊本人申請であれば、添付書面はナシ。商号新設のための手続など存在しないのである。

＊登記の事由にも別紙の内容にも日付は不要。

＊もちろん、甲野太郎は印鑑の提出をすることができる。

＊支店所在地では登録免許税は金9000円（29（2）イ）。

参考 **本店・支店**

商号の登記は、営業所ごとにする。東京と横浜に営業所があれば、双方で登記をする。

この場合、どちらが本店かは、会社の場合ほど明確ではない。

登記のレベルでは、最初に商号新設の登記をしたところが本店、次にしたところが支店の扱いである。

なお、商号の登記は、営業所ごとにしなければなりません(商業登記法28条1項)。つまり、営業所の数だけ登記簿があるわけです。

次に、営業所の移転の段取りを話します。

甲野太郎呉服店が、横浜市に移転する場合、次の段取りで登記をします。(商業登記法29条)

1. 東京法務局で営業所移転の登記
2. 上記の登記を証する書面を添付して、横浜地方法務局で商業登記法28条2項各号の事項(商号、営業の種類、営業所、商号使用者の氏名および住所)の登記

＊なお、移転先の管轄が同一であれば、単に営業所移転の登記を申請すればよい。

商業登記規則52条(営業所移転の登記の添付書面)
法第29条第1項の規定による新所在地における登記の申請書には、旧所在地においてした登記を証する書面を添付しなければならない。

このように、同時申請でも経由申請でもありません。

各登記所で、順番に登記を申請するのです。

→この方式は、「未成年者登記」「後見人登記」「支配人の登記」にそれぞれ準用されている。(商業登記法35条2項、40条2項、43条2項)

このほか、商号の登記について、その後に登記を申請すべき場合には、以下のケースがあります(商号の譲渡の関係は後に述べる)。

1. 登記事項に変更が生じたとき
2. 商号を廃止したとき
3. 商号の相続があったとき

コラム　相続登記と相続人による登記

商号の登記にも相続人による登記の規定がある。考え方が不動産登記のケースと似ていておもしろい。

1．商号使用者の死亡のケース

不動産登記でいえば、「所有権移転　年月日相続」とやるケースである。

商号そのものが相続財産であり、これを相続人が承継する。

添付書類は、「相続を証する書面」(不動産登記のケースと同様、戸籍謄本等、分厚いことになろう)。

2．商号使用者が登記義務を果たさず死亡のケース

商号使用者の生前に登記事項が発生したが、登記義務を果たさずに死亡したケースである。

商号の譲渡を受けた権利者死亡のケースもありうる。

不動産登記でいえば、亡何某相続人○○が登記の申請人となるケースに該当する。

①　登記事項の変更のケース

②　商号廃止のケース

③　商号譲渡および免責の登記のケース

以上のケースでは、相続人は、申請書に「資格を証する書面」の添付を要する。

参考問題

1．商人は、その商号を登記しなければならない。(商法H21-35-ア)

2．一人の商人は、数種の独立した営業を行う場合であっても、複数の商号を選定することができない。(商法H29-35-3)

3．商人は、同一の営業について、同一の営業所で複数の商号を有することができる。(商法R5-35-ア)

4．商号は、数人の相続人が共同相続をすることができない。(商法H29-35-4)

答え　1．×　登記義務はない。(商法11条2項)　　2．×

3．×　同一営業、同一営業所で複数の商号は不可。　　4．×

①　商号の譲渡

「商号の譲渡」は、不動産登記の「食うか食われるか」の対抗問題の考え方が商法の分野に出現する珍しいケースです。

つまり、商号の二重譲渡があった場合には、善意・悪意にかかわらず、登記の早い者勝ちなのです。

> **商法15条（商号の譲渡）**
> 1項　商人の商号は、営業とともにする場合又は営業を廃止する場合に限り、譲渡することができる。
> 2項　前項の規定による商号の譲渡は、登記をしなければ、第三者に対抗することができない。

1項の問題も出題されることがあります。

「商号は営業とともにする場合でなければ譲渡をすることができない。」と出題されれば×です。営業を廃止した場合にもすることができます。

より重要な問題は2項です。

この条文の規定の仕方は、民法177条とそっくりです。

意味するところも同じであり、商号の譲渡は登記の早い者勝ちとなります。

この点が、商業登記は一般論として取引の安全のための制度であり、言葉を変えれば悪意者の保護は念頭にないことの例外です。

そこで、商号の譲渡については、譲渡人、譲受人の共同申請という考え方もありうるでしょうが、商業登記法は、この申請を譲受人の単独申請とし、ただし、譲渡人がこれに承諾書を添付すべしという決着を図っています。（商業登記法30条1項・2項）

→承諾書には、譲渡人が登記所に印鑑を届け出ている場合であって、その登記所届出印で押印した場合を除いて、譲渡人の個人の実印を押印して市町村長の作成した印鑑証明書の添付をしなければならない（商業登記規則52条の2）。偽造防止のためである。結論として、商業登記の世界に、共同申請は存在しない。

申請書の記載例

登記の事由	商号の譲渡
登記すべき事項	年月日商号を譲渡 譲受人の氏名及び住所 何県何市何町何番地　山本太郎
登録免許税	金30000円（29（1）イ）

添付書類	商法第15条第1項の場合に該当することの証明書　1通 譲渡人の承諾書　1通 委任状　1通

＊商法15条1項の場合に該当することの証明書を添付する根拠条文は商業登記法30条2項。

＊支店所在地の登録免許税は金9000円（29(2)イ)。

＊登記申請人である譲受人が死亡しているときは、この者の相続人が申請人となる。この場合には、その資格を証する書面（相続証明書）の添付を要する。

なお、この登記が申請されると新たに譲受人である山本太郎の登記記録が開設されます。そして譲渡人の登記記録は閉鎖されることとなります。

② 免責の登記

会社法22条（譲渡会社の商号を使用した譲受会社の責任等）と、そっくりな条文が商法17条です。

基本的に、営業を譲り受けた商人が、譲渡人の商号を続用するケースにおいては、譲受人は、譲渡人の営業によって生じた債務を弁済する責任を負います。

しかし、次の2つの場合は、この責任を免れます。

1．営業を譲渡した後、遅滞なく、譲受人が譲渡人の債務を弁済する責任を負わない旨を登記した場合

2．営業を譲渡した後、遅滞なく、譲受人**および**譲渡人から第三者に対しその旨の通知をした場合において、その通知を受けた第三者についても、責任を免れる

上記1の登記が、免責の登記です。

→この登記は、会社においても申請できる。

この登記の申請も、譲受人がします。そして、譲渡人の承諾書の添付を要する点も同様です。

商業登記法31条（営業又は事業の譲渡の際の免責の登記）

1項　商法第17条第2項前段及び会社法第22条第2項前段の登記は、譲受人の申請によつてする。

2項　前項の登記の申請書には、譲渡人の承諾書を添付しなければならない。

申請書の記載例

登記の事由	譲渡人の債務に関する免責
登記すべき事項	譲受人何某は、譲渡人何某の債務について責めに任じない
登録免許税	金18000円（29（1）ニ）
添付書類	譲渡人の承諾書　1通
	委任状　1通

＊支店所在地の登録免許税は金9000円（29（2）イ）。

＊登記期間の定めはないが、商法17条２項の趣旨から、商号の譲渡の登記後「遅滞なく」しなければならない。なお、商号の譲渡と免責の登記は、同一の申請書で申請するほうがむしろ普通であろう。

＊譲渡人の承諾書には、譲渡人が登記所に印鑑を届け出ている場合であって、その登記所届出印で押印した場合を除いて、譲渡人の個人の実印を押印して市町村長の作成した印鑑証明書の添付をしなければならない。（商業登記規則52条の２）

なお、会社が譲受人となる場合には、登記すべき事項は、「当会社は年月日商号の譲渡を受けたが、譲渡人である何株式会社の債務については、責めに任じない」などとすればよいのです。

会社の場合、登録免許税は金30000円です。（ツ）

参考問題

1．商号の譲渡による変更の登記の申請書に添付すべき譲渡人の承諾書に押印された印鑑は、譲渡人が登記所に提出した印鑑と同一でなければならない。（商業登記法H10-31-ウ）

2．商人が商号を譲渡した場合において、その登記がないときは、当該商人は悪意の第三者に対しても、商号譲渡の事実を対抗することができない。（商業登記法H18-28-オ）

3．営業とともにする商号の譲渡は、その登記をしなければ、これをもって第三者に対抗することができない。（商業登記法H16-29-3）

4．営業の譲渡とともにされた商号の譲渡は、登記をしなければ、第三者に対抗することができない。（商法R5-35-エ）

5．商号使用者は、商号を譲渡するに際して自らの営業を廃止したときは、商号廃止の登記を申請しなければならない。（商業登記法H15-31-ア）

6．商号を譲渡する際の譲渡人の債務に関する免責の登記は、商号の譲渡の登記と同時に申請しなければならない。（商業登記法H15-31-イ）

7．営業を譲り受けた商人は、譲渡人の商号を引き続き使用する場合において、営業の譲渡がされた後、遅滞なく、譲渡人の債務を弁済する責任を負わない旨の登記をしたときは、譲渡人の営業によって生じた債務を弁済する責任を負わない。(商法R5-35-オ)

8. 商号使用者は、同一の営業所について営業の種類ごとに複数の商号を登記するときは、商号新設の登記を各別に申請しなければならない。(商業登記法H15-31-オ)

9. 商号の登記をした商人は、同一の営業のために、その商号と異なる商号の新設の登記を申請することができる。(商業登記法H5-28-1)

10. 商号の登記をした商人が新たに営業所を設置した場合においては、その営業所が商号の登記をした営業所と同一市区町村にあるときであっても、商号の新設の登記をすることができる。(商業登記法H5-28-2)

11. 商号使用者が複数であっても、商号の新設の登記をすることができる。(商業登記法H5-28-3)

12. 商号の譲渡による変更の登記の申請書には、譲渡人の承諾書の印鑑につき市区町村長の作成した証明書を添付することを要する。(商業登記法H2-35-1)

13. 商号を廃止したが、商号廃止の登記をしないうちに商号使用者が死亡した場合において、相続人がその登記の申請をするには、申請書にその資格を証する書面を添付することを要する。(商業登記法H2-35-2)

14. 商号使用者の営業所を他の登記所の管轄区域内に移転する場合の新所在地における商号の登記の申請は、旧所在地を管轄する登記所を経由してしなければならない。(商業登記法H2-35-3)

15. 営業の譲受人が譲渡人の商号を引き続き使用する場合における免責の登記の申請書には、営業を譲渡したことを証する書面を添付することを要する。(商業登記法H2-35-4)

16. 商号使用者、営業の種類及び営業所が同一の場合において、商号のみを異にする商号の登記が同時に申請されたときは、いずれの申請も受理されない。(商業登記法S57-32-1)

17. 商号の譲渡による変更の登記は譲渡人及び譲受人の双方から申請しなければならない。(商業登記法S57-32-2)

18. 商号の登記は、商号を使用した日から、本店の所在地においては2週間以内に、支店の所在地においては3週間以内に申請しなければならない。(商業登記法S57-32-5)

19. 事業譲渡の譲受会社が譲渡会社の商号を引き続き使用する場合において、譲受会社が譲渡会社の事業によって生じた債務を弁済する責任を負わないためには、当該譲受会社は、当該事業を譲り受けた日から1か月以内に免責の登記をしなければならない。(商業登記法H25-28-ウ)

20. 商号の登記をした者が死亡した場合には、その相続人は、商号の廃止の登記を申請しなければならない。(商業登記法H17-28-ア)

21. 商号の登記をした者がその営業所を他の登記所の管轄区域内に移転した場合の

新所在地における登記の申請書には、旧所在地においてした登記を証する書面を添付しなければならない。(商業登記法S60-38-1)

22. 商号は、営業とともにする場合又は営業を廃止する場合に限り、譲渡することができる。(商法H29-35-5)

23. 商号の譲渡による変更の登記の申請書には、商号の譲渡が営業とともにされたこと又は営業の廃止によってされたことを証する書面を添付しなければならない。(商業登記法S60-38-5)

24. 登記の申請人が会社以外の商人である場合、登記の申請書に押印しようとする者は、印鑑を提出しなければならない。(商業登記法S59-31-オ改)

25. 商人の商号は、営業とともにする場合又は営業を廃止する場合に限り、譲渡することができる。(商法H21-35-ウ)

26. 商号の登記に関し、商号使用者が第1欄の事項を登記することなく死亡した場合、その相続人が、申請書にその資格を証する書面を添付しても、第2欄の登記の申請をすることができないものはどれか。(商業登記法H11-31)

	第1欄	第2欄
1	営業の種類を変更した。	営業の種類の変更の登記
2	営業所を他の登記所の管轄区域内に移転した。	新所在地における営業所移転の登記
3	商号の譲渡を受けた。	商号の譲渡による変更の登記
4	営業所を設置した。	商号新設の登記
5	商号を廃止した。	商号廃止の登記

答え　1. ×　個人の実印の押印でもよい。(商業登記規則52条の2)

2. ○　商法15条2項。

3. ○　2に同じ。

4. ○　これも2に同じ。

5. ×　商号は譲渡されたのであり、廃止されたわけでない。

6. ×　同時申請を義務づけた規定はない。営業の譲渡をした後、遅滞なく免責の登記をすれば足りる。

7. ○　商法17条2項前段。

8. ○

9. ×　同一の営業のための複数商号は認められない。

10. ○　商号の登記は営業所ごとにする。(商業登記法28条1項)

11. ○　商号が共有されているということはありうる。

12. ×　登記所届出印で押印したときは印鑑証明書は不要。

13. ○　商業登記法32条。　14. ×　経由申請をすべき旨の規定はない。

15. ×　譲渡人の承諾書の添付を要する。(商業登記法31条2項)

16. ○　同一営業について、同一営業所で複数の商号を登記することはできない。

（商業登記法24条２号）

17. ×　商業登記に共同申請はない。

18. ×　商号の登記に登記期間の定めはない。

19. ×　免責の登記は遅滞なくすれば足りる。（会社法22条２項）

20. ×　申請すべきは、相続による変更登記である。

21. ○　商業登記規則52条。　22. ○　23. ○　商業登記法30条２項。

24. ○　申請書への押印の前提として、印鑑の届出を要する。（商業登記規則35条の２第１項）

25. ○　商法15条１項。

26. **4**　営業所の設置のケースは、商号権を相続した相続人が自らの名で商号新設の登記をすべきである。

---

2 未成年者登記

未成年者登記の根拠条文も商法です。

> **商法５条（未成年者登記）**
> 未成年者が前条の営業を行うときは、その登記をしなければならない。

→登記義務アリである。

【急所】未成年者の登記

未成年者の登記の申請人は、未成年者である。

→たまに、オプション（他の者の申請）がつくことがある。

前条の営業とは「自己の名をもって商行為をすることを業とする」ことを意味します。

要するに民法６条により、一種または数種の営業を許された未成年者は、その営業に関しては、成年者と同一の行為能力を有するとされ、これを受けて、商法が登記義務を定めたのです。

なお、民法６条２項には「前項の場合において、未成年者がその営業に堪えることができない事由があるときは、その法定代理人は、第４編（親族）の規定に従い、その許可を取り消し、又はこれを制限することができる。」と書いてあります。これも、登記手続に関連します。

まず、基本を述べます。

未成年者登記は、未成年者が一人前であることの登記です。

したがって、未成年者の登記は、一人前である未成年者自身がします。当然、登記所に印鑑を提出することができるのも未成年者です。

以上、基本的に、未成年者死亡のケースを除き、未成年者の登記を未成年者がすることができない場合はありません。

では、登記事項を見てみましょう。

登記簿の記録例（H18.4.26民商第1110号依命通知改）

未成年者の登記（初めてする場合）

未成年者の氏名、出生の年月日及び住所	東京都港区白金台一丁目１番１号 甲野太郎 平成19年５月１日生
営業所	東京都千代田区霞が関一丁目１番１号
営業の種類	食堂の経営
登記記録に関する事項	新設 令和６年10月１日登記

登記事項は以上ですべてです。

商業登記法35条には、以下の３つが登記事項とされています。

１．未成年者の氏名、出生の年月日および住所

２．営業の種類

３．営業所

以上から何に注目すべきでしょうか。

まず、「出生の年月日」というのが、実に異色な登記事項です。

→こういう情報は、今の時代の流れでは、本来は「公示」してはいけないはずの情報である（振込め詐欺に悪用される）。

しかし、未成年者は、必然的に、いつの日か成年者になります。だから、いずれは不要となることが宿命付けられた登記なのです。

その終末の日を画するため、「出生の年月日」を登記事項としたのです。

次の注意点は、法定代理人（親権者等）の住所、氏名が登記事項ではないことです。

さきにも述べましたが、この登記をする未成年者は、すでに一人前です。

だから、法定代理人（親権者等）の登記など、いらないのです。

では、未成年者の登記の、最初の申請書を書いてみましょう。

添付書面がどうなるかを、民法を基礎に考えてください。

登記の事由	未成年者の営業開始
登記すべき事項	別紙のとおり
登録免許税	金18000円（29（1）ハ）
添付書類	親権者の許可書　1通
	戸籍全部事項証明書　1通
	委任状　1通

＊親権者の許可書は民法所定の許可を証する。

＊戸籍事項証明書は親権者であることを証明している。

＊上記2つを併せて、商業登記法37条1項の「法定代理人の許可を得たことを証する書面」に該当するのである。

＊なお、未成年後見人が同意した場合は、商業登記法37条2項の問題が生じる。

＊支店の所在地では、登録免許税は9000円（29（2）イ）。

商業登記法37条（添付書面）

1項　商法第5条の規定による登記の申請書には、法定代理人の許可を得たことを証する書面を添付しなければならない。ただし、申請書に法定代理人の記名押印があるときは、この限りでない。

2項　未成年後見人が未成年被後見人の営業を許可した場合において、未成年後見監督人がないときはその旨を証する書面を、未成年後見監督人があるときはその同意を得たことを証する書面を、前項の申請書に添付しなければならない。

3項　前2項の規定は、営業の種類の増加による変更の登記の申請に準用する。

→営業の許可の取消し、制限について、法定代理人の許可書の添付を要するという規定は存在しない。

では、未成年者の登記が完了したのちに、未成年者以外の手により、登記がされる可能性がある場合を以下に記します。

未成年者死亡のケースを除き、以下は、すべて未成年者自身が登記をすることができるし、それが原則でもあります。
しかし、他の者が登記をすることもできる事案が以下のケースです。

1．営業の許可の取消しによる消滅の登記または営業の許可の制限による変更の登記（商業登記法36条２項）
法定代理人も申請することができる。
2．未成年者の死亡による消滅の登記（商業登記法36条３項）
法定代理人の申請によってする。
3．未成年者が成年に達したことによる消滅の登記（商業登記法36条４項）
登記官が、職権ですることができる。
→職権ですることができる理由は、未成年者の「生年月日」が登記されているからである。

参考問題

1．未成年者の登記をした未成年者が成年に達した場合には、当該未成年者の法定代理人であった者は、未成年者が成年に達したことによる消滅の登記を申請しなければならない。（商業登記法H18-29-イ）
2．営業許可の制限により営業の種類を減少したことによる未成年者の登記の変更の登記は、未成年者の法定代理人が申請しなければならない。（商業登記法S57-37-1）
3．未成年者の登記において、未成年者の営業の許可の取消しによる消滅の登記は、法定代理人のほか未成年者自身も申請することができる。（商業登記法H28-28-イ）
4．未成年者の登記がされている未成年者は、その登記がされた営業に関する商号新設の登記を単独で申請することができる。（商業登記法H15-31-ウ）
5．未成年者の登記をした未成年者が死亡した場合には、その法定代理人は、未成年者の死亡による消滅の登記を申請しなければならない。（商業登記法H17-28-イ）
6．未成年者が営業の許可を受けた場合にする登記の申請書に法定代理人の記名押印があるときは、当該申請書には、法定代理人の許可を得たことを証する書面の添付を要しない。（商業登記法H23-28-オ）
7．未成年者の登記の申請書に法定代理人の記名押印があるときでも、その記名押印した者が法定代理人であることを証する書面を添付しなければならない。（商業登記法S60-38-3）
8．未成年者の営業の許可の取消しによる消滅の登記の申請書には、許可の取消しがあったことを証する書面を添付しなければならない。（商業登記法S58-39-1）
9．未成年者が営業をする場合にする未成年者の登記は、未成年者の法定代理人が申請しなければならない。（商業登記法S58-39-5）

10. 初めてする未成年者の登記の申請人は未成年者である。(商業登記法S62-39-2)

11. 未成年者の営業の許可の取消しによる消滅の登記の申請は、当該未成年者がすることはできない。(商業登記法H23-28-エ)

12. 未成年者が営業の許可を受けた場合にする、未成年者の登記に関する次の記述中、誤っているものはどれか。(商業登記法H1-38)

1 営業の許可の制限による変更の登記は、法定代理人も申請することができる。

2 法定代理人の氏名及び住所は、登記すべき事項である。

3 未成年者がその営業所を他の登記所の管轄区域内に移転した場合の新所在地における登記の申請書には、旧所在地においてした登記を証する書面を添付しなければならない。

4 未成年後見人が営業を許可した場合において、未成年後見監督人がいないときは、未成年者の登記の申請書には、未成年後見監督人がない旨を証する書面を添付しなければならない。

5 未成年者が成年に達したことによる消滅の登記は、登記官が職権ですることができる。

答え 1. × 未成年者の申請によってすることが原則であるが(商業登記法36条1項)、登記官が職権ですることもできる。(同条4項)

2. × 未成年者の申請によってすることが原則であり、法定代理人も申請することができるにすぎない。(商業登記法36条2項)

3. ○ 前問の焼き直し。

4. ○ 未成年者が一人前であることがすでに公示されているのだから、商人として商号の登記を申請することができるのは当然である。

5. ○ この場合、死亡を証する書面の添付を要する。(商業登記法39条)

6. ○ 商業登記法37条1項ただし書。

7. ○ 本事案では、法定代理人の許可を得たことを証する書面の添付は不要であるが(商業登記法37条1項ただし書)、法定代理人であることを証する書面は欠かせない。

8. × そういう規定はない。

9. × 商業登記法36条1項。　10. ○ 商業登記法36条1項。

11. × 商業登記法36条1項・2項。

12. **2** 法定代理人の氏名及び住所は登記すべき事項ではない。

---

3 後見人の登記

後見人の登記は、成年被後見人または未成年被後見人の法定代理人として、後見人が営業を行うことを公示することを目的とします。

商法６条（後見人登記）
１項　後見人が被後見人のために第４条の営業を行うときは、その登記をしなければならない。

→登記義務アリ。

【急所】後見人の登記

後見人の登記の申請人は、後見人である。
→たまに、オプション（他の者の申請）がつくことがある。

成年被後見人は事理弁識能力を欠く常況にあります。未成年被後見人も判断能力が危なかろうとのことで、後見人が営業を行うのです。

したがって、後見人の登記をすべきは、後見人です。

登記所に印鑑を提出することができるのも、もちろん後見人です。

では、登記事項を見てみましょう。

登記簿の記録例（H24.3.8民商第434号依命通知改）
他に未成年後見人が選任されており、共同してその権限を行使する場合
（初めて未成年後見人の登記をする場合）

後見人の氏名又は名称及び住所	東京都中央区築地六丁目20番６号 甲野太郎 （未成年後見人）
後見人に関する事項	甲野太郎と丙野花子は共同して後見人の権限を行使する
被後見人の氏名及び住所	東京都中央区京橋二丁目５番１号 乙野次郎
営業所	東京都中央区京橋二丁目５番１号
営業の種類	洋菓子の製造販売
登記記録に関する事項	新設 令和６年10月１日登記

◖ポイント◗　後見人の登記

１．上記は、後見人甲野太郎の登記簿である。

2．登記簿の記載から、複数後見であることが分かる。
3．丙野花子の登記簿は、別に存在する。
4．つまり、後見人ごとに個別に後見人の登記をするのである。
→この点は、支配人の登記も同じ。支配人ごとに登記をする。

登記すべき事項を挙げます。(商業登記法40条)
1．後見人の氏名又は名称及び住所並びに当該後見人が未成年後見人又は成年後見人のいずれかであるかの別
2．被後見人の氏名及び住所
3．営業の種類
4．営業所
5．数人の未成年後見人が共同してその権限を行使するとき、又は数人の成年後見人が共同してその権限を行使すべきことが定められたときは、その旨
6．数人の未成年後見人が単独でその権限を行使すべきことが定められたときは、その旨
7．数人の後見人が事務を分掌してその権限を行使すべきことが定められたときは、その旨及び各後見人が分掌する事務の内容

以下、ポイントを挙げます。
後見人の登記では、被後見人も登記されます。
権利義務の帰属主体であるから、これを公示すべきは当然のことであるといえます。
たとえば、後見人が営業に関し何かを買えば、その支払義務は本人である被後見人に帰属するのが民法の常識です。
だから、その主体である被後見人は、いかに判断能力が危なかろうとも公示を要します。

次に、「後見人の氏名または名称および住所」とあります。
これは、もちろんのことながら、後見人は法人の場合がありますから、この場合に、名称なる登記事項が発生するのです。

そして、上記、5から7の登記事項がおもしろい。
現在、未成年後見も複数後見が可能となりました。また、高齢化社会を迎え、成年後見についても複数後見の事案が増えているのです。
たとえば、社会福祉法人と司法書士が2人で後見人になるといったケースです。
そこで、この両者の権限や分掌事務の内容を登記し、この点を第三者に対抗す

ることができるようにしようというのです。

また、次の対応関係にあることも注意しておくといいでしょう。

1．未成年後見人が複数いるとき

未成年後見人が複数いるときは、共同してその権限を行使することが原則です。(民法857条の２第１項)

このため、「数人の未成年後見人が単独でその権限を行使すべきことが定められたときは、その旨」が登記すべき事項となります。

→もし、上記の定めがなければ、原則である「数人の未成年後見人が共同してその権限を行使する旨」を登記する。

→原則通りのことは登記を要しないとも考えられるが、数人の未成年後見人が共同してその権限を行使する場合、各未成年後見人が単独でした代理行為が無権代理になってしまうので、取引の相手方を保護するためにわざわざそのことを公示するのである（要するに素人向けの親切なのである)。

2．成年後見人が複数いるとき

成年後見人が複数いるときは、各自が単独でその権限を行使することが原則です。

このため、「数人の成年後見人が共同してその権限を行使すべきことが定められたときはその旨」が登記すべき事項となります。

→もし、上記の定めがなければ、原則である「数人の成年後見人が単独でその権限を行使する旨」は登記されない。

→こちらは、取引の相手方に不測の事態が生じることはないので、原則通りのことは登記しないのである。

3．未成年後見と成年後見を問わず次の事項が登記事項とされているとき

「数人の後見人が事務を分掌してその権限を行使すべきことが定められたときは、その旨及び各後見人が分掌する事務の内容」

確認事項　**複数後見のときの登記事項**

以下、図解する。

	未成年後見	成年後見
登記事項	共同して権限を行使する旨(原則) 単独で権限を行使する旨（例外)	共同して権限を行使する旨(例外)

1．例外のみを登記し、原則を登記しないことが商業登記法の基本思想である。

2．未成年後見のケースは、この基本思想を離れ、原則をも登記する。

では、登記申請書の記載例を挙げます。

登記の事由	後見人の営業開始
登記すべき事項	別紙のとおり
登録免許税	金18000円（29（1）ハ）
添付書類	後見監督人がいないことを証する書面 1通 委任状　1通

→この、後見監督人がいないことを証するとは、**消極証明**を意味する。本事例は、商業登記法が消極証明を求める珍しい事案の一つなのである。

＊後見監督人がいる場合には、その同意を得たことを証する書面の添付を要する。

＊後見人が法人であれば、当該法人の登記事項証明書（ただし、申請先の登記所の管轄区域内にその法人の本店または主たる事務所がある場合を除く）。

＊後見人（法人）の会社法人等番号の記載によって登記事項証明書の添付を省略することもできる。

＊上記の添付書類のうち、後見監督人がいないことを証する書面または後見監督人の同意を得たことを証する書面は、営業の種類を増加する変更の登記を申請する際にも要する。

＊支店の所在地では、登録免許税は9000円（29（2）イ）。

さて、後見人の登記は、後見人の申請によってします。（商業登記法41条1項）

しかし、以下の例外があります。

いずれも、後見人の登記が完了したのち、登記された後見人以外の手により、登記がされる場合です。

ただし、以下は、すべて当該後見人自身が登記をすることができますし、それが原則です。

1．未成年被後見人が成年に達したことによる消滅の登記

→その者も申請することができる。

添付書類　未成年被後見人が成年に達したことを証する書面

2．成年被後見人について後見開始の審判が取り消されたことによる消滅の登記

→その者も申請することができる。

添付書類　成年被後見人について後見開始の審判が取り消されたことを証する書面

3．後見人の退任による消滅の登記

→新後見人も申請することができる。

なお、後見人の退任事由が「死亡」であれば、新後見人が申請する。

添付書類　後見人が退任したことを証する書面

上記１および２は、一人前になった被後見人から、３は新任の後見人からの申請を認める趣旨です。

参考問題

1．未成年被後見人が成年に達したことによる消滅の登記は、後見人又は本人のいずれもが申請することができる。（商業登記法S57-37-2）

2．後見人の退任による消滅の登記を新後見人が申請する場合には、その申請書に後見人が退任したことを証する書面を添付することを要しない。（商業登記法S60-38-4）

3．後見人の登記をした後見人が死亡した場合における後見人の死亡による消滅の登記の申請は、後見人の相続人に限りすることができる。（商業登記法H17-28-ウ）

4．後見人が営業所を他の登記所の管轄区域内に移転したときは、旧所在地においては後見人の消滅の登記を、新所在地においては後見人の登記を申請しなければならない。（商業登記法S58-39-2）

5．後見人が家庭裁判所から解任されたことによる後見人の消滅の登記は、解任された後見人及び新後見人のいずれからでも申請することができる。（商業登記法S58-39-4）

6．初めてする後見人の登記の申請人は後見人である。（商業登記法S62-39-3）

7．後見人の退任による消滅の登記の申請人は、後見人又は新後見人である。（商業登記法S62-39-5）

8．後見人が被後見人のために営業を行う場合において、後見監督人があるときは、後見人の登記の申請書には、当該後見監督人の同意を得たことを証する書面を添付しなければならない。（商業登記法H23-28-イ）

9．後見人の登記において、未成年被後見人が成年に達したことによる消滅の登記は、登記官が職権ですることができる。（商業登記法H28-28-ア）

10．未成年後見人が家庭裁判所から解任されたことによる後見人の退任による消滅の登記の申請は、解任された後見人がすることはできない。（商業登記法H23-28-ウ）

11．後見人の登記において、家庭裁判所の審判によって後見人が解任されたことによる消滅の登記は、裁判所書記官の嘱託によって行われる。（商業登記法H28-28-オ）

答え　1．○　商業登記法41条１項・２項。　2．×　商業登記法42条５項。

3．×　新後見人から申請すべきである。

4．×　旧所在地で、営業所移転の登記をすべきである。新所在地では、商業登記法40条１項各号の登記。

5．○　商業登記法41条１項・３項。　　6．○　商業登記法41条１項。
7．○　商業登記法41条１項・３項。　　8．○　商業登記法42条１項２号。
9．×　後見人の登記では、未成年者の生年月日が登記事項でない。したがって、職権登記ができるわけがない。
10．×　商業登記法41条１項・３項。　　11．×　前問の焼き直し。

4 支配人の登記（会社以外）

まず、会社以外の支配人の登記から話します。
いろいろと、変わった論点があるので、話はあちらこちらに飛ぶことになります。

1．商号の登記は商人が申請する
2．未成年者の登記は未成年者が申請する
3．後見人の登記は後見人が申請する

以上、非常にわかりやすい。
では、支配人の登記は誰が申請するのでしょうか。

商法22条（支配人の登記）
商人が支配人を選任したときは、その登記をしなければならない。支配人の代理権の消滅についても、同様とする。

→登記義務アリ。

この条文から明らかなように、商人が支配人の登記をするのです。
つまり、商人が、うちの支配人はコイツだという登記を申請するのです。
この場合、申請書に押印する者は「商人」だから、登記所に印鑑を提出することができるのも商人です。
→ここにいう商人は「商号の登記」をしたものに限られない（商号の登記にはもともと登記義務がない。しかし、商人には支配人の登記をする義務があるのだからこれは当たり前の話しである）。
→なお、添付書面は、委任状を除き添付を要しない。個人商人による支配人の選任は、申請人本人の意思のみに係るものであり何らかの決定過程を要するものではない。したがって、添付書面は観念できない。

【急所】 支配人の登記

支配人の登記の申請人は、商人である。

→支配人の登記を支配人が申請することはナイ。

登記簿の記録例（H18.4.26民商第1110号依命通知改）

支配人選任の登記

支配人の氏名及び住所	東京都千代田区霞が関一丁目１番１号 乙野次郎
商人の氏名及び住所	東京都千代田区霞が関二丁目２番２号 甲野太郎
支配人を置いた営業所	東京都千代田区霞が関三丁目３番３号
登記記録に関する事項	新設 令和６年10月１日登記

登記すべき事項は以下のとおりです。（商業登記法43条１項）

1．支配人の氏名および住所

2．商人の氏名および住所

3．商人が数個の商号を使用して数種の営業をするときは、支配人が代理すべき営業およびその使用すべき商号

4．支配人を置いた営業所

上記の記載例には、３の事項が登記されていません。

商人は、数個の商号を使用して数種の営業をすることができるから、そういう場合には、そのうちのどの営業および商号の支配人であるかを公示する必要が生じるのです（呉服店なのか饅頭屋なのかということ）。

登記の事由　支配人選任
登記すべき事項　別紙のとおり
登録免許税　金30000円（29（1）ロ）
添付書類　委任状

申請人　商人　甲野太郎
上記代理人　司法書士　山本太郎　㊞

《参考条文》

商業登記規則56条（数人の支配人の登記）
会社以外の者から数人の支配人の登記の申請があつたときは、各支配人について各別の登記記録に登記をしなければならない。

→支配人１人につき１つの登記簿である。

参考問題

1．支配人の選任の登記の申請人は、支配人である。（商業登記法S62-39-4）
2．支配人の登記において、会社以外の商人（小商人を除く。）が複数の支配人を選任したときは、各支配人はそれぞれその登記を別個に申請しなければならない。（商業登記法H28-28-ウ）
3．小商人でない商人は、その支配人の代理権が消滅したときは、その登記の後でなければ、これをもって善意の第三者に対抗することができない。（商法H24-35-イ）

答 え　1．×　商法22条。
2．×　たしかに別個に申請する。だが、その申請人は商人である。
3．○　本問に限らず、一般論として、商業登記は第三者対抗要件である（商法９条１項前段）。なお、本問が小商人を除いて出題しているのは、小商人はそもそも支配人の登記をすることができないためである。（商法７条、22条）

さて、話は、ここからです。
こうして登記された支配人は、印鑑の提出ができるのです。
支配人は、登記の申請書に押印することはありません。
しかし、取引の便宜のために、つまり支配人の実印を登記所が証明してくれれば何かと便利という意味で、印鑑の提出が認められます。（商登規９条１項３号）

コラム　「登記の申請書に押印する者」以外の印鑑の提出

支配人のほか、以下の者も印鑑の提出ができる。（商登規９条１項５号）
1．破産法に基づく破産管財人もしくは保全管理人
2．民事再生法に基づく管財人または保全管理人
3．会社更生法に基づく管財人または保全管理人
4．外国倒産処理手続の承認援助に関する法律に基づく承認管財人または保全管理人

5．保険業法の保険管理人
6．預金保険法の金融整理管財人
→法人が上記の管財人等である場合、その職務を行うべき者として指名された者が印鑑を提出する（法人の代表印を提出するのはヘンなので）。

さて、では、その印鑑の提出はどうするのでしょうか。
以下、支配人を甲、支配人の登記をした商人を乙としましょう。
もちろん、支配人甲が自ら「これが私の印鑑です」ということで、印鑑届書を登記所に提出します。

しかし、この場合に、支配人の個人の印鑑証明書(甲のもの。作成後３か月以内)を添付してもあまり意味がないことに、みなさんは気づくでしょうか？

要するに、支配人甲は、支配人の登記の「登記事項」でしかないのです。
支配人の登記の「申請人」ではありません。
その者が、自らに相違ないことを、印鑑証明書で証明しても、それは、甲であることの証明ではあっても、ある商人乙の「支配人であること」の証明になりません。

そこで、商業登記規則９条５項３号は、この場合、つまり支配人甲が登記所に印鑑届書を提出する際の添付書類を以下のように定めたのです。
1．商人（乙）が支配人の印鑑に相違ないことを保証した書面
2．商人が登記所に印鑑を届け出ている場合、上記書面の印鑑は登記所届出印であることを要する。
3．商人が登記所に印鑑を届け出ていない場合、上記書面の印鑑は個人の実印であることを要し、市町村長作成の印鑑証明書（作成後３月以内のもの）の添付をも要する。

以下は、商人乙が登記所に印鑑を届け出ている場合の保証書の記載例です。

保証書

㊞

乙商店の支配人甲の印鑑であることを保証します。
営業所　何市何町何番地

令和○年○月○日

商人　乙　㊞（登記所届出印）

コラム　印鑑の廃止、印鑑証明書の記載内容の変更

この機会に印鑑に関する問題をザッと復習する。

印鑑の廃止

通常は、登記所届出印を押印した印鑑廃止書を提出するか、または印鑑カードを提示して、廃止の届出をすればよい。（商登規９条７項）

（現在の印鑑証明書の交付の仕組みは印鑑カードを持っているものが本人という考え方である。たとえば、司法書士が顧問先の会社の印鑑証明書の交付を申請する際には、印鑑カードを預かればよく、印鑑証明書交付の件の委任状は不要である。）

届出印を押印した、あるいは印鑑カードを提示したことにより本人確認はすることができるから、別途、印鑑証明書等は不要である。

しかし、届出印等を紛失したために廃止をするケースもあろう。

その際には、廃止をしようとする者が市区町村長に登録した個人の実印を押印し、その印鑑につき市区町村長の作成した印鑑証明書で作成後３か月以内のものを添付すれば印鑑を廃止できる。（先例）

印鑑証明書の記載内容の変更・更正

印鑑届書の印鑑と記載内容は、データとして保存され、それが、そのまま登記所作成の印鑑証明書の内容となる。

印 鑑 証 明 書

会社法人等番号　○○○○-○○-○○○○○○

㊞

商　　号　○○株式会社
本　　店　○県○市○町○丁目○番○号
代表取締役　○○　○○
昭和○年○月○日生

これは提出されている印鑑の写しに相違ないことを証明する。
令和○年○月○日

○○法務局
登記官　○○　○○　㊞

整理番号　カ○○○○○○○

上記の記載内容の変更、更正の登記を申請した場合、たとえば、株式会社が商号の変更の登記を申請したときには、登記官が上記の印鑑証明書の記載内容のデータを変更する。

つまり、申請人側は、何もしなくても印鑑証明書の内容は変更されることになる。

参考問題

1．商号使用者は、商号の登記をした営業所以外の営業所について、支配人の選任の登記を申請することはできない。（商業登記法H15-31-エ）

2．支配人が印鑑を登記所に提出する場合には、印鑑届書に、当該支配人の印鑑につき市区町村長の作成した証明書で作成後３か月以内のものを添付しなければならない。（商業登記法H17-31-イ）

3．支配人を選任した商人（小商人及び会社である場合を除く。）が印鑑の提出をする場合には、印鑑届書に押印した印鑑につき市町村長の作成した証明書で作成後３月以内のものを添付しなければならない。（商業登記法Ｈ30-28-ア）

4．会社の支配人の印鑑の提出は、会社の代表者がしなければならない。（商業登記法H15-30-ア）

5．会社の支配人が提出した印鑑の廃止をする場合には、届書に登記所が作成した会社の代表者の印鑑の証明書を添付する必要はない。（商業登記法H10-31-ア）

6．民事再生法による管財人又は保全管理人が法人である場合には、その職務を行うべき者として指名された者は、印鑑を提出して、その印鑑の証明書の交付を求めることができる。（商業登記法H15-30-ウ）

7．印鑑に係る記録に記録された事項で登記されたものにつき、変更の登記を申請する場合には、同時に市区町村長の作成した印鑑証明書を添付して、印鑑を再提出しなければならない。（商業登記法S57-39-2）

8．印鑑に係る記録に記録された生年月日に錯誤があるときは、訂正申出書を提出し、又はあらためて印鑑届書を提出することにより訂正することができる。（商業登記法S59-31-ウ）

9．株式会社の代表取締役がその提出に係る印鑑の廃止の届出をするときは、当該印鑑に係る印鑑カードを提示すれば、当該届出に係る書面に当該印鑑を押印することを要しない。（商業登記法H21-32-イ）

10．合同会社を代表する社員が法人である場合におけるその職務を行うべき者であって当該法人の代表者でない者がその就任に伴い印鑑を明らかにした書面を提出するときは、当該書面には、当該書面に押印された印鑑について当該法人の代表者が当該職務を行うべき者の印鑑に相違ないことを保証した書面を添付することを要しない。（商業登記法H21-32-ウ）

11．商人の営業に関する特定の事項の委任を受けた使用人の代理権に制限を加えたときは、当該商人は、その登記をしなければならない。（商法24-35-オ）

12．支配人の代理権に加えた制限は、善意の第三者に対抗することができないが、支配人の代理権に加えた制限の登記の後であれば、当該第三者が正当な事由によってその登記があることを知らなかったときでない限り、当該第三者に対抗することができる。（商法H28-35-エ）

答え　1．×　商号の登記をしていない者も支配人の登記を申請できることと同じ理由である。

2．×　商登規9条1項3号。　3．○

4．×　支配人自身が印鑑を提出する。（商業登記法9条5項3号）。

5．○　原則どおり、届出印の押印か印鑑カードの提示でよい。

6．○　商登規9条5項7号。

7．×　登記官が印鑑に係る記録事項の変更をする。

8．○　先例令5.11.10-202。

9．○　商登規9条7項。

10．×　本事例は、商人が支配人を選任した場合の、支配人の印鑑届のケースと同様に考えればよい。代表社員である法人が職務を行うべき者を選任したのだから、その者が印鑑の提出をするときには、法人の保証書を要する。（商登規９条５項５号）

11. ×　商法を根拠とする登記は今までに述べた商号、未成年者、後見人及び支配人の登記（全部で４つ）で終了である。商人の営業に関する特定の事項の委任を受けた使用人の登記なるものは存在しない。

12. ×　前問に尾ひれをつけた出題。そもそも、支配人の代理権の制限の登記をすることができない。

5 支配人の登記（会社）

会社がする支配人の登記は、以下の規定に根拠があります。

> **会社法918条（支配人の登記）**
> 会社が支配人を選任し、又はその代理権が消滅したときは、その本店の所在地において、その登記をしなければならない。

会社の支配人の登記事項に変更を生じた場合、その登記の申請をしなければなりませんが、その登記期間には定めがありません。そこで、登記の申請は、変更が生じた後、遅滞なく申請すれば足ります。（会社法909条）

会社の支配人の登記は会社の登記簿にします。（商業登記法44条１項）

これは、支配人の登記簿を、１人につき一登記記録という原始的な方式では作成しないということです。

会社の支配人の登記事項は以下のとおりです。（商業登記法44条２項）

1．支配人の氏名および住所
2．支配人を置いた営業所

→支配人の代理権は、支配人が置かれた営業所の事業に関するものに限られる。したがって、「支配人を置いた営業所」を登記すべきなのである。

添付書面は次のように規定されています。

商業登記法45条
1項　会社の支配人の選任の登記の申請書には、支配人の選任を証する書面を添付しなければならない。
2項　会社の支配人の代理権の消滅の登記の申請書には、これを証する書面を添付しなければならない。

株式会社の場合、支配人の選任および解任は、取締役の過半数の一致（取締役会設置会社にあっては、取締役会）により行います。（会社法348条3項1号、362条4項3号）

→支配人の就任承諾書なる添付書類は存在しない。支配人は商業使用人であり、業務命令には従うべき立場にある。会社の代理人ではあるが受任者ではない。

さて、では、以下の設定で話をすすめましょう。

甲登記所　A市を管轄
乙登記所　B市を管轄
丙登記所　C市を管轄
以上を前提として、記述をすすめます。

事例 1

A市1番地に本店のある㈱甲が、B市1番地の支店に支配人Xを置いた。（甲登記所宛ての申請書）

登記の事由	支配人の選任
登記すべき事項	支配人の氏名及び住所 —住所—X 支配人を置いた営業所 B市1番地
登録免許税	金30000円（ヨ）
添付書類	取締役の過半数の一致を証する書面（取締役会設置会社にあっては、取締役会議事録）　1通 委任状　1通

＊登録免許税は、「支配人の選任又はその代理権の消滅」分（ヨ）で金30000円である。

【急所】支配人の登記

支配人の登記は**「独立の登記」**だから登記すべき事項に日付を要しない。

また、支配人の登記は遅滞なくすれば足り、登記期間の定めがない。
このため、登記の事由の日付（登記期間の起点を示すもの）も要しない。

事例 2

Ａ市１番地に本店のある㈱甲が、本店に置いた支配人Ｘを解任し、その後任として支配人Ａを選任した。（甲登記所宛ての申請書）

登記の事由	支配人の選任及び支配人の代理権消滅
登記すべき事項	年月日支配人Ｘ解任 支配人の氏名及び住所 ―住所―Ａ 支配人を置いた営業所 Ａ市１番地
登録免許税	金60000円（ヲ）
添付書類	取締役の過半数の一致を証する書面（取締役会設置会社にあっては、取締役会議事録）　１通 委任状　１通

＊登録免許税は、「支配人の選任又はその代理権の消滅」分（ヲ）で、同一区分であるにもかかわらず、選任と解任で金６万円だというヘンな先例があり、国家に金６万円を納付する必要がある。（昭42.7.22民甲2121）
＊代理権の消滅は、既存の登記事項の変更だから、一般原則どおり、登記すべき事項に代理権消滅の日を書く。
＊登記すべき事項は、事案により「辞任（死亡、支配人を置いた営業所廃止）」などといった書き方が考えられる。

次に重要な条文を紹介しましょう。
会社の「本店または支店」と「支配人を置いた営業所」は、実体は重なるが登記事項としては別物なので、これを連動させる仕組みが必要なのです。

商業登記規則58条（会社の支配人を置いた営業所の移転等の登記）
会社の支配人を置いた本店又は支店について移転、変更又は廃止があつたときは、本店又は支店に関する移転、変更又は廃止の登記の申請と支配人を置いた営業所に関する移転、変更又は廃止の登記の申請とは、同時にしなければならない。

以上、規定の内容を明確にしてください。
本店または支店の移転、変更、廃止と支配人を置いた営業所の移転、変更、廃止の登記の申請は、同時申請が義務づけられます。
同時に申請をしなければ登記の申請は、却下されます。

では、実例を示します。

事例 3

A市1番地に本店のある㈱甲が、B市1番地の支店をC市1番地に移転した。この支店には支配人Xがいる。(甲登記所宛ての申請書)

登記の事由	支店移転及び支配人を置いた営業所の移転
登記すべき事項	年月日B市1番地の支店移転 支店　C市1番地 同日B市1番地の支配人Xを置いた営業所移転 支配人Xを置いた営業所 C市1番地
登録免許税	金6万円
添付書類	取締役の過半数の一致を証する書面（取締役会設置会社にあっては、取締役会議事録）　1通 委任状　1通

＊登録免許税は、支店移転分が（ヲ）、支配人を置いた営業所移転分が（ツ）である。

＊取締役の決定または取締役会の決議事項は「支店移転の件」である。支配人を置いた営業所の移転決議なるものはやっていなくてもよい。

事例 4

A市1番地に本店のある㈱甲が、B市1番地の支店を廃止した。この支店には支配人Xがいる。(甲登記所宛ての申請書)

登記の事由	支店廃止及び支配人を置いた営業所廃止
登記すべき事項	年月日B市1番地の支店廃止 同日B市1番地の支配人Xを置いた営業所廃止
登録免許税	金6万円
添付書類	取締役の過半数の一致を証する書面（取締役会設置会社にあっては、取締役会議事録）　1通 委任状　1通

＊登録免許税は、支店廃止分が(ツ)、支配人の代理権の消滅分が(ヨ)である。

事例 5

Ａ市１番地に本店のある㈱甲が、Ｂ市１番地に本店を移転した。本店には支配人Ｘがいる。（甲登記所および乙登記所宛ての申請書）

本事例では、新本店所在地では、支配人を置いた営業所移転の登記をしなくてもよいのです。

8-1 甲登記所宛ての申請書

登記の事由	本店移転及び支配人を置いた営業所の移転	
登記すべき事項	年月日Ｂ市１番地に本店移転 同日Ａ市１番地の支配人Ｘを置いた営業所移転 支配人Ｘを置いた営業所 Ｂ市１番地	
登録免許税	金６万円	
添付書類	株主総会議事録	１通
	株主リスト	１通
	取締役の過半数の一致を証する書面（取締役会設置会社にあっては、取締役会議事録）	１通
	委任状	１通

＊登録免許税は、本店移転分が(ヲ)、支配人を置いた営業所移転分が(ツ)である。

8-2 乙登記所宛ての申請書

登記の事由	本店移転
登記すべき事項	年月日Ａ市１番地から本店移転
登録免許税	金３万円
添付書類	委任状　１通

＊登録免許税は、本店移転分として（ヲ）。

＊新本店所在地で、支配人の登記を要しない理由は、支店に支配人を置いた会社が管轄外に本店を移転した場合に支配人を置いた営業所の移転分の登録免許税は不要であることとの整合性を図ったためである。

参考問題

１．会社が支店設置と同時にその支店に支配人を置いた場合の本店の所在地における支店設置の登記の申請と支配人選任の登記の申請は、同時にしなければならない。（商業登記法H6-35-ア）

2．本店の所在地における会社の支配人が置かれている支店の廃止と支配人を置いた営業所の廃止の登記は、同時に申請することを要しない。（商業登記法H1-35-4）
3．支配人を置いた本店について移転があったときは、本店に関する移転の登記の申請と支配人を置いた営業所に関する移転の登記の申請とは同時にしなければならない。（商業登記法S60-35-5）
4．会社の支配人の選任の登記の申請書には、支配人の就任承諾を証する書面の印鑑につき市区町村長の作成した印鑑証明書を添付しなければならない。（商業登記法S63-38-2）
5．会社が解散の決議をしたときは、解散の登記の申請と支配人の代理権消滅の登記の申請は同時にしなければならない。（商業登記法S63-38-5）
6．株式会社の本店を他の登記所の管轄区域内に移転した場合、本店に支配人を置いている場合には、新所在地における登記に課される登録免許税は、本店の移転分のほか、支配人を置いている営業所の移転分をも納付しなければならない。（商業登記法H22-30-イ）
7．支配人の登記に関する次の記述のうち、会社以外の商人と会社のいずれにも妥当するものはどれか。（商業登記法H7-28改）

1　支配人の選任の登記の申請書には、支配人の選任を証する書面を添付しなければならない。

2　１つの営業所に２名以上の支配人を置いた場合には、支配人の選任の登記は、同一の登記記録になされる。

3　支配人がその営業所において代理すべき事業の範囲を限定する登記をすることができる。

4　２名以上の支配人が共同して代理権を行うべき旨の登記をすることはできない。

答え　1．×　支店の設置とその支店に支配人を置いた旨の登記の同時申請を義務づける規定はない。
2．×　商登規58条。　　3．○　2．に同じ。
4．×　そもそも支配人の就任承諾書は添付を要しない。
5．×　解散時に支配人の登記は職権抹消になる。（商登規59条）
6．×　本店移転分３万円（ヲ）のみで足りる。
7．**4**

1　会社の場合にのみあてはまる。

2　会社の場合にのみあてはまる。商人の支配人は、１人一登記記録である。

3　商人の場合にのみあてはまる。商人は商号を複数使用することがあり、その場合に支配人が代理すべき営業およびその使用すべき商号を登記する。

4　双方にあてはまる。共同代理は登記事項ではない。

第17章

登記手続の問題等

商業登記の手続や乙号事件（登記事項証明書の交付等）について、簡単に説明をします。

いずれも、試験の問題として瑣末なことであるので、実際に過去問において出題されたケースを題材にして、多少の膨らみを持たせることにします。

商業登記の申請は、以下の３本立てです。

1．窓口での申請
2．郵送等による申請
3．オンライン申請

ただし、この点の条文は、以下のようになっています。

商業登記規則48条（記載の文字）
1項　申請書その他の登記に関する書面に記載する文字は、字画を明確にしなければならない。
2項　前項の書面につき文字の訂正、加入又は削除をしたときは、その旨及びその字数を欄外に記載し、又は訂正、加入若しくは削除をした文字に括弧その他の記号を付して、その範囲を明らかにし、かつ、当該字数を記載した部分又は当該記号を付した部分に押印しなければならない。この場合において、訂正又は削除をした文字は、なお読むことができるようにしておかなければならない。

参考問題　申請書が２枚以上である場合、申請人が２人以上である場合であっても、申請書の毎葉の綴り目には、申請人のうち、１人が契印すれば足りる。（商業登記法H1-39-2）

答え　○　商業登記規則35条４項。全員でベタベタ契印するのには及ばない。

申請書の提出後は、受付→調査→受理→記録→登記官の識別番号の記録の順の段取りとなります。

上記の、「登記官の識別番号の記録」が登記の完了時です。

申請書に却下事由があれば、補正可能なケースでは、補正の機会を与え、これに応じない場合に却下の段取りとなります。（商業登記法24条ただし書、商登準則40条４項）

もとより補正不可能な場合は、そのまま却下です。

登記の取下げは、登記完了までにします。

完了後に取り下げることはできません。（商登準則54条２項）

取下げは、申請の撤回を意味し、申請はもともとなかったことになります。

もともとなかったのですから、申請書・添付書類は全部が申請人に返還されます。（商登準則54条５項）

参考問題　申請を取り下げた場合には、登記の申請書及びその添付書面は申請人に返還される。（商業登記法S61-32-5）

答え　○　申請書が返還されるので（商登準則54条５項）、これに貼った収入印紙（登録免許税分）の再使用証明を求めることができる（なお、現金還付を求めてもよい）。（商登準則77条１項）

なお、申請の却下の場合には、申請書は返還されないので、再使用証明の手は使えない。現金還付を求めることになる。

再使用証明を受けた収入印紙は、当該登記所で再使用できる。不動産登記のほうで使用してもいい。

参考問題　代理人による登記の申請の取下げが欠缺補正のためのものである場合には、取下書に代理権限を証する書面を添付することを要しない。（商業登記法S61-32-1）

答え　○　なお、申請そのものをとりやめるケースでは、取下げに関する委任状を要する。

参考問題　同一の申請をもって数個の登記の申請をした場合には、その一部の申請のみを取下げることはできない。（商業登記法S61-32-3）

答え　×　一括申請は、別々の登記事項を一枚の申請書に書いただけの話だからその一部の取下げも可能である。（商登準則54条８項）

参考問題　申請を取り下げた場合でも、登記申請書の受領証は登記所に返還する

ことを要しない。(商業登記法S61-32-4)

答え ○ 受領証は申請書の受取証であり、申請人の請求により登記所が発行してくれる。後日、登記所に返還の必要はない。

申請書の審査の方式は「形式的」に行われます。

これは、登記官は、申請書に書かれた内容につき、それが本当であるかどうかの実質審査をしてはいけないことを意味します。

たとえば、申請書の添付書類である株主総会議事録に、取締役甲は就任を承諾した、と書いてあれば、本当に就任承諾の意思表示があったかどうかについて取締役甲を呼び出すなどして調査をしてはいけないということです。

書面に、就任承諾をした、と書いてあればその事実は存在するものと扱わなければなりません。

なぜなら、本当に甲が就任承諾をしたかどうかが争いとなったとき、その事実の存否を判定すべきは「裁判所」の役割であり、行政機関である登記官がこれを行うことは三権分立の原理に違反するのです。

コラム **登記官の本人確認**

不動産登記の場合と同様、「登記官は、登記の申請があつた場合において、申請人となるべき者以外の者が申請していると疑うに足りる相当な理由があると認めるときは、次条の規定により当該申請を却下すべき場合を除き、申請人又はその代表者若しくは代理人に対し、出頭を求め、質問をし、又は文書の提示その他必要な情報の提供を求める方法により、当該申請人の申請の権限の有無を調査しなければならない。」(商業登記法23条の2第1項) という規定がある。

要するに他人の成りすましによる申請であることが強く疑われるケースで、その本人確認についてのみ、登記官は実質審査をすることができる。

参考問題 商業登記における登記官の審査は、添付書類に基づく形式的審査であって、申請に係る登記すべき事項の存否等の実体関係には及ばない。(商業登記法H12-28-ア)

答え × もちろん実体関係の審査はする。

形式的審査権とは、実体関係の審査をしないという意味ではなく、審査をするための資料が提出された書面の範囲に限定されるという意味である。

こうして登記された登記記録は、一般に公開されます。

商業登記は、取引の安全のための制度であり、公示が目的であるから、登記簿は公開され、誰でも所定の手数料を納めれば、どの会社の登記事項証明書でも、登記所に交付を請求することができます。

→なお、申請書および添付書類は公開されない。その閲覧をすることができるのは利害関係人のみである。

参考問題 登記事項の概要を記載した書面は、利害関係人に限り、その交付を請求することができる。(商業登記法H7-30-イ)

答 え × 何人も、手数料を納付して、登記等に記録されている事項の概要を記載した書面の交付を受けることができる。(商業登記法11条)

「概要を記載した書面」を登記事項要約書といい、登記事項証明書より低額の手数料となる点がメリットである。しかし、現在は、乙号オンラインが便利かつ安価となり、その存在価値は急速に失われている。

参考問題 登記申請書の謄本の交付請求はすることができない。(商業登記法H7-30-ウ)

答 え ○ 登記申請書は公開されない。利害関係人の閲覧のみが可能。

参考問題 特定の会社の登記がないことについての証明書の交付請求はすることができない。(商業登記法H7-30-エ)

答 え ○ できるとする規定がない。

1 印鑑証明書の交付の問題

印鑑の届出をしたある者について、印鑑証明書の交付をすることができるかという問題があります。

たとえば、代表取締役甲の印鑑証明書の交付ができなくなるときはどういうときかという問題です。

参考問題　株式会社において次の地位を有する者のうち、その者の印鑑証明書の交付が受けられないものはどれか。（商業登記法H7-33改）

1　登記簿上存続期間の満了している株式会社の代表取締役
2　職務執行が停止された旨の登記がされている代表取締役
3　代表取締役の職務代行者
4　代表清算人

答 え　1および2

印鑑証明書は、会社法上の何らかの権限を有する者に対して、登記所が交付する証明書である。たとえば、このハンコは㈱甲の代表者の印鑑に相違ありませんという証明であり、登記簿上、代表権のないことが明らかな者に交付をすることはできない。

1　登記簿上存続期間の満了している株式会社の代表者
　交付できない。
　登記簿上存続期間が満了すれば法定清算が開始している。
　であれば、従前の代表取締役等は、その地位を失っていることが明らかであり、もはや代表取締役ではない。
2　職務執行が停止された旨の登記がされている代表取締役
　交付できない。
　職務執行の停止中は、代表権限がない。
3　代表取締役の職務代行者
　交付できる。
　この者は、代表取締役の職務代行者としての権限をもっている。
4　代表清算人
　交付できる。
　清算株式会社を代表するのは、代表清算人であり、ごくノーマルに印鑑証明書の交付ができるケースである。

参考問題　登記簿に記録されている存続期間が満了しているにもかかわらず、解散の登記をしていない会社の代表者事項証明書は、交付を受けることができない。（商業登記法R2-28-ア改）

答 え　○　印鑑証明書の場合と同じリクツ。存続期間が満了した株式会社に代表取締役は存在しない。したがって、代表者事項証明書の交付はされない。

参考問題　株式会社に関する印鑑証明書の交付についての次の１から４までの記述のうち、誤っているものはどれか。（商業登記法H13-35改）

1 株式会社について会社更生法による更生手続が開始された場合には、管財人は登記所に印鑑を提出して印鑑証明書の交付を受けることができるが、当該株式会社の代表取締役は登記所に印鑑を提出していても印鑑証明書の交付を受けることができない。

2 株式会社について破産手続開始の決定があった場合には、破産管財人は登記所に印鑑を提出して印鑑証明書の交付を受けることができるが、当該株式会社の破産手続開始当時の代表取締役も登記所に印鑑を提出していれば印鑑証明書の交付を受けることができる。

3 代表取締役の職務執行が停止され職務代行者が選任されている場合には、職務代行者は登記所に印鑑を提出して印鑑証明書の交付を受けることができるが、当該代表取締役は登記所に印鑑を提出していても印鑑証明書の交付を受けることができない。

4 任期が満了した後に退任の登記が未了である代表取締役は登記所に印鑑を提出していれば印鑑証明書の交付を受けることができるが、登記簿上存続期間が満了している株式会社の代表取締役は登記所に印鑑を提出していても印鑑証明書の交付を受けることができない。

答え **1**

1 × この問題は会社更生法を知らなければ答えられない。

更生手続が開始しても、従前の代表取締役は、管財人に属しない権限を行使できるので、印鑑証明書の交付を受けることができる。

2 ○ 会社について破産手続が開始しても、代表者の地位が当然に失われることはない（最判平21.4.17）。このため、その者から印鑑証明書の交付の請求があったときは、破産手続開始の登記がある旨を付記して交付する。（平23.4.1-816）

3 ○ 代表取締役の職務代行者には、職務代行者としての権限がある。職務執行が停止された者には権限がナイ。

4 ○ 任期が満了した後の代表取締役は代表取締役の権利義務を有するから印鑑証明書の交付を受けることができる。

参考問題 破産手続開始の登記がされた会社の破産手続開始当時の代表者に係る代表者事項証明書の交付を受けることはできない。（商業登記法R2-28-イ改）

答え × こちらも、印鑑証明書の場合と同じリクツ。設問の代表取締役の権限は失われていない。なお、破産手続開始決定の登記がある旨の付記をしたうえで、代表者事項証明書が交付されることとなる。

参考問題 次のアからカまでに掲げる者のうち印鑑証明書の交付を受けることができるものをすべて挙げている組合せとして正しいものは、後記１から５までのう

ちどれか。ただし、いずれの者も、その就任時において登記所に印鑑を提出することができるものについては、その時に印鑑を提出しているものとする。（商業登記法H22-33）

ア　更生計画認可の決定の登記及び機関の権限回復の登記がされている株式会社につき選任されている管財人

イ　破産法の規定により株式会社につき選任された保全管理人

ウ　再生手続開始の決定がされた株式会社の代表取締役

エ　代表取締役の職務執行停止及び職務代行者の選任の登記がされた後に、株式会社につき新たに選定された代表取締役

オ　登記簿上存続期間が満了している株式会社の代表取締役

カ　外国会社の日本における代表者

1　アイウカ　**2**　アイエオ　**3**　アエオカ　**4**　イウエカ　**5**　ウエオカ

答え　4

ア　交付を受けることができない。更正会社の機関の権限が回復されたときは、管財人はその権限を失う。

イ　交付を受けることができる。商業登記法12条１項。

ウ　交付を受けることができる。再生手続開始の決定があっても、代表取締役は代表権を失わない。

エ　交付を受けることができる。代表取締役の職務執行停止及び職務代行者の選任の登記がされた後でも、代表取締役の選定をすることができる。

オ　交付を受けることができない。清算株式会社に代表取締役は存在しないはずだから。

カ　交付を受けることができる。登記の申請書に押印する者に当たる。

コラム　電子証明書

法務大臣の指定登記所に印鑑を提出することができる者は、電子証明書による証明の請求をすることもできる。（商業登記法12条の２）

→印鑑の提出をすることができる者は、印鑑の提出か、電子証明書による証明を請求するか、その他の公的な電子証明書を用いて登記の申請をするか、その選択をすることができる。

たとえば、法人の代表者は、電子証明書による証明を申請し、取引をするときに契約書のデータに電子署名をすることができるのである（もちろん登記の申請もできる）。

電子署名とは、データの暗号化のことであり、その暗号は何株式会社の代表取締役何某の暗号に相違ない旨の証明をインターネット上で電子認証登記

所が行うのである。
発想の根本は、この印鑑は何株式会社の代表取締役何某の印鑑に相違ない旨の証明（印鑑証明書）のケースと異なるところがない。
なお、電子証明書による証明の請求をオンラインで行うこともできる。（商登規101条1項3号）

参考問題

1．電子認証の事務を取り扱う管轄登記所に印鑑を提出した株式会社の代表取締役は、商号、本店、資格、氏名、公開かぎの値及び電子証明書の証明期間を表した電子証明書の発行を請求することができる。（商業登記法H15-30-オ）
2．電子証明書の発行の請求は、全て電子情報処理組織を使用してすることとなり、書面を提出して請求することはできない。（商業登記法R5-28-エ改）
3．電子証明書の発行の請求は委任による代理人によりすることはできない。（商業登記法R5-28-オ改）

答え

1．○ 電子証明書には「枚数」の概念がない。上記の「証明期間」の間は何度でも使用できる。また、公開かぎの値とは、その代表取締役の暗号のうち公開する部分のことである。図式は以下のとおり。
1．秘密かぎ　その代表取締役だけが持っている暗号の値
2．公開かぎ　その代表取締役の公開された暗号の値→電子認証登記所はこの値が代表取締役何某の暗号に相違ない旨の証明をする。
→秘密かぎで暗号化したデータは、公開かぎでしか復号できない。つまり、あるデータが代表取締役何某の公開かぎで復号できたということは、そのデータが秘密かぎにより暗号化されたことの証拠となる。これが電子証明書による本人確認の仕組みである。
→逆に、公開かぎで暗号化したデータは、秘密かぎでしか復号できない。
ある者が、公開かぎで暗号化したデータを送信した場合、その暗号を復号できる者は秘密かぎを持つ者のみであるからデータの秘密を守ることができる。
2．× オンライン、書面のいずれの方法も可能である。
3．× 委任を受ければ司法書士から請求できる。

2 審査請求

審査請求の問題は、不動産登記法の場合と考え方はほぼ同一です。

商業登記法142条（審査請求）
登記官の処分に不服がある者又は登記官の不作為に係る処分を申請した者は、当該登記官を監督する法務局又は地方法務局の長に審査請求をすることができる。

たとえば、東京法務局何支局の登記官の処分を不服とする者が、東京法務局長に審査請求をします。

あるいは、その何支局の登記官の不作為に係る処分を申請した者が、審査請求をします。

これは、行政庁への不服申立てであり、東京法務局長は処分をした登記官の上司だから、適切な処分をしろというたぐいの指示をすることができます。

→東京法務局長の処分への再審査請求の仕組みは存在しない。再審査請求を認めるとすればその相手先は法務大臣であるが、そこまでの手続保障はされていない。

この仕組みは、行政訴訟とは関係がありません。

もともと、憲法上、行政機関は終審として裁判をすることができないからです。（憲法76条２項後段）

だから、被処分者は、審査請求をせずにいきなり行政訴訟ができます。（処分の取消しの訴え。行政事件訴訟法８条１項）

もちろん、審査請求で処分が変更されなかったから、次に、行政訴訟を提起するという手順でもかまいません。

では、審査請求書はどこに持っていくのでしょうか。

商業登記法143条
審査請求は、登記官を経由してしなければならない。

要するに、東京法務局何支局の登記官を経由して、東京法務局長に審査請求をするのです。

これは、何支局の登記官に再考を促すためです。

何支局の登記官は、審査請求書を見て、考え直してもよいのです。

この場合には、相当の処分をすればよいのです。話はそれで済みます。（商業登記法144条）

しかし、何支局の登記官が、審査請求に理由がないと認めたときは、その請求の日から３日以内に、意見を付して事件を東京法務局長に送付しなければなりま

せん。(商業登記法145条)

こうして、送付された場合、東京法務局長が審査請求を理由があると認めれば、何支局の登記官に相当の処分を命じるという手順になります。(商業登記法146条)

そして、その旨を審査請求人のほか登記上の利害関係人に通知します。

なお、登記官の処分に係る審査請求については、行政不服審査法18条の適用が除外されます。(商業登記法147条)

行政不服審査法18条1項には、審査請求の申立期間(原則として、処分があったことを知った日の翌日から起算して3か月以内)の定めがあります。

そこで、登記官の処分に係る審査請求については、審査請求の利益がある限りは「いつでも」することができることになっています。

参考問題

1. 審査請求に対する裁決に不服がある者は、再審査請求をすることができる。(商業登記法H10-35-1)
2. 本店を他の登記所の管轄区域内に移転する登記申請が新所在地の登記所において却下された場合に審査請求をするときは、旧所在地の登記所を経由することなく、新所在地の登記官を経由して、当該登記官を監督する法務局又は地方法務局の長に審査請求をしなければならない。(商業登記法H10-35-2)
3. 登記完了の後に審査請求がされた場合において、登記官が審査請求に理由があると認めるときは、審査の対象とされた登記に審査請求がある旨の付記をした上、事件を当該登記官を監督する法務局又は地方法務局の長に送付しなければならない。(商業登記法H10-35-4)
4. 審査請求は、処分があったことを知った日の翌日から起算して3か月以内にしなければならない。(商業登記法H10-35-5改)
5. 審査請求をするには、当該登記官を監督する法務局又は地方法務局の長に審査請求書を提出しなければならない。(商業登記法S61-37-3)
6. 登記官は、審査請求を理由があると認めたときは、当該登記官を監督する法務局又は地方法務局の長の命令がなくても、相当の処分をすることができる。(商業登記法S61-37-4)
7. 登記官の処分に不服がある者は、審査請求に対する裁決を経た後でなければ、その処分の取消しの訴えを提起することができない。(商業登記法S61-37-5)

答え 1. × 再審査請求の仕組みは存在しない。

2. ○ 処分をした登記官を経由する。(商業登記法143条)

3. × 処分をした何支局の登記官が考え直した場合は、本人が相当の処分(この場合は、職権抹消)をする。

4．× 商業登記法147条、行政不服審査法18条。
5．× 登記官を経由してする。（商業登記法143条）
6．○ 商業登記法144条。 7．× 行政事件訴訟法８条１項。

審査請求の利益はいかなる場合に認められるでしょうか。

それは、審査請求に理由があるとされるケースにおいて、「登記官が相当な処分」をすることができる場合に限られます。

たとえば、登記の却下処分であれば、登記官は処分を取りやめて、申請を受理し、登記を実行することができます。

だから、却下処分を受けた申請人は、審査請求をすることができます。登記を受理してもらうという「審査請求の利益」があるのです。

しかし、登記の受理処分への審査請求は、一般論としては認められません。

たとえば、申請書に必要書面の添付をし忘れて登記をした場合、これを登記官が誤って受理をし、登記をしてしまったとしても、登記官にはこれを職権で抹消する権限がありません。

だから、たとえ「ミスがありました」と登記官が認めても、それだけのことであって実益が何もなく、「審査請求の利益」はありません。

この場合には、申請人は、抹消の登記を申請するか、登記事項の無効の訴えを提起する他に手はありません。

しかし、登記の受理処分であっても、これを職権抹消または職権更正をする権限が登記官にあれば、審査請求が認められます。

職権抹消ができるケースは商業登記法24条の却下事由のうち１号から３号と５号および登記された事項につき無効原因がある場合（訴えをもってのみその無効を主張することができる場合を除く）です。（商業登記法135条１項）

《参考条文》

商業登記法24条（申請の却下）
登記官は、次の各号のいずれかに掲げる事由がある場合には、理由を付した決定で、登記の申請を却下しなければならない。ただし、当該申請の不備が補正することができるものである場合において、登記官が定めた相当の期間内に、申請人がこれを補正したときは、この限りでない。

1　申請に係る当事者の営業所の所在地が当該申請を受けた登記所の管轄に属しないとき。

2　申請が登記すべき事項以外の事項の登記を目的とするとき。
3　申請に係る登記がその登記所において既に登記されているとき。
4　申請の権限を有しない者の申請によるとき又は、申請の権限を有する者であることの証明がないとき。
5　第21条第3項に規定する場合において、当該申請に係る登記をすることにより同項の登記の申請書のうち他の申請書に係る登記をすることができなくなるとき。
6　申請書がこの法律に基づく命令又はその他の法令の規定により定められた方式に適合しないとき。
7　申請書に必要な書面（第19条の2に規定する電磁的記録を含む。）を添付しないとき。
8　申請書又はその添付書面（第19条の2に規定する電磁的記録を含む。以下同じ。）の記載又は記録が申請書の添付書面又は登記簿の記載又は記録と合致しないとき。
9　登記すべき事項につき無効又は取消しの原因があるとき。
10　申請につき経由すべき登記所を経由しないとき。
11　同時にすべき他の登記の申請を同時にしないとき。
12　申請が第27条の規定により登記することができない商号の登記を目的とするとき。
13　申請が法令の規定により使用を禁止された商号の登記を目的とするとき。
14　商号の登記を抹消されている会社が商号の登記をしないで他の登記を申請したとき。
15　登録免許税を納付しないとき。

参考問題

1．申請書の添付書類の不備を看過して登記された場合には審査請求をすることができるが、虚偽の申請書及び添付書類に基づいて登記がされた場合には審査請求をすることができない。（商業登記法H10-35-3）

2．審査請求は、登記官の不当処分を受けた申請人を救済する制度であるので、登記の申請を受理した処分については、これを認める余地はない。（商業登記法S61-37-1）

答え　1．×　いずれも登記官に職権抹消の権限がないケースである。

2．×　登記官が職権更正または職権抹消をすることができるケースであれば審査請求をすることができる。（商業登記法135条1項）

第18章

外国会社の登記

外国会社とは、外国の法律を根拠法として外国において設立された会社をいいます。

たとえば、アメリカ合衆国デラウェア州の会社法に準拠して設立されたアメリカ法人です。

要するに、外国会社とは、外国会社が日本で設立した子会社のことではありません。

外国法に基づく外国法人が、日本の会社法を根拠にした子会社を設立せずに、日本で取引を行うケースです。

そこで、外国会社には、日本における類似の会社の規範を適用することになっています。

（外国の会社法による会社だから、日本にそのものズバリの会社形態は存在しません。）

たとえば、貸借対照表に相当するものを公告する必要があるのは、日本における株式会社と同種の外国会社のみです。

外国会社は、日本において取引を継続してしようとするときは、日本における代表者を定めなければなりません。（会社法817条１項前段）

そのうちの１人は日本に住所を有する者でなければなりません。（会社法817条１項後段）

要するに、日本における代表者は、外国に住所を有する者でもなることができますが、そのうち１人は日本に住所がなければならないのです。

これは、外国会社と取引をした日本国内の債権者にとって、日本国内において外国会社の窓口がないという事態を避けるためです。

たとえば、みなさんが外国会社と取引をし、代金債権を請求したいときに、外国会社の日本における代表者がボストンバック片手に成田から飛び立っていたら困るでしょう。代金支払の交渉をアメリカまでしにいかなければならないハメになります。

だから、外国会社の日本における代表者のうち１人は日本に住所がなければならないのです。
　なお、法人を外国会社の日本における代表者とすることもできます。

参考問題　日本における代表者のうち少なくとも1名が日本に住所を有する日本国籍を有する者でなければ、日本における代表者を新たに定めたことによる外国会社の登記を申請することはできない。（商業登記法H10-28-2）

答え　×　日本国籍でなくてもいい。

　外国会社は、外国会社の登記をするまでは、日本において取引を継続してすることができません。（会社法818条1項）

　この規定に違反して取引をした者は、相手方に対し、外国会社と連帯して、その取引によって生じた債務を弁済する責任を負います。（会社法818条2項）
　→要するに、個人としても全責任を負えという意味。

参考問題　外国会社は、持分会社の社員となることができるが、その前提として日本において外国会社の登記の申請をする必要はない。（商業登記法H20-29-エ）

答え　○　外国会社は、外国会社の登記をするまでは、日本において継続して取引をすることができないが、登記をせずに持分会社の社員となることを規制する規定は会社法に存在しない。

　では、外国会社の登記の方法を見てみましょう。

会社法933条（外国会社の登記）

1項　外国会社が第817条第1項の規定により初めて日本における代表者を定めたときは、3週間以内に、次の各号に掲げる場合の区分に応じ、当該各号に定める地において、外国会社の登記をしなければならない。

1　日本に営業所を設けていない場合　日本における代表者（日本に住所を有するものに限る。以下この節において同じ。）の住所地

2　日本に営業所を設けた場合　当該営業所の所在地

【用語の定義】外国会社

外国会社の登記とは、外国会社が、日本における代表者を定めたときにする登記のことである。

外国会社は、日本に営業所を設けてもいいが、設けなくてもよいのです。

つまり、日本における代表者がその住所地（例　マンションの一室）で商売をやることも認められています。

では、その登記事項を見てみましょう。

以下は、外国会社が日本の株式会社に類似の性質であるときの記載例です。

登記簿の記録例（H18.4.26民商第1110号依命通知改）

初めて日本における代表者を定める登記

日本に営業所を設置しない場合（代表者の住所地における登記　会社法933条1項1号）

会社法人等番号	0000-00-000000
商　号	アメリカンジムアンドメアリコーポレーション
本　店	アメリカ合衆国カリフォルニア州ロサンゼルス 市ハーバ通4番地
公告をする方法	官報に掲載してする。 （準拠法の規定による公告） ロサンゼルス市で発行されるアメリカン・ポスト 紙に掲載してする。
会社設立の準拠法	アメリカ合衆国カリフォルニア州会社法
会社成立の年月日	昭和54年1月1日
目　的	1　コンピュータ及び関連機器の輸出入及び販売 2　コンピュータ用ソフトウエア及び映像、音楽、ゲーム等のデジタルコンテンツの輸出入及び販売 3　その他これらに附帯し、又は関連する事業

発行可能株式総数	５万株
発行済株式の総数 並びに種類及び数	発行済株式の総数 ３万株
資本金の額	30万米ドル
役員に関する事項	取締役　　ジム・ブラウン
	取締役　　メアリー・ブラウン
	取締役　　ジョン・ホフマン
	アメリカ合衆国カリフォルニア州ロサンゼルス市ダウンタウン８番地 代表取締役　ジム・ブラウン
	アメリカ合衆国カリフォルニア州ロサンゼルス市ダウンタウン８番地 代表取締役　　メアリー・ブラウン
	東京都渋谷区宇田川町１番10号 日本における代表者　ロバート・ウィリアム
支　店	1 アメリカ合衆国カリフォルニア州サンフランシスコ市サンセット通３番地
登記記録に関する事項	令和６年10月１日日本における代表者選任 令和６年10月８日登記

上記は営業所を設置しないケースの記載例です。

この会社は、日本の株式会社類似の会社です。

したがって、取締役等が登記されます。

これは、アメリカ本国の取締役のことです。

（合同会社類似の会社では、この部分が業務執行社員の氏名または名称の登記となります。）

要するに、外国会社の登記は、それが株式会社に類似の会社であれば、株式会社の登記簿と同じことを登記します。

それに、以下の事項がプラスされるのです。（会社法933条２項）

１．外国会社の設立の準拠法

→アメリカ合衆国カリフォルニア州会社法の部分

２．日本における代表者の氏名および住所

→ロバート・ウィリアムの部分

３．日本における同種の会社または最も類似する会社が株式会社であるときは、第１号に規定する準拠法の規定による公告をする方法（詳細は会社法933条２項３号・４号）

→ロサンゼルス市内で発行されるアメリカン・ポスト紙に掲載してするの部分

４．日本における公告方法（詳細は会社法933条２項５号・６号・７号）

→官報に掲載してするの部分

では、外国会社の営業所の登記の場合はどうでしょうか。

外国会社の営業所の登記は、外国会社の日本における支店という扱いをします。

この場合、日本における営業所は、支店欄に記載されるのです。

登記簿の記録例（H18.4.26民商第1110号依命通知改）

日本に営業所を設置した外国会社がその登記後、他管轄に新たに営業所を設置した場合の新所在地でする登記

支　店	1 アメリカ合衆国カリフォルニア州サンフランシスコ市サンセット通３番地
	2 東京都渋谷区宇田川町１番10号
	3 横浜市中区北仲通５番57号

登記記録に関する事項	令和６年12月３日営業所設置 令和６年12月10日登記

［注］その他の商号区以下については、日本に営業所を設置しない場合に同じ。

◀ポイント▶ 外国会社の登記の原理

1．営業所があるとき　営業所の所在地で登記する。

2．営業所がないとき　日本における代表者（日本に住所を有する者に限る）の住所地で登記する。

3．営業所の所在地の登記と日本における代表者の住所地の登記を同時にすることはありえない。

参考問題

1．日本に営業所を設けていない外国会社が登記した商号と同一であり、かつ、その営業所の所在場所が当該外国会社の日本における代表者の住所と同一である商号の登記をすることができる。（商業登記法H16-33-ア）

2．外国会社の登記においては、会社法の規定による公告方法を登記しなければならない。（商業登記法16-33-オ）

3．本国において普通社債を発行する場合には、営業所においても登記を申請しなければならない。（商業登記法H5-29-ウ）

4．外国会社が日本国内において継続して取引をするときは、日本における代表者は、日本における営業所の設置の登記の申請をしなければならない。（商業登記法H20-29-ア）

答え　1．○　こんなものは、同一本店とはいえないことが、前記記録例から明らかであろう。

2．○　会社法933条２項５号～７号。

3．×　もともと、会社法でも普通社債は登記事項とはされていない。（会社法911条～914条、933条２項）

4．×　営業所を設置しなくても、外国会社の登記をすることができる。

参考問題　外国会社の登記に関する次のアからオまでの記述のうち、登記事項でないものの組合せは、後記１から５までのうち、どれか。（商業登記法R5-34）

ア　外国会社の設立の準拠法

イ　外国会社の本店の所在場所

ウ　日本における代表者の権限の範囲

エ　公告方法として、時事に関する事項を掲載する日刊新聞紙に掲載する方法を定めた場合における当該公告方法

オ　日本における代表清算人の氏名及び住所

1　アイ　**2**　アエ　**3**　イウ　**4**　ウオ　**5**　エオ

答え　**4**

外国会社の登記事項は、会社法933条２項が定める。

日本における代表者については、その氏名及び住所が登記事項であると定められている。

ウは登記事項ではない。

また、オも登記事項ではない。外国会社はあくまで外国法に基づく法人だから、その日本における営業所（または、日本における代表者の住所地）だけの解散→清算ということが観念できない。

外国会社の登記においては、日本の会社と比べて登記期間の定めが長くなります。

すでに紹介したように、外国会社が初めて日本における代表者を定めたときは、３週間以内に登記をしなければなりません。

変更登記の登記期間の一般則である会社法915条は、外国会社に適用されますが、この場合、登記期間の２週間が３週間に読み替えられます。（会社法933条４項）

読み替えた会社法915条の規定は以下のようになります。

> 会社において第911条第３項各号又は前３条各号に掲げる事項に変更が生じたときは、３週間以内に、その日本における代表者（日本に住所を有するものに限る。）の住所地（日本に営業所を設けた外国会社にあっては、当該営業所の所在地）において、変更の登記をしなければならない。

なお、登記すべき事項が外国において生じたときは、登記の期間は、その通知が日本における代表者に**到達した日**から起算されます。（会社法933条５項）

→基本的に、日本における営業所の移転や、日本における代表者の変更などの登記事項は外国において発生する場合が多い。たとえば、株式会社類似の外国会社で、日本における営業所の移転等を決定するのは、現地の取締役会ということになろう。この場合、日本における登記期間は、その通知が日本における代表者に到達した日から起算されるのである。

では、次に、登記の申請人、添付書類の問題を考えましょう。

外国会社の登記の申請については、日本における代表者（日本に住所を有するものに限る）が外国会社を代表します。（商業登記法128条、127条）

本国の代表取締役等が申請人になることはありません。

【急所】申請人

外国会社の登記を本国の代表者がすることはない。これは定理である。

参考問題

1．外国会社の営業所設置の登記は、日本に住所を有する当該外国会社の日本における代表者の申請によってする。（商業登記法S57-37-5）
2．日本における代表者が全員辞任した場合における変更の登記の申請は、本国の会社の代表者がしなければならない。（商業登記法S63-37-2）
3．外国会社の登記については、日本における代表者が外国会社を代表して申請しなければならず、本国における代表者が申請することはできない。（商業登記法H28-28-エ）
4．日本における代表者が複数いる外国会社においては、当該代表者のうち日本に住所を有するものについてのみ、その氏名及び住所の登記の申請をすれば足りる。（商業登記法H20-29-イ）
5．外国会社の商号の変更が本国である外国において生じたときは、その生じた日から３週間以内に、商号変更の登記をしなければならない。（商業登記法H25-28-オ）

答え　1．○　商業登記法128条。　2．×　1．に同じ。
3．○　前問の焼き直し。
4．×　出題当時は○とされていたが、現在では、日本に住所を有しない日本における代表者も登記される取扱いである。
5．×　その生じた日からではなく、その旨の通知が日本における代表者に到達したときからである。

なお、日本における代表者（日本に住所を有する者に限る）は、印鑑を提出してもよいが、外国人の場合には、印鑑を作成する習慣がないため、書面で申請書または委任状を作成しようとするときでも、印鑑の提出はしなくてもかまいません。

しかし、この場合、登記の申請のたびに、申請書あるいは委任状にしたサインについての本国官憲の証明書の添付を要することになる（サインの提出という仕組みがナイ）ので少々、面倒です。

外国人でも印鑑を作成して印鑑を提出したほうが、話が早いというのが実務の感覚です。

参考問題

1．日本における代表者が外国人である場合には、登記の申請書に押印する印鑑に代えて、自己の署名を登記所に提出することができる。（商業登記法H10-28-1）
2．営業所を閉鎖する場合において、日本における代表者が行方不明のときは、当

該外国会社の本国の代表者によって、営業所閉鎖の登記を申請することができる。（商業登記法H10-28-3）

3．外国会社の日本における代表者が日本国内において住所を移転した場合には、その移転した日から3週間以内に住所の変更の登記を申請しなければならない。（商業登記法H5-29-エ）

4．日本における営業所を2箇所以上設置したときは、各々の営業所ごとに日本における代表者の選任をして、その登記を申請しなければならない。（商業登記法S63-37-5）

5．外国会社が日本に複数の支配人を置く場合において、登記されている日本における営業所が複数あるときは、すべての営業所の所在地において、それぞれすべての支配人の登記の申請をしなければならない。（商業登記法H20-29-ウ）

答え　1．×

2．×　あらためて日本における代表者を選任し、日本における代表者によって申請すべきこととなる。

3．○　日本国内で生じた登記事項のケースである。

4．×　日本における代表者は1人でも複数でもよい。各自が日本における外国会社の代表者でありすべての営業所を統括するという考え方でよろしい。

5．○　会社が支配人を選任したときは、その本店の所在地において、その登記をしなければならない（会社法918条）が、外国会社の場合、日本における営業所のうち、いずれが主たる営業所であるかの基準がないため、設問のようにすべての営業所の所在地において、それぞれすべての支配人の登記の申請をしなければならないものと解されている。（先例平18.3.31-782）

次に、外国会社の登記を申請する場合の添付書類を挙げます。

以下のとおりです。

商業登記法129条（外国会社の登記）

1項　会社法第933条第1項の規定による外国会社の登記の申請書には、次の書面を添付しなければならない。

1　本店の存在を認めるに足りる書面

2　日本における代表者の資格を証する書面

3　外国会社の定款その他外国会社の性質を識別するに足りる書面

4　会社法第939条第2項の規定による公告方法についての定めがあるときは、これを証する書面

→3により、外国会社の性質を識別し、株式・合名・合資・合同会社のいずれの登記簿を使用して登記をするかを登記官が決する。

→4は、日本での公告方法を決めた場合のハナシ。日本での公告方法は3の「外国会社の定款」には記載がないであろうから添付を要するのである。

> 2項　前項の書類は、外国会社の本国の管轄官庁又は日本における領事その他権限がある官憲の認証を受けたものでなければならない。

→外国の公文書でなければ受け付けないといっている。

> 3項　第1項の登記の申請書に他の登記所の登記事項証明書で日本における代表者を定めた旨又は日本に営業所を設けた旨の記載があるものを添付したときは、同項の書面の添付を要しない。

→これは、たとえば、営業所を2個設置したときの2個目の登記所における登記のことである。この場合、1個目の登記所の登記事項をコピーすればよいから、添付書面は「登記事項証明書」(会社法人等番号の記載に代えることができる）だけでよいのである。

→基本的に、外国会社の日本における代表者の住所地の登記、営業所の登記は、管轄登記所ごとに個別にやる。しかし、2個目以降の登記については、登記事項証明書の添付で簡単に申請できるのである。

＊添付書類が外国語で書かれている場合、その訳文の添付を要する。翻訳者は誰でもよい。このため、司法書士事務所にドイツ語辞典など置いてあったりする。

変更の登記については、以下の添付書面を要します（日本における代表者の全員の退任については後述する)。

1．変更の事実を証する外国会社の本国の管轄官庁または日本における領事その他権限がある官憲の認証を受けた書面（商業登記法130条1項)

ただし、他の登記所で変更の登記をしたことを証する書面を添付したときは、上記の書面の添付を要しません。(商業登記法130条3項)

参考問題

1．外国会社の日本における代表者の交替による変更の登記を代理人によって申請する場合には、代理人の権限を証する書面を添付しなければならない。(商業登記法S57-38-2)

2．日本に営業所を設けていない外国会社が日本に住所を有する日本における複数の代表者を定めた場合には、外国会社の登記は、その代表者のうちいずれかの住所地を管轄する登記所にすれば足りる。(商業登記法H16-33-イ)

3．営業所を設けた場合の登記の申請書に、他の登記所の登記事項証明書で、当該営業所を設けた旨の記載があるものを添付したときは、日本における代表者の資格を証する書面を添付することを要しない。（商業登記法H10-28-4）

4．初めて日本における代表者を定めた場合の外国会社の登記の申請書には、日本における代表者が就任したことを証する書面を添付しなければならない。（商業登記法H5-29-ア）

答え　1．○　商業登記法18条（要旨）「代理人によつて登記を申請するには、申請書にその権限を証する書面を添付しなければならない。」は、商業登記手続の通則であり外国会社にも適用がある。

2．×　　3．○　商業登記法129条３項。

4．×　代表者の資格を証する書面を添付する（任命書、契約書など。外国会社と日本における代表者の関係が委任関係であるとは限らない）。

1 同時申請・経由申請になるケース

管轄をまたいだ場所で、２つ（あるいは３つ以上）の申請書を、同時に申請すべき場合があります。

外国会社の登記の場合、日本の営業所等は支店扱いです。

だから、甲登記所管轄内の営業所の全部を、乙登記所に移転する場合に、甲登記所での移転の登記だけをすれば、その後、乙登記所での登記がされなかった場合、登記簿のない外国会社になってしまいます。

これは、まずいのです。

【学習の指針】経由・同時申請

消滅防止措置を要する場合、外国会社に係る一定の登記が、経由・同時申請になる。

その仕組みは、本店移転のときのそれと全く同じである（基本条文が、**全部**、準用になっている）。以上、ひじょうに重要な原理である。

つまり、外国会社には、もともと、日本での商売がうまくいかなかったら、外国に逃走しようという考えがあってもおかしくありません。

要するに、日本での落とし前をつけずに、成田から飛ばれると債権者が困るのです。

そのため、以下の場合に、ある外国会社の登記簿が消えてなくなることがないように、同時申請・経由申請が要請されます。

以下、甲登記所がＡ市を管轄、乙登記所がＢ市を管轄、丙登記所がＣ市を管轄として事例ごとに説明します。

事例 1

外国会社がすべての営業所を他の登記所の管轄区域内に移転した場合。（商業登記法131条１項）

Ａ市１番地（甲登記所内のその外国会社の唯一の営業所）をＢ市１番地に移転のケースです。

この場合には、会社の本店移転に関する商業登記法51条、52条が準用されます。（以下、本店移転パターンという。）

本店移転パターンの考え方は以下のとおりです。

1．申請書の提出先は甲登記所（既存の登記簿のあるところにいく）。
2．甲登記所宛ての申請書には、営業所の移転を証する書面（商業登記法130条１項の変更の事実を証する書面として添付）および委任状を添付する。
3．乙登記所宛ての申請書には、委任状のみでよい。
4．登記は、乙登記所で先に実行され、その後、甲登記所で登記をするという段取り。

なお、事例１の文中に「すべての営業所を」とあるのは、たとえば、甲登記所の管轄内に２つの営業所があり、そのうち１つのみを乙登記所の管轄区域内に移転する場合、同時・経由申請にならないことを意味します。

甲登記所に、残る１つの営業所があるため、外国会社の甲登記所の登記簿が閉鎖されることがないため、消滅防止措置を要しないのです。

事例 2

外国会社がすべての営業所を閉鎖した場合。ただし、日本における代表者（日本に住所を有するものに限る）の全員が退任しようとするときを除く。（商業登記法131条２項）

→日本における代表者（日本に住所を有するものに限る）の全員の退任のケースは成田から高飛びのケースだから手続は厳格になる。（後述）

Ａ市１番地（甲登記所内の営業所）

B市１番地（乙登記所内の営業所）
C市１番地（丙登記所内の代表者の住所地）

上記のケースで、営業所２箇所を閉鎖するケース。（甲登記所と乙登記所は順不同）

1．甲登記所及び乙登記所でそれぞれA市１番地の営業所閉鎖の登記をする。これにより甲登記所の登記簿は閉鎖される。
2．乙登記所で以下の２つの登記を同時に申請する。
① 乙登記所（最後に閉鎖した営業所所在地）宛ての、B市１番地の営業所閉鎖の登記。
② 丙登記所（日本における代表者の住所地）宛ての、外国会社の登記。
→日本における代表者が丙登記所に印鑑を提出する場合、丙登記所宛ての日本における代表者の印鑑届書は乙登記所を経由して丙登記所に送付される。

→上記２の部分が、本店移転パターンである。

事例 3
日本に営業所を設けていない外国会社の日本における代表者の全員がその住所を他の登記所の管轄区域内に移転した場合。（商業登記法131条３項）

たとえば、A市１番地に住所がある日本における代表者（全員）がその住所をB市１番地に移転のケースです。
この場合も、本店移転パターンです。

事例 4
日本に営業所を設けていない外国会社が他の登記所の管轄区域内に営業所を設けた場合。（商業登記法131条４項）

A市１番地（甲登記所内の代表者の住所地）
B市１番地（初めて置く乙登記所内の営業所）

上記のケースも、本店移転パターンです。
1．申請書の提出先は甲登記所（既存の登記簿のあるところにいく）
2．甲登記所宛ての申請書には、営業所の設置を証する書面（商業登記法130条１項の変更の事実を証する書面として添付）および委任状を添付する。
3．乙登記所宛ての申請書には、委任状のみでよい。

4．登記は、乙登記所で先に実行され、その後、甲登記所で登記をするという段取り。

→上記は、営業所の所在地の登記と、代表者の住所地の登記に齟齬が生じないようにするための同時申請の仕組みである。

参考問題

1．外国会社が日本に設けた唯一の営業所を他の登記所の管轄区域内に移転した場合、新所在地における登記の申請は、旧所在地を管轄する登記所を経由してすることを要しない。（商業登記法S59-39-2）
2．日本に営業所を設けていない外国会社がその登記後に日本に営業所を設けた場合には、その営業所の所在地における登記の申請書には、営業所の設置の事実を証する書面を添付しなければならない。（商業登記法H16-33-エ）
3．すべての営業所を他の登記所の管轄区域内に移転した場合に新所在地における登記を申請するには、旧所在地を管轄する登記所を経由してしなければならない。（商業登記法H5-29-イ）
4．すべての営業所を他の登記所の管轄区域内に移転した場合の新所在地における登記の申請書には、旧所在地でした登記を証する書面を添付することを要しない。（商業登記法S63-37-4）

答え　1．×　商業登記法131条1項。
2．×　本件の登記は、日本における代表者の住所地で同時に申請される。この肢が問題としている申請書は、本店移転パターンの新本店バージョンの登記申請書であるから、添付書類は委任状のみである。
3．○　1．に同じ。
4．○　これも本店移転パターンの新本店バージョンの申請書。

日本における代表者（日本に住所を有するものに限る）の全員が退任しようとする場合、つまり、日本に住所を有する代表者が存在しなくなるケースにおいては、債権者の異議手続を要します。（会社法820条）

→官報公告の期間は、1か月を下ることができない。

→二重の公告による催告の省略はすることができない。

→退任の効力は、債権者の異議手続の終了後、その「登記をしたとき」にその効力が生じる。

上記のうち、最後がおもしろい。

つまり、外国会社の日本における代表者の退任の効力が発生するかどうかは、登記官が退任登記を受理するかどうかにかかっているのです。

不誠実な外国会社の日本における代表者が、やるべきことをしないで、日本から消えてよいかどうかは、最後に登記官が審査するのです。

この退任の登記は、日本における代表者が他にいたとしてもその者の住所が外国であり、日本に住所を有する代表者が存在しなくなった場合にはしなければなりません。

そして、退任登記には、以下の添付書類を要します。（商業登記法130条２項）

１．公告および催告をしたことを証する書面

２．異議を述べた債権者があるときは、当該債権者に対し弁済しもしくは相当の担保を提供しもしくは当該債権者に弁済を受けさせることを目的として相当の財産を信託したことまたは退任をしても当該債権者を害するおそれがないことを証する書面

＊なお、当該外国会社が清算の開始を命じられたときは、この限りでない。

参考問題

１．登記をした外国会社の日本における代表者が国外に住所を移転した場合には、他に国内に住所を有する日本における代表者がない限り、後任者を選任するか、又はすべての日本における代表者の退任の登記をしなければならない。（商業登記法H16-33-ウ）

２．外国会社が日本における営業所のすべてを閉鎖した場合においては、清算人の登記の申請をしなければならない。（商業登記法H20-29-オ）

答　え　１．○

２．×　日本における代表者が営業所の閉鎖の登記と、日本における代表者の住所地における外国会社の登記をすべきことになる。

第19章

特例有限会社

1 特例有限会社の仕組み

旧有限会社法の規定による有限会社は、商号中に「有限会社」という文字を用いる株式会社となりました。

これを特例有限会社といいます。

特例有限会社においても、「株主総会」と「取締役」という２つの機関が存在します。

しかし、その他の機関は、監査役のみです。（整備法17条１項）

特例有限会社は、取締役会、会計参与、監査役会、会計監査人、監査等委員会、指名委員会等を置くことはできません。

ついでにいえば、清算人会の設置もできません。

なお、会社法において、特例有限会社を設立することはできず、そういう意味では過去の遺物です。

【学習の指針】特例有限会社とは

特例有限会社は、「有限会社」の商号を持つ株式会社である。

したがって、会社法の株式会社の規定が適用される。

しかし、整備法（会社法の施行に伴う関係法律の整備等に関する法律）に特別の定めがあるときは、これに従う。

そこで、その整備法の内容が学習の急所となる。

コラム　駆け込み需要

会社法施行直前に、有限会社を今のうちに作りたいという需要が一定数あった。

その理由は、以下の点で、中小企業の経営主に有限会社はお手軽だったのである。

1. 取締役、監査役に任期の定めがない（同一人物が続ける限り何年たとうが登記義務が発生しない）。
2. 貸借対照表（またはその要旨）の公告義務がない。

前記２点の特性は、整備法において特例有限会社に引き継がれている。

参考 **みなし解散**

特例有限会社に、みなし解散の規定はない。役員に任期がないのだから当然のハナシである。

では、特例有限会社の登記簿を見てみましょう。

登記簿の記録例（H18.4.26民商第1110号依命通知改）

施行後の登記

会社法人等番号	0000-00-000000	
商　号	第一電器有限会社	
本　店	東京都中央区京橋一丁目１番１号	
公告をする方法	官報に掲載してする	平成17年法律第87号第136条の規定により平成18年５月１日登記
会社成立の年月日	平成12年10月１日	
目　的	１　家庭電器用品の製造及び販売 ２　家具、什器類の製造及び販売 ３　光学機械の販売 ４　前各号に附帯する一切の事業	
発行可能株式総数	5000株	平成17年法律第87号第136条の規定により平成18年５月１日登記
発行済株式の総数並びに種類及び数	発行済株式の総数 5000株	平成17年法律第87号第136条の規定により平成18年５月１日登記
出資１口の金額	金1000円	

資本金の額	金500万円
株式の譲渡制限に関する規定	当会社の株式を譲渡により取得することについて当会社の承認を要する。当会社の株主が当会社の株式を譲渡により取得する場合においては当会社が承認したものとみなす。 平成17年法律第87号第136条の規定により平成18年５月１日登記
役員に関する事項	東京都千代田区霞が関一丁目３番５号 取締役　甲野太郎
支　店	1 大阪市北区若松町15番地
存続期間	会社成立の日から満50年
登記記録に関する事項	設立 平成12年10月１日登記

上記は、会社法が施行された直後の特例有限会社の登記簿です。

「平成17年法律第87号第136条の規定により平成18年５月１日登記」は、会社法の施行に伴う関係法律の整備等に関する法律（整備法）の規定により登記官が職権で登記をしたという意味です。

この部分は、旧商法時代の有限会社の登記事項ではなかったのです。

《注意点》

1．有限会社には授権枠がなかった。だから、会社法施行時は、どの会社でも「発行可能株式総数」イコール「発行済株式総数」の関係が成立する。
2．代表取締役の氏名は、会社を代表しない取締役がいる場合に限り登記される。
3．監査役は住所氏名が登記される。

特例有限会社に監査役がいる場合でも、監査役設置会社である旨は登記されません。

したがって、特例有限会社が監査役を廃止する場合、「当会社は監査役を置く」という定款規定を廃止する決議（株主総会特別決議）は要するが、その旨の登記をする必要はなく、単に、従前の監査役の退任登記をすればよいのです。

コラム　特例有限会社の特別決議

「総株主の半数以上（これを上回る割合を定款で定めた場合にあっては、その割合以上）であって、当該株主の議決権の４分の３以上」が決議要件である。（整備法14条３項）

なお、普通決議の決議要件に関する整備法の規定はない。したがって、通常の株式会社と同じということになる。

参考問題　特例有限会社において、特定の者を代表取締役とする旨の定款の定めを削除することによって当該代表取締役を解職した場合には、代表取締役の解職による変更の登記の申請書には、議決権を行使することができる株主の議決権の過半数を有する株主が出席し、出席した当該株主の議決権の３分の２以上に当たる多数をもって決議した株主総会の議事録を添付しなければならない。（商業登記法H30-34-エ改）

答え　×　特例有限会社の定款変更には、前記のコラム中の決議要件による株主総会の特別決議を要する。

参考　特例有限会社の登記事項

1．商号
2．目的
3．本店および支店の所在場所
4．電子提供措置をとる旨の定款の定めがあるときはその定め
5．資本金の額
6．発行可能株式総数
7．発行済株式総数
8．発行する株式の内容
9．取締役の氏名および住所
10. 代表取締役の氏名（会社を代表しない取締役がある場合に限る）
11. 監査役の氏名および住所
12. 存続期間または解散事由を定めたときは、その定め
13. 種類株式を発行するときは、各種類の株式の内容および発行可能種類株式総数、発行済各種の株式の数

14. 単元株式数
15. 株券発行会社の旨
16. 株主名簿管理人の氏名または名称および住所並びに営業所
17. 新株予約権に関する事項
18. 取締役、監査役の責任免除の定め
19. 非業務執行取締役等の責任限定契約の定め
20. 公告の方法
21. 支配人の登記

（注） 監査役設置会社である旨、監査役の監査の範囲を会計に関するものに限定する旨の定款の定めは、いずれも特例有限会社における登記事項とはならない。（整備法43条1項）

参考 **特例有限会社の清算人に関する登記事項**

1．清算人の氏名および住所
2．代表清算人の氏名（会社を代表しない清算人がある場合に限る）

参考問題 特例有限会社において、定款に監査役を置く旨を定めた場合には、監査役設置会社である旨を登記しなければならない。（商業登記法H30-34-ア改）

答え ×

参考問題 次のアからオまでの登記事項のうち、特例有限会社の登記すべき事項でないものの組合せは、後記1から5までのうちどれか。（商業登記法H18-34）

ア 単元株式数
イ 新株予約権の数
ウ 監査役が負う責任の限度に関する契約の締結についての定款の定め
エ 会計参与設置会社である旨
オ 貸借対照表に係る情報の提供を受けるために必要な事項

1 アイ **2** アウ **3** イエ **4** ウオ **5** エオ

答え 5

特例有限会社は株式会社です。

したがって、整備法に特段の規定がない限りは、通常の株式会社と全く同じ取扱いとなります。

では、整備法の特段の規定を見ていきましょう。

1．取締役会、会計参与、監査役会、会計監査人、監査等委員会、指名委員会等の設置をすることができない。（整備法17条１項）
→大会社になっても会計監査人設置義務が生じない。
→特例有限会社が、定款の定めにより置くことができる機関は**監査役のみ**である。

2．株式の譲渡制限に関する規定を変更することはできない。（整備法９条２項。株式の公開が不可能）
→持分の譲渡制限と社員間の譲渡の自由が旧有限会社の本質であった。
この点の**変更ができない**のである。

3．清算株式会社である特例有限会社は、清算人会と監査役会の設置ができない。（整備法33条１項）

4．吸収合併存続会社、吸収分割承継会社となることができない。（整備法37条）
→吸収合併消滅会社、吸収分割会社となることは可能。

5．株式交換、株式移転、株式交付をすることができない。（整備法38条）

その他の注意点

1．特例有限会社の取締役、監査役は任期がない。（整備法18条）

2．特例有限会社の監査役には、会社法389条１項の定めがあるものとみなされる。（整備法24条）

3．特例有限会社が募集株式を発行することは可能である。
しかし、会社法施行時には、発行可能株式総数と発行済株式総数が同数で職権登記されているため、発行可能株式総数を増加する定款変更決議を要する。

参考問題

1．特例有限会社において、定款の定めに基づく取締役の互選により新たな者を代表取締役に選定した場合には、代表取締役の変更の登記の申請書には、代表取締役の就任承諾書に押された印鑑につき市区町村長の作成した印鑑証明書を添付する必要はない。（商業登記法H19-32-エ）

2．特例有限会社において、定款の定めに基づく取締役の互選によって新たな代表取締役を選定した場合には、代表取締役の就任による変更の登記の申請書には、代表取締役が就任を承諾したことを証する書面に押印した印鑑につき市町村長の作成した証明書を添付することを要しない。（商業登記法Ｈ30-34-イ改）

3．株主総会の決議により解散し、かつ、清算人が選任された清算人会設置会社でない株式会社が解散及び清算人の登記を申請する場合においては、当該株式会社

が特例有限会社であるときを除き、当該登記の申請書には、定款を添付しなければならない。（商業登記法H20-33-ア）

4．特例有限会社の登記に関する次のアからオまでの記述のうち、正しいものの組合せは、後記1から5までのうちどれか。（商業登記法H20-28）

ア　特例有限会社が定款を変更したため登記の申請をする場合において、当該登記の申請書に添付すべき定款の変更に係る株主総会の議事録は、議決権を行使することができる株主の議決権の過半数を有する株主が出席し、出席した当該株主の議決権の3分の2以上の多数で当該定款の変更に係る議案を可決したことが明らかなものでなければならない。

イ　特例有限会社の取締役が任期を定めずに選任された場合において、その選任後2年以内に終了する事業年度のうち最終のものに関する定時株主総会が終結したときは、他に在任する取締役がいない場合を除き、当該取締役の退任の登記を申請しなければならない。

ウ　定款に取締役の任期の定めを設けている特例有限会社について、当該会社に関する登記が最後にあった日から12年を経過したときであっても、みなし解散の登記がされることはない。

エ　特例有限会社がその役員について登記すべき事項は取締役、監査役及び清算人については氏名及び住所であり、また、当該特例有限会社に代表権のない取締役又は代表権のない清算人がいる場合には代表取締役又は代表清算人の氏名を登記する必要があるが、代表権のない取締役又は代表権のない清算人がいない場合には、取締役又は清算人の氏名及び住所とは別に代表取締役又は代表清算人の氏名を登記する必要はない。

オ　特例有限会社は、当該特例有限会社が株式交換完全親会社となる株式交換による資本金の額及び発行済株式総数の変更の登記の申請をすることができる。

1　アイ　**2**　アウ　**3**　イオ　**4**　ウエ　**5**　エオ

答え　1．○　整備法に何も書かれていないから、取締役会を設置しない株式会社のケースと同様に考えてよい。（商登規61条4項後段）

2．○　前問に同じ。

3．○　株式会社の清算人の登記の申請書には、定款を添付しなければならない。（商業登記法73条1項）

しかし、その唯一の例外が本問のケースである。

株主総会の決議により解散をし、清算人が選任されたケースでは、添付すべき定款には「申請会社の清算人会を設置するという規定の有無」の証明文書としての意味しかない。

ところが、特例有限会社は清算人会を設置することがそもそもできないから、設問のケースにおいて、定款の添付は不要とされるのである。

4．**4**

ア　×　整備法14条３項。

イ　×　特例有限会社の取締役には任期がない。したがって、定款に取締役の任期についての特段の規定がない限り、取締役が任期の満了により退任することもない。

ウ　○　みなし解散の制度は、株式会社において、定款による取締役等の役員の任期の伸長が10年までを限度とするため、最後の登記から12年間の経過をもって当該会社の休眠状態を推定するものである。しかし、特例有限会社の役員には任期がないからその推定が働くことはなく、したがって、特例有限会社にみなし解散の制度はない。（整備法32条）

エ　○　そのとおり。（整備法43条）

オ　×　特例有限会社については、株式交換に係る規定は適用がない。（整備法38条）

コラム　代表取締役の氏名抹消

特例有限会社では、代表取締役の氏名は会社を代表しない取締役がいる場合のみ登記される。

そのため、以下の事案で代表取締役の氏名抹消の登記をする。

取締役―住所―Ａ、取締役―住所―Ｂ、代表取締役Ａと登記されている特例有限会社において

１．取締役Ｂに代表権が付与された場合

登記の事由	代表取締役の氏名抹消	
登記すべき事項	年月日会社を代表しない取締役の不存在により代表取締役Ａの氏名抹消	
登録免許税	金10000円（資本金の額が金１億円を超えれば金30000円）	
添付書類	株主総会議事録	１通
	株主リスト	１通
	委任状	１通

＊上記は、株主総会で取締役の互選により代表取締役を選定するとの定款規定を廃止する決議をした場合を想定した。

2．取締役Ｂが辞任した場合

登記の事由	取締役の変更 代表取締役の氏名抹消
登記すべき事項	年月日取締役Ｂ辞任 同日取締役が１人となったため代表取締役Ａの氏名抹消
登録免許税	金10000円（資本金の額が金１億円を超えれば金30000円）
添付書類	辞任届　　　　１通 委任状　　　　１通

参考問題　特例有限会社において、取締役がＡ及びＢであり、代表取締役がＡである場合において、取締役Ｂの死亡により代表取締役の氏名抹消の登記を申請するときは、その登記すべき事項は、会社を代表しない取締役の不存在による代表取締役Ａの氏名抹消及びその年月日である。（商業登記法Ｈ30-34-オ改）

答え　×　正しくは、取締役が一人となったことによる代表取締役Ａの氏名抹消及びその年月日である。

2 株式会社への移行

特例有限会社は、定款を変更してその商号中に株式会社という文字を用いる商号の変更をすることができます。（整備法45条１項）

上記の、商号の変更は、本店の所在地でその旨の登記をすることによって、その効力を生じます。（整備法45条２項）

上記のように、特例有限会社の株式会社への移行は、商号変更という位置づけとされました。

登記を効力の発生要件としたのは、法律関係の明確化を意図してのことです。

さて、このときの登記手続が異色なのです。

まず、登記簿の差し替えのために、株式会社の設立登記と特例有限会社の解散登記を同時申請で行うことになります。

しかし、この登記は、株式会社の変更登記の意味合いがあります。

株式会社に移行する際に、特例有限会社のときには設置が不可能であった機関（例取締役会、会計参与、会計監査人等）を新たに設置することや、また、目的変更等の定款の整備、役員の改選をすることも多くあります。

（代表）取締役を改選するというケースでは、商業登記規則61条４項から６項の取締役や代表取締役の就任による変更登記の申請書に添付すべき印鑑証明書およびその省略の考え方をそのまま踏襲するのです。

登記は、あくまでも、株式会社の設立でありながら、変更登記の考え方を引っ張るのです。

このあたりが、いかにも異色なのです。

コラム　移行後の会社が取締役会設置会社である場合

商号変更による株式会社への移行に伴って、取締役会を設置したいという要請がある。

この場合、この後で紹介する商号変更による設立登記の別添CD－Rに「取締役会設置会社」と書いておけばよい。

しかし、代表取締役はどうするのだろう。

これが、会社法施行後、しばし話題となった。

特例有限会社は取締役会を設置できない。しかも、商号変更は、登記により効力が発生するから、登記を申請するまでは、特例有限会社で取締役会を開催できない。そのため、仮に、商号変更による設立登記の添付書類に「取締役会議事録」と記載すれば登記は却下となる。

では、どうするかだが、この問題は、商号変更による設立登記の申請書に添付すべき移行後の株式会社の定款の附則において選定すべしということで問題は決着した。

なお、移行後の株式会社が取締役会を設置しない場合も、移行後の代表取締役を定款附則で定めることができます。

このほか、移行前と移行後で代表取締役の選定方式が変わらないときは、移行前に移行後の代表取締役を予選することもできます。

たとえば、移行前も、移行後も株主総会で代表取締役を選定する場合は、移行前の株主総会で移行後の代表取締役を選定してもかまいません。もともと、合理的な期間内での代表取締役の予選は会社法の許容するところだからです。

しかし、移行前の特例有限会社と移行後の株式会社の定款に、いずれも「取締役の互選により代表取締役を選定する」という定めがあるときは、次の点に注意を要します。

1．移行前と移行後の取締役のメンバーが相違しないとき
移行前に、取締役の互選で移行後の代表取締役を選定することができる。
2．移行前と移行後の取締役のメンバーが相違するとき
移行前に、取締役の互選で移行後の代表取締役を選定することができない。
この場合は、移行後の代表取締役は定款附則で定めるべきことになる。

登記簿の記録例（H18.4.26民商第1110号依命通知改）
株式会社への商号変更を行う場合
（1） 株式会社についてする設立の登記（整備法第46条、会社法第911条）

会社法人等番号	0000-00-000000
商　号	第一電器株式会社
本　店	東京都中央区京橋一丁目１番１号
公告をする方法	官報に掲載してする
会社成立の年月日	平成12年10月１日
目　的	1　家庭電器用品の製造及び販売 2　家具、什器類の製造及び販売 3　光学機械の販売 4　前各号に附帯する一切の事業
発行可能株式総数	5000株
発行済株式の総数並びに種類及び数	発行済株式の総数 5000株
資本金の額	金500万円
株式の譲渡制限に関する規定	当会社の株式を第三者へ譲渡する場合は、当会社の承認がなければ譲渡することができない

<table>
<tr><td rowspan="2">役員に関する事項</td><td>取締役　　甲野太郎</td><td>平成12年10月１日就任</td></tr>
<tr><td colspan="2">東京都千代田区霞が関一丁目3番５号
代表取締役　　甲野太郎</td></tr>
<tr><td>支　店</td><td colspan="2">1
大阪市北区若松町15番地</td></tr>
<tr><td>存続期間</td><td colspan="2">会社成立の日から満50年</td></tr>
<tr><td>登記記録に関する事項</td><td colspan="2">平成19年10月１日第一電器有限会社を商号変更し、移行したことにより設立
平成19年10月１日登記</td></tr>
</table>

（２）　特例有限会社の解散の登記（整備法46条）

登記記録に関する事項	平成19年10月１日東京都中央区京橋一丁目１番１号第一電器株式会社に商号変更し、移行したことにより解散 平成19年10月１日登記 平成19年10月１日閉鎖

上記が、特例有限会社が株式会社に移行した場合の記録例です。さきに、P514で挙げた記録例の第一電器有限会社が会社法の施行（平成18年５月１日）の１年ちょっとの後に株式会社へ移行したという、法務省の趣向です。

移行に伴い、株式の譲渡制限規定を変更していることがわかります（特例有限会社になされた職権登記と内容が異なる）。

ついでに、発行可能株式総数を増やしておけばよかったのではないでしょうか。

その他、取締役会を設置してもよいし、新たに監査役を置いてもよいのです。

何をやっても登録免許税額は変わらないからお得です。

→ただし、本店移転は一括申請できない。本店の所在場所が違えば、従前の特例有限会社との継続性が認められないからである。商号も本店も異なる会社を同一会社とみることはできない。

以下、申請書を書いてみます。

株式会社の設立、特例有限会社の解散の登記は、同時に申請しなければ却下となります。

株式会社への商号変更をした株主総会の日は、平成19年９月20日であったとします。

登記期間は、決議の時から、本店の所在地で２週間以内です。

9-1 株式会社についてする設立の登記

特例有限会社の商号変更による株式会社設立登記申請書

会社法人等番号	0000-00-000000
フリガナ	ダイイチデンキ
商　号	第一電器株式会社（新商号）
本　店	東京都中央区京橋一丁目１番１号
登記の事由	平成19年９月20日商号変更による設立（決議日）
登記すべき事項	別紙のとおり
課税標準価額	金500万円
登録免許税	金30000円（ホ）
添付書類	定款　１通
	株主総会議事録　１通
	株主リスト　１通
	委任状　１通

東京都中央区京橋一丁目１番１号
申請人　第一電器株式会社
東京都千代田区霞が関一丁目３番５号
代表取締役　甲野太郎
横浜市中区中一丁目１番地
上記代理人　司法書士　山本太郎　㊞

＊定款は、移行後の株式会社のもの。

＊株主総会議事録は、特例有限会社時代のもの。

＊取締役の再任は必須の手続ではない。本事例は、従前の取締役の横滑りが想定されている。

＊登録免許税は、資本金の額の1000分の1.5（変更前の資本金の額を超過する部分については、1000分の７）、この額が３万円に満たない場合は３万円。

→カッコ内の意味

たとえば、株式会社への商号変更の効力発生時（登記の時）に募集株式の発行の効力が生じるとすることにより、資本金の額の増加と商号変更による株式会社への移行の登記を同時に申請できるのである。

→本事例では移行の前後で資本金の額に変動はないとされている。

＊別紙の内容は本店で登記すべき事項のすべてである。

1．取締役（監査役も）の就任の年月日は別紙には書かない。

では、法務省の記載例における取締役甲野太郎の「平成12年10月1日就任」という登記はどうやってされたのか？

これは、登記官が特例有限会社の登記簿から拾ってきたのである。

なお、商号変更に際し、新たな役員を選任したケースでもその就任年月日は別紙には書かない。

商号変更により株式会社についてする設立の登記においては、登記官は、職権で、株式会社への移行の日を就任日として登記する。

2．登記記録に関する事項欄が、驚きである。

登記が効力発生要件であるにもかかわらず、「平成19年10月1日第一電器有限会社を商号変更し、移行したことにより設立」と書く。

→この日付は登記申請日。

このあたりが、変更登記の考え方が残る部分であるが、さきにもいったように、目的変更、取締役会の設置その他の報告的登記と一括申請するためには、商号変更による移行の登記に年月日を要するということである。

→仮に年月日を登記しなければ、目的変更、取締役会設置等の年月日が登記簿を一見してわからなくなるので不都合なのである。

参考　印鑑証明書・本人確認証明書についての実務上の注意点

商業登記規則61条4項から6項の印鑑証明書の要否とこれと対をなす本人確認証明書の要否はその都度の状況により変化するが、たとえ、取締役が同一人物でも、特例有限会社の株式会社への移行の登記をする場合、代表者の印鑑証明書の準備を要することがある。

というのは、後に書面申請をする場合、移行に伴い「印鑑の再提出」が必須なのである。

9-2

特例有限会社の商号変更による解散登記申請書

会社法人等番号	0000-00-000000
フリガナ	ダイイチデンキ
商　号	第一電器有限会社（旧商号）
本　店	東京都中央区京橋一丁目1番1号
登記の事由	商号変更による解散
登記すべき事項	平成19年10月1日東京都中央区京橋一丁目1番1号第一電器株式会社に商号変更し、移行したことにより解散
登録免許税	金30000円（レ）
添付書類	
	東京都中央区京橋一丁目1番1号

申請人　第一電器株式会社（新商号）
東京都千代田区霞が関一丁目３番５号
代表取締役　甲野太郎
横浜市中区中一丁目１番地
上記代理人　司法書士　山本太郎　㊞

＊添付書類はナシである。

＊ここも、登記すべき事項に日付が入る。

①　役員の任期

特例有限会社が商号変更をして株式会社へ移行する場合に、特例有限会社の取締役の任期はどうなるのでしょうか。

いずれも、設立する株式会社には「当会社の取締役の任期は、選任後10年以内に終了する事業年度のうち最終のものに関する定時株主総会の終結の時までとする」という定款規定があるものとしましょう。

なお、移行後の株式会社は、取締役の員数に関する定款規定のない取締役会を設置しない会社という前提で考察します。

1．商号変更の１年前に選任された取締役Ａ
　株式会社へ移行後の任期は、あと９年ある。
　→そのまま株式会社の取締役（代表取締役）として登記がされる。

2．取締役Ａの他に、商号変更の18年前に選任された取締役Ｂがいる。
　取締役Ｂの任期は商号変更の効力が発生する時（登記申請時）に終了する。
　→Ａのみを株式会社の取締役（代表取締役）として登記する。
　→取締役Ｂの退任登記をする必要はない（特例有限会社の登記簿は閉鎖されるため）。

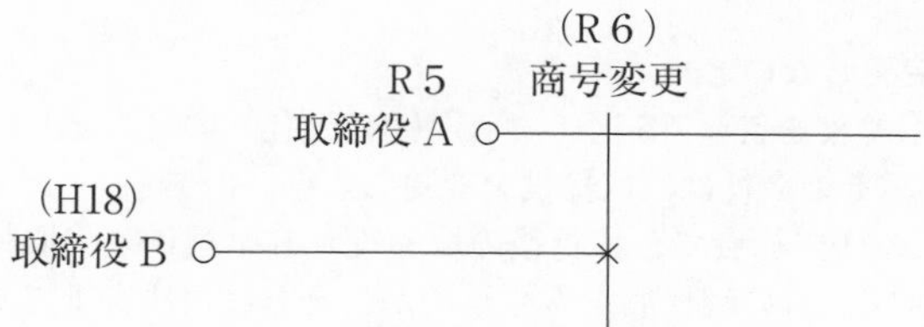

・任期を10年サイクルとする定款の効力発生日（株式会社への移行の日）にＢは退任する。

3．18年前に選任された取締役Ｂのみが存在する。

取締役Ｂの任期は商号変更の効力が発生する時（登記申請時）に終了する。

しかし、取締役Ｂは、取締役の権利義務を承継する。

→Ｂを株式会社の取締役（代表取締役）として登記する。

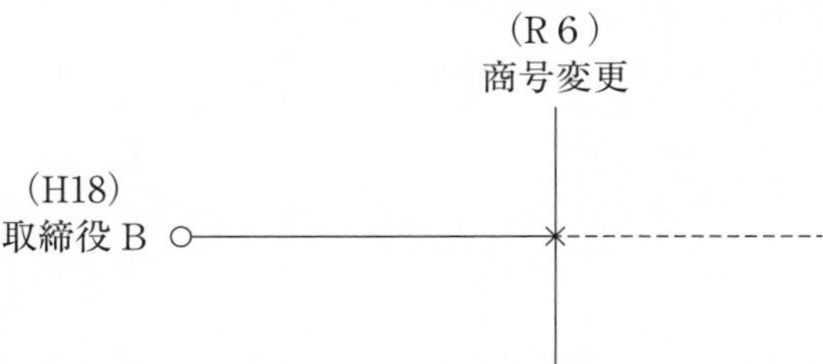

・Ｂは商号変更のときに退任する。しかし、その後も取締役の権利義務を有する。

・元来、移行後の取締役を選任すべきだったが、それを怠ったときの話し。

4．18年前に選任された取締役Ｂのみが存在するが、商号変更に伴い取締役Ａを選任した。

取締役Ｂの任期は商号変更の効力が発生する時（登記申請時）に終了し、権利義務の承継もしない。

→Ａのみを株式会社の取締役（代表取締役）として登記する。

→取締役Ｂの退任登記をする必要はない（特例有限会社の登記簿は閉鎖されるため）。

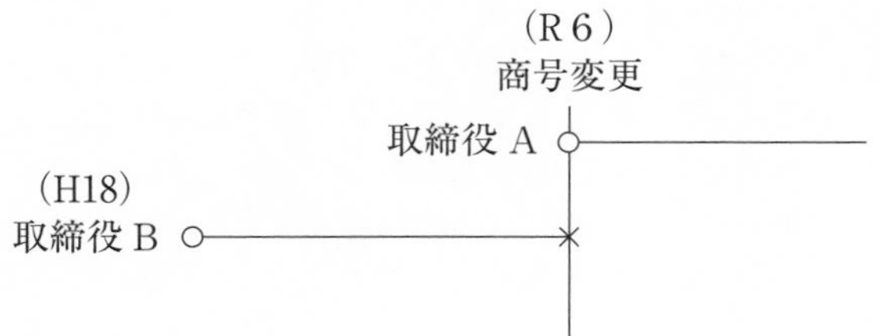

【実務の話し】取締役を変更しないとき

商号変更（Ｒ６）前の取締役をＡ（Ｒ５選任）、Ｂ（H18選任）の２人としよう。

株式会社への移行後も、その会社は、取締役を変更しない。

この場合、移行のための株主総会で、移行後の取締役ＡＢを選任し、取締役Ａから「移行のときに辞任する」旨の辞任届をもらうのが、優秀な司法書士である。

これにより、移行後の、取締役ＡＢ２人の任期が同時（移行のときが起点となる）に始まる。

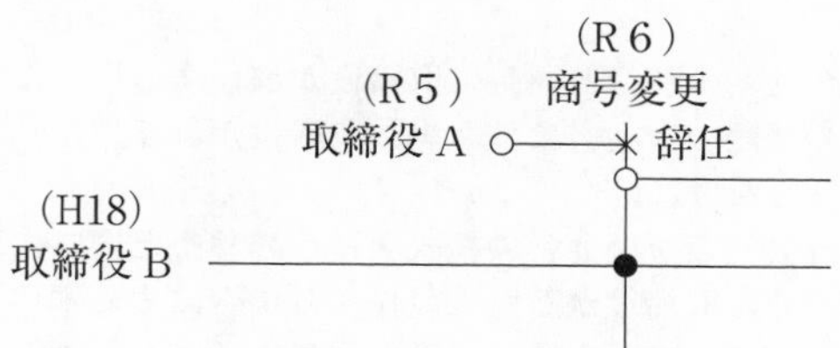

・移行のための株式会社の設立登記にAの辞任届を要する。
　→これがないと、Aの任期は残り9年となる。
・しかし、Aの辞任による退任登記は要しない。
　(移行前の特例有限会社の登記簿が閉鎖されるため)

コラム　特例有限会社の清算人の登記

特例有限会社は、清算人会の設置ができない。

このため、「清算人会を置く旨の定めがないこと」の証明がいらない。

そこで、たとえば、株主総会が清算人を選任した場合、定款の添付を要しない。この場合、定款に「清算人の定めがないこと」の消極証明を要しないからである。

参考問題

1．特例有限会社が最初の清算人を株主総会の決議によって選任したことによる清算人の登記の申請書には、当該申請をする会社の定款を添付しなければならない。(商業登記法H29-29-オ改)

2．特例有限会社が、株主総会の決議により最初の清算人を選任したときは、当該清算人の登記の申請書には、定款を添付しなければならない。(商業登記法R2-32-1改)

3．特例有限会社の清算人の登記の申請書には、登記すべき事項として、清算人の氏名及び住所を記載しなければならない。(商業登記法R2-32-2改)

4．特例有限会社の清算人(裁判所が選任したものを除く。)の解任による変更の登記の申請書には、株主総会の議事録を添付しなければならない。(商業登記法R2-32-3改)

5．特例有限会社の通常の株式会社への移行の登記に関する次のアからオまでの記述のうち、誤っているものの組合せは、後記1から5までのうちどれか。(商業登記法H23-32)

ア　本店の所在地における設立の登記の申請書には、定款を添付しなければならない。

イ　通常の株式会社への移行と同時に取締役が辞任する場合にする本店の所在地における設立の登記の申請書には、当該取締役が辞任により退任したことを証する書面を添付しなければならない。

ウ　取締役会設置会社でない通常の株式会社への移行と同時に取締役が任期満了により退任してその取締役が新たに就任する場合にする本店の所在地における設立の登記の申請書には、当該取締役が就任を承諾したことを証する書面の印鑑につき市区町村長の作成した証明書の添付を要しない。

エ　代表取締役を取締役の互選によって選定するとの定款の定めのある特例有限会社が取締役会設置会社でない通常の株式会社への移行をする場合には、移行時に取締役の全員が重任して、取締役の構成に変動が生じないときであっても、商号の変更の前に取締役の互選により選定した者を代表取締役とする設立の登記を申請することはできない。

オ　通常の株式会社への移行と同時に本店を他の登記所の管轄区域内に移転する定款の変更をした場合には、移転後の本店の所在場所をその本店の所在場所とする設立の登記を申請しなければならない。

1　アイ　　**2**　アオ　　**3**　イウ　　**4**　ウエ　　**5**　エオ

答え　1．×　　2．×

3．○　特例有限会社では、清算人の「氏名及び住所」、代表清算人の「氏名」が登記事項となる。なお、代表清算人の「氏名」は、特例有限会社を代表しない清算人がある場合に限り、登記事項となる。（整備法43条２項）

4．○

5．**5**

ア　○　整備法136条20項。

イ　○　辞任届を添付しなければ、商号変更後の取締役として登記すべきことになってしまう。なお、この場合でも、辞任による退任の登記はすることを要しない。その取締役が記録された特例有限会社の登記簿は、株式会社への移行の登記によって閉鎖されるためである。

ウ　○　再任にあたる。（商登規61条４項後段カッコ書）

エ　×　本問のように、移行前と移行後の取締役のメンバーが一致するときは、移行前の取締役の互選によって、移行後の代表取締役を選定することができる。

オ　×　移行後の株式会社の本店について特例有限会社の本店と相違する登記をすることはできない。

第20章

組合等登記令

組合等登記令の組合等の出題が、まれにあります。
組合等とは、次のような法人です。

1．学校法人
2．医療法人
3．宗教法人
4．司法書士会
5．税理士会

これらの法人の登記をする場合には、それぞれの法令（学校法人法、医療法、宗教法人法）をあたらなければ正確なところはわかりません。
そして、そういう点を、司法書士の受験生が学習するヒマはありません。

そこで、これらの法人に共通する流れを追います。
組合等の設立のためには定款、寄付行為等を作成しますが、基本的に主務官庁の認可を要します。
また、登記事項の変更の場合も認可を要する場合があります。
この場合、登記の申請書には、所轄庁の認可書またはその認証のある謄本の添付を要します。

組合等の成立時期、登記期間の考え方は会社と同様です。以下、同じであることの確認だけしておきます。

1．成立時期　設立の登記をしたときが原則（ただし、司法書士会は登記が対抗要件）
2．登記期間

設立時の主たる事務所の登記

組合等の設立の登記は、その主たる事務所の所在地において、設立の認可、出資の払込みその他設立に必要な手続が終了した日から２週間以内にしなければならない。（組合等登記令２条１項）
→学校法人は所轄庁による寄附行為の認可を要するため、認可書の到達した日から登記期間を起算する。（組合等登記令24条）

事務所移転の登記

組合等は、主たる事務所を移転したときは、２週間以内に、旧所在地においては移転の登記をし、新所在地においては２条２項各号に掲げる事項を登記しなければならない（組合等登記令４条）。

→２条２項各号に掲げる事項とは、組合等における登記事項（後述）を意味する。

変更の登記

組合等は、２条２項各号に掲げる事項に変更を生じたときは、２週間以内に、その主たる事務所の所在地において、変更の登記をしなければならない。（組合等登記令３条１項）

登記事項に認可を要する場合

登記すべき事項であって官庁の認可を要するものについては、その認可書の到達した時から登記の期間を起算する。（組合等登記令24条）

コラム　資産の総額の登記

変更の登記の期間について以下の特則がある。

第１項の規定にかかわらず、資産の総額の変更の登記は、毎事業年度末日現在により、当該末日から３月以内にすれば足りる。（組合等登記令３条３項）

登記すべき事項は以下のとおりです。（組合等登記令２条２項）

1．目的および業務

→行政書士会、司法書士会、社会保険労務士会、税理士会等は目的および業務が法定されているため登記は不要である。（組合等登記令26条）

2．名称

3．事務所の所在場所

→主たる事務所、従たる事務所の双方を登記せよという意味。

4．代表権を有する者の氏名、住所および資格

→この部分に注目のこと。

5．存続期間または解散の事由を定めたときは、その期間または事由

6．別表の登記事項の欄に掲げる事項

学校法人の場合には、「代表権の範囲または制限に関する定めがあるときは、その定め」「資産の総額」「設置する私立学校、私立専修学校または私立各種学校の名称」

4について

代表権を有する者の氏名、住所および資格が登記事項です。

① 仮理事、清算人は登記事項。

② 学校法人は原則として理事長にのみ代表権があるため、寄附行為に理事が法人を代表する定めがないときは、登記されるのは理事長のみです。

組合等登記令には、主だったところで、以下の登記の規定があります。

解散の登記

合併の登記

→宗教法人が合併できる。キリスト教と仏教の合併も法的にはできる。

清算結了の登記

参考問題

1．司法書士会及び税理士会については、目的及び業務を登記することができない。（商業登記法S59-32-5）

2．学校法人の設立許可の年月日は登記すべき事項である。（商業登記法S57-36-2）

3．学校法人の設立の登記は、主務官庁による寄附行為の認可があった日から主たる事務所の所在地において2週間以内にしなければならない。（商業登記法S57-36-3）

4．宗教法人の清算結了の登記の申請書には、清算が結了したことを証する書面を添付することを要しない。（商業登記法S58-37-1）

5．学校法人の設立の登記の申請書には、私立学校審議会の許可書の添付をしなければならない。（商業登記法S58-37-4）

6．学校法人の登記に関する次の記述中、正しいものはどれか。（商業登記法H3-40改）

1 学校法人の資産の総額の変更については、主たる事務所において、毎事業年度末日現在の額を、当該事業年度の終了後、3月以内に登記すれば足りる。

2 学校法人の設立の登記は、設立の手続が終了した日から、主たる事務所の所在地においては2週間以内にしなければならない。

3 学校法人の寄附行為に理事が法人を代表する旨の定めがないときであっても理事全員の氏名及び住所を登記しなければならない。

4 学校法人の寄附行為に収益事業を行う旨の規定がある場合、設立の登記において、その旨を登記することはできない。

5 学校法人の理事長の住所について住居表示の実施による変更があったときには、主たる事務所の所在地においては2週間以内に、住居表示実施の変更証明書を添付して登記しなければならない。

7．法人の登記に関する次のアからオまでの記述のうち、誤っているものの組合せは、後記1から5までのうち、どれか。（商業登記法R2-35）

ア　社会福祉法人における資産の総額の変更の登記の申請は、毎事業年度末日から3か月以内にしなければならない。

イ　医師が理事長として登記されている医療法人において、当該理事長の重任による変更の登記の申請書には、当該理事長が医師であることを証する書面を添付することを要しない。

ウ　特定非営利活動法人は、資産の総額を登記しなければならない。

エ　規則に主たる事務所の所在場所が定められている宗教法人が、当該規則を変更して主たる事務所を移転した場合の変更の登記の申請書には、所轄庁の認証書の謄本を添付しなければならない。

オ　学校法人は、その寄附行為に代表権の範囲又は制限に関する定めがあるときは、その定めを登記しなければならない。

1　アウ　**2**　アオ　**3**　イウ　**4**　イエ　**5**　エオ

答え　1．○　組合等登記令26条。

2．×　登記事項ではない。（組合等登記令2条2項）

3．○　組合等登記令2条1項。　4．○

5．×　添付すべきは、所轄庁の認可書である。

6．**1**

1　○　組合等登記令3条3項。

2　×　認可書到達の日が起算日。

3　×　組合等の登記事項は、代表権を有する者の氏名、住所および資格。理事は、寄付行為に別段の定めがないときは、学校法人を代表しないからである。（私立学校法37条2項）

4　×　収益事業も、目的および業務に含まれる。

5　×　変更証明書は不要。（組合等登記令17条1項ただし書）

7．**3**

ア　○　組合等登記令3条3項

イ　×　医療法人の理事長は医師でなければならないため、重任の場合も添付を要する。

ウ　×　特定非営利活動法人も組合等に含まれるのだが、特別の定めがあり、登記を要しない。

エ　○　宗教法人の規則の変更には、所轄庁の認可を要する。

オ　○　組合等登記令により、学校法人の登記事項とされている。

第21章

法人法

「一般社団法人及び一般財団法人に関する法律」と、これに関する登記手続について概説します。

「一般社団法人及び一般財団法人に関する法律」は、会社法をベースにして作られています。

このため、規定の仕方に類似点が多く、会社法をきちんと勉強した人には、条文を読んだだけでも、あらかたその内容を理解することができます。

たとえば、次の規定を見てみましょう。

法人法77条（一般社団法人の代表）

1項　理事は、一般社団法人を代表する。ただし、他に代表理事その他一般社団法人を代表する者を定めた場合は、この限りでない。

2項　前項本文の理事が2人以上ある場合には、理事は、各自、一般社団法人を代表する。

3項　一般社団法人（理事会設置一般社団法人を除く。）は、定款、定款の定めに基づく理事の互選又は社員総会の決議によって、理事の中から代表理事を定めることができる。

以上は、理事の各自代表の原則とその例外を規定した部分です。

上記の「理事」を「取締役」に、「代表理事」を「代表取締役」に、「一般社団法人」を「株式会社」に、「理事会設置一般社団法人」を「取締役会設置会社」に、「社員総会」を「株主総会」に置き換えれば、株式会社の代表に関する会社法349条の規定と寸分異なるところがありません。

以上のように法人法は、基本ラインが会社法と同じベースでできています。

このため、株式会社の場合とは、どこが違うのかを勉強することが試験対策として重要な視点となります。

【学習の指針】法人法

法人法は、会社法がベースであり、条文の作りがそっくりそのままだ。

だから、会社法をしっかり学習した人は、法人法の条文を読むだけで手に取るようにその意味が分かる。

法人法は、会社法のミニ版のようなものである。

たとえば、会社法から次のような仕組みが引き算されている。

1．株式や新株予約権に係る部分　法人法には出資の概念がない。
2．資本金の概念がない　法人法には出資の概念がない。
3．会計参与、監査等委員会、指名委員会等を置くことができない。
4．募集設立にあたるものがない。
5．会計監査限定監事の定めを置くことはできない。

基本的な対応関係
1．理事→取締役
2．代表理事→代表取締役
3．監事→監査役
4．理事会→取締役会
5．社員総会・評議員会→株主総会

学習の急所は、株式会社とは違う部分が何かである。

コラム　一般社団法人と一般財団法人

法人法は、２つのパターンの法人について規定する。
一般社団法人は、人の集まりに法人格を持たせるものである。
一般財団法人は、財産の集まりに法人格を持たせるものである。
以上の相違から、法人としての性格が異なることになる。

1 一般社団法人と一般財団法人の概要

いずれも、準則主義が採用されます。
つまり、所定の手続により、誰でも法人を設立することができます。
→会社と同じ。もちろん法人税の課税対象となる。
→従前の社団法人、財団法人は許可主義（監督官庁の許可により設立する）であり、税法上も非課税法人であり、このため役人さんの天下りの温床になった。

一般社団法人と一般財団法人の特徴として、法人の目的に制限がないことが挙げられます。
会社の場合は、営利を目的とします。
従前の社団法人、財団法人は、公益を目的とします。

しかし、一般社団法人と一般財団法人の目的は、「公益」「共益」「私益」のいずれでもかまいません。

→公益とは世の中全体のため、共益とは一定のメンバー（同窓会など）のための利益である。

コラム　商法の適用除外

一般社団法人と一般財団法人には、一定の商法の規定が適用されない。（法人法９条）

このうち注意すべきは、商人が、支配人を選任することができるという、商法20条の適用がないことである。

2 一般社団法人

Ⅰ　設立

一般社団法人を設立するときは、２人以上の社員を要します。

次の規定が、その根拠です。

法人法10条（定款の作成）

１項　一般社団法人を設立するには、その社員になろうとする者（以下「設立時社員」という。）が、共同して定款を作成し、その全員がこれに署名し、又は記名押印しなければならない。

→電子署名入りの電磁的記録をもって定款を作成することもできる。

上記の法人法10条に「共同して定款を作成し」とあるため、設立時社員は２人以上でなければならないと解されています。

→なお、一般財団法人の設立者（財産を拠出する者）は、もちろん、１人でかまわない。

一般社団法人の原始定款は、公証人の認証を受けなければ、その効力を生じません。（法人法13条）

参考問題　一般社団法人の設立の登記の申請書には、公証人による認証を受けた定款を添付することを要しない。（商業登記法R4-35-ア）

答え　×

定款の絶対的記載事項は以下のとおりです。

1．目的
2．名称
3．主たる事務所の所在地
4．設立時社員の氏名または名称および住所
5．社員の資格の得喪に関する規定
6．公告方法
7．事業年度

→5に注目しよう。誰が社員となり、どういうときに社員の資格を失うか、定款自治に任されている（なお、法人法に一定の退社事由の定めはある）。

設立登記の添付書面

「定款」の添付を要する。

参考問題　設立しようとする一般社団法人の定款に公告方法の定めがない場合は、当該定款を添付して一般社団法人の設立の登記を申請することはできない。（商業登記法H31-35-ウ）

答え　○　公告方法の定めは一般社団法人の定款の絶対的記載事項であり、その定めのない定款を添付しての設立登記は受理されない。

コラム　公告方法について

一般社団法人においては、公告方法が定款の絶対的記載事項である。

→会社においては、必ずしも定款に記載することを要しなかった。（会社法939条１項・４項）

この公告方法が面白い。

会社法のケースの、官報・時事に関する日刊新聞紙に掲載する方法、電子公告のほかに次の方法が認められる。

・不特定多数の者が公告すべき内容である情報を認識することができる状態に置く措置として法務省令で定める方法。

→当該一般社団法人等の主たる事務所の公衆の見やすい場所に掲示する方法。（法人法施行規則88条１項）

→主たる事務所の掲示板に掲載することが認められるのである。

公告方法に関する登記事項

基本的に会社の場合と同様である。

・公告方法

・公告方法が電子公告（法人法331条１項３号に規定する電子公告をいう）であるときは、次に掲げる事項

イ　電子公告により公告すべき内容である情報について不特定多数の者がその提供を受けるために必要な事項であって法務省令で定めるもの

ロ　法人法331条２項後段の規定による定款の定めがあるときは、その定め

→法人法331条２項後段の規定による定款の定めとは、事故その他やむを得ない事由によって電子公告による公告をすることができない場合の公告方法の定めのことである。

なお、株式会社の場合と同様、公告方法が官報または時事に関する事項を掲載する日刊新聞紙において掲載する方法である一般社団法人においては、貸借対照表について「継続して電磁的方法により不特定多数の者が提供を受けることができる状態に置く措置」をとることができる。（法人法128条３項）

この場合、貸借対照表を掲載すべきHPのアドレスが登記すべき事項となる。

→一般社団法人には、貸借対照表またはその要旨の公告義務がある。その方法は、株式会社のケースと同じである。（法人法128条１項・２項）

参考問題　一般社団法人が貸借対照表の内容である情報につき不特定多数の者が提供を受けるために必要な事項を登記する場合には、その申請書には、当該事項について決議した社員総会の議事録を添付しなければならない。（商業登記法H28-35-ウ）

答え　×　たかがＵＲＬの決定に社員総会はおおげさである。株式会社においても、本問の事項の登記には委任状を除き特段の添付書面を要しなかったことと同視すればよい。

さて、株式会社の設立手続との明確な相違は、「払込み」という手続がないことです。というか、一般社団法人には、「出資」の概念がありません。

→一般社団法人の設立時の法人財産がゼロでも一向にかまわない。

「出資」とは「見返りを求める」ことです。

端的にいえば、剰余金の配当を受け、残余財産の分配を受けるという「財産権としての特質」が出資の本質です。

→であるからこそ、株式会社において、株主にこの双方の権利の全部を与えない旨の定款の定めは、その効力を有しないものとされる。(会社法105条２項)
→財産権としての意味合いのない株主権を会社法は認めていないのである。

これに対して、法人法では、原則として「見返りを求める」ことができません。
次の規定を見てみましょう。

> **法人法11条（定款の記載又は記録事項）**
> ２項　社員に剰余金又は残余財産の分配を受ける権利を与える旨の定款の定めは、その効力を有しない。

株式会社とは、全く正反対の規定の仕方です。
基本的に、社員は、剰余金または残余財産の分配を受けることができないことが一般社団法人のルールなのです。

コラム　ザル法

法人法11条２項は、「剰余金又は残余財産の分配を受ける権利を与える旨の定款の定め」を無効としている。
しかし、定款により、残余財産の帰属が定まらないときは、その帰属は、社員総会の決議によって定めるものとされており（法人法239条２項)、その場合はこの決議によって、社員に残余財産の分配をすることは可能であるとされている。
→なお、社員総会の決議で剰余金の分配をすることは、できないものと解される。(法人法35条３項)

参考　一般社団法人の設立の手続

一般社団法人は、その主たる事務所の所在地において設立の登記をすることによって成立する。(法人法22条)
この点、会社と同様であり、設立手続は「登記」を最終の目的とする。
設立手続については、法人法10条から26条まで規定されている。
基本的に株式会社の設立の条文と同じ作りであるが、以下の点に注意してサッと読み流しておこう。

1. 募集設立に該当するものはない（出資の概念がないので当然の話)。
2. 設立時社員の議決権は、各人１個を原則としている。(法人法17条２項。定款で別段の定めをすることはできる)
   →法人法には、出資の概念がないから、設立の前後を問わず、社員（設立時社員）１人について１個の議決権を原則としている。

参考問題 設立しようとする一般社団法人が監事設置一般社団法人であるときは、その設立の登記は、その主たる事務所の所在地において、設立時理事及び設立時監事の設立手続の調査が終了した日又は設立時社員が定めた日のいずれか遅い日から2週間以内にしなければならない。(商業登記法H28-35-ア)

答え ○ 株式会社(監査役設置会社)の設立登記の登記期間に同じと思えばよい。(法人法301条1項)

設立登記の添付書面

定款のほか、次の書面が必要である。

基本的には、株式会社の設立時の添付書面から、出資に係る払込み関係のものを引き算すればよい。

なお、一般社団法人においては、取締役会の代わりに理事会、取締役の代わりに理事、監査役の代わりに監事がいると思えばわかりやすい話となる。

1．設立時理事が設立時代表理事を選定したときは、これに関する書面

2．設立時理事、設立時監事、設立時代表理事の就任承諾書

3．印鑑証明書

一般社団法人等登記規則3条が商業登記規則61条4項・5項を準用している。

したがって、非理事会設置一般社団法人では設立時理事。理事会設置一般社団法人では設立時代表理事の就任承諾書の押印に係る印鑑証明書の添付を要する。

4．本人確認証明書

一般社団法人等登記規則3条が、商業登記規則61条7項を準用している。したがって、印鑑証明書を添付しない設立時理事と設立時監事については本人確認証明書の添付を要する。

5．設立時会計監査人を選任した場合

選任に関する書面のほか、株式会社の会計監査人の場合と同様の書面を要する。

6．設立時社員の同意またはある設立時社員の過半数の一致があったことを証する書面

設立時社員が、設立時役員等を選任した場合や、主たる事務所または従たる事務所の所在場所を定めた場合などに添付をする。

→設立時理事等による調査(法人法20条)に関する書面が添付書類となること

はない。株式会社の設立のケースと対照して考えると、一般社団法人の設立手続には現物出資などの変態設立事項は存在しないから、これは当然のことである。

参考問題 1．設立しようとする一般社団法人が理事会設置一般社団法人でないときは、その設立の登記の申請書には、設立時理事が就任を承諾したことを証する書面に押印した印鑑につき市町村長の作成した証明書を添付しなければならない。（商業登記法H28-35-イ）

2．設立時理事としてAが就任を承諾した場合における設立の登記の申請書には、Aが就任を承諾したことを証する書面に押印した印鑑につき市町村長の作成した証明書が添付されているときを除き、Aが就任を承諾したことを証する書面に記載したAの氏名及び住所と同一の氏名及び住所が記載されている市町村長その他の公務員が職務上作成した証明書を添付しなければならない。（商業登記法R5-35-ア）

3．設立しようとする一般社団法人の定款に主たる事務所の所在場所の定めがない場合は、当該一般社団法人の設立の登記の申請書には、主たる事務所の所在場所について設立時理事の過半数の一致があったことを証する書面を添付しなければならない。（商業登記法H31-35-ア）

4．監事設置一般社団法人の設立の登記の申請書には、設立時理事及び設立時監事が一般社団法人の設立の手続が法令又は定款に違反していないことを調査したことを証する書面を添付しなければならない。（商業登記法R4-35-ウ）

答え 1．○　理事会を取締役会、設立時理事を設立時取締役に置き換えて正誤を判断すればよい。

2．○　印鑑証明書を添付しない設立時理事について、本人確認証明書の添付を要する（理事会設置一般社団法人にのみその可能性がある）。

3．×　設立時社員の過半数の一致を証する書面を要する。一般社団法人の設立手続では設立時社員が発起人の役を担う。

4．×　株式会社の場合、原始定款に現物出資等の定めがあり、かつ、検査役の調査を受けないときに、取締役等の調査書が設立登記の添付書面となったことを思い出せばよい。一般社団法人には、出資の概念がなく現物出資もありえない。したがって、設問の添付書面は、いかなる場合も不要である。

登録免許税

一般社団法人の設立登記の登録免許税額は金6万円です。

→合名・合資会社の設立と同様。一般社団法人には、資本金の額の概念がないから、当然の話である。

Ⅱ　社員総会

社員総会は一般社団法人に必ず設置される機関です。

その権限は、株式会社の株主総会に類似します。

以下の条文を見てみましょう。

> **法人法35条（社員総会の権限）**
> 1項　社員総会は、この法律に規定する事項及び一般社団法人の組織、運営、管理その他一般社団法人に関する一切の事項について決議をすることができる。
> 2項　前項の規定にかかわらず、理事会設置一般社団法人においては、社員総会は、この法律に規定する事項及び定款で定めた事項に限り、決議をすることができる。
> 3項　前2項の規定にかかわらず、社員総会は、社員に剰余金を分配する旨の決議をすることができない。
> 4項　この法律の規定により社員総会の決議を必要とする事項について、理事、理事会その他の社員総会以外の機関が決定することができることを内容とする定款の定めは、その効力を有しない。

ご覧のとおり、3項を除き、会社法295条と、全く同じ規定の内容です。

理事会を設置しない一般社団法人の社員総会は、万能の機関です。（法人法35条1項）

→取締役会を設置しない株式会社の株主総会と同様。

理事会設置一般社団法人の社員総会の権限は、法人法と定款が定めた事項の決議に限定されます。

→取締役会設置会社の株主総会と同様。

このほか、法人法36条から59条まで社員総会に関する規定が並びますが、会社法を学んだ皆さんに特に解説を要する部分はないはずです。

→上記の条文は、サラッと読み流しておくこと。

そこで、要点のみ記載します。

1．社員総会の決議

社員は、各1個の議決権を有します（法人法48条1項）。アタマ数に応じて一人一議決権です。ただし、定款で別段の定めをすることもできます。

しかし、社員総会において決議をする事項の全部につき社員が議決権を行使す

ることができない旨の定款の定めは、その効力を有しません。（法人法48条２項）

→完全無議決権社員権なるものは存在しない。

社員総会の決議要件は以下のとおりです。

① 普通決議（法人法49条１項）

総社員の議決権の過半数を有する社員が出席し、出席した当該社員の議決権の過半数をもって行います。

→定款で別段の定めをすることができる。

② 特別決議（法人法49条２項）

総社員の半数以上であって、総社員の議決権の３分の２（これを上回る割合を定款で定めた場合にあっては、その割合）以上にあたる多数をもって行います。

以下、特別決議を要する手続を列挙します。

・社員の除名（法人法30条１項）
・監事の解任（法人法70条１項）
・役員等の責任の一部の免除（法人法113条１項）
・定款の変更（法人法146条）
・事業の全部の譲渡（法人法147条）
・解散・継続（法人法148条３号、150条）
・合併（法人法247条、251条１項、257条）

以上です。

意外に少ないので、しっかり押さえておくとよいでしょう。

なお、社員総会には、特殊決議にあたる決議要件はありません（一般社団法人には、そもそも社員権の譲渡という仕組みがない）。

添付書類

登記すべき事項につき社員総会の決議を要するときは、申請書にその議事録を添付しなければならない。

参考問題 理事の変更の登記の申請書に、総社員の議決権の過半数を有する社員が出席し、出席した当該社員の議決権の過半数をもって理事を解任する決議をしたとする社員総会の議事録を添付して、理事の変更の登記を申請することはできない。（商業登記法R5-35-オ）

答え × 理事の解任は普通決議で足りる。

コラム　電子提供措置をとる旨の定め

一般社団法人は、社員総会参考書類等について電子提供措置をとる旨の定款の定めを置くことができ登記事項ともなる。

なお、後に記述する一般財団法人は、電子提供措置をとる旨の定款の定めを置くことができない。一般財団法人には社員総会が存在せず、これに代わる評議員会はごく少数の構成員から成ることが通常だからである。

《参考条文》

法人法317条（添付書面の通則）
2項　登記すべき事項につき社員総会、評議員会、理事会又は清算人会の決議を要するときは、申請書にその議事録を添付しなければならない。

2．社員総会の招集手続の省略・書面による社員総会決議

それぞれ、法人法40条、58条に、株主総会のケースと同様の規定があります。

参考問題　社員が社員総会の目的である事項として理事の選任について提案をした場合において、当該提案につき社員の全員が書面又は電磁的記録により同意の意思表示をしたときは、理事の変更の登記の申請書に、当該提案を可決する旨の決議があったものとみなされた事項の内容が記載された社員総会の議事録を添付して、理事の変更の登記を申請することはできない。（商業登記法R5-35-エ）

答え　×　みなし社員総会の仕組みが存在する。（法人法58条1項）

コラム　社員の資格等

「社員の資格の得喪に関する規定」は、一般社団法人の定款の絶対的記載事項である。

つまり、ある一般社団法人の社員資格は、定款を見なければわからない。

しかし、退社については法人法に規定がある。

1．任意退社（法人法28条）

社員は、いつでも退社をすることができる（定款で別段の定めをすることができる）。

なお、定款規定にかかわらず、やむを得ない事由があるときは、社員は、いつでも退社をすることができる。

→やむを得ない事由があっても退社できないという定款規定は無効であるという趣旨。
2．法定退社（法人法29条）
次の事由により社員は退社する。
・定款で定めた事由の発生
・総社員の同意
・死亡または解散
・除名
→除名の方式は、法人法30条参照。

Ⅲ　社員総会以外の機関

社員総会以外の機関について、法人法60条から118条に規定があります。
ここも、会社法を学んだ人には、むずかしい点はありません。
サラッと読み流しておいてください。

以下、ポイントのみ記載します。

一般社団法人には、1人または2人以上の理事を置かなければなりません。（法人法60条1項）

一般社団法人に、必ず置かなければならない機関は、「社員総会」と「理事」です。
このほか、定款の規定により、置くものとすることができる機関には以下のものがあります。（法人法60条2項）

1．理事会
2．監事
3．会計監査人

→理事会を置くこと等、上記の3つの機関を置いた場合には、そのこと自体が登記事項となる。
→株式会社において取締役会設置会社の定めを登記すべきことと同様である。
→株式会社の場合に比べると、会計参与、監査役会、監査等委員会、指名委員会等に該当する機関がない。

コラム　機関の設置義務

次のルールがある。

1．理事会設置一般社団法人
監事を置かなければならない。
→取締役会設置会社に原則として監査役の設置を要することと同様の趣旨。
→力の強い理事会には、監督者を要するのである。

2．会計監査人設置一般社団法人
監事を置かなければならない。
→会計監査人設置会社に原則として監査役の設置を要することと同様の趣旨。
→会計監査人は会計のみを監査するから、理事の職務の執行を監査する監事とセットとなる。

3．大規模一般社団法人
会計監査人を置かなければならない。
→大会社に会計監査人を置かなければならないことと同様の趣旨。
→一般社団法人には、「資本金」の概念がないため、大規模一般社団法人の基準は最終の貸借対照表の負債の部に計上した合計額200億円以上ということになる。（大規模一般社団法人の定義は、法人法２条２号）

なお、一般社団法人では、社員の資格の得喪は定款の記載事項であり、つまりは、法人法には、社員権の譲渡に関する規定がない。

よって、一般社団法人には、株式会社のような公開会社・非公開会社の区分けが存在しない。

法人法においても、会計監査人は役員ではありません。
役員とは、理事と監事を指します。（法人法63条１項）

１．役員と会計監査人の選任および解任

役員および会計監査人は、社員総会の決議によって選任します。（法人法63条１項）

また、いつでも、社員総会の決議によって解任することができます。（法人法70条１項）

→決議要件は、いずれも普通決議だが、監事の解任のみ特別決議となることに注意。（法人法49条２項２号）

なお、一定の場合、監事が会計監査人を解任することができるという規定があ

ります。（監査役による会計監査人の解任と同趣旨。法人法71条１項）

監事が２人以上いる場合には、解任をするためには、監事全員の同意を要します。（法人法71条２項）

登記すべき事項

・理事の氏名
・代表理事の氏名および住所
・監事の氏名（監事設置一般社団法人の場合）
・会計監査人の氏名または名称（会計監査人設置一般社団法人の場合）

添付書類は、選任および解任に係る社員総会議事録や、理事・監事・会計監査人の就任承諾書等、株式会社の役員変更の場合に準じて考えればよい。

→理事会設置一般社団法人ではない場合、理事の就任承諾書の押印について、原則として印鑑証明書の添付を要することに注意のこと。（一般社団法人等登記規則３条が、商業登記規則61条４項の規定を準用している。）

→また、一般社団法人等登記規則３条が、商業登記規則61条７項を準用している。したがって、印鑑証明書を添付しない理事と監事については本人確認証明書の添付を要する。

→このほか、一般社団法人等登記規則３条が、商業登記規則81条の２も準用している。このため、理事、監事、評議員（一般財団法人の場合）の旧氏を登記することもできる。

なお、役員変更の登録免許税は金１万円である。

一般社団法人には、資本金の概念がないため、この額が金３万円とされることはない。

２．代表理事の選定

理事は、各自が、一般社団法人を代表します。（法人法77条１項本文・２項）

しかし、他に代表理事その他一般社団法人を代表する者を定めたときは、その者のみが一般社団法人を代表します。（法人法77条１項ただし書）

代表理事の選定方法は以下のとおりです。

① 理事会設置一般社団法人

理事会は、理事の中から代表理事を選定しなければなりません。（法人法90条３項）

② 理事会を設置しない一般社団法人
次のいずれかの方法により、代表理事を選定することができます。(法人法77条3項)
・定款
・定款の定めに基づく理事の互選
・社員総会の決議

重要

ここでも、一般社団法人等登記規則3条が、商業登記規則61条4項・5項・6項の取締役、代表取締役の就任承諾書の押印に係る印鑑証明書の規定を全部、準用していることに注意を要する。

たとえば、理事会設置一般社団法人において、理事会の決議で代表理事を選定した場合、原則として代表理事の就任承諾書の押印に係る印鑑証明書、理事会議事録の出席理事および監事の押印に係る印鑑証明書の添付を要することになります。

重要

また、一般社団法人等登記規則3条は、取締役および監査役の本人確認証明書の添付に関する商業登記規則61条7項、登記所に印鑑を提出した代表権のある取締役または登記所に印鑑を提出した者がいない場合における代表権のある取締役の辞任届に登記所届出印または個人の実印を押印すべきことを定めた商業登記規則61条8項、さらに、旧氏の登記に関する商業登記規則81条の2も準用している。

参考問題

1. 理事会を設置している一般社団法人が定款で社員総会において代表理事を選定すると定めている場合には、定款及び社員総会の議事録を添付して、代表理事の就任による変更の登記の申請をすることができる。(商業登記法H22-35-イ)
2. 定款で代表理事の代表権の範囲に関する制限を定めている場合でも、その定めを登記することはできない。(商業登記法H22-35-エ)
3. 登記所に印鑑を提出している代表理事が代表理事を辞任した場合における代表理事の変更の登記の申請書には、当該代表理事が辞任したことを証する書面に押印した印鑑と登記所に提出している印鑑とが同一である場合を除き、当該代表理事が辞任したことを証する書面に押印した印鑑につき市町村長の作成した証明書を添付しなければならない。(商業登記法R5-35-イ)
4. 監事設置一般社団法人において、初めて監事に就任した「法務太郎」が婚姻前の氏「司法」から婚姻により「法務」を称することになったものであるときは、当該一般社団法人の代表者は、当該監事の旧氏である「司法」も登記簿に記録するよう申し出ることができる。(商業登記法R5-35-ウ)

答え　1．○　取締役会設置会社が、定款規定に基づき株主総会において代表取締役を選定した場合と同視すればよい。

2．○　株式会社の代表取締役の場合と同様に考えてよい。すなわち、代表理事の権限を制限することは可能だが（法人法77条5項）、登記事項ではないので、これを善意の第三者に対抗する手段はない。

3．○　商業登記規則則61条8項が、一般社団法人及び一般財団法人に準用される。

4．○　商業登記規則則81条の2が、一般社団法人及び一般財団法人に準用される。

3．理事、監事、会計監査人の任期

役員の任期の規定は、株式会社のそれとは相違しますので、注意しましょう。

①　理事の任期

法人法66条（理事の任期）
理事の任期は、選任後2年以内に終了する事業年度のうち最終のものに関する定時社員総会の終結の時までとする。ただし、定款又は社員総会の決議によって、その任期を短縮することを妨げない。

→以上のように、理事の任期を「選任後2年以内に終了する事業年度のうち最終のものに関する定時社員総会の終結の時」より後に伸長することができない。

参考　**役員の資格**
法人法65条1項に、役員の欠格事由の規定がある。
→取締役の欠格事由（会社法331条1項）と、ほぼ同じである。

②　監事の任期

法人法67条（監事の任期）
1項　監事の任期は、選任後4年以内に終了する事業年度のうち最終のものに関する定時社員総会の終結の時までとする。ただし、定款によって、その任期を選任後2年以内に終了する事業年度のうち最終のものに関する定時社員総会の終結の時までとすることを限度として短縮することを妨げない。
2項　前項の規定は、定款によって、任期の満了前に退任した監事の補欠として選任された監事の任期を退任した監事の任期の満了する時までとするこ

とを妨げない。
3項　前2項の規定にかかわらず、監事を置く旨の定款の定めを廃止する定款の変更をした場合には、監事の任期は、当該定款の変更の効力が生じた時に満了する。

→以上のように、監事の任期を「選任後4年以内に終了する事業年度のうち最終のものに関する定時社員総会の終結の時」より後に伸長することができない。

コラム　一般社団法人の監事の権限

一般社団法人の監事については、会社法389条1項のように、その権限の範囲を会計に関するものに限定するという定款の規定を置くことができない。

参考問題　一般社団法人は、監事の監査の範囲を会計に関するものに限定する旨の登記をすることができない。（商業登記法R4-35-エ）

答え　○

参考　**監事の兼任の禁止**

監事は、一般社団法人またはその子法人の理事または使用人を兼ねることができない。（法人法65条2項）

→会社法における監査役の兼任の禁止規定と同趣旨。

③　会計監査人の任期

法人法69条（会計監査人の任期）
1項　会計監査人の任期は、選任後1年以内に終了する事業年度のうち最終のものに関する定時社員総会の終結の時までとする。
2項　会計監査人は、前項の定時社員総会において別段の決議がされなかったときは、当該定時社員総会において再任されたものとみなす。
3項　前2項の規定にかかわらず、会計監査人設置一般社団法人が会計監査人を置く旨の定款の定めを廃止する定款の変更をした場合には、会計監査人の任期は、当該定款の変更の効力が生じた時に満了する。

→会計監査人の任期については、会社法のそれと相違しない。みなし再任の制度も存在する。

なお、役員等の「退任を証する書面」については、株式会社の場合と同様に考えてよろしいです。

会計監査人のみなし再任の場合に、その就任の承諾を要しないことも同様。

→みなし再任の場合に、登記事項証明書（監査法人）や会計監査人の資格を証する書面（公認会計士）の添付を要することも同様である。

コラム　一般社団法人のみなし解散

前記のように、役員等の任期を10年に伸長することができないため、登記が最後にあった日から５年を経過した一般社団法人は、一定の手続の後、解散したものとみなされる。（法人法149条１項）

参考　役員の権利義務承継

役員（理事および監事）が欠けた場合または法人法もしくは定款で定めた員数が欠けた場合に、任期の満了または辞任により退任した役員は、新たに選任された役員（仮役員を含む）が就任するまで、なお、役員としての権利義務を有する。（法人法75条１項）

この場合に、裁判所が仮役員の選任をすることができること、しかし、会計監査人の場合には会計監査人が欠けた場合等において権利義務承継するという規定はなく、また、裁判所ではなく監事が仮会計監査人を選任すべきことなど、会社法と全く同じ趣旨の制度がある。

登記事項

「第75条第４項の規定により選任された一時会計監査人の職務を行うべき者を置いたときは、その氏名または名称」が登記事項となる。

→仮会計監査人の登記である。添付書面は、株式会社のそれと同様と考えてよい。

コラム　補欠規定

役員が欠けた場合または法人法もしくは定款で定めた員数が欠くこととなるときに備えて、あらかじめ補欠の役員を選任することができる。（法人法63条２項）

→株式会社の補欠役員と同様の趣旨。

４．理事会

理事会設置一般社団法人においては、理事は、３人以上でなければなりません。

（法人法65条３項）

理事会の決議要件は、取締役会のそれと同様です。

議決に加わることができる理事の過半数（これを上回る割合を定款で定めた場合にあっては、その割合以上）が出席し、その過半数（これを上回る割合を定款で定めた場合にあっては、その割合以上）をもって行います。（法人法95条１項）

また、特別利害関係のある理事は、議決に加わることができません。（法人法95条２項）

理事会における決議の省略の仕組みも株式会社の取締役会のケースと同様です。

すなわち、理事会設置一般社団法人は、理事が理事会の決議の目的である事項について提案をした場合において、当該提案につき理事（当該事項について議決に加わることができるものに限る）の全員が書面または電磁的記録により同意の意思表示をしたとき（監事が当該提案について異議を述べたときを除く）は、当該提案を可決する旨の理事会の決議があったものとみなす旨を**定款で定める**ことができます。（法人法96条）

→定款の規定を要する。このため、当該みなされた理事会決議により登記すべき事項が決議された場合には、登記の申請書に、理事会議事録のほか、定款を添付すべきこととなる。

コラム　議事録への署名、記名押印

書面で作成された理事会議事録へは、出席した理事および監事が、これに署名し、または記名押印しなければならない。（法人法95条３項）

ここまでは、取締役会議事録への、取締役および監査役の署名、記名押印義務と同様である。

しかし、一般社団法人においては、定款で、議事録に署名し、または記名押印しなければならない者を当該理事会に出席した代表理事とする定めをすることができる。

これは、取締役会議事録には存在しない仕組みである。

一般社団法人の機関に関する登記事項

一般社団法人の機関に関して、以下の登記事項がある。

・理事会設置一般社団法人であるときは、その旨
・監事設置一般社団法人であるときは、その旨
・会計監査人設置一般社団法人であるときは、その旨

これらの機関の設置および廃止は、定款の記載事項であるから、その登記を申請する場合には、定款変更に係る社員総会議事録の添付を要することになる。

なお、登録免許税の考え方は、株式会社のケースと同様である。

1．理事会設置一般社団法人の定めの設定（廃止）→「会」がつくもの
　金３万円（ワ）

2．監事設置一般社団法人の定めの設定（廃止）および会計監査人設置一般社団法人の定めの設定（廃止）→「会」がつかないもの
　金３万円（ツ）→「登記事項変更分」

このほか、これらの機関の設置または廃止に伴い、役員等の変更登記を申請するときは、別途、金１万円（カ）の納付を要する。

５．役員等の責任

一般社団法人と役員および会計監査人（以下役員等という）との関係は、委任に関する規定に従います。（法人法64条）

したがって、受任者である役員等がその**任務を怠った**ことにより一般社団法人に損害が生じれば、役員等はその損害を賠償しなければなりません。（法人法111条１項）

さて、以上は、当然の話です。

問題は、この先ですが、株式会社の場合のように、役員等の責任の一部の免除を認める規定は存在するでしょうか。

結論をいえば、この部分も、法人法は会社法と非常に似通った規定を置いています。

①　総社員の同意による免除

役員等の責任は、総社員の同意がなければ免除することができません。（法人法112条）

②　責任の一部免除

役員等が善意で重過失がない場合、一定の額を限度として、社員総会の決議によって責任の免除をすることができます。（法人法113条）

→会社法425条に対応。

→決議要件は、特別決議。

③　理事等による免除

監事設置一般社団法人（理事が２人以上いる場合に限る）は、役員等が職務を行うにつき善意でかつ重大な過失がない場合において、責任の原因となった事実の内容、当該役員等の職務の執行の状況その他の事情を勘案して特に必要と認めるときは、一定の額を限度として、理事（当該責任を負う理事を除く）の過半数の同意（理事会設置一般社団法人にあっては、理事会の決議）によって免除することができる旨を定款で定めることができます。(法人法114条)

→会社法426条に対応。

→上記の定款の規定は、法人法においても「登記事項」となる。

役員の責任に関する登記について

役員等の責任の免除についての定款の定めの設定の登記をする場合、添付書面は、当該定款変更に係る社員総会議事録でよろしいです。

登録免許税額は金３万円（ツ）です。→「登記事項変更分」

登記すべき事項

第114条第１項の規定による役員等の責任の免除についての定款の定めがあるときは、その定め

④　責任限定契約

一般社団法人の理事（業務執行理事または使用人でない者に限る)、監事または会計監査人（以下、非業務執行理事等という）の責任について、その非業務執行理事等が職務を行うにつき善意でかつ重大な過失がないときは、定款で定めた額の範囲内であらかじめ一般社団法人が定めた額と最低責任限度額とのいずれか高い額を限度とする旨の契約を非業務執行理事等と締結することができる旨を定款で定めることができます。(法人法115条)

→会社法427条に対応。

→上記の定款の規定は、法人法においても「登記事項」となる。

登記すべき事項

・第115条第１項の規定による非業務執行理事等が負う責任の限度に関する契約の締結についての定款の定めがあるときは、その定め

Ⅳ　基金

株式会社における募集株式の発行に類似する制度が、基金の仕組みです。

一般社団法人は、**基金を引き受ける者の募集**をすることができます。

これは、一般社団法人の資金の調達手段です。

→このほか、社員の経費の支払義務を根拠に資金を集めることもある。(法人法27条)

→なお、基金の募集には、基金を募集することができるという**定款の規定**を要する。(法人法131条)

募集事項の決定→申込み→割当て→引受け→基金の拠出の履行という手順で話が進み、ここも会社法の規定と類似した規定のオンパレードです。

設立時社員が、その全員の同意により、基金の募集事項を定めることもできます。(法人法132条2項)

これなどは、設立時募集株式の発行に類似した仕組みといえなくもありません。

しかし、会社法との決定的な相違は、基金の額は**登記事項ではない**ということです。

もともと、一般社団法人に「資本金」の概念がありませんし、しかも、「基金」は一般社団法人の**「負債」**なのです。

つまり一般社団法人には「基金」の返還義務があるのです。(法人法131条2号、141条1項)

以上の理由、つまり基金の募集をしても登記事項が発生しないため、試験における重要度がありません。

V　解散および継続

一般社団法人は、次に掲げる事由によって解散します。(法人法148条)

1. 定款で定めた存続期間の満了
2. 定款で定めた解散の事由の発生
3. 社員総会の決議
4. 社員が欠けたこと
5. 合併(合併により当該一般社団法人が消滅する場合に限る)
6. 破産手続開始の決定
7. 261条1項または268条の規定による解散を命ずる裁判

注意点は、「社員が欠けたこと」です。

社員が1人になっても一般社団法人は解散しません。

一般社団法人を設立したときは、共同して定款を作成する必要性から、設立時社員を2人以上とする必要がありましたが、設立後の社員が1人になってもかまいません。

一般社団法人の継続のルールは株式会社のケースと同様です。
前記の1から3の解散事由の場合に継続が可能とされます。

継続の決議の時期に制限はありませんが、休眠一般社団法人のみなし解散の場合には、解散したものとみなされた日から**3年以内**に社員総会で継続の決議をすることを要します。(法人法150条カッコ書)

解散の登記における登記すべき事項は、解散の旨並びにその事由および年月日です(株式会社のケースと同じ)。
添付書面の考え方も、株式会社のケースと同様です。
また、登録免許税も金3万円(レ)であり、株式会社のケースと同じです。

参考問題

1. 一般社団法人は、基金を引き受ける者の募集をすることができる旨を定款に定めても、これを登記することはできない。(商業登記法H28-35-オ)
2. 一般社団法人の主たる事務所の所在地における登記に関する次のアからオまでの記述のうち、正しいものの組合せは、後記1から5までのうちどれか。(商業登記法H23-34)
   ア　その事業によって利益を得る可能性があるものは、目的として登記することができない。
   イ　社員の氏名及び住所は、登記事項ではない。
   ウ　その名称及び主たる事務所の所在場所が他の一般社団法人の既に登記した名称及びその主たる事務所の所在場所と同一であっても、当該名称を登記することができる。
   エ　公告方法として「主たる事務所の公衆の見やすい場所に掲示する方法」を登記することができる。
   オ　基金を引き受ける者の募集をすることができる旨の定款の定めがあるときは、その定めは、登記事項である。
   1　アエ　**2**　アオ　**3**　イウ　**4**　イエ　**5**　ウオ
3. 一般社団法人(特例民法法人及び特例民法法人からの移行により設立するものを除く。)の登記に関する次のアからオまでの記述のうち、誤っているものの組合せは、後記1から5までのうち、どれか。(商業登記法H25-35)
   ア　設立の登記の申請書には、定款を添付しなければならない。
   イ　存続期間についての定款の定めを廃止したときは、存続期間の廃止による変更の登記を申請しなければならない。

ウ　社員総会の決議により解散した一般社団法人を合併後存続する一般社団法人とする合併による変更の登記の申請は、することができる。

エ　理事会設置一般社団法人における新たな代表理事の就任による変更の登記の申請書には、代表理事の就任承諾書の印鑑につき市区町村長の作成した証明書を添付しなければならない。

オ　社員の資格の得喪に関する定款の定めは、登記事項である。

1　アウ　**2**　アエ　**3**　イエ　**4**　イオ　**5**　ウオ

答え　1．○

2．**4**

ア　×　一般社団法人の目的は、私益、共益、公益のいずれでもよい。

イ　○　そのとおり。大規模な一般社団法人は、数百人、数千人の社員がいる。こんなもの登記できるわけがない。（法人法301条２項参照）

ウ　×　法人法330条、商業登記法27条。

エ　○　法人法331条１項４号、301条２項15号。

オ　×　基金は登記事項ではない。

3．**5**

ア　○　法人法318条２項１号。

イ　○　法人法303条、301条２項４号。

ウ　×　法人法151条。

エ　○

オ　×

Ⅵ　公益認定

一般社団法人は、公益認定を受けて公益社団法人となることができます。

この場合、公益認定を受けたことを証する書面を添付の上、一般社団法人何々から、公益社団法人何々への名称変更の登記を申請することとなります。

参考問題　公益認定を受けた一般社団法人は、公益社団法人についての設立の登記及び一般社団法人についての解散の登記を申請しなければならない。（商業登記法R4-35-イ）

答え　×

3 一般財団法人

I　設立

一般財団法人は、財産そのものに法人格を与える仕組みです。

そこで、設立者が、財産を拠出することを要します。

この点が、一般社団法人の設立手続との相違です。

また、定款を作成すべきは、設立者です。

なお、設立者は１人でも２人以上でもよく、また、一般財団法人の設立行為は遺言によってすることもできます。

→一般社団法人を遺言により設立するという仕組みはない。

では、一般財団法人設立の手順を紹介しましょう。

法人法152条（定款の作成）

１項　一般財団法人を設立するには、設立者（設立者が２人以上あるときは、その全員）が定款を作成し、これに署名し、又は記名押印しなければならない。

→遺言により設立するときは、遺言執行者が定款を作成する。

→電子署名入りの電磁的記録をもって定款を作成することもできる。

【学習の指針】一般財団法人

一般財団法人は設立者の拠出した財産に法人格を持たせる。

だから、**「設立者の意思」**を重視する。

これが、一般社団法人(こちらは、人の集まりだから、その意思で、その都度、姿を変えていくことができる）との相違である。

一般財団法人の原始定款は、公証人の認証を受けなければ、その効力を生じません。(法人法155条)

定款の絶対的記載事項は以下のとおりです。

１．目的

２．名称

３．主たる事務所の所在地

４．設立者の氏名または名称および住所

５．設立に際して設立者（設立者が２人以上あるときは、各設立者）が拠出を

する財産およびその価額

6．設立時評議員、設立時理事および設立時監事の選任に関する事項

7．評議員の選任および解任の方法

8．公告方法

9．事業年度

→このほか、設立しようとする一般財団法人が、会計監査人設置一般財団法人であるときは、設立時会計監査人の選任に関する事項を定款に記載または記録しなければならない。

以上のうち、6と7に注意しましょう。

設立後の理事、監事の選任の方法は法人法に規定があるため、定款に記載をすることは要しません。→評議員会で選任する。

しかし、設立段階では、設立時評議員、設立時理事および設立時監事の選任に関する事項は定款に記載されていますから、これに従って手続をします。

なお、評議員の氏名は登記事項です。

その選任の方法は、定款を見なければわかりません。一般財団法人の設立後においても同様です。

→評議員の就任登記の申請をするときには、その選任が定款所定の方法によるものであることを証するため定款の添付を要することになる。

評議員は、設立後の一般財団法人の最高機関である評議員会の構成員です。

その選任および解任の方法は、一般財団法人に財産を拠出する**設立者の意思**によるべきであり、法人法において一定の方法を強制する筋合いの問題ではないという配慮が立法者にあるものと推測されます。

設立登記の添付書面

「定款」の添付を要する。

コラム　公告方法について

一般社団法人と一般財団法人に関して、公告方法に相違はない。

→公告方法を定めた法人法331条は、一般社団法人等（一般社団法人または一般財団法人）についての規定である。

また、登記事項などについても同様に考えてよい。

さて、一般財団法人の設立に際しては、「財産の拠出」という手続を要します。

拠出をする財産の価額の合計額は、金300万円以上とされています。(法人法153条2項)

→拠出された財産は、一般財団法人の成立のときから法人に帰属する。

→しかし、遺言による拠出のケースは遺言の効力が生じたときから法人に帰属する(拠出財産が相続されることはないという意味)。

定款で、設立時評議員、設立時理事、設立時監事を定めなかった場合、設立者は財産の拠出の履行が完了した後に、遅滞なくこれらの者を選任しなければならないと定められる(法人法159条1項)など、株式会社の発起設立の場合に、発起人が出資の履行後に設立時取締役等を選任する仕組みと似ています。

しかし、一般財団法人の「財産の拠出」も「出資」ではありません。

また、一般財団法人にも剰余金を設立者に分配するという仕組みがないため、「拠出された財産の額」は登記事項ではありません。

→株式会社の資本金の額は、その額を割り込んで剰余金の配当をすることができないという基準として登記されている。

参考問題　設立の登記の申請書には、登記すべき事項として資産の総額を記載しなければならない。(商業登記法H24-35-イ)

答え　×　法人法302条2項参照。

なお、財産の拠出の履行があったことを証する書面は、設立登記の添付書面にはなります。

設立手続が適法になされたことの証明という意味合いと思えばいいでしょう。

参考問題　一般財団法人の設立の登記の申請書には、財産の拠出の履行があったことを証する書面を添付しなければならない。(商業登記法R3-34-エ)

答え　○

では、一般財団法人の性質について、次の規定を見てみましょう。

法人法153条（定款の記載又は記録事項）
３項　次に掲げる定款の定めは、その効力を有しない。
　２　設立者に剰余金又は残余財産の分配を受ける権利を与える旨の定款の定め

このように、設立者は、剰余金または残余財産の分配を受けることができないことが一般財団法人のルールなのです。

コラム　ザル法

定款により、残余財産の帰属が定まらないときは、その帰属は、評議員会の決議によって定めるものとされており（法人法239条２項）、この決議によって、設立者に残余財産の分配をすることは可能であるとされている。

一般財団法人の設立の手続

一般財団法人は、その主たる事務所の所在地において設立の登記をすることによって成立する。（法人法163条）

設立登記の添付書類

定款のほか、次の書面を添付しなければならない。

1．財産の拠出の履行があったことを証する書面
2．設立時評議員、設立時理事、設立時監事の選任に関する書面
　→定款所定の選任方法であることを要する。なお、定款において直接選任することも可能である。
3．設立時代表理事の選定に関する書面
4．設立時評議員、設立時理事、設立時監事、設立時代表理事の就任承諾書
5．設立時代表理事の就任承諾書の印鑑について印鑑証明書
　→法人登記規則３条が商業登記規則61条４項・５項を準用している。
　一般財団法人は理事会の設置を要するため設立時代表理事の就任承諾書の押印に係る印鑑証明書の添付を要する。
6．設立時理事と設立時監事、設立時評議員の本人確認証明書
　一般社団法人等登記規則３条が、商業登記規則61条７項を準用している。したがって、印鑑証明書を添付しない設立時理事の他、設立時監事及び設立時評議員については本人確認証明書の添付を要する。
7．設立時会計監査人を選任した場合
　選任に関する書面のほか、株式会社の会計監査人の場合と同様の書面を要する。

8．登記すべき事項につき設立者全員の同意またはある設立者の一致を要するときは、その同意または一致があったことを証する書面
→設立時評議員等の選任方法が、定款において、設立者の過半数の一致によると定められているときなどに添付を要する。
→設立時理事および設立時監事による調査（法人法161条）に関する書面が添付書面となることはない。

参考問題
1．主たる事務所の所在地においてする設立の登記の申請書には、登記すべき事項として法人成立の年月日を記載することを要しない。（商業登記法H24-35-エ）
2．一般財団法人の設立の登記の申請書には、法人を代表しない設立時理事が就任を承諾したことを証する書面の印鑑につき市町村長の作成した証明書を添付することを要しない。（商業登記法H29-35-ア改）

答え　1．○　会社の場合と同じく、一般財団法人も登記によって成立するので設立登記の登記すべき事項として法人成立の年月日の記載はしないことになる。
2．○　一般財団法人は、必ず、理事会を設置する。このため、設立時代表理事の就任承諾書の印鑑についての証明書を要する。

登録免許税

一般財団法人の設立登記の登録免許税額は金６万円である。
→合名・合資会社の設立と同様。一般財団法人にも、資本金の額の概念がないから、当然の話である。

Ⅱ　評議員会

評議員および評議員会についての理解は、一般財団法人の学習をする際の**基本事項**になります。

評議員会は、一般財団法人設立後の議決機関です。
一般財団法人においては、設立者の役割は、設立をもって終了すると考えられます。
このため、定款変更などの重要事項の決定をするための機関として評議員会が設置されます。
→必置機関である。

要するに、一般社団法人における「社員総会」にあたる機関であると思えばよいのです。

しかし、評議員会の権限は、社員総会のそれよりも少々弱いのです。

これは、評議員というものの性質に由来します。

一般社団法人の社員は法人の構成員そのものですが、一般財団法人は設立者の拠出した財産そのものが法人格の主体です。

このため、**設立者の意思の実現が第一の目標**となり、この点で、評議員会の権限に制約がかかります。

たとえば、定款の変更は、評議員会の特別決議ですることができます。（法人法200条1項本文、189条2項3号）

しかし、定款の記載事項のうち、次の事項の変更の決議をすることはできません。

1．目的
2．評議員の選任および解任の方法

以上は、一般財団法人においては、あくまでも「**設立者の意思**」が優先することを示します。

設立者の決めた法人の目的の変更をすることはできないし、評議員会で評議員の選任および解任の方法を変更することもできません。（法人法200条1項ただし書）

しかし、これについては、以下の例外があります。

次のいずれかのケースにおいては、一般財団法人の「目的」「評議員の選任および解任の方法」の変更を評議員会において決議をすることが可能です。（法人法200条2項・3項）

1．設立者が原始定款において変更を可能とする旨を定めたとき。
2．裁判所の許可を得たとき。
→許可の要件は、「設立の当時予見することのできなかった特別の事情により、第1項ただし書に規定する定款の定めを変更しなければその運営の継続が不可能または著しく困難となるに至ったとき」です。

重要

前記のうち、「目的」は登記事項である。

したがって、一般財団法人の目的変更の登記を申請するときには、上記の1および2のケースに応じて、評議員会議事録のほか、原始定款または裁判所の

許可書を添付すべきことになる。

参考問題　目的を評議員会の決議によって変更することができる旨の定款の定めのない一般財団法人であっても、評議員会の特別決議により目的を変更したことを証する評議員会の議事録及び裁判所の許可書を添付すれば、目的の変更の登記を申請することができる。（商業登記法H24-35-ウ）

答 え　○

次に、評議員会の権限に関する規定を見てみましょう。

法人法178条（評議員会の権限等）
1項　評議員会は、すべての評議員で組織する。
2項　評議員会は、この法律に規定する事項及び定款で定めた事項に限り、決議をすることができる。
3項　この法律の規定により評議員会の決議を必要とする事項について、理事、理事会その他の評議員会以外の機関が決定することができることを内容とする定款の定めは、その効力を有しない。

上記のうち、２項は、評議員会の権限は、原則として、理事会を設置する一般社団法人の社員総会の権限と同一であることを意味します。

その理由は、一般財団法人においては、評議員、評議員会のほかに、理事、理事会および監事の設置が義務づけられることにあります。（法人法170条）

一般財団法人は、設立者が拠出した財産が主人公ですから、業務執行機関である理事が一人で法人を運営することは危険が伴うと法人法は考えているわけです。

→法人財産の使い込みの危険性ありということ。

理事が、背信行為を行わないように、３人以上の理事が理事会を組織してその相互の監督のもとに業務の執行を決定し、また、理事および理事会の監督機関としての監事も必要とするわけです。

以上、一般財団法人は、**常に理事会と監事が置かれます。**

このことは、一般財団法人の理解には非常に重要なことであります。

たとえば、次のような重要事項が自動的に導きだされます。

1．一般財団法人においては、理事会設置一般財団法人である旨、監事設置一般財団法人である旨は登記事項ではない。

→すべての一般財団法人の必置機関であるから、登記の必要がない。

2．評議員の権限は、監事設置一般社団法人の社員の地位に類似する。

→たとえば、評議員による理事の行為の差止めは、一般財団法人に「回復することのできない損害が生ずるおそれ」があるときに認められる。（法人法197条、88条）

次に、法人法178条３項は、「この法律の規定により評議員会の決議を必要とする事項について、理事、理事会その他の評議員会以外の機関が決定することができることを内容とする定款の定めは、その効力を有しない。」と規定しています。

これは、一般社団法人の社員総会と同様、評議員会は設立後の一般財団法人の最高機関であることを意味します。

評議員会は、業務執行機関たる理事や理事会の上部機関にあたるわけです。

このため、「理事または理事会が評議員を選任し、または解任する旨の定款の定め」は、その効力を有しないものとされます。（法人法153条３項１号）

→下位者が上部機関の構成員を選任、解任することはまかりならんという当然のルールである。

法人法177条は、「役員及び会計監査人は、社員総会の決議によって選任する。」という一般社団法人に関する法人法63条１項の規定を、社員総会を評議員会と読み替えて準用するとしています。

したがって、理事、監事の選任機関が評議員会であるから、その逆である、理事が評議員を選任する定款の定めはすることができないという意味でもあります。

試験対策としては、一般社団法人における社員総会を一般財団法人においては評議員会に**置き換えて**考えればよろしいのです。

たとえば、理事の就任の登記を申請するときは、評議員会議事録と就任承諾書を添付すればよろしいです。

→一般財団法人は理事会を設置するから理事の就任承諾書に係る印鑑証明書は不要となる。

→印鑑証明書を添付しない理事の就任登記の申請書には、その理事が再任の場合を除き、本人確認証明書の添付を要する。

しかし、評議員会の権限は、一部、社員総会のそれよりも弱い部分があります。

たとえば、次のような点に注意しましょう。

1．理事、監事、会計監査人の解任

一般社団法人においては、「いつでも社員総会の決議によって解任することができる。」(法人法70条1項）と規定されています。

しかし、一般財団法人では、評議員会は次の場合に限り役員等を解任することができます。(法人法176条)

①　理事・監事の場合
・職務上の義務に違反し、または職務を怠ったとき。
・心身の故障のため、職務の執行に支障があり、またはこれに堪えないとき。

②　会計監査人の場合
・職務上の義務に違反し、または職務を怠ったとき。
・会計監査人としてふさわしくない非行があったとき。
・心身の故障のため、職務の執行に支障があり、またはこれに堪えないとき。

→なお、上記②のケースで、監事による会計監査人の解任をすることができる点は、一般社団法人の場合と同様である。(法人法177条、71条)

以上のように、一般財団法人においては、「よほどの事態」でない限り、評議員会が役員等を解任することができません。

2．理事の任期の短縮

一般社団法人においては、定款または社員総会の決議によって理事の任期を短縮することができます。(法人法66条)

しかし、一般財団法人においては、**定款規定によらなければ理事の任期の短縮をすることができません**。(法人法177条、66条)

これは、任期の短縮は、選任行為の一部の撤回を意味し、その意味で選任行為の全部の撤回としての解任のケースとの整合性の問題として、評議員会による任期の短縮を認めなかったものと解されます。

さて、次に評議員と一般財団法人の関係について述べましょう。

次の条文にご注目ください。

> **法人法172条（一般財団法人と評議員等との関係）**
> 1項　一般財団法人と評議員、理事、監事及び会計監査人との関係は、委任に関する規定に従う。
> 2項　理事は、一般財団法人の財産のうち一般財団法人の目的である事業を行うために不可欠なものとして定款で定めた基本財産があるときは、定款で定めるところにより、これを維持しなければならず、かつ、これについて一般財団法人の目的である事業を行うことを妨げることとなる処分をしてはならない。

→2項は、設立者の意思を尊重すべしという一般財団法人に特有の規定である。基本財産とは一般財団法人の財産のうち一般財団法人の目的である事項を行うため不可欠なものとして定款で定めた財産を意味する。

ポイントは、一般財団法人と評議員の間には「**委任関係**」があるということです。
評議員は、受任者の立場にあるわけです。
→この点が、一般社団法人の社員（社団の構成員）との決定的な相違点である。

委任関係があるということは、評議員が任務を怠り、これによって一般財団法人に損害を与えれば、**受任者としての責任を問われる**ことになるわけです。
このため、評議員にも任務懈怠責任が生じます。（法人法198条、111条）
なお、責任の免除については、以下のとおりとなります。

1. 評議員の責任の免除をするためには、総評議員の同意を要する。（法人法198条、112条）
2. 責任の一部免除に関する規定の準用はない。
   →1にあるように責任の免除には、総評議員の同意を要するのであり、評議員会の特別決議による一部免除の仕組みはない。
   →また、評議員の下部機関である理事会が評議員の責任を免除することができるわけがないから、そういう定款規定を設けることはできない。
3. 責任限定契約に関する規定の準用はない。
   →評議員と一般財団法人の間で責任限定契約をすることはできない。

◀ポイント▶　以上から明らかであるが、評議員の責任の免除、責任限定契約については、これを登記すべきケースはない。

評議員の選任および解任の方法は、定款の絶対的記載事項です。
その資格は次のとおりです。（法人法173条）

1．役員と同様の欠格事由（法人法65条１項）がある。
2．評議員は、一般財団法人またはその子法人の理事、監事または使用人を兼ねることができない。

上記２は、評議員は、一般財団法人の最高機関の構成員であり監督機関としての意味合いもあるため、その下部機関を兼ねてはいけないという意味です。
→力の弱いものが、上部機関を兼ねてはいけない。

評議員には任期があります。

法人法174条（評議員の任期）
1項　評議員の任期は、選任後４年以内に終了する事業年度のうち最終のものに関する定時評議員会の終結の時までとする。ただし、定款によって、その任期を選任後６年以内に終了する事業年度のうち最終のものに関する定時評議員会の終結の時まで伸長することを妨げない。
2項　前項の規定は、定款によって、任期の満了前に退任した評議員の補欠として選任された評議員の任期を退任した評議員の任期の満了する時までとすることを妨げない。

法人法または定款で定めた評議員の員数が欠けた場合には、任期の満了または辞任により退任した評議員は、新たに選任された評議員（裁判所が選任する仮評議員を含む）が就任するまで、なお評議員としての権利義務を有することとなります。（法人法175条１項）
いわゆる権利義務承継の条文が評議員にも存在するわけです。

登記すべき事項
評議員の氏名

評議員の就任登記の添付書面は、定款の定めの内容に応じて選任をしたことを証する書面、評議員の就任承諾書となります。
→印鑑証明書は不要。評議員は代表機関ではないからと考えればよい。
退任の場合は、退任を証する書面を添付します。

なお、評議員の変更の登記の登録免許税は金１万円である。

このほか、法人法178条から196条まで評議員および評議員会に関する規定が並びますが、ここも、特に解説を要する部分はないはずです。
→上記の条文は、サラッと読み流しておくこと。

一般財団法人の評議員は３人以上とされています。（法人法173条３項）
評議員会の招集は、原則として理事が行います。（法人法179条３項）
→一般社団法人の社員総会の場合と同様。
評議員会の目的である事項の決定等は、理事会において行います。（法人法181条）
→理事会設置一般社団法人の社員総会の場合と同様。

以下、要点のみ記載します。

１．評議員会の決議

一般財団法人には議決権の観念はなく、決議は、評議員のアタマ数に応じてこれをすることとなります。

このほか、社員総会の場合との相違点として重要な点は、決議について特別の利害関係を有する評議員が、議決に加わることができない（法人法189条３項）とされていることです。

これは、評議員と一般財団法人の関係が委任契約であることの当然の帰結です。

受任者は、委任者である一般財団法人の利益を優先すべきであり、したがって、特別利害関係人は議決に加わることはできないとされるわけです。

評議員会の決議要件は以下のとおりです。

① 普通決議（法人法189条１項）
議決に加わることのできる評議員の過半数が出席し、その過半数をもって行う。
→定款で、定足数、決議要件を加重する定めをすることができる。
→加重のみが認められるのは、設立者の意思を体現するために評議員会の決議は慎重にすべしという立法者の考え方であろう。
② 特別決議（法人法189条２項）
議決に加わることのできる評議員の３分の２以上の多数をもって行う。
→定款で、決議要件を加重する定めをすることができる。

以下、特別決議を要する手続を列挙します。
・監事の解任（法人法176条１項）
・役員等の責任の一部の免除（法人法198条、113条１項）
・定款の変更（法人法200条）

・事業の全部の譲渡（法人法201条）
・継続（法人法204条）
・合併（法人法247条、251条１項、257条）

以上です。
一般社団法人の特別決議のケースから次の２つが抜け落ちました。
１．社員の除名
２．解散

上記の１は、社員の存在しない一般財団法人において決議事項とならないことは当然の話です。
また、解散については、一般財団法人には評議員会の決議による解散という仕組みが、そもそも存在しないのです。（法人法202条）

なお、評議員会には、特殊決議にあたる決議要件はありません（一般財団法人には、そもそも評議員権の譲渡という仕組みがない）。

添付書類

登記すべき事項につき評議員会の決議を要するときは、申請書にその議事録を添付しなければならない。

《参考条文》

法人法317条（添付書面の通則）
２項　登記すべき事項につき社員総会、評議員会、理事会又は清算人会の決議を要するときは、申請書にその議事録を添付しなければならない。

２．評議員会の招集手続の省略・書面による評議員会決議（みなし評議員会決議）

それぞれ、法人法183条、194条に、一般社団法人の社員総会のケースとほぼ同様の規定がある。

Ⅲ　評議員会以外の機関

評議員会以外の機関について、法人法197条に、一般社団法人の条文を準用する規定があります。
したがって、一般論として、一般財団法人の理事、理事会、監事、会計監査人に関しては、その任期や登記手続を含めて一般社団法人のそれと同様です。

→添付書類に社員総会議事録を添付すべき場合に、これを評議員会議事録に置き換えればよいだけの話。

ただし、一般財団法人は、必ず、理事会と監事を設置しますので、理事会を設置しない一般社団法人に関する規定は適用がありません。

たとえば、理事の各自代表の原則等（法人法77条１項から３項）のような規定です。

また、評議員による理事の行為の差止請求は、理事会設置一般社団法人の社員のケースと同様に、一般財団法人に「回復することのできない損害」が生じるおそれがある場合に認められます。（法人法197条、88条１項）

一般財団法人は理事会を設置します。

理事会は、代表理事を選定しなければなりません。

この場合、商業登記規則61条５項・６項の規定が適用されることも理事会設置一般社団法人の場合と同様です。

また、一般財団法人において、監事は必置機関です。

このため、監事を置く旨の定款規定を廃止することができないので、その旨の定款規定の廃止により監事の任期が満了するという法人法67条３項の規定は適用の余地がありません。（法人法177条、67条３項）

→これに対して、会計監査人設置一般財団法人の定めの廃止は、することができ、この場合には、会計監査人の任期は満了する。（法人法177条、69条３項）

以上、一般財団法人における役員等の変更の問題は、基本的に、理事会設置一般社団法人の場合と同視すればよいといえます。

ただし、一般財団法人にあっては、理事会、監事の廃止はすることができないことにご注意をといったところです。

以下、このほかのポイントを記載します。

一般財団法人に、必ず置かなければならない機関は、「評議員」「評議員会」「理事」「理事会」「監事」です。（法人法170条１項）

このほか、定款の規定により、置くものとすることができる機関として「会計監査人」があります。（法人法170条２項）

→会計監査人を置くことは、そのこと自体が登記事項となる。
→理事会設置一般財団法人である旨、監事設置一般財団法人である旨は登記事項ではない。

なお、大規模一般財団法人は、会計監査人を置かなければなりません。（法人法171条）

参考問題　1．監事を置く一般財団法人の設立の登記の申請書には、登記すべき事項として、監事を置く一般財団法人である旨を記載しなければならない。（商業登記法H29-35-ウ）

2．一般財団法人の設立の登記の申請書には、登記すべき事項として、評議員会を置く一般財団法人である旨を記載しなければならない。（商業登記法R3-34-ア）

答え　1．×　　2．×

コラム　一般財団法人のみなし解散

理事、監事の任期の規定が、およそのところ一般社団法人の場合と同様であるため、登記が最後にあった日から５年を経過した一般財団法人も、一定の手続の後、解散したものとみなされる。（法人法203条１項）

一般財団法人の機関に関する登記事項

一般財団法人の機関に関して、以下の登記事項がある。

・会計監査人設置一般財団法人であるときは、その旨

会計監査人の設置および廃止は、定款の記載事項であるから、その登記を申請する場合には、定款変更に係る評議員会議事録の添付を要することになる。

なお、登録免許税の考え方は、一般社団法人のケースと同様である。

会計監査人設置一般財団法人の定めの設定（廃止）→「会」がつかないもの
金３万円（ツ）→「登記事項変更分」
このほか、これらの機関の設置または廃止に伴い、会計監査人の変更登記を申

請するときは、別途、金１万円（カ）の納付を要する。

１．役員等の責任

役員等の責任に関する登記については、一般社団法人の場合と同様に考えてよろしいです。（法人法198条が法人法113条、114条を準用）

なお、法人法114条の理事等による免除に関する定款の定めについては、一般財団法人は必ず理事会を設置するため、一部免除の決議機関は理事会であるということになります。

役員の責任に関する登記について

役員等の責任の免除についての定款の定めの設定の登記をする場合、添付書面は、当該定款変更に係る評議員会議事録でよろしいです。

登録免許税額は金３万円（ツ）です。→「登記事項変更分」

登記すべき事項

法人法198条において準用する114条１項の規定による役員等の責任の免除についての定款の定めがあるときは、その定め

次に、非業務執行理事等が負う責任の限度に関する契約の締結についての定款の定めがあるときは、その旨を登記することとなります。

この場合、登録免許税額は金３万円（ツ）となります。

登記すべき事項

・法人法198条において準用する115条１項の規定による非業務執行理事等が負う責任の限度に関する契約の締結についての定款の定めがあるときは、その定め

参考問題　一般財団法人の定款に非業務執行理事等が負う責任の限度に関する契約の締結についての定めがある場合には、その定めの登記の申請をしなければならない。（商業登記法H29-35-イ改）

答え　○

コラム　基金

一般財団法人には、一般社団法人の基金に関する規定は適用されない。
→当たり前の話だ。一般財団法人は、もともと「財産のかたまり」である。

Ⅳ　解散および継続

一般財団法人は、次に掲げる事由によって解散します。(法人法202条1項)

1．定款で定めた存続期間の満了
2．定款で定めた解散の事由の発生
3．基本財産の滅失その他の事由による一般財団法人の目的である事業の成功の不能
4．合併（合併により当該一般財団法人が消滅する場合に限る）
5．破産手続開始の決定
6．261条1項または268条の規定による解散を命ずる裁判

このほか、一般財団法人は、ある事業年度およびその翌事業年度に係る貸借対照表上の純資産額がいずれも300万円未満となった場合においても、当該事業年度に関する定時評議員会の終結の時に解散します。(法人法202条2項)

注意点は、評議員会の決議による解散というパターンがないこと。これは、設立者が定めた目的の遂行を、評議員会が放り出すことはまかりならんということを意味します（**設立者の意思**の尊重)。

そして、純資産額を金300万円未満とする決算が2期続くと当該事業年度の定時評議員会の終結をもって解散することです。(法人法202条2項)
→一般財団法人は拠出された財産に対して法人格を与える制度であるため、財産そのものが散逸したときには解散させるということである。
→このほか、新設合併のケースで同様の趣旨の解散事由がある。(法人法202条3項)

一般財団法人の継続は、次の場合に可能とされます。(法人法204条)

1．法人法202条2項・3項による解散の場合
→清算事務年度に係る貸借対照表の純資産額が300万円以上となったときに継続をすることができる。
2．休眠一般財団法人のみなし解散の場合
→解散したものとみなされた日から3年以内に評議員会で継続の決議をすることを要する。

なお、一般社団法人の場合には、定款で定めた存続期間の満了、あるいは、定款で定めた解散事由の発生のケースで継続可能とされましたが、一般財団法人にはそういう規定がありません。

一般財団法人の場合は、**設立者の意思**が尊重されますから、一定期間の到来等を解散事由とした設立者の意思に従うべしということであろうかと思います。

解散の登記の登記すべき事項は、解散の旨並びにその事由および年月日です(一般社団法人のケースと同じ)。

添付書面の考え方は、定款で定めた事由の発生により解散する場合にはその事由の発生を証する書面を添付します。

純資産額が一定期間の間一定の額未満となった場合や目的である事業の成功の不能による場合にも同様にその事由の発生を証する書面を添付します。

このほか、原則として、清算人の資格証明書を要します。

また、登録免許税も金３万円（レ）であり、一般社団法人のケースと同じです。

参考問題　１．一般社団法人も一般財団法人も、定款で定めた解散の事由の発生により解散した場合には、継続の登記の申請をすることができない。(商業登記法H22-35-ア)

２．一般財団法人が定款で定めた解散の事由の発生により解散した場合には、清算が結了するまで、継続を決議した評議員会の議事録を添付して継続の登記の申請をすることができる。(商業登記法H29-35-エ)

３．ある事業年度及びその翌事業年度に係る貸借対照表上の純資産額がいずれも300万円未満となったことにより当該翌事業年度に関する定時評議員会の終結の時に解散する一般財団法人について、清算人として定款で定める者又は評議員会の決議により選任された者がおらず、理事が清算人となる場合において、当該一般財団法人の理事会において代表理事として選定されていた者が代表清算人として申請する解散の登記及び清算人の登記の申請書には、定款を添付すれば足りる。(商業登記法H24-35-オ)

答え　１．×　一般社団法人は、継続の登記をすることができる。　２．×

３．×　定款のほか、ある事業年度及びその翌事業年度に係る貸借対照表上の純資産額がいずれも300万円未満となったことを証する書面の添付を要する。(法人法324条１項、202条２項)

---

4 清算と合併

清算と合併については、法人法は、一般社団法人と一般財団法人の双方について法人法第４章、第５章に規定を置いています。

そこで、本書でも、まとめて記載します。

清算法人（清算をする一般社団法人または一般財団法人）の機関については、次の規定があります。

> **法人法208条**
> １項　清算法人には、１人又は２人以上の清算人を置かなければならない。
> ２項　清算法人は、定款の定めによって、清算人会又は監事を置くことができる。
> ３項　第206条各号に掲げる場合に該当することとなった時において大規模一般社団法人又は大規模一般財団法人であった清算法人は、監事を置かなければならない。
> ４項　第２章第３節第２款及び前章第２節第１款（評議員及び評議員会に係る部分を除く。）の規定は、清算法人については、適用しない。

３項は、解散事由が発生したときに大規模一般社団法人または大規模一般財団法人であった場合には、監事を置かなければならないということです。

これは、株式会社の解散のときと同じ趣旨の規定です。

４項は、理事および理事会、会計監査人に関する規定は清算法人には適用がないことを意味します。

そこで、解散の登記を申請すると、理事会設置一般社団法人である旨の登記(一般社団法人の場合)、理事・代表理事の登記、会計監査人設置一般社団（または財団)法人である旨の登記、会計監査人の登記が登記官の職権により抹消されます。

注意をしなければならないのは、法人法208条は、清算をする一般財団法人にも適用があることです。

つまり、清算人会および監事は、清算をする一般財団法人についても任意的な設置機関なのです。

このため、次の事態となります。

１．解散前の一般財団法人
　理事会設置一般財団法人である旨の登記→することができない。
　監事設置一般財団法人である旨の登記→することができない。

2．清算をする一般財団法人
清算人会設置清算法人である旨の登記→申請をすべきである。
監事設置清算法人である旨の登記→申請をすべきである。

つまり、一般財団法人には、監事が必ず置かれていたところ、一般財団法人が解散して清算一般財団法人となった場合には、監事を設置する旨の定款の定めを置くことも置かないこともできることとなります。そこで、もし、当該監事が退任しないのであれば、清算人の登記をするときに監事設置清算法人である旨の登記をも申請すべきことになります。

以上が、清算法人に関する最も重要な論点です。

参考問題　1．解散後も監事を置く旨の定款の定めのある一般財団法人が定款で定めた存続期間の満了により解散したときは、監事設置法人である旨の登記を申請しなければならない。（商業登記法H24-35-ア）

2．定款に解散した後も監事を置く旨の定めのある一般財団法人が、定款で定めた存続期間の満了によって解散した場合において、解散の登記、清算人の登記及び監事設置法人である旨の登記を申請するときは、これらの登記と同時に監事の退任及び就任による変更の登記を申請しなければならない。（商業登記法H31-35-エ）

答え　1．○　上記の重要論点が出題されている。（法人法310条1項4号）

2．×　その旨の登記を要しない。解散は監事の退任事由ではないので監事の登記はそのまま放っておけばよい。

コラム　**評議員、清算人、監事の任期**

清算法人の評議員、清算人、監事には任期に関する規定がない。つまり、清算事務の終了まで職務を果たすべきということである。

上記の重要論点の他の問題は、株式会社の清算と同様に解してかまいません。

たとえば、清算人の選任方法は、次のいずれかによります。（法人法209条1項・2項）

1．理事が清算人となる→いわゆる法定清算人のケース
2．定款で定める者
3．社員総会または評議員会で選任された者

4．上記1から3の規定により清算人となる者がいない場合には、裁判所が選任した清算人

このように、株式会社の清算人の選任の方法と同じです。
よって添付書面の考え方も全く同じです。

1．法定清算人のケース　　　定款
2．定款で定める者のケース　定款　就任承諾書
3．社員総会または評議員会で選任された者のケース
　定款　社員総会議事録（評議員会議事録）　就任承諾書
4．裁判所が選任したケース　定款　選任審判書
→このほか、代表清算人を選定したときは、選定に係る書面、清算人会の決議または清算人の互選により代表清算人を選定したときは、代表清算人の就任承諾書を要する。

◖ポイント◗　消極証明

定款の添付は、「清算人会を設置する旨の定め」のないことの証明を求めている（清算人会を設置するときは、積極証明）。

また、1の場合、定款に「清算人の定め」のないことの証明も求めている。

登録免許税

清算人の登記の登録免許税は、金9000円。（イ）
→これも株式会社に同じ。

参考問題　一般財団法人が存続期間の満了により解散し、評議員会の決議によって清算人が選任された場合において、当該解散及び最初の清算人の登記を一の申請書で申請するときの申請書には、定款を添付することを要しない。（商業登記法R3-34-イ）

答え　×

《参考条文》

法人法310条（清算人等の登記）
第209条第１項第１号に掲げる者が清算人となったときは、解散の日から２週間以内に、その主たる事務所の所在地において、次に掲げる事項を登記しなければならない。
　1　清算人の氏名
　2　代表清算人の氏名及び住所
　3　清算法人が清算人会を置くときは、その旨
　4　清算一般財団法人が監事を置くときは、その旨

コラム　清算結了の登記

清算事務が終了したときは、清算人は、決算報告を作成し、社員総会または評議員会の承認を受けなければならない。
添付書面は、決算報告の承認をした社員総会議事録（または評議員会議事録）である。
登録免許税は、金2000円。(3) ハ
なお、解散から清算結了まで、最低２か月の期間を要する。
以上、株式会社のケースと同様である。

次に合併について簡単に記します。

一般社団法人または一般財団法人は、他の一般社団法人または一般財団法人と合併をすることができます。(法人法242条)
→合併契約の締結を要する。

合併については、以下の制限があります(吸収合併、新設合併に共通のルール)。
1．合併をする法人が一般社団法人のみである場合
　吸収合併存続法人、新設合併設立法人は、一般社団法人でなければならない。
2．合併をする法人が一般財団法人のみである場合
　吸収合併存続法人、新設合併設立法人は、一般財団法人でなければならない。

以上です。(法人法243条１項)
したがって、一般社団法人と一般財団法人が合併する場合には、いずれを吸収合併存続法人としてもかまいません。
また、新設合併の場合も同様に、一般社団法人と一般財団法人のいずれを新設

合併設立法人とすることもできます。

一般社団法人を白、一般財団法人を黒とすれば、次のようになります。
1．黒＋黒＝黒
2．白＋白＝白
3．白＋黒＝白黒どっちでもよい

しかし、合併をする一般社団法人が合併契約の締結の日までに基金の全額を返還していないときは、合併後存続する法人または合併により設立する法人は、一般社団法人でなければなりません。（法人法243条２項）
これは、一般財団法人には、基金の制度がなく、基金という形の負債を一般財団法人が承継することができないための規制です。

コラム　合併承認の決議要件

一般社団法人においては、社員総会の特別決議、一般財団法人においては評議員会の特別決議である。
→株式会社のケースと異なり、理事や理事会の決定による合併を可能とする規定はない。

コラム　債権者の異議手続

吸収合併消滅法人、吸収合併存続法人、新設合併消滅法人のいずれにおいても債権者の異議手続を要する。（法人法248条、252条、258条）
官報公告のほか債権者に対する個別の催告を要することを原則とするが、時事に関する日刊新聞紙または電子公告と官報公告を併用すれば、債権者への個別の催告を省略することができる。
→二重のザルが健在である（債権者を害するおそれがなければ、弁済等をしなくてもよい）。
→しかし、主たる事務所の掲示板に掲載の方法によっては、官報公告と併用しても個別の催告を省略できない（債権者が必ずしも法人の主たる事務所に出没するとはいえないため）。

参考問題　２以上の一般社団法人が新設合併をした場合においては、新設合併消滅法人が債権者保護手続に係る公告を官報及び定款の定めに従って主たる事務所の

公衆の見やすい場所に掲示する方法によりしたときであっても、知れている債権者がいない場合を除き、新設合併による設立の登記の申請書には、知れている債権者に対して各別の催告をしたことを証する書面を添付しなければならない。（商業登記法R4-35-オ）

答え　○

株式会社の合併との比較で、以下の手続がないため、一般社団法人、一般財団法人の合併手続は簡単なものとなります。

1．株券提出公告
2．新株予約権買取請求
3．反対株主の株式買取請求

登記手続は、株式会社の合併のケースに準じて考えればよろしいです。

たとえば、吸収合併のケースでは、合併による変更登記と解散登記は同時申請（存続法人と消滅法人の管轄が相違すれば同時申請および経由申請）となります。

一般社団法人、一般財団法人には、「資本金」の概念がないから、登録免許税について定率課税となることはありません。

吸収合併存続法人の変更登記については金３万円（ツ）、吸収合併消滅法人の解散登記は金３万円（レ）です。

なお、新設合併のケースでは、設立登記の登録免許税は金６万円ということになります。

参考問題

1．一般社団法人と一般社団法人とが新設合併をする場合には、合併により設立する法人を一般財団法人とする設立の登記の申請をすることはできない。（商業登記法H22-35-オ）
2．一般財団法人が公益認定を受けて公益財団法人となる場合には、一般財団法人の解散の登記及び公益財団法人の設立の登記の申請をしなければならない。（商業登記法H22-35-ウ）
3．一般財団法人が解散した場合には、当該一般財団法人は、当該一般財団法人が合併後存続する一般財団法人となる合併による変更の登記の申請をすることができない。（商業登記法H29-35-オ）

4．新設合併をする法人が一般社団法人のみである場合は、新設合併による一般財団法人の設立の登記を申請することはできない。（商業登記法H31-35-オ）
5．新設合併による一般財団法人の設立の登記の申請書には、設立時代表理事が就任を承諾したことを証する書面の印鑑につき市町村長の作成した証明書を添付することを要しない。（商業登記法R3-34-オ）

答え　1．○　法人法243条1項1号。
2．×　公益認定による名称の変更登記をすれば足りる。
3．○　清算株式会社を存続会社とする吸収合併をすることができないことと同視すればよい。
4．○　法人法243条1項1号。
5．○　株式会社に関する商業登記規則61条4項、5項が、法人登記に準用される。したがって、株式会社の新設合併（設立する会社が取締役会設置会社であるときの代表取締役）のケースと同様に考えればよい。

《参考条文》

法人法301条（一般社団法人の設立の登記）
1項　一般社団法人の設立の登記は、その主たる事務所の所在地において、次に掲げる日のいずれか遅い日から2週間以内にしなければならない。
　1　第20条第1項の規定による調査が終了した日
　2　設立時社員が定めた日
2項　前項の登記においては、次に掲げる事項を登記しなければならない。
　1　目的
　2　名称
　3　主たる事務所及び従たる事務所の所在場所
　4　一般社団法人の存続期間又は解散の事由についての定款の定めがあるときは、その定め
　4の2　第47条の2の規定による電子提供措置をとる旨の定款の定めがあるときは、その定め
　5　理事の氏名
　6　代表理事の氏名及び住所
　7　理事会設置一般社団法人であるときは、その旨
　8　監事設置一般社団法人であるときは、その旨及び監事の氏名
　9　会計監査人設置一般社団法人であるときは、その旨及び会計監査人の氏名又は名称

10　第75条第４項の規定により選任された一時会計監査人の職務を行うべき者を置いたときは、その氏名又は名称

11　第114条第１項の規定による役員等の責任の免除についての定款の定めがあるときは、その定め

12　第115条第１項の規定による非業務執行理事等が負う責任の限度に関する契約の締結についての定款の定めがあるときは、その定め

13　第128条第３項の規定による措置をとることとするときは、同条第１項に規定する貸借対照表の内容である情報について不特定多数の者がその提供を受けるために必要な事項であって法務省令で定めるもの

14　公告方法

15　前号の公告方法が電子公告（第331条第１項第３号に規定する電子公告をいう。以下この号及び次条第２項第13号において同じ。）であるときは、次に掲げる事項

イ　電子公告により公告すべき内容である情報について不特定多数の者がその提供を受けるために必要な事項であって法務省令で定めるもの

ロ　第331条第２項後段の規定による定款の定めがあるときは、その定め

法人法302条（一般財団法人の設立の登記）

１項　一般財団法人の設立の登記は、その主たる事務所の所在地において、次に掲げる日のいずれか遅い日から２週間以内にしなければならない。

１　第161条第１項の規定による調査が終了した日

２　設立者が定めた日

２項　前項の登記においては、次に掲げる事項を登記しなければならない。

１　目的

２　名称

３　主たる事務所及び従たる事務所の所在場所

４　一般財団法人の存続期間又は解散の事由についての定款の定めがあるときは、その定め

５　評議員、理事及び監事の氏名

６　代表理事の氏名及び住所

７　会計監査人設置一般財団法人であるときは、その旨及び会計監査人の氏名又は名称

８　第177条において準用する第75条第４項の規定により選任された一時会計監査人の職務を行うべき者を置いたときは、その氏名又は名称

９　第198条において準用する第114条第１項の規定による役員等の責任の免除についての定款の定めがあるときは、その定め

10　第198条において準用する第115条第１項の規定による非業務執行理事等が負う責任の限度に関する契約の締結についての定款の定めがあるときは、

その定め

11　第199条において準用する第128条第3項の規定による措置をとることとするときは、同条第1項に規定する貸借対照表の内容である情報について不特定多数の者がその提供を受けるために必要な事項であって法務省令で定めるもの

12　公告方法

13　前号の公告方法が電子公告であるときは、次に掲げる事項

イ　電子公告により公告すべき内容である情報について不特定多数の者がその提供を受けるために必要な事項であって法務省令で定めるもの

ロ　第331条第2項後段の規定による定款の定めがあるときは、その定め

第22章

商　法

この章は、付録です。

民法からはじまった私法の学習の総仕上げで、知っておいたほうがよい商法の条文を以下に挙げておきましょう。

気楽に見ておいてください。

商法504条（商行為の代理）
商行為の代理人が本人のためにすることを示さないでこれをした場合であっても、その行為は、本人に対してその効力を生ずる。ただし、相手方が、代理人が本人のためにすることを知らなかったときは、代理人に対して履行の請求をすることを妨げない。

→商行為の代理は、顕名がなくても本人に効果が帰属することを原則にしている。

商法506条（商行為の委任による代理権の消滅事由の特例）
商行為の委任による代理権は、本人の死亡によっては、消滅しない。

→民法111条の特則である。

商法511条（多数当事者間の債務の連帯）
1項　数人の者がその1人又は全員のために商行為となる行為によって債務を負担したときは、その債務は、各自が連帯して負担する。
2項　保証人がある場合において、債務が主たる債務者の商行為によって生じたものであるとき、又は保証が商行為であるときは、主たる債務者及び保証人が各別の行為によって債務を負担したときであっても、その債務は、各自が連帯して負担する。

→商法では、連帯債務、連帯保証が原則。民法は分割債務、分別の利益が原則。

商法512条（報酬請求権）
商人がその営業の範囲内において他人のために行為をしたときは、相当な報酬を請求することができる。

→特約がなくても報酬の請求ができるという意味。商人に何かを依頼すれば有料が当然ということ。

> **商法513条（利息請求権）**
> 1項　商人間において金銭の消費貸借をしたときは、貸主は、法定利息を請求することができる。

→利息が特約なく発生する。

→これは「商人間」の話であることに注意すること。片方が商人でも、他方が商人でなければこの条文は適用されない。

参考問題

1．支配人の代理権は、当該支配人を選任した商人の死亡によって消滅する。（商法R4-35-ア）

2．支配人の登記をした商人が死亡した場合には、その相続人は、支配人の代理権の消滅の登記を申請しなければならない。（商業登記法H17-28-エ）

3．支配人の登記に係る支配人が死亡した場合には、その商人は支配人の代理権の消滅の登記を申請しなければならない。（商業登記法H17-28-オ）

4．支配人の代理権は、商人又は支配人が破産手続開始の決定を受けたことによって消滅する。（商法H28-35-ア）

5．数人の者がそのうちいずれの者のためにも商行為とならない行為によって債務を負担した場合であっても、当該行為が債権者のために商行為となるときは、その債務は、当該数人の者が連帯して負担する。（商法H25-35-ア）

6．保証人がある場合において、主たる債務者が自己のために商行為となる行為によって主たる債務を負担したときは、当該主たる債務者及び当該保証人が各別の行為によって債務を負担したときであっても、当該保証人は、当該主たる債務者と連帯して債務の履行をする責任を負う。（商法H25-35-イ）

7．金銭の消費貸借が商行為である場合は、貸主は、利息の定めをしなかったときでも、法定利息を請求することができる。（商法S58-30-5改）

8．商人がその営業のために商人でない者に対して金銭を貸し付けた場合には、当該商人は、利息についての定めがないときでも、弁済期において法定利率による利息を請求することができる。（商法H25-35-ウ改）

答え　1．×　商行為の委任による代理権は、本人の死亡によっては、消滅しない。（商法506条）

2．×　商人の死亡により支配人の代理権は影響を受けない（商法506条）。したがって、代理権の消滅の登記をする必要はない。

3．○　商法にも、死者の代理権が消えないという条文はない。

4．○　本人（商人）の破産は委任の終了原因となる（民法653条２号）。代理人（支配人）の破産は代理権の消滅事由である。（民法111条１項２号）
5．×　数人の債務者のうち誰かにとって商行為でなければ、連帯債務とはならない。（商法511条１項）
6．○　商法511条２項。
7．×　利息請求権が当然に発生するのは「商人間」の話である。（商法513条）
8．×　前問に同じ。

最後に、前記の条文に現れた、「商行為」「商人」という言葉の定義を勉強しておきましょう。

今後の出題の可能性は低いですが、昔はよく出題されたものです。

「商人」とは、自己の名をもって商行為をすることを業とする者をいいます。（商法４条１項）

要するに、商行為をすることを仕事にしている人という意味です。

コラム　擬制商人

商法４条２項に、「店舗その他これに類似する設備によって物品を販売することを業とする者又は鉱業を営む者は、商行為を行うことを業としない者であっても、これを商人とみなす。」とある。

この、みなされた商人を擬制商人ということがある。

さて、なぜ、店舗で物品を販売する者は、商人そのものではないのか？

実は、商法にいう、商行為というのは、何かを仕入れてこれを転売しその利ざやを稼ぐという意味なのである。

したがって、農家の人が収穫期に自分の農園で採れた野菜を売っていても、仕入れがない(自然に働きかけただけ)から本来の商行為ではないのである。

そこで、商法はわざわざ擬制商人の概念を持ち出し、かかる者にも商法を適用しようとしたのである。

では、次に、商行為とは何かを、具体的に考えましょう。

まず、商人でない者が一回行っただけでも商行為となるグループがあります。

商行為となるということは、商法の条文が適用されるという意味です。

絶対的商行為です。

商法501条（絶対的商行為）
次に掲げる行為は、商行為とする。
1　利益を得て譲渡する意思をもってする動産、不動産若しくは有価証券の有償取得又はその取得したものの譲渡を目的とする行為
2　他人から取得する動産又は有価証券の供給契約及びその履行のためにする有償取得を目的とする行為
3　取引所においてする取引
4　手形その他の商業証券に関する行為

たとえば、みなさんが旅行先である商品を見つけ、これを東京に持ち帰れば高く売れて利ざやが稼げるとの意図のもとに、その商品を買えば、それは、商法501条1号の商行為です。

次に、営業としてする場合に、商行為となるパターンがあります。（商法502条）

商法502条（営業的商行為）
次に掲げる行為は、営業としてするときは、商行為とする。ただし、専ら賃金を得る目的で物を製造し、又は労務に従事する者の行為は、この限りでない。
1　賃貸する意思をもってする動産若しくは不動産の有償取得若しくは賃借又はその取得し若しくは賃借したものの賃貸を目的とする行為
→アパート賃貸業とか
2　他人のためにする製造又は加工に関する行為
3　電気又はガスの供給に関する行為
→東京電力は商人
4　運送に関する行為
→都バス事業を行う東京都は商人
5　作業又は労務の請負
→建設業、工務店
6　出版、印刷又は撮影に関する行為
7　客の来集を目的とする場屋における取引
→ホテル、博物館
8　両替その他の銀行取引
→自分の持ち金を貸しても商行為ではない。銀行取引とは預金を集め借りた金を貸すこと。
9　保険
10　寄託の引受け
→倉庫業
11　仲立ち又は取次ぎに関する行為

→問屋
12　商行為の代理の引受け
13　信託の引受け

オマケで、附属的商行為なる概念があります。

これは、それ自体は商行為ではないが、商人がする補助的作業をいいます。

この場合、まとめて商法を適用するという立法趣旨です。

商法503条（附属的商行為）
1項　商人がその営業のためにする行為は、商行為とする。
2項　商人の行為は、その営業のためにするものと推定する。

→附属的商行為の代表選手は、個人商人の開業準備行為。

参考問題　出版業の開業準備のためにする印刷機械の買入れは商行為である。（商法S58-30-3）

答 え　○

商法505条（商行為の委任）
商行為の受任者は、委任の本旨に反しない範囲内において、委任を受けていない行為をすることができる。

この規定は、民法644条（受任者の善管注意義務）の規定を明確化したにすぎないものと解されています。

つまり、民法上も、解釈上、受任者が委任の本旨に反しない範囲内において、委任を受けていない行為をすることはできるのであり、そのことを明記したにすぎないということです。

商法508条（隔地者間における契約の申込み）
1項　商人である隔地者の間において承諾の期間を定めないで契約の申込みを受けた者が相当の期間内に承諾の通知を発しなかったときは、その申込みは、その効力を失う。
2項　民法第524条の規定は、前項の場合について準用する。

これも、商取引は、迅速にすべしという趣旨の規定です。

民法上は、承諾の期間を定めないでした契約の申込みは、申込者が承諾の通知を受けるのに相当な期間を経過するまでは、撤回することができないと定められています。(民法525条１項本文)

この民法の規定は、撤回をしなければ、申込みの効力が存続することを意味しますが、商法では、相当の期間内に承諾の通知が発せられなかったときは、その申込みの効力は存続せず、当然に効力を失うことになります。

なお、２項が準用する民法524条とは、「申込者は、遅延した承諾を新たな申込みとみなすことができる」という規定です。

商法509条（契約の申込みを受けた者の諾否通知義務)

１項　商人が平常取引をする者からその営業の部類に属する契約の申込みを受けたときは、遅滞なく、契約の申込みに対する諾否の通知を発しなければならない。

２項　商人が前項の通知を発することを怠ったときは、その商人は、同項の契約の申込みを承諾したものとみなす。

商取引における信義則の観点から、商人に契約の申込みに対する諾否の通知義務を課した規定です。

要するに、商人の平常取引では、申込者は、承諾があるのが当たり前と思うので、その信頼を保護するという意味です。

みなさんも、酒屋にビール10本とFAXして、まさか、断られるとは思いませんよね。

そこで、商人がこの諾否の通知義務に違反したときは、承諾みなしのペナルティーを受けることになります。

商法510条（契約の申込みを受けた者の物品保管義務)

商人がその営業の部類に属する契約の申込みを受けた場合において、その申込みとともに受け取った物品があるときは、その申込みを拒絶したときであっても、申込者の費用をもってその物品を保管しなければならない。ただし、その物品の価額がその費用を償うのに足りないとき、又は商人がその保管によって損害を受けるときは、この限りでない。

この規定も、商人が、その営業の部類に属する契約の申込みを断るということは、通常は考えにくいので、申込者の利益のために、商人に保管義務を課したものです。

ただし書は、商人側の利益に配慮したもので、保管費用の償還請求をすることがむずかしくなる場合や、損害を受けるときは、保管義務を免除するものです。

> **商法515条（契約による質物の処分の禁止の適用除外）**
> 民法第349条の規定は、商行為によって生じた債権を担保するために設定した質権については、適用しない。

金融の円滑のための規定です。商行為によって生じた債権を担保するために設定した質権については、弁済期の前に流質契約をすることができます。

参考問題 商行為によって生じた債権を担保するために行われた株式の質入れについては、その質権の設定行為において、質権者に弁済としてその株式を取得させることを約することができる。（商法R4-29-オ）

答え ○

> **商法516条（債務の履行の場所）**
> 商行為によって生じた債務の履行をすべき場所がその行為の性質又は当事者の意思表示によって定まらないときは、特定物の引渡しはその行為の時にその物が存在した場所において、その他の債務の履行は債権者の現在の営業所（営業所がない場合にあっては、その住所）において、それぞれしなければならない

商法でも、持参債務が原則です。

民法484条と相違して、商法では、住所よりも債権者の営業所を優先的な履行場所としました。

> **商法521条（商人間の留置権）**
> 商人間においてその双方のために商行為となる行為によって生じた債権が弁済期にあるときは、債権者は、その債権の弁済を受けるまで、その債務者との間における商行為によって自己の占有に属した債務者の所有する物又は有価証券を留置することができる。ただし、当事者の別段の意思表示があるときは、この限りでない。

民法上の留置権との相違点は、**債権と占有物との牽連性を留置権の成立要件とはしなかった**ことです。

つまり、債権者が占有する債務者の物または有価証券に関して生じた債権以外の債権を担保するためにも、その物または有価証券に留置権が発生します。

これは、商人間の取引は、継続的になされることが通常であるためです。

しかし、商人間の留置権には、民法には存在しない次の２つの成立要件があります。

1．商行為によって自己の占有に属したこと。

2．債務者の所有する物または有価証券に限り留置権が生じる（民法上は、第三者所有の物の留置も可能であることと相違する）。

さて、最近の本試験で、午前の部の第35問で、従来、試験範囲とは考えられていなかった商法のちょっと込み入った出題がされることがあります。

登記の問題と離れて、商法そのものを出題しています。

そこで、以下、順に論点となる部分を、かんたんに解説していきます。

1．代理商

代理商とは、「商人のためにその平常の営業の部類に属する取引の代理又は媒介をする者で、その商人の使用人でないもの」と定義されています。（商法27条カッコ書）

代理商は、商人（たとえば、企業）の使用人ではありません。自ら独立の商人です。

損害保険会社の代理店をイメージすればいいでしょう。

代理商には、「取引の代理」をする者、「取引の媒介」をする者の２種類があります。

ここに、代理は、民法の代理と同じ意味です。代理商がした法律行為の効果が、本人である商人に帰属します。

これに対して、媒介は、本人と相手方の間で契約が成立するように、仲介やあっせんを行うという意味です。

代理商は、**特定の商人**のために代理や媒介を行います。

誰のための活動であるかという点が、特定しているわけです。

問屋・仲立人は、**不特定で多数の者**の依頼にこたえるカタチで活動します。

たとえば、証券会社は問屋の代表選手ですが、証券会社は、不特定多数から株式の売買注文を受けますね。

ですから、この点が、代理商と問屋・仲立人との相違となります。

商人と代理商の間には、契約が締結されることが通常で、双方が、その契約上の権利義務を負いますが、商法の規定により、代理商には競業避止義務が生じます。(商法28条１項１号・２号)

たとえば、ある企業の代理商は、自ら、その企業の営業の部類に属する取引をしてはいけません。

第三者のためにすることも不可。同種の営業をする他の企業の取締役、執行役、業務執行社員になることもできません。

→無許可で、競業をしたときは、代理商または第三者が得た利益の額が、商人に生じた損害の額と推定される。(商法28条２項)

つまり、商人と代理商の関係は深く、いわば、一蓮托生のような関係にあるわけです。

しかし、代理商は、商人の使用人ではないので専念義務は生じません。

この点が、支配人との相違であり、その商人の営業の部類に属しない取引であればやってもよいし、第三者のためにこれをしてもかまいません。

この他、代理商には、次の義務があります。

１．通知義務

代理商は、代理または媒介をしたときは、商人に通知をしなければなりません。(商法27条)

→この規定は、問屋に準用される。(商法557条)

２．善管注意義務

商人と代理商の間には委任関係があると考えられるので、代理商は、善管注意義務を負います。(民法644条)

代理商には、次の権利があります。

１．留置権

代理商は、取引の代理または媒介をしたことによって生じた債権の弁済期が到来しているときは、その弁済を受けるまでは、商人のために当該代理商が占有する物または有価証券を留置することができます。（商法31条）

→これは、代理商に生じた商人に対する債権を預かった商品や有価証券が担保するという意味合いである。

→債権と物の牽連性が留置権成立の要件とされていない。

→この規定は、問屋に準用されている。（商法557条）

2．報酬請求権

代理商は、自ら、独立の商人ですから、報酬の特約がなくても、商人に報酬を請求することができます。（商法512条　商人に関する一般則）

商人と代理商の間の契約には、期間の定めがあることが通常でしょうが、仮に、期間の定めがないときは、２か月前に予告をすれば、相互に解除することができます。（商法30条１項）

これは、商人と代理商の関係は深いので、委任についてはいつでも解除できるという民法の規定の適用を除外したものと考えればいいでしょう。

→なお、この場合でも、やむを得ない事由があるときは、商人および代理商は、いつでもその契約を解除することができる。（商法30条２項）

2．商事売買

商人間の売買を、商事売買といいます。

これについて、商法には、いくつか、民法の特則があります。

（1）定期売買の解除

民法における「定期行為の解除」では、履行遅滞のときに無催告解除をすることができるという規定があります。（民法542条１項４号）

これに対して、商法では、一歩進んで、債権者が、解除の意思表示をしなくても解除をしたものとみなされるという規定があります（みなし解除）。

これも、**商取引の迅速性**を図るための規定です。

その要件をあげましょう（商法525条　定期売買の解除）。次の３つです。

1．商人間の売買であること。

2．売買の性質または当事者の意思表示により、特定の日時または一定の期間内に履行をしなければ契約をした目的を達することができない場合であること。

3．当事者の一方が履行をしないでその時期を経過したこと。

上記の場合は、相手方が、直ちにその履行の請求をした場合を除いて、契約はみなし解除となります。
つまり、解除をしたくないのであれば、請求をせよという仕組みになっています。

（2）買主の検査および通知の義務
商人間の売買では、買主に、受領した**目的物の検査義務**があります。（商法526条1項）
これは、商人であれば、売買の目的物が種類、品質または数量に関して契約の内容に適合していない（以下、「品質や数量に関する契約の内容への不適合」という）ものがあるかどうかを、すぐに検査するのが、世間常識だろうという意味です。

仮に、品質や数量に関する契約の内容への不適合があったときは、買主には、通知義務が生じます。（商法526条2項前段）
商法には、「**直ちに**」通知せよと書いてあります。
これも、商人間の信義則（仁義みたいなもの）の表れです。

売買の目的物に品質や数量に関する契約の内容への不適合があったときの売主の責任の内容については、商法には、特則がありません。
したがって、民法の売主の担保責任の規定がそのまま適用されます。

しかし、上記の通知義務を怠ると、買主は、品質や数量に関する契約の内容への不適合を理由とする履行の追完の請求、契約の解除や代金減額、損害賠償の請求をすることができません。（商法526条2項前段）
これは、商人間の仁義を破ったペナルティーと考えればよいでしょう。

なお、売買の目的物の種類、品質に、直ちに発見することができない契約不適合があったときは（直ちに発見できない数量不足というのはありえないハナシ）、買主が、6か月以内にその契約不適合を発見して、「直ちに」通知をすれば、売主の担保責任を追及することができます。（商法526条2項後段）

なお、売主が悪意のときは、買主は、上記の検査・通知をしなくても売主の担保責任を追及することができます。（商法526条3項）
売主は、悪意で種類、品質または数量に関して契約の内容に適合しない目的物を給付して、「仁義を破っている」のだから、買主が、仁義を守る必要はないと考えればよいです。

商法526条（買主による目的物の検査及び通知）

２項　前項に規定する場合において、買主は、同項の規定による検査により売買の目的物が種類、品質又は数量に関して契約の内容に適合しないことを発見したときは、直ちに売主に対してその旨の通知を発しなければ、その不適合を理由とする履行の追完の請求、代金の減額の請求、損害賠償の請求及び契約の解除をすることができない。売買の目的物が種類又は品質に関して契約の内容に適合しないことを直ちに発見することができない場合において、買主が６箇月以内にその不適合を発見したときも、同様とする。

３項　前項の規定は、売買の目的物が種類、品質又は数量に関して契約の内容に適合しないことにつき売主が悪意であった場合には、適用しない。

（３）買主の保管義務

商人間の売買で、買主が解除したときは、買主には、売買の目的物の保管または供託の義務が生じます。（商法527条１項）

なお、保管の費用は、売主持ちとなります。

参考問題　商人間の売買に関する次のアからオまでの記述のうち、判例の趣旨に照らし正しいものの組合せは、後記１から５までのうちどれか。（商法H23-35改）

ア　売買の目的物に品質に関する契約不適合があった場合には、買主は、代金の減額を請求することができない。

イ　売買の性質により、一定の期間内に履行をしなければ契約をした目的を達することができない場合において、当事者の一方が履行をしないでその時期を経過したときは、相手方は、直ちにその履行の請求をした場合を除き、相当期間を定めた履行の催告をすることなく、直ちにその契約の解除をすることができる。

ウ　買主が売買の目的物の受領を拒んだ場合には、その目的物について滅失又は損傷のおそれがないときでも、売主は、相当期間を定めて催告をした後にその目的物を競売に付することができる。

エ　売主が売買の目的物の数量の契約不適合があることにつき悪意であった場合には、買主は、売買の目的物を受領した際に遅滞なくその物を検査することを怠ったときでも、売主に当該数量の契約不適合を理由として損害賠償の請求をすることができる。

オ　買主が売買の目的物に直ちに発見することができない種類、品質の契約不適合があることを６か月以内に発見した場合において、直ちに売主にその旨の通知を発しなくても、売買の目的物が不特定物であれば，買主は，売主に契約の内容に適合する物の給付を請求することができる。

1　アウ　　**2**　アオ　　**3**　イエ　　**4**　イオ　　**5**　ウエ

答 え　**5**

ア　×　売主の担保責任の内容については、商法に特則はない。その契約不適合について買主に帰責事由がなければ、買主は減額請求することができる。（民法563条１項）

イ　×　みなし解除の事案だから、相手方が、解除の意思表示をすることは要しない。（商法525条）

ウ　○　商法524条１項にそういう規定がある。商法における受領拒絶の弁済供託である。これは、民法497条の特則（この民法の規定そのものが、かなりマイナー）。

エ　○　売主が悪意なので、買主には、検査義務が生じない。（商法526条３項）

オ　×　商法526条２項は不特定物売買でも適用がある（最判昭35.12.2）。そして、通知義務違反の場合、買主には完全履行請求権も生じない。（最判昭47.1.25）

３．交互計算

商人間や、一方を商人とする平常取引では、継続的に取引がなされることが多いでしょう。

この場合、双方が、ある場合は債権者になったり、他の場合は債務者になったりするわけです。

こうした場合に、いちいち決済をするのは面倒なので、一定の期間内に生じた債権と債務の総額を相殺して、その残額を支払うという契約をすることがあります。これが、**交互計算**です。（商法529条）

→一方が商人、他方が商人ではないときも、交互計算の契約をすることができる。

たとえば、ＡとＢの交互計算では、双方の債権と債務の各項目を記載した計算書（以下、単に「計算書」という）を作成します。

そして、計算の結果、債務が残った側が、交互計算の期間後にその支払をするわけです。

交互計算の期間（相殺をすべき期間）は契約の定めるところによりますが、当事者が、期間の定めをしなかったときは、その期間は、６か月となります。（商法531条）

なお、各当事者は、いつでも交互計算の解除をすることができます。（商法534条前段）

この場合は、直ちに、計算を閉鎖して、残額の支払を請求できます。（商法534条後段）

ＡＢ間の交互計算は次のルールに従って行います。

1．手形等の商業証券から生じた債権債務を交互計算に組み入れたが、その証券の債務者（ＡでもＢでもない者）が弁済をしないときは、その債務に関する項目を交互計算から除外することができる。（商法530条）
→不渡りの手形による支払を計算に組み入れるのは、不公平という意味である。

2．当事者（ＡまたはＢ）が、計算書の承認をしたときは、その各項目について異議を述べることができなくなる。（商法532条本文）
→いったん承認すると、後で、ゴタゴタいえなくなる。ただし、錯誤と脱漏については承認後も異議を述べることができるとされている。（商法532条ただし書）

3．相殺によって生じた残額について、債権者は、計算の閉鎖の日以後の法定利息を請求することができる。（商法533条１項）
→なお、計算書の各項目について、個別に、交互計算に組み入れた日からの利息を付すこともできる。（商法533条２項）

交互計算により生じる債権債務は、個々に譲渡、質入れ、差し押さえをすることができず、また、個々に行使することもできません（交互計算不可分の原則）。

要するに、計算書によって一体のものとして相殺することにより、その処理を図るわけです。

そこで、この譲渡、質入れや差押えの制限が、第三者に対抗できるかという問題が生じます。

これについては、交互計算による取引は、第三者への対抗をすることができるというのが判例の考え方です。

4．匿名組合

匿名組合は、名前を出したくない出資者(組合員)と、資力を有しない経営者(営業者）をつなぐための契約と考えるといいでしょう。

匿名組合は、組合員が営業者のために出資をして、その営業から生ずる利益を分配することを約することによって効力を生じます。（商法535条）

→組合員には出資義務、営業者には利益の分配義務が生じる。

この場合、組合員の名前は対外的には現れません。
要するに、組合員が出資をしたことは、組合の内部事情にすぎず、対外的には、営業者が自己資金で営業している場合と見分けがつかない仕組みとなります。

そこで、「匿名」の組合員であるという意味で、これを匿名組合員といいます。
法律上、匿名組合員は、営業者に対して「利益を分配せよ」という債権者であり、営業者の取引先とは法律関係がありません。
このため、営業者の債務を、匿名組合員が負担することはないことを原則とします。

また、匿名組合員は１人とは限らず、数人の組合員がいることもあります。
しかし、契約は、各組合員と営業者で別個にされるのであり、匿名組合員相互間には法律関係が生じません。

では、以下、匿名組合員の出資と権利義務についての規定をご紹介します。（商法536条各号）

１．匿名組合員の出資は、営業者の財産に属する。
出資された財産は、営業者の財産となるわけです。この点が、民法上の組合との相違点となります（民法の組合財産は、組合員の合有である）。
なお、匿名組合契約が終了したときは、組合員は、出資額の返還を請求することができます。（商法542条本文）
→当然のハナシ。でなけりゃ、誰が出資するか。

２．匿名組合員は、金銭その他の財産のみをその出資の目的とすることができる。
合名会社と相違して、信用や労務の出資はできないわけです。
→民法の組合では、労務を出資できることと相違する。

３．匿名組合員は、営業者の業務を執行し、または営業者を代表することができない。
匿名組合員は、外部に名を出さないのだから、当然の話です。

４．匿名組合員は、営業者の行為について、第三者に対して権利および義務を有しない。
第三者と匿名組合員は、法律的に無関係だということです。

コラム　自己の氏名等の使用を許諾した匿名組合員の責任

例外的に、匿名組合員が、営業者の債権者に責任を負うことがある。
それは、匿名組合員が自己の氏名を営業者の商号として用いることや自己の商号を営業者の商号として使用することを許諾したときである。
この場合、その使用以後の債務については、匿名組合員は営業者と連帯して責任を負う。（商法537条）
この責任は、相手方が誤認をしていなくても生じる点が、名板貸人の責任とは相違する。

さて、営業者の営業が順調であれば、ハナシは簡単であり、匿名組合員は、契約に基づいて「その営業から生ずる利益を分配させること」ができます。

では、営業が赤字になったらどうなるのでしょうか。
営業者が、損失を出したときについては、次の規定が存在します。

1．出資が損失によって減少したときは、その損失をてん補した後でなければ、匿名組合員は、利益の配当を請求することができない。（商法538条）

この規定は、営業が赤字なら、まず、損失のてん補をすべきであり、その後でなければ、組合員は、利益の配当を請求できないという意味です。

2．匿名組合契約が終了したときに、出資が損失によって減少していたときは、営業者は、その残額を返還すれば足りる。（商法542条ただし書）

以上、見たように、損失は、匿名組合員がこうむるというのが、営業者が損失を出したときの結論となります。

というわけで、匿名組合員には、出資した営業の状況に重大な関心があるはずです。
そこで、次の「検査権」が認められます。（商法539条１項・２項）

1．営業年度終了時の貸借対照表の閲覧謄写等と営業者の業務および財産の状況の検査権
2．重要な事由があるときの営業者の業務および財産の状況の検査権
→上記２の請求は、いつでもすることができるが、裁判所の許可を要する。

参考問題　匿名組合に関する次のアからオまでの記述のうち、誤っているものの組合せは、後記１から５までのうち、どれか。（商法R2-35）

ア　匿名組合員の出資は、営業者の財産に属する。

イ　匿名組合員は、労務をその出資の目的とすることができる。

ウ　匿名組合員は、営業者の業務を執行することはできない。

エ　匿名組合員は、重要な事由があるときは、いつでも、裁判所の許可を得て、営業者の業務及び財産の状況を検査することができる。

オ　匿名組合契約は、匿名組合員が破産手続開始の決定を受けたことによっては終了しない。

1　アイ　**2**　アウ　**3**　イオ　**4**　ウエ　**5**　エオ

答　え　**3**

ア　○　商法536条１項

イ　×　商法536条２項

ウ　○　商法536条３項

エ　○　商法539条２項

オ　×　商法541条３号　なお、営業者の破産によっても終了する。

５．仲立営業

仲立人は、他人間の商行為の媒介をすることを業とする者のことです。（商法543条）

具体的には、顧客とホテルや旅館の仲を取り持つ旅行業者をイメージするとよいでしょう。

参考問題　他人間の婚姻の媒介を行うことを業とする者は、商法上の仲立人ではない。（商法H31-35-ア）

答　え　○　婚姻は商行為ではない。

媒介とは、他人間の契約の成立に尽力する行為と思えばいいです。

委任契約の一種と考えてよいことは、代理商のときと異なりません（たとえば、仲立人にも善管注意義務が生じる）。

代理商との相違は、仲立人は、**不特定の一般人**から委託を受けて媒介をする点です。

たとえば、X（不特定の一般人）から委託を受けて、仲立人甲が、Y（これも不特定の一般人）との契約を媒介するわけです。
この場合、契約は**XY間に締結**されます。
仲立人は、その媒介をしただけです。

この点が、問屋との相違であり、問屋乙は、Xから委託を受けて自らYと契約をします。
問屋の場合には、契約は、乙Y間に成立することになります。問屋が自ら売主または買主となってYと取引をするわけです。

仲立人は、別段の意思表示か慣習がなければ、その媒介した行為について当事者のために支払いその他の給付を受けることはできませんから、問屋とは大きく相違します。（商法544条）

参考問題　商法上の仲立人は、その媒介した見本売買において当該見本売買の一方の当事者であって媒介の委託を受けていなかったものから見本を受け取り、これを保管したときは、当該当事者に対して保管に関する報酬を請求することができる。（商法H31-35-イ）

答 え　×　別段の慣習や意思表示があるとはいえない。

コラム　仲立人の履行の責任

仲立人が当事者の一方の氏名や名称を相手方に示さなかったときは、自ら履行の責任を負う。この場合は、相手方は仲立人を契約の相手と誤信するであろうから、仲立人に責任を負わせるのである。（商法549条。介入義務）

参考問題　商法上の仲立人は、その媒介した取引の成立前に、当該取引の一方の当事者の氏名又は商号をその相手方に示さなかった場合であっても、当該取引の成立後相当の期間内に、当該当事者の氏名又は商号を当該相手方に示したときは、当該相手方に対して自ら当該取引に係る債務を履行する義務を負わない。（商法H31-

35-ウ）

答え　×　取引までに示さなければ、仲立人に介入義務が生じる。

仲立人は商人です。
したがって、特約がなくても報酬請求権を有します。（商法512条）

しかし、その前提として、媒介により成立した契約について一定の事項を記載した契約締結書（「結約書」という）の作成と各当事者への交付をすることを要します。（商法550条１項、546条１項）

→上記の結約書には仲立人の署名を要する。直ちに履行をする場合でなければ、当事者双方も署名すべきことになる。
→要するに、仲立人には、「何を媒介したのか」の証明文書の作成義務があるのである。

なお、Xから委託を受けた仲立人甲が、Yとの契約を媒介したときでも、仲立人への報酬は、XとYが平分して負担します。（商法550条２項）
これは、Yにも契約締結による利益が生じるためです。

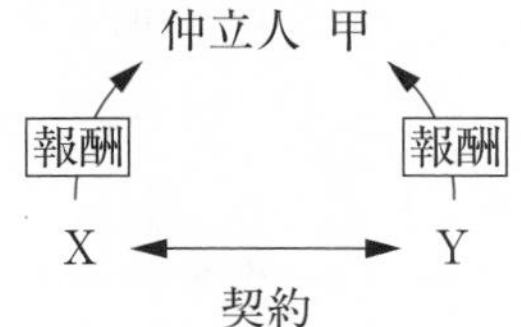

参考問題　商法上の仲立人は、その媒介した取引の一方の当事者のみから媒介の委託を受けていた場合であっても、当該当事者の相手方に対してその報酬の半額を請求することができる。（商法H31-35-オ）

答え　○

６．問屋

問屋（といや）は、自己の名をもって他人のために物品の販売または買入れを行うことを業とする者です。（商法551条）

俗にいう問屋（とんや　卸売商）は、自己のために売買をしているのであって、商法上の問屋（といや）ではありません。問屋（といや）の典型例は、証券会社であるとされています（顧客の依頼で、証券市場で株式の売買をする）。

（1）問屋契約の仕組み

問屋乙は、Xから委託を受けて、Xのために売買をします。

この場合のX乙間の契約を問屋契約といいます。

この契約は、委任契約の一種であり、問屋乙には善管注意義務が生じます。

問屋乙が、Xのために、相手方Yと売買をしたときは、乙が売主（または買主）です。

乙に売主（または買主）の権利義務が生じます。（商法552条1項）

売買契約は、乙Y間に生じるのであって、XとYは法律的に無関係です。

以上が法形式の問題です。

しかし、問屋契約は乙Y間に生じた契約の経済的な効果を、委託者のXに生じさせることを目的としています。

そこで、商法552条2項という規定が登場します。

商法552条2項は、問屋と委託者との間においては委任および代理に関する規定を準用すると規定します。

ここに、委任の規定の準用については当然のハナシです。

が、代理の規定の準用とは、どういう意味でしょうか。

実は、この規定は、問屋の乙が取得した権利は、何らの権利移転の手続を要せずに自動的に委託者のXに移転するという意味だと解されています。

要するに、委任だけの準用であれば、問屋が取得した権利は、民法646条2項による移転の意思表示をしなければ問屋から委託者へ移転しません。

しかし、そうではなく、問屋契約の経済的な実質を重視して、問屋が取得した権利をそのまま委託者に移転してしまえというわけです。

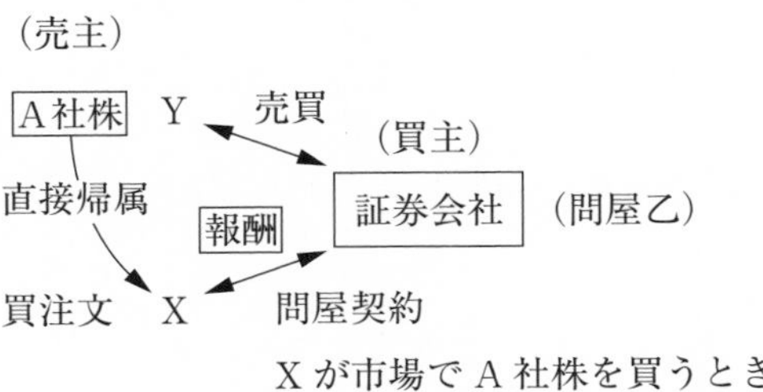

Xが市場でA社株を買うとき

（2）介入権

さて、問屋は、自ら、買主または売主になることができる場合があります。

たとえば、委託者Xと問屋乙が問屋契約をしたときに、問屋乙は委託者Xからの「買入れ」の委託に基づいて、「乙を売主とする」売買契約をすることができるわけです（これを「介入権」という。商法555条1項）。

さて、問屋が、介入権を行使することができるのは、「**取引所の相場ある物品の販売また買入れ**」の場合に限ります。

この場合は、価額に客観性があるためです。

→なお、価額は、問屋が買主または売主となったことの通知を発した時の取引所の相場によって定める。

介入権を行使したときは、買主または売主の地位の他に、問屋は、問屋としての地位も有します。

したがって、この場合でも、問屋は、委託者に報酬を請求することができます。（商法555条2項）

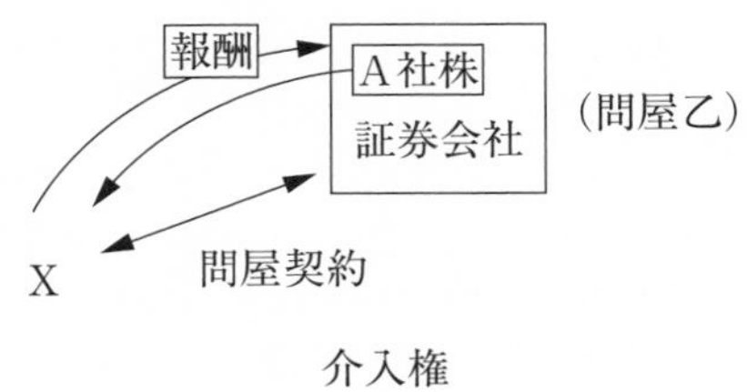

介入権

（3）担保責任

問屋は、委託者のためにした販売または買入れについて相手方がその債務を履

行しないときは、自ら履行の責任を負います。(商法553条本文)

→ただし、別段の意思表示または慣習があるときは、責任を負わない。(商法553条ただし書)

（4）指値の遵守義務

委託者が値段を指定した場合（指値)、問屋は、指値より安く買い、高く売ることができます。

この場合に生じる利益は、委託者に帰属します。

しかし、問屋は、指値より高く買い、安く売ることは、自らがその損失を負担しなければすることができません。(商法554条)

たとえば、A社株を100円で買ってくれ、との注文に証券会社は、99円で買うことができます。1円の利得は顧客に生じます。

また、A社株を100円で売ってくれ、との注文に証券会社は、101円で売ることができます。1円の利得は顧客に生じます。

以上は、いずれも、委託者の利益を保護するための仕組みです。

参考問題　問屋及び商事仲立人の異同に関する次のアからオまでの記述のうち、正しいものの組合せは、後記1から5までのうちどれか。ただし、別段の意思表示又は慣習はないものとする。(商法H22-35)

ア　問屋は、委託者のためにした物品の販売に関し、支払を受けることができるが、仲立人は、媒介した商行為に関し、当事者のために支払を受けることはできない。

イ　問屋は、委託者のためにする売買契約が成立する前であっても、委託者に報酬を請求することができるが、仲立人は、媒介する商行為が成立する前に、当事者に報酬を請求することはできない。

ウ　問屋は、委託者のためにする売買に関し、委託者に対して善良な管理者の注意をもって事務を処理する義務を負うが、仲立人は、委託者のため商行為の成立に尽力する義務を負う場合であっても、媒介する商行為に関し、当事者に対して善良な管理者の注意をもって事務を処理する義務は負わない。

エ　問屋は、委託者のためにした売買契約が成立した場合には、各当事者の氏名又は商号、行為の年月日及び契約の要領を記載した書面を作成し、署名し、又は記名押印した後に、その書面を委託者に交付する義務を負うが、仲立人は、媒介する商行為が成立した場合でも、そのような義務は負わない。

オ　問屋は、委託者のためにした売買について、相手方がその債務を履行しない場合には、その履行をする責任を負うが、仲立人は、媒介した商行為について、当事者の一方の氏名又は商号を相手方に示さなかったときを除き、そのような責任は負わない。

1 アイ　**2** アオ　**3** イエ　**4** ウエ　**5** ウオ

答え　**2**

ア　○　問屋は売買の当事者だから前半は当然のハナシ。後半は、商法544条。

イ　×　問屋については、民法の委任契約における報酬後払いの原則に従うことになるので誤り。仲立人についての記述は正しい。（商法550条１項）

ウ　×　問屋・仲立人には、民法の委任に関する規定が準用されるので、いずれも、善管注意義務が生じる。

エ　×　問屋には設問の義務はない。結約書の作成義務があるのは、仲立人である。（商法546条１項）

オ　○　商法553条、549条。

7．寄託

寄託について、商法に特則があります。
順番に見ていきましょう。

（１）商人の善管注意義務

商人がその営業の範囲内において寄託を受けたときは、報酬を受けないときでも善良な管理者の注意を要します。（商法595条）

商人を受寄者とするその営業の範囲内の寄託では、無償寄託についての注意義務の軽減規定（民法659条）が適用されません。

（２）場屋営業者の責任

場屋営業者とは、客の来集を目的とする場屋の取引を業とする者のことです。
ホテルや旅館、飲食店、映画館などをイメージしておくとよいでしょう。

では、ホテルが、クロークで客からカバンやら洋服やらを預かったとしましょう。
この場合、ホテルには、どういう責任が生じるのでしょうか。

商法では、寄託を受けた物品の滅失や損傷については、ホテルが**不可抗力の証明**をしなければ、損害賠償の責任を免れることができないと規定しています。（商法596条１項）

ホテル側に、不可抗力の証明というかなり困難な免責要件を課したわけです。

コラム　旅客の運送人や倉庫営業者の責任

商法で、物品または旅客の運送人や倉庫営業者の損害賠償責任は、これらの者が「注意を怠らなかったことを証明」しなければ責任を免れないと規定する。(商法575条、590条、610条)

場屋営業者は、たとえ、「注意を怠らなかったことを証明」しても、不可抗力でなければ責任を負うことになるので、相当に責任が重いと考えてよい。

次に、ホテルが預かっていない物品については、どうでしょうか。

預かってはいないが、客がホテルに持ち込んだ物品が滅失または損傷したケースです。

この場合は、さすがにホテルは、責任は負わないことを原則とします。しかし、ホテルが注意を怠ったことによる滅失または損傷の場合は、ホテルが損害賠償責任を負うことになります。(商法596条２項)

なお、以上の責任について、「当ホテルでは、お客様の携帯品の滅失または損傷についてはその責任を負いません」という張り紙をしても無効です。

ホテルは、責任を免れることはできません。(商法596条３項)

以上、商法上、場屋営業者には重い責任が生じます。

これが原則ですが、しかし、高価品（貨幣、有価証券その他の高価品）については、特則があります。

高価品については、客に「**通知**」の義務があるのです。

これは、客は、「高価品です」と、一言、その種類と価額を告げて預けろというもので、世間常識を法律にしたようなものです。

では、種類と価額を「通知」しなかったらどうなるか。

この場合には、場屋営業者は、預かった物の滅失または損傷の責任を免れるのです。

もちろん、預かってない高価品について責任を負うこともありません。(商法597条)

→なお、運送人についても、上記と同じ内容の高価品についての免責規定がある。(商法577条)

参考問題　客から寄託を受けた物品が滅失し、又は客が特に寄託していない物品

が滅失した場合に、客の来集を目的とする場屋における取引をすることを業とする者が負う商法上の損害賠償の責任（以下「場屋営業者の責任」という。）に関する次のアからオまでの記述のうち、誤っているものの組合せは、後記１から５までのうち、どれか。（商法H30-35改）

ア　場屋営業者は、客から寄託を受けた物品（貨幣、有価証券その他の高価品を除く。）の滅失については、不可抗力によるものであったことを証明しなければ、場屋営業者の責任を免れることができない。

イ　場屋営業者は、客が特に寄託していない物品であっても、場屋の中に携帯した物品（貨幣、有価証券その他の高価品を除く。）が、場屋営業者が注意を怠ったことによって滅失したときは、場屋営業者の責任を負う。

ウ　場屋営業者は、客から寄託を受けた物品が滅失した場合であっても、客が場屋の中に携帯した物品につき責任を負わない旨を表示していたときは、場屋営業者の責任を免れることができる。

エ　場屋営業者は、貨幣、有価証券その他の高価品については、その物品が滅失した場合であっても、客がその種類及び価額を通知してこれを場屋営業者に寄託したときを除き、場屋営業者の責任を負わない。

オ　場屋営業者の責任は、客から寄託を受けた物品が滅失した時から１年を経過したときは、時効によって消滅する。

1　アウ　**2**　アエ　**3**　イエ　**4**　イオ　**5**　ウオ

答え　**5**

ア　○　商法596条１項。
イ　○　商法596条２項。
ウ　×　商法596条３項。
エ　○　商法597条。
オ　×　物品の全部滅失の場合、客が場屋を去った後１年を経過した時に消滅する。（商法598条１項）

事項索引

あ行

か行

さ行

た行

な行

は行

ま行

や行

ら行

わ行

条文索引

会社法

会社計算規則

組合等登記令

商業登記法

商業登記規則

商法

整備法

法人法

Memo

司法書士
山本浩司のオートマシステム 7 会社法･商法･商業登記法 II
〈第11版〉

2012年6月5日　初　版　第1刷発行
2024年2月25日　第11版　第1刷発行

著　　者　山本浩司
発 行 者　猪野　樹
発 行 所　株式会社　早稲田経営出版
〒101-0061 東京都千代田区神田三崎町3-1-5
神田三崎町ビル
電話 03(5276)9492 (営業)
FAX 03(5276)9027
印　　刷　株式会社　ワコー
製　　本　株式会社　常川製本

ISBN 978-4-8471-5132-3
N.D.C. 327

乱丁・落丁による交換，および正誤のお問合せ対応は，該当書籍の改訂版刊行月末日までといたします。なお，交換につきましては，書籍の在庫状況等により，お受けできない場合もございます。
また，各種本試験の実施の延期，中止を理由とした本書の返品はお受けいたしません。返金もいたしかねますので，あらかじめご了承くださいますようお願い申し上げます。

書籍の正誤に関するご確認とお問合せについて

書籍の記載内容に誤りではないかと思われる箇所がございましたら、以下の手順にてご確認とお問合せをしてくださいますよう、お願い申し上げます。
なお、正誤のお問合せ以外の**書籍内容に関する解説および受験指導などは、一切行っておりません。**
そのようなお問合せにつきましては、お答えいたしかねますので、あらかじめご了承ください。

1 「Cyber Book Store」にて正誤表を確認する

早稲田経営出版刊行書籍の販売代行を行っている
TAC出版書籍販売サイト「Cyber Book Store」の
トップページ内「正誤表」コーナーにて、正誤表をご確認ください。

CYBER BOOK STORE TAC出版書籍販売サイト

URL:https://bookstore.tac-school.co.jp/

2 1の正誤表がない、あるいは正誤表に該当箇所の記載がない ⇒ 下記①、②のどちらかの方法で文書にて問合せをする

★ご注意ください★

お電話でのお問合せは、お受けいたしません。
①、②のどちらの方法でも、お問合せの際には、「お名前」とともに、
「対象の書籍名(○級・第○回対策も含む)およびその版数(第○版・○○年度版など)」
「お問合せ該当箇所の頁数と行数」
「誤りと思われる記載」
「正しいとお考えになる記載とその根拠」
を明記してください。
なお、回答までに1週間前後を要する場合もございます。あらかじめご了承ください。

① ウェブページ「Cyber Book Store」内の「お問合せフォーム」より問合せをする

【お問合せフォームアドレス】

https://bookstore.tac-school.co.jp/inquiry/

② メールにより問合せをする

【メール宛先　早稲田経営出版】

sbook@wasedakeiei.co.jp

※土日祝日はお問合せ対応をおこなっておりません。
※正誤のお問合せ対応は、該当書籍の改訂版刊行月末日までといたします。

乱丁・落丁による交換は、該当書籍の改訂版刊行月末日までといたします。なお、書籍の在庫状況等により、お受けできない場合もございます。
また、各種本試験の実施の延期、中止を理由とした本書の返品はお受けいたしません。返金もいたしかねますので、あらかじめご了承くださいますようお願い申し上げます。

早稲田経営出版における個人情報の取り扱いについて
■お預かりした個人情報は、共同利用させていただいているTAC(株)で管理し、お問合せへの対応、当社の記録保管にのみ利用いたします。お客様の同意なしに業務委託先以外の第三者に開示、提供することはございません(法令等により開示を求められた場合を除く)。その他、共同利用に関する事項等については当社ホームページ(http://www.waseda-mp.com)をご覧ください。

(2022年7月現在)